[1]
I. M. I.
17-1
Junio 10, 1924

Quien vive en la Divina Voluntad todo debe encerrar en sí.
La Divina Voluntad es principio, medio y fin del hombre.

(1) Esta mañana habiendo recibido la santa Comunión, según mi costumbre estaba diciendo a mi querido Jesús:

(2) "Dulce vida mía, no quiero estar sola al estar Contigo, sino quiero a todo y a todos junto conmigo, y no sólo quiero la corona de todos tus hijos, sino también la corona de todas las cosas creadas por Ti, que junto conmigo en la interminabilidad de tu Santísima Voluntad donde yo todo encuentro, postrados a tus pies todos juntos te adoremos, te agradezcamos, te bendigamos".

(3) Y mientras esto decía, veía cómo todas las cosas creadas corrían para hacer corona a Jesús, para darle cada una su homenaje, y yo he agregado:

(4) "Mira amor mío cómo son bellas tus obras, cómo el sol haciendo de sus rayos brazos, mientras se postra para adorarte, sube a Ti para abrazarte y besarte; cómo las estrellas, haciéndote corona te sonríen con su dulce centelleo y te dicen: 'Grande eres Tú, te damos gloria por todos los siglos de los siglos'; cómo el mar corre y con su amoroso murmullo, como tantas voces argentinas te dice: 'Gracias infinitas a nuestro Creador'. Y yo junto con el sol te abrazo y te beso, con las estrellas te reconozco y te glorifico, con el mar te agradezco".

(5) ¿Pero quién puede decir todo lo que yo decía llamando a todas las cosas creadas alrededor de Jesús? Si yo quisiera decirlo todo sería muy largo, me parecía que cada cosa creada tuviera un oficio distinto para poder ofrecer su homenaje a su Creador. Ahora, mientras esto hacía pensaba entre mí que perdía el tiempo, y que no era éste el agradecimiento que debía hacerse a Jesús después de la Comunión y se lo he dicho a Jesús, y Él todo bondad me ha dicho:

(6) "Hija mía, mi Voluntad contiene todo, y a quien en Ella vive no debe escapársele nada de todo lo que me pertenece, mas bien basta conque se le escape una sola cosa para decir que no me da todo el honor y la gloria que mi Voluntad contiene, por lo tanto no se puede decir que su vida sea completa en Ella, ni me da la correspondencia por todo lo que mi Querer le ha dado, porque todo he dado a quien vive en mi Voluntad,

y Yo voy a ellos como en triunfo sobre las alas de mis obras para darles la nueva correspondencia de mi amor, y ellos deben venir por el mismo camino para darme la nueva correspondencia de ellos. ¿No sería agradable para ti, si hubieras hecho muchas bellas y variadas obras, y una persona amada por ti, para darte gusto te las pusieras alrededor, y haciéndolas ver una por una te dijese: 'Mira, estas son obras tuyas, cómo es bella ésta, cómo es artística esta otra, y en la tercera cuánta maestría, y en la cuarta cuánta variedad de colores, qué encanto en esta otra?' ¿Qué alegría no sentirías, qué gloria para ti? Así es para Mí, mucho más que quien vive en mi Voluntad, debiendo concentrar todo en ella, debe ser como el latido de toda la Creación, que palpitando todas las cosas en ella en virtud de mi Querer, debe formar un solo latido para darme en ese latido los latidos de todos y de todo, llevarme la gloria y el amor de todas las cosas creadas por Mí. Yo debo encontrar en el alma en la cual reina mi Voluntad a todos, para que ella, conteniendo todo, pueda darme todo lo que los otros deberían darme. Hija mía, el vivir en mi Querer es muy diferente de las otras santidades, y por eso hasta ahora no se ha encontrado el modo ni las verdaderas enseñanzas del vivir en Él, se puede decir que las demás santidades son las sombras de mi Vida Divina, en cambio ésta es la fuente de la Vida Divina, por eso sé atenta en los ejercicios del vivir en mi Querer, a fin de que de ti pueda salir el verdadero modo y las enseñanzas exactas y precisas, para que quien queriendo vivir en Él pueda encontrar no la sombra, sino la verdadera santidad de la Vida Divina. Además de esto, mi Humanidad estando en la tierra en mi Voluntad Divina, no hubo obra, pensamiento, palabra, etc., que no fuese encerrado en Mí para cubrir todas las obras de las criaturas, se puede decir que Yo tenía un pensamiento por cada pensamiento, una palabra por cada palabra, y así de todo lo demás para glorificar completamente a mi Padre, y para dar la luz, la vida, los bienes y los remedios, a las criaturas. Ahora, en mi Voluntad todo existe, y quien debe vivir en Ella debe encerrar a todas las criaturas para ir repasando todos mis actos y poner en ellos otra bella pincelada divina tomada de mi Voluntad, para darme la correspondencia de lo que Yo hice. Sólo quien vive en mi Voluntad puede darme esta correspondencia, y Yo la espero como medio para poner en comunicación la Voluntad Divina con la humana, y para darle los bienes que Ella contiene. Quiero a la criatura como intermediaria, que haciendo el mismo camino que hizo mi Humanidad en mi Voluntad, abra la puerta del Reino de mi Voluntad, cerrada por la voluntad humana. Por eso tu misión es grande, y se necesita sacrificio y gran atención".

(7) Entonces me sentía inmersa en el Querer Supremo y Jesús ha continuado:

(8) "Hija mía, mi Voluntad es todo y contiene todo, y además es principio, medio, y fin del hombre. Por eso al crearlo no le di leyes ni instituí Sacramentos, sino sólo le di al hombre mi Voluntad, porque era más que suficiente, estando en el principio de Ella, para encontrar todos los medios para llegar no a una santidad baja, sino a la altura de la santidad divina, y así encontrarse en el puerto de su fin. Esto significa que el hombre no debía tener necesidad de otra cosa sino sólo de mi Voluntad, en la cual debía encontrar todo en modo sorprendente, admirable y fácil para hacerse santo y feliz en el tiempo y en la eternidad; y si le di una ley, después de siglos y siglos de creado, fue porque el hombre había perdido su principio, por lo tanto había extraviado los medios y el fin. Así que la ley no fue principio sino medio; pero viendo que con todo y la ley el hombre estaba perdido, al venir a la tierra instituí los Sacramentos, como medios más fuertes y potentes para salvarlo; pero cuántos abusos, cuántas profanaciones, cuántos se sirven de la ley y de los mismos Sacramentos para pecar más y precipitarse en el infierno. Mientras que con sólo mi Voluntad, que es principio, medio y fin, el alma se pone al seguro, se eleva a la santidad divina, alcanza en modo completo la finalidad para la que fue creada, y no hay ni la sombra de peligro de poder ofenderme. Así que el camino más seguro es sólo mi Voluntad, y los mismos Sacramentos, si no son recibidos en orden con mi Voluntad, pueden servir como medios de condenación y de ruina. Por eso inculco tanto mi Voluntad, porque el alma estando en su principio, los medios le serán propicios y recibirá los frutos que contienen; en cambio sin Ella, los mismos Sacramentos le pueden ser veneno que la conduzcan a la muerte eterna".

17-2
Junio 14, 1924

**Importancia del orden en estos escritos. Dios es orden.
La belleza del alma que obra en el Querer Supremo.**

(1) Esta mañana mientras me encontraba en mi habitual estado, no sé si fue sueño, veía a mi confesor difunto y me parecía que tomaba alguna cosa torcida de dentro de mi mente, y la reparaba y la enderezaba. Yo le he preguntado por qué hacía eso, y él me ha dicho:

(2) "He venido para decirte que seas atenta al orden, porque Dios es orden, y basta una frase, una palabra de lo que te dice el Señor que no esté en el orden, y podrá suscitar dudas y dificultades en quien pueda leer lo que escribes sobre su adorable Voluntad".

(3) Yo al oír esto he dicho: "¿Acaso sabe usted que he escrito cosas desordenadas hasta ahora?"

(4) Y el confesor: "No, no, pero sé atenta para el futuro, haz que las cosas que escribes sean claras y simples como te las dice Jesús, y nada omitas, porque basta una pequeña frase, una palabra que falte de las que te dice Jesús, o que la escribas diversamente, para que falte el orden; porque esas palabras servirán para dar luz, para hacer comprender con más claridad, y para ligar el orden de las verdades que el buen Jesús te manifiesta. Tú eres fácil a omitir algunas pequeñas cosas, mientras que las cosas pequeñas unen a las grandes, y las grandes a las pequeñas, por eso sé atenta en el futuro para que todo esté ordenado".

(5) Dicho esto ha desaparecido y yo he quedado un poco pensativa. Después estaba abandonándome toda en el santo Querer Divino, y mi dulce Jesús moviéndose en mi interior me ha dicho:

(6) "Hija mía, cómo es bello ver a un alma obrar en mi Voluntad, ella sumerge su acción, su pensamiento, su palabra en mi Voluntad, es como una esponja que impregnándose de todos los bienes que el Querer Supremo contiene, se ven en el alma tantos actos divinos que irradian luz, y casi no se sabe distinguir si son actos del Creador o de la criatura, y como se han impregnado de esta Voluntad eterna, han absorbido en ellos la potencia, la luz y el modo del obrar de la Majestad Eterna. Mírate cuán bella te ha hecho mi Querer; y no sólo esto, sino que en cada acto tuyo me encierro a Mí mismo, porque encerrando a mi Querer, todo encierras".

(7) Yo me he mirado, y ¡oh! cuánta luz salía, pero lo que más me ha impresionado y dado gusto ha sido ver a mi Jesús encerrado en cada acto mío, su Voluntad lo aprisionaba en mí.

17-3
Junio 20, 1924

La Divina Voluntad contiene la plenitud de la felicidad. Cuando la criatura viva en la Divina Voluntad, entonces la caridad y todas las virtudes alcanzarán la completa perfección.

(1) Encontrándome en mi habitual estado, me he encontrado fuera de mí misma junto con mi dulcísimo Jesús, Él era todo bondad y todo admirable; me ha tomado mis manos entre las suyas y se las ha estrechado fuerte a su pecho, y todo amor me ha dicho:

(2) "Querida hija mía, ¡si supieras qué placer, qué gusto siento al hablarte de mi Voluntad! Cada cosa de más que te manifiesto sobre mi Querer es una felicidad que hago salir de Mí, y que comunico a la criatura, y Yo me siento más feliz en ella en virtud de mi misma felicidad, porque la especialidad característica de mi Voluntad es precisamente esta: 'Hacer felices a Dios y al hombre'. ¿No recuerdas hija mía cuánto placer tomábamos juntos, Yo al hablarte y tú al escucharme, y cómo nos hacíamos felices recíprocamente? Y siendo mi Voluntad la única que contiene el germen de la felicidad, Yo con manifestarla y el alma con conocerla formamos la planta y los frutos de la verdadera felicidad imperecedera y eterna que no disminuye ni termina jamás, y no sólo nosotros, sino también aquellos que escuchan o leen las cosas admirables y sorprendentes de mi Querer sienten el dulce encanto de mi felicidad. Por eso, para hacerme feliz en mis obras quiero hablarte de la nobleza de mi Voluntad, y hasta dónde puede llegar el alma y qué debe encerrar si da entrada en su alma a mi Voluntad. La nobleza de mi Voluntad es divina, y como es del Cielo, Ella no desciende sino en quien encuentra un noble cortejo, y por eso la primera que le dio la entrada fue mi Humanidad; Ella no se contenta con poco, sino que quiere todo porque quiere dar todo, ¿y cómo puede dar todo si no encuentra todo para poder en él poner todos sus bienes? Así mi Humanidad le dio el santo y noble cortejo y Ella concentró en Mí todo y a todos. Ve entonces que para venir a reinar mi Voluntad en el alma, debe encerrar en ella todo lo que hizo mi Humanidad, y si las demás criaturas han participado en parte en los frutos de mi Redención según sus disposiciones, esta criatura los concentrará todos para formar el noble cortejo a mi Voluntad y Ella concentrará en el alma el amor que da y quiere de todos, para poder recibir el amor de todos y de cada uno, no se contenta con encontrar en ella la correspondencia sólo de su amor, sino que quiere la correspondencia de todo; todas las relaciones que hay en la Creación entre el Creador y la criatura mi Voluntad las quiere encontrar en el alma donde quiere reinar, de otra manera no sería plena su felicidad ni encontraría todas sus cosas, ni toda Ella misma. Mi Voluntad debe poder decir en el alma en donde reina: 'Si nadie me amase ni me correspondiese, Yo soy feliz por Mí misma, ninguno puede entristecer mi felicidad, porque en esta alma encuentro todo, recibo todo y puedo dar

todo'. Repetiría la frase que hay en las Tres Divinas Personas: 'Somos intangibles, por cuanto las criaturas puedan hacer, ninguno puede tocarnos, ni mínimamente opacar nuestra eterna e inmutable felicidad'. Sólo puede tocarnos, entrar a hacer una sola cosa con Nosotros, quien posee mi Voluntad, porque siendo ella feliz de nuestra misma felicidad, quedamos glorificados por la felicidad de la criatura, y entonces la caridad alcanzará la completa perfección en la criatura, cuando mi Voluntad reine en modo completo en ellas, porque entonces cada una se encontrará en virtud de Ella, en cada criatura, amada, defendida y sostenida, como la ama, defiende y sostiene su Dios, la una se encontrará transfundida en la otra como en la propia vida. Entonces todas las virtudes alcanzarán la completa perfección, porque no se alimentarán de la vida humana, sino de la Vida Divina.

(3) Por eso de dos humanidades tengo necesidad: De la mía para formar la Redención, y la otra para formar el Fiat Voluntas Tua como en el Cielo así en la tierra. Una más necesaria que la otra, porque si en la primera debía venir a redimirlos, en la segunda debía venir a restaurarlo a la finalidad única por la cual fue creado y abrir la corriente de las gracias entre la voluntad humana y la Divina, y hacerla reinar como en el Cielo así en la tierra. Y como mi Humanidad para redimir al hombre hizo reinar mi Voluntad como en el Cielo así en la tierra, ahora voy buscando otra humanidad, que haciéndola reinar como en el Cielo así en la tierra, me haga cumplir todos los designios de mi Creación. Por eso sé atenta en hacer reinar en ti mi sola Voluntad, y Yo te amaré con el mismo Amor con el cual amé a mi Santísima Humanidad".

17-4
Julio 1, 1924

Quien se da a Dios pierde sus derechos. La sangre de Jesús es defensa de las criaturas ante los derechos de la Divina Justicia.

(1) Me sentía muy oprimida por la privación de mi adorable Jesús. ¡Oh, cómo me sangra el corazón y me siento sometida a sufrir muertes continuas! Sentía que no podía más sin Él, y que más duro no podía ser mi martirio, y mientras trataba de seguir a mi Jesús en los diferentes misterios de su Pasión, he llegado a acompañarlo en el misterio de su dolorosa flagelación. Mientras estaba en esto se ha movido en mi interior llenándome toda de su adorable Persona; yo al verlo le quería decir mi duro estado, pero Jesús imponiéndome silencio me ha dicho:

(2) "Hija mía, recemos juntos; hay ciertos tiempos tan tristes en los cuales mi justicia, no pudiendo contenerse por los males de las criaturas quisiera inundar la tierra de nuevos flagelos, y por eso es necesaria la oración en mi Voluntad, la que extendiéndose sobre todos se pone en defensa de las criaturas, y con su potencia impide que mi justicia se acerque a la criatura para golpearla".

(3) ¡Cómo era bello y conmovedor oír rezar a Jesús! Y como lo estaba acompañando en el doloroso misterio de la flagelación, se hacía ver chorreando sangre, y oía que decía:

(4) "Padre mío, te ofrezco esta mi sangre, ¡ah! haz que esta sangre cubra todas las inteligencias de las criaturas y haga vanos todos sus malos pensamientos, disminuya el fuego de sus pasiones y haga resurgir inteligencias santas. Esta sangre cubra sus ojos y haga velo a su vista, a fin de que no le entre el gusto de los placeres malos, y no se ensucien con el fango de la tierra. Esta sangre mía cubra y llene su boca y deje muertos sus labios a las blasfemias, a las imprecaciones, a todas sus malas palabras. Padre mío, esta mi sangre cubra sus manos y le dé terror de tantas acciones infames. Esta sangre circule en nuestra Voluntad Eterna para cubrir a todos, para defender y para ser arma defensora en favor de las criaturas ante los derechos de nuestra justicia".

(5) ¿Pero quién puede decir el modo como rezaba Jesús y todo lo que decía? Después ha hecho silencio y me sentía en mi interior que Jesús tomaba en sus manos mi pequeña y pobre alma, la estrechaba, la retocaba, la miraba, y yo le he dicho:

(6) "Amor mío, ¿qué haces? ¿Hay alguna cosa en mí que te desagrada?"

(7) Y Él: "Estoy trabajando y ensanchando tu alma en mi Voluntad. Además no debo darte cuentas a ti de lo que hago, porque habiéndote dado tú toda a Mí, has perdido tus derechos, ahora todos los derechos son míos. ¿Sabes cuál es tu único derecho? Que mi Voluntad sea tuya y te suministre todo lo que puede hacerte feliz en el tiempo y en la eternidad".

17-5
Julio 16, 1924

Al crear al hombre Dios le infundió el alma con su aliento, queriendo infundirle la parte más íntima de su interior, cual es su Voluntad. Ahora, queriendo disponerlo de nuevo a recibir esta su Voluntad, es necesario que vuelva a infundirle su aliento.

(1) Continuando mi habitual estado, mi adorable Jesús me ha transportado fuera de mí misma y me ha dicho:

(2) "Hija mía, el Creador va en busca de la criatura para deponer en su regazo los bienes que Él ha sacado fuera en la Creación, y por eso dispone siempre en todos los siglos que haya almas que vayan sólo en busca de Él, a fin de que deponga sus bienes en quien lo busca y quiere recibir sus dones. Así que el Creador se mueve desde el Cielo y la criatura se mueve desde la tierra para encontrarse, Uno para dar y la otra para recibir. Siento toda la necesidad de dar; preparar los bienes para darlos y no tener a quien poderlos dar y tenerlos inactivos por incorrespondencia de quien no se preocupa por quererlos recibir, es siempre una gran pena. ¿Pero sabes tú en quién puedo deponer los bienes salidos de Mí en la Creación? En quien hace suya mi Voluntad, porque Ella sola le da la capacidad, el aprecio y las verdaderas disposiciones para recibir los dones de su Creador, y le suministra la correspondencia, la gratitud, el agradecimiento, el amor que el alma está obligada a dar por los dones que por tanta bondad ha recibido. Por eso ven junto Conmigo y giremos juntos por la tierra y por el Cielo, a fin de que deponga en ti el amor que saqué por amor de las criaturas en todas las cosas creadas, y tú me des la correspondencia, y junto Conmigo ames a todos con mi amor, y daremos amor a todos, seremos dos para amar a todos, no estaré más solo".

(3) Entonces hemos girado por todo, y Jesús depositaba en mí su amor que contenían las cosas creadas, y yo haciendo eco a su amor, repetía con Él el te amo de todas las criaturas. Después ha agregado:

(4) "Hija mía, al crear al hombre le infundí el alma con mi aliento, queriéndole infundir la parte más íntima de nuestro interior, que es nuestra Voluntad, la cual le daba junto todas las partículas de nuestra Divinidad que el hombre como criatura podía contener, tanto, de hacerlo una imagen nuestra; pero el hombre ingrato quiso romper con nuestra Voluntad, y si bien le quedó el alma, pero la voluntad humana que tomó lugar en vez de la Divina lo ofuscó, lo infectó e hizo inactivas todas las partículas divinas, tanto, que lo desordenó todo y lo desfiguró. Ahora, queriendo Yo disponerlo de nuevo a recibir esta mi Voluntad, es necesario que vuelva de nuevo a darle mi aliento, a fin de que mi aliento le ponga en fuga las tinieblas, las infecciones, y haga de nuevo obrantes las partículas de nuestra Divinidad que le dimos al crearlo. ¡Oh! cómo quisiera verlo bello, restablecido como lo creé, y sólo mi Voluntad puede obrar este gran prodigio. Por eso quiero infundirte mi aliento, a fin de

que recibas este gran bien, que mi Voluntad reine en ti y te vuelva a dar todos los bienes, los derechos que di al hombre en su creación".
(5) Y mientras esto decía, acercándose a mí me daba su aliento, me miraba, me estrechaba y después ha desaparecido.

17-6
Julio 25, 1924

La santidad en el Querer Divino debe ser un acto continuado. Dios va buscando almas que quieran vivir en la Divina Voluntad para poner en sus brazos a todas las almas.

(1) Esta mañana mi dulce Jesús se hacía ver en mi interior, en acto de extender los brazos en forma de cruz, y yo quedaba extendida junto con Él; después me ha dicho:
(2) "Hija mía, el último acto de mi Vida fue el extenderme sobre la cruz y permanecer ahí hasta que morí con los brazos abiertos, sin poderme mover ni oponerme a lo que querían hacerme. Yo era el verdadero retrato, la viva imagen de quien vive no de voluntad humana, sino Divina. Aquél no poder moverme, ni poder oponerme, ese haber perdido todo derecho sobre Mí, la tensión horrible de mis brazos, ¡cuántas cosas decían! Y mientras Yo perdía los derechos, los demás hacían adquisición de mi Vida. El primer derecho fue de la Voluntad Suprema, que haciendo uso de su inmensidad y omnividencia, tomaba todas las almas, inocentes y pecadoras, buenas y santas, y me las ponía en los brazos extendidos, a fin de que las llevara al Cielo, y Yo no rechacé a ninguno, así que en mis brazos la Voluntad Divina dio lugar a todos. Ahora, como la Voluntad Suprema es un acto continuado, nunca interrumpido, y lo que hace una vez no deja nunca de hacerlo, y si bien mi Humanidad está en el Cielo y no está sujeta a sufrir, va buscando almas que no se muevan en la voluntad humana sino en la Divina, que no se opongan a nada, que pierdan todo derecho propio, a fin de que quedando todo derecho en poder de la Divina Voluntad, continúe su acto de poner en los brazos de quien se presta a extenderse en mi Querer a todas las almas, pecadores y santos, inocentes y malos, a fin de que repita y continúe lo que hicieron mis brazos extendidos en cruz. He aquí por qué me he extendido dentro de ti, para que la Suprema Voluntad continúe su acto de traerme a todos a mis brazos.
(3) La santidad no está formada por un solo acto, sino por muchos actos unidos juntos. Un solo acto no forma ni santidad ni perversidad, porque

faltando la continuidad de los actos, faltan los colores y las vivas tintas de la santidad, y faltando éstos no se puede dar un peso y un valor justo ni de la santidad ni de la perversidad. Así que lo que hace refulgir y pone el sello a la santidad son los actos buenos continuados. Nadie puede decir que es rico porque posee una moneda, sino quien posee propiedades extensas, villas, palacios, etc., etc. Así es de la santidad, y si la santidad tiene necesidad de tantos actos buenos, sacrificios, heroísmo, pero puede estar sujeta a vacíos, a intervalos; la santidad en mi Querer no está sujeta a fases intermitentes, sino que debe asociarse al acto continuado del Querer Eterno, que jamás, jamás se detiene, sino que siempre está obrante, siempre triunfante, que siempre ama y jamás se detiene. Así que la santidad en mi Querer pone en el alma el sello del obrar de su Creador, cual es su amor continuo, la conservación continua de todas las cosas por Él creadas, jamás se cambia y es inmutable. Quien está sujeto a cambiarse pertenece a la tierra y no al Cielo; el cambiarse es de la voluntad humana, no de la Divina; interrumpir el bien es de la criatura, no del Creador; todo eso sería deshonroso a la santidad del vivir en mi Querer, porque ella contiene la divisa, la imagen de la santidad de su Creador. Por eso sé atenta, deja todos los derechos a la Voluntad Suprema y Yo iré formando en ti la santidad del vivir en mi Querer".

17-7
Julio 29, 1924

Los actos hechos en la Divina Voluntad forman un apoyo de reposo a Jesús y al alma.

(1) Esta mañana, después de mucho esperar, mi siempre amable Jesús se hacía ver en mi interior, cansado y como si quisiera reposar, y estando en mí un cierto apoyo, extendía sus brazos para abrazarse a ese apoyo, y recargando su cabeza reposaba, pero no sólo reposaba Él, sino que me invitaba a descansar junto con Él. ¡Cómo se estaba bien, apoyada en ese apoyo junto con Jesús, para tomar después de tantas amarguras un poco de reposo! Entonces me ha dicho:
(2) "Hija mía, ¿quieres saber qué cosa es este apoyo que tanto nos alivia y nos da reposo? Son todos tus actos hechos en mi Voluntad los que han formado este apoyo para Mí y para ti, el cual es tan fuerte que puede sostener el peso del Cielo y de la tierra que en Mí contengo y darme reposo. Sólo mi Voluntad contiene esta fuerza y esta virtud tan grande.

Los actos hechos en mi Voluntad vinculan Cielo y tierra y encierran en ellos la potencia divina para poder sostener a un Dios".

(3) Entonces al oír esto le he dicho: "Amor mío, no obstante, con todo este apoyo que Tú dices yo temo que Tú me dejes, ¿qué haré yo sin Ti? Tú sabes cuán miserable y buena para nada soy, por eso temo que dejándome Tú, también tu Voluntad se aparte de mí".

(4) Y Él: "Hija mía, ¿por qué temes? Este temor es tu voluntad humana que quisiera salir en campo para hacer un poco de camino; mi Voluntad excluye todo temor, porque no tiene de qué temer; es más, es segura de Sí y es inamovible. Debes saber que cuando el alma decide hacerse poseer por mi Voluntad y vive en Ella, como mi Voluntad está vinculada con todas las cosas creadas, no hay cosa sobre la cual Ella no tenga su dominio, así el alma queda vinculada con todas las cosas creadas, y mientras va haciendo sus actos, así va quedando escrita con caracteres imborrables en todas las cosas creadas su filiación con mi Voluntad, su morada, su posesión. Mira un poco en todo el universo, en el cielo, en las estrellas, en el sol, en todo, y verás tu nombre escrito con caracteres indelebles, tu filiación con mi Voluntad; por tanto, ¿cómo puede ser posible que esta Madre Eterna y Divina deje a su querida hija, nacida de Ella y hecha crecer con tanto amor? Por eso quita todo temor si no quieres amargarme".

(5) Mientras esto decía, yo he mirado en el cielo, en el sol y en todo lo demás, y veía escrito mi nombre con el título de hija de su Voluntad. Sea todo para gloria de Dios y para confusión de mi pobre alma.

17-8
Agosto 9, 1924

Imágenes del vivir en la Divina Voluntad: El mar y los peces, la tierra y las plantas.

(1) Después de mucho esperar la presencia de mi adorable Jesús, lo he sentido en mi interior, que extendía los brazos y me decía:

(2) "Hija mía, extiende tus brazos junto Conmigo en mi Voluntad para reparar por tantos que extienden sus obras en la voluntad humana, la cual les forma la red de todos los males para precipitarlos en el abismo eterno, y para impedir que mi justicia se derrame sobre ellos para desahogar su justo furor, porque cuando la criatura se extiende en mi Voluntad para obrar y para sufrir, mi justicia se siente tocada por la criatura con la potencia de mi Voluntad, y deja sus justos rigores, es una

vena divina que la criatura hace correr entre Dios y la familia humana, por la cual mi justicia no puede hacer menos que tener consideración hacia la pobre humanidad".

(3) Y mientras esto decía, hacía ver cómo las criaturas están preparando una gran revolución entre los partidos contra el gobierno y contra la Iglesia. ¡Qué destrucción horrible se veía! ¡Cuántas tragedias! Entonces mi dulce Jesús ha continuado hablándome y me ha dicho:

(4) "Hija mía, ¿has visto? Las criaturas no quieren detenerse, la avidez de derramar sangre no se ha apagado en ellas, y esto hace que mi justicia, con terremotos, con agua y con el fuego destruya ciudades enteras y haga desaparecer los habitantes de la faz de la tierra, por eso hija mía, reza, sufre, obra en mi Voluntad, pues sólo esto puede formar un freno para que mi justicia no explote con sus rayos devastadores para destruir la tierra. ¡Oh, si tú supieras cómo es bello y deleitable el ver obrar a un alma en mi Voluntad! Una imagen te la pueden dar el padre mar y la madre tierra, que están tan unidos y vinculados entre ellos, que el agua no puede estar sin la tierra, y la tierra sería infecunda sin el agua, es como un matrimonio lo que hay entre ellos, por lo que se puede decir padre al mar y madre a la tierra. Tal unión debería tener el alma con mi Voluntad. Ahora, ¿qué cosa hay en el mar? Una inmensidad de aguas; ¿quién habita en estas aguas? ¿A quién alimenta, a quién da vida? A los tantos variados peces que se alimentan, nadan y serpentean en el inmenso mar. Mira entonces, el mar es uno, pero muchos peces viven en él; el amor y el celo del mar hacia ellos es tanto, que los tiene ocultos en sí; sus aguas se extienden arriba, abajo, a derecha e izquierda, si el pez quiere nadar y caminar abre las aguas y serpenteando se divierte, el agua se deja abrir, pero se estrecha siempre en torno, por abajo, por arriba, a derecha e izquierda, no lo deja jamás; y por donde pasa se cierra de inmediato detrás, no dejando vestigio alguno de por donde pasa ni a dónde llega, a fin de que nadie pueda seguirlo; si quiere nutrirse, el agua se presta a alimentarlo, si quiere dormir, le hace de lecho; pero nunca lo deja, se cierra siempre a su derredor. Pero con todo esto se ve que en el mar hay seres que no son las mismas aguas, se ven movimientos, serpenteos formados por estos mudos habitantes, a los cuales el mar les es vida, y ellos son la gloria, el honor y la riqueza del mar. Más que pez es el alma que obra y vive en mi Voluntad; mi Voluntad es inmensa, la criatura es finita, pero a pesar de que es finita tiene su movimiento, su voz, su pequeño camino, y mi Voluntad viéndola en Ella, es tanto su amor y su celo, que más que mar se extiende encima, abajo, a derecha e izquierda y se hace vida, alimento, palabra,

obra, paso, sufrimiento, lecho, reposo, habitación de esta afortunada criatura, la sigue por doquier y llega a entretenerse junto con ella. Podría decir que esas almas son mi gloria, mi honor y la riqueza que produce mi Voluntad. Este obrar del alma en mi Voluntad es como el nadar y el serpentear del pez en el mar terrestre, pero el alma lo hace en el mar celeste del Querer Supremo; son los ocultos habitantes de las olas celestiales, que viven en la herencia inmensa del mar infinito de mi Voluntad; y así como los peces están ocultos, desaparecidos en el mar, mudos, sin embargo forman la gloria del mar y sirven como alimento para los hombres, así estas almas parecen desaparecidas en el mar Divino, mudas, sin embargo forman mi más grande gloria de la Creación y son causa primaria para hacer descender sobre la tierra el alimento exquisito de mi Voluntad y de mi Gracia.

(5) Otra imagen del obrar del alma en mi Voluntad es la tierra. Las almas que viven en mi Voluntad son las plantas, las flores, los árboles, las semillas. ¿Con cuanto amor no se abre la tierra para recibir la semilla? Y no sólo se abre, sino que se vuelve a cerrar para ponerse arriba y ayudar a la semilla a hacerse polvo junto con ella, para poder con mayor facilidad parir de su seno la planta que contiene esa semilla, y en cuanto comienza a brotar de su seno se estrecha a su alrededor, le presta el humor que contiene, casi como alimento para hacerla crecer. Una madre no puede ser tan afectuosa como la madre tierra, porque a su recién nacido no siempre lo tiene en su regazo, ni siempre le da la leche, en cambio la tierra, más que madre, no separa jamás de su seno a la planta, mas bien, por cuanto más crece para arriba tanto más se hunde abajo, se desgarra por hacer lugar a las raíces, para hacer crecer más bella y más fuerte a la planta. Es tanto su amor y su celo, que la tiene pegada a su pecho para darle vida y alimento continuo. Pero las plantas, las flores, etc., son el más bello ornamento de la tierra, son su felicidad, su gloria y su riqueza, y proveen de alimentos a las humanas generaciones. Más que madre tierra es mi Voluntad para el alma que vive y obra en Ella; más que tierna madre me la oculto en mi Voluntad, le ayudo a hacer morir la semilla de su voluntad, a fin de que renazca con la mía y formo mi planta predilecta; la alimento con la leche celestial de mi Divinidad; es tanto mi celo que la tengo prendida a mi seno, y encerrada en Mí a fin de que crezca bella y fuerte y toda a mi semejanza. Por eso hija mía sé atenta, obra siempre en mi Voluntad si quieres volver contento a tu amado Jesús; quisiera que hicieras todo a un lado para tomar sólo este punto del vivir y obrar siempre en mi Voluntad".

17-9
Agosto 14, 1924

Lo obrado en la Divina Voluntad contiene la potencia creadora. El obrar de Jesús forma la corona al obrar de las criaturas.

(1) Estaba pensando entre mí: "Quisiera girar siempre en su Querer Divino, quisiera ser como rueda de reloj que gira siempre sin detenerse jamás". Pero mientras esto pensaba, mi dulce Jesús se ha movido en mi interior y me ha dicho:

(2) "Hija mía, ¿quieres girar siempre en mi Querer? ¡Oh! con qué ganas y con qué amor quiero que gires siempre en mi Querer, tu alma será la rueda, mi Voluntad te dará la cuerda para hacerte girar velozmente sin detenerte jamás, tu intención será el punto de partida de adonde quieres ir, qué camino quieres tomar, si al pasado o bien en el presente, o quieres deleitarte en los caminos futuros, a tu libre elección, siempre me serás amada y me dará sumo deleite cualquier punto de partida que tu tomes".

(3) Después ha agregado: "Hija amadísima de mi Voluntad, todo lo que se ha hecho en mi Voluntad contiene la potencia creadora. Mira, todo lo que hizo mi Humanidad estando en la tierra, como todo fue hecho en la Voluntad Suprema, todo contiene esta potencia creadora, tanto, que así como está un sol siempre en acto, siempre pleno de luz y de calor, sin disminuir jamás, ni crecer en su pleno esplendor, tal como fue creado por Dios, así todo lo que hice, todo está en acto, y como el sol es de todos y de cada uno, así mi obrar, mientras es uno es de todos y de cada uno, es más, mis pensamientos forman la corona a cada inteligencia creada, mis miradas, mis palabras, mis obras, mis pasos, mis latidos, mis penas, forman la corona de las miradas, de las palabras, de las obras, de las penas, etc., etc., de las criaturas, podría decir que como corona están a guardia de todo lo que hace la criatura. Ahora, si la criatura piensa en mi Voluntad, la corona de mis pensamientos se abre y encierra en los míos los pensamientos de ella, y tomando parte en la potencia creadora, hacen hacia Dios y hacia las criaturas el oficio de mi inteligencia; así si miras, si hablas, mis miradas, mis palabras forman el puesto para recibir las tuyas y formando una sola corona hacen el oficio de mis miradas y de mis palabras, y así de todo lo demás. Las almas que viven en mi Voluntad son mis verdaderas repetidoras, mis inseparables imágenes reproducidas en ellas y absorbidas de nuevo en Mí, para hacer que todo

lo que hacen quede con el sello de que son obras mías y continúen mi mismo oficio".

17-10
Septiembre 2, 1924

Cuánto daño causa la desconfianza en el alma.

(1) Me sentía muy oprimida, pero toda abandonada en los brazos de Jesús, y le pedía que tuviera compasión de mí, pero mientras esto hacía sentí perder los sentidos, y veía que salía de dentro de mí una pequeña niña, débil, pálida y toda absorta en una profunda tristeza; y Jesús bendito, yendo a su encuentro la tomaba en sus brazos y moviéndose a piedad se la estrechaba al corazón, y con sus manos le acariciaba la frente, marcándole con signos de cruz los ojos, los labios, el pecho, y todo el resto de la pequeña niña; mientras esto hacía la niña se revigorizaba, adquiría el color y se sacudía del estado de tristeza, y Jesús viendo que la niña readquiría las fuerzas, se la estrechaba más fuerte para mayormente vigorizarla y le decía:

(2) "Pobre pequeña, a qué estado estás reducida, pero no temas, tu Jesús te hará salir de este estado".

(3) Entonces mientras esto sucedía yo pensaba entre mí: "¿Quién será esta niña que ha salido de mí y que Jesús ama tanto?" Y mi dulce Jesús me ha dicho:

(4) "Hija mía, esta niña es tu alma, y Yo la amo tanto que no tolero verte tan triste y débil, por eso he venido para infundirte nueva vida y nuevo vigor".

(5) Entonces yo, al oír esto le he dicho llorando: "Amor mío y vida mía, Jesús, cuanto temo que Tú me dejes, ¿cómo haré sin Ti? ¿Cómo podré vivir, a qué estado deplorable se reducirá mi pobre alma? ¡Qué pena tan desgarradora es el pensamiento de que Tú puedas dejarme! Pena que me lacera, me quita la paz y me pone el infierno en el corazón. Jesús, piedad, compasión, misericordia de mí, pequeña niña, no tengo a nadie, si me dejas Tú todo habrá terminado para mí".

(6) Y Jesús, hablando de nuevo ha agregado: "Hija mía, cálmate, no temas, tu Jesús no te deja. Yo soy celoso de tu confianza, no quiero que desconfíes mínimamente de Mí. Mira, Yo amo tanto que las almas estén con toda confianza Conmigo, que muchas veces escondo algún defecto o imperfección de ellas, o alguna incorrespondencia a mi gracia, para no darles ocasión de que no estén Conmigo con toda confianza, porque si

pierden la confianza el alma queda como dividida de Mí y toda encogida en sí misma, se pone a distancia de Mí y queda paralizada en el arrojo del amor, y por eso paralizada en el sacrificarse por Mí. ¡Oh! cuánto daño hace la desconfianza, se puede decir que es como esa helada primaveral que apaga la vida a las plantas, y muchas veces si la helada es fuerte las hace aun morir; así la desconfianza, más que helada detiene el desarrollo a las virtudes y pone el hielo al más ardiente amor; ¡oh! cuántas veces por falta de confianza quedan detenidos mis designios y las más grandes santidades, por eso Yo tolero cualquier defecto excepto la desconfianza, porque jamás le pueden producir tanto daño. Y además, ¿cómo puedo dejarte si he trabajado tanto en tu alma? Mira un poco cuánto he debido trabajar".

(7) Y mientras esto decía hacía ver un palacio suntuoso e inmenso, construido por las manos de Jesús en el fondo de mi alma y después ha agregado:

(8) "Hija mía, ¿cómo puedo dejarte? Mira cuántas estancias, son casi innumerables; por cuantos conocimientos, efectos, valores y méritos en mi Voluntad te he hecho conocer, tantas estancias formaba Yo en ti, para depositar todos esos bienes. No me queda otra cosa, que agregar alguna que otra variedad de otros diferentes colores para pintar otras raras bellezas de mi Suprema Voluntad, para dar más realce y honor a mi trabajo. ¿Y tú dudas, pensando que pudiera dejar tanto trabajo mío? Me cuesta demasiado, está mi Voluntad comprometida, y donde está mi Voluntad está la Vida, Vida no sujeta a morir. Tu temor no es otra cosa que un poco de desconfianza de parte tuya, por eso fíate de Mí y estaremos de acuerdo, y Yo cumpliré el trabajo de mi Voluntad".

17-11
Septiembre 6, 1924

Imagen del estado de la Iglesia. Necesidad de purificarla.

(1) Encontrándome en mi habitual estado me he encontrado fuera de mí misma, y con gran sorpresa mía he encontrado en medio de un camino a una mujer tirada por tierra, toda llena de heridas y los miembros todos descoyuntados, no había hueso en su lugar. La mujer, si bien tan maltrecha que parecía el verdadero retrato del dolor, era bella, noble, majestuosa, pero al mismo tiempo daba piedad el verla abandonada por todos, expuesta a quien quisiera hacerle daño. Entonces, movida a compasión miraba alrededor para ver si había alguien que me ayudara a

levantarla y ponerla en lugar seguro, y ¡oh! maravilla, junto a mí estaba un joven que me parecía que fuera Jesús, y juntos la hemos levantado de la tierra, pero a cada movimiento sufría penas desgarradoras debido al dislocamiento de los huesos. Así, poco a poco la hemos transportado dentro de un palacio, poniéndola sobre una cama, y junto con Jesús, que parecía que amaba tanto a esa mujer que quería darle su propia Vida para salvarla y darle la salud, tomábamos en nuestras manos los miembros dislocados para ponerlos en su lugar; al toque de Jesús los huesos tomaban su lugar y aquella mujer se transformaba en una bella y graciosa niña. Yo he quedado asombrada por esto, y Jesús me ha dicho:

(2) "Hija mía, esta mujer es la imagen de mi Iglesia. Ella es siempre noble, llena de majestad y santa, porque su origen está en el Hijo del Padre Celestial; pero a qué estado tan doloroso la han reducido los miembros a Ella incorporados, no contentos con no vivir santamente, a la par de Ella, la han llevado en medio de la calle, exponiéndola al frío, a las burlas, a los golpes, y sus mismos hijos, como miembros dislocados, viviendo en medio de la calle se han dado a toda clase de vicios; el amor al interés, predominante en ellos los ciega y cometen las más feas infamias y viven junto a Ella para herirla y gritarle continuamente: 'Sea crucificada, sea crucificada'. En qué estado tan doloroso se encuentra mi Iglesia, los ministros que deberían defenderla son sus más crueles verdugos; pero para renacer es necesaria la destrucción de estos miembros e incorporarle miembros inocentes, desinteresados, que viviendo a la par con Ella, regrese bella y graciosa niña, tal cual Yo la constituí, sin malicia, más que sencilla niña, para crecer fuerte y sana. Esta es la necesidad de que los enemigos inicien la batalla, para que se purguen los miembros infectados. Tú reza y sufre a fin de que todo redunde para mi gloria".

(3) Dicho esto me he encontrado en mí misma.

17-12
Septiembre 11, 1924

Terribles efectos de las oposiciones del alma a la Voluntad de Dios. En el Cielo toda la eternidad se pondrá en torno al alma que ha vivido en la Divina Voluntad, para enriquecerla, felicitarla y no la priva de nada de lo que ella contiene.

(1) Me sentía muy turbada y pedía a Jesús que tuviera compasión de mí, que tomara Él todo el cuidado de mi pobre alma, y le decía:

(2) "Ah, aléjame a todos, para que me quedes Tú solo, Tú solo me bastas. Después de tanto tiempo habrías debido contestarme, mucho más que no te pido más que a Ti sólo".

(3) Ahora, mientras esto y otras cosas decía, mi Jesús me ha tomado un brazo, como si quisiera Él liberarme y hacerme así el oficio de mi confesor. ¡Oh! cómo me sentía feliz al ver hacer esto a Jesús y pensaba entre mí: "Finalmente ha terminado el más duro de mis sacrificios". Pero felicidad vana y pasajera, mientras Jesús me ha tomado el brazo, al mismo tiempo ha desaparecido y yo he sido dejada en mi habitual estado, sin poder reaccionar. Cómo he llorado y pedía que tuviera compasión de mí. Después de algunas horas mi amable Jesús ha regresado, y viéndome llorar y toda amargada me ha dicho:

(4) "Hija mía, no llores, ¿no quieres confiarte de tu Jesús? Déjame hacer, déjame hacer, no tomes las cosas a la ligera; es mas, ¡oh! cuántas cosas tristes están por suceder, mi justicia no puede contener los flagelos para castigar a las criaturas; todos están por lanzarse unos contra otros, y cuando oigas los males de tus hermanos sentirás remordimiento por tus oposiciones a tu habitual sacrificio, como si también tú hubieras tomado parte en empujar a la justicia a castigar a las criaturas".

(5) Y yo al oír esto le he dicho: "Jesús mío, jamás sea, no quiero sustraerme de tu Voluntad, más bien te ruego que me libres de la más fea de las desventuras, que yo no haga tu Santísima Voluntad; no te pido que me libres del sufrir, mas bien me lo aumentes, sólo te ruego, como gracia que quiero de Ti, siempre si Tú lo quieres, que me liberes del fastidio que doy al confesor, esto me es demasiado duro y siento que no tengo la fuerza para soportarlo, por lo tanto, si a Ti te place libérame, o bien dame más fuerza, pero no permitas que no se cumpla tu Santísima Voluntad en mí".

(6) Y Jesús continuando con su hablar me ha dicho: "Hija mía, recuérdate que te pedí un 'sí' en mi Voluntad, y tú lo pronunciaste con todo amor; aquel 'sí' existe aún y tiene el primer puesto en mi Voluntad interminable. Todo lo que tú haces, piensas y dices, está ligado a aquel 'sí', al cual nada se le escapa, y mi Voluntad goza y hace fiesta al ver a una voluntad de criatura vivir en mi Voluntad, y la voy llenando de gracias nuevas, y constituyo todos tus actos en actos divinos; este es el más grande portento que existe entre el Cielo y la tierra, es el objeto para Mí más querido, que, jamás sea, me sea arrancado, me sentiría arrancar a

Mí mismo y lloraría amargamente por ello. Mira, conforme tú hacías esa pequeña oposición, aquel 'sí' tuyo ha temblado de espanto; ante ese estremecimiento los fundamentos de los cielos se han sacudido temblorosos; todos los santos y ángeles, y todo el ámbito de la eternidad han visto esto con horror y con dolor, sintiéndose arrancar un acto de la Voluntad Divina, porque mi Voluntad envolviendo todo y a todos les hacía sentir tus actos hechos una sola cosa con ellos, y por lo tanto todos sentían el doloroso desgarro, podría decirte que todos se ponían en actitud de profundo dolor".

(7) Y yo, espantada por el hablar de Jesús he dicho: "Amor mío, ¿qué dices? ¿Es posible todo este mal? Tu hablar me hace morir de pena, ¡ah! perdóname, ten misericordia de mí que soy tan mala, y confirma mi 'sí' con ataduras más fuertes en tu Voluntad, es más, hazme morir antes que hacerme salir de tu Voluntad".

(8) Y Jesús de nuevo: "Hija mía, cálmate, como inmediatamente te has puesto de nuevo en mi Querer, todas las cosas se han calmado y se han puesto en actitud de nueva fiesta. Tu 'sí' continúa sus veloces giros en la inmensidad de mi Voluntad. ¡Ah! hija, ni tú ni los que te dirigen han conocido qué significa vivir en mi Querer, por eso no lo aprecian y se tiene como cosa de ninguna importancia, —y esto es un dolor mío— mientras que es la cosa que más me interesa y que debería más que cualquier cosa interesar a todos; pero, ¡ay de Mí! se pone atención a otras cosas, a cosas que para Mí son menos agradables o indiferentes, en lugar de lo que más me glorifica y que da a ellos, aun sobre esta tierra, bienes inmensos y eternos, y los hace propietarios de los bienes que mi Voluntad posee. Mira, mi Voluntad es una y abraza toda la eternidad; ahora, el alma viviendo en mi Voluntad y haciéndola suya, viene a tomar parte en todos los gozos y en los bienes que mi Voluntad contiene y se vuelve como propietaria de ellos, y si bien estando en la tierra ella no siente todos esos gozos y bienes, teniendo el depósito de todos en su voluntad en virtud de la mía hecha en la tierra, muriendo y encontrándose arriba en los Cielos, sentirá todos aquellos gozos y bienes que mi Voluntad ha puesto fuera en el Cielo mientras ella vivía sobre la tierra. Nada le será quitado, más bien le será multiplicado, porque si los santos han gozado de mi Voluntad porque viven en Ella, pero es siempre gozando como viven, en cambio el alma que vive en mi Voluntad en la tierra vive sufriendo, ¿no es justo que ella tome aquellos gozos y aquellos bienes que los demás han tomado en el Cielo mientras ella vivía en la tierra en aquella misma Voluntad en que vivían ellos? Así que, ¿cuántas riquezas inmensas no toma quien vive en mi Voluntad?

Puedo decir que toda la eternidad se pondrá en torno a ella para enriquecerla, para hacerla feliz, nada le priva de lo que Ella contiene, es su hija y la ama tanto que de nada quiere privarla. Por eso sé atenta hija mía, no quieras oponerte a mis designios que he hechos sobre ti".

17-13
Septiembre 17, 1924

El obrar en la Divina Voluntad significa que el Sol de la Divina Voluntad, transformando en sol a la voluntad humana, obra en ella como en su propio centro. Jesús bendice estos escritos.

(1) Estaba pensando en el Santo Querer Divino, y hacía cuanto más podía para fundirme en Él, para poder abrazar a todos y llevar a mi Dios los actos de todos como un acto solo, actos que son todos debidos a nuestro Creador. Mientras esto hacía veía abrirse el Cielo y salir de él un Sol, que hiriéndome con sus rayos me penetraba hasta el fondo de mi alma, la cual, herida por esos rayos se convertía en un sol, que expandiendo rayos hería a aquel Sol del cual había quedado herida. Y como yo continuaba haciendo mis actos por todos en el Divino Querer, estos actos eran fundidos en esos rayos y convertidos en actos divinos, que difundiéndose en todos y sobre todos formaban una red de luz, tal, de poner orden entre el Creador y la criatura. Yo he quedado encantada al ver esto, y mi amable Jesús saliendo de dentro de mi interior, en medio de este Sol me ha dicho:

(2) "Hija mía, mira cómo es bello el Sol de mi Voluntad, qué Potencia, qué maravilla, no apenas el alma se quiere fundir en Ella para abrazar a todos, mi Querer transformándose en Sol hiere al alma y forma otro Sol en ella, y ella conforme forma sus actos forma sus rayos para herir al Sol de la Suprema Voluntad, y envolviendo a todos en esta luz, por todos ama, glorifica, satisface a su Creador, y lo que es más, no con amor, gloria y satisfacción humanas, sino con amor y gloria de Voluntad Divina, porque el Sol de mi Voluntad ha obrado en ella. Mira qué significa hacer los actos en mi Voluntad, esto es el vivir en mi Querer: Que el Sol de mi Voluntad, transformando en Sol a la voluntad humana, obre en ella como en su propio centro".

(3) Después, mi dulce Jesús iba tomando todos los libros escritos sobre su Divino Querer, los ponía juntos, se los estrechaba al corazón, y con una ternura indecible ha agregado:

(4) "Bendigo de corazón estos escritos, bendigo cada palabra, bendigo los efectos y el valor que ellos contienen; estos escritos son una parte de Mí mismo".

(5) Después ha llamado a los ángeles, los cuales se han puesto rostro en tierra a rezar, y como estaban presentes dos padres que debían ver los escritos, Jesús ha dicho a los ángeles que tocaran sus frentes para imprimir en ellos el Espíritu Santo, y así infundirles la luz para poderlos hacer comprender las verdades y el bien que hay en estos escritos. Los ángeles lo han cumplido y Jesús, bendiciéndonos a todos ha desaparecido.

17-14
Septiembre 18, 1924

Diferencia que hay entre el vivir en la Voluntad de Dios y el hacer la Voluntad de Dios. Para entender qué cosa quiere decir vivir en la Divina Voluntad se debe disponer al más grande de los sacrificios, que es el de no dar vida, aun en las cosas santas, a la propia voluntad.

(1) Estaba pensativa acerca de lo que está escrito sobre el vivir en el Divino Querer, y pedía a Jesús que me diera más luz para explicarme mejor, y así poder aclarar más a quien estoy obligada a hacerlo este bendito vivir en la Divina Voluntad, y mi dulce Jesús me ha dicho:

(2) "Hija mía, no se quiere entender. El vivir en mi Voluntad es reinar, el hacer mi Voluntad es estar a mis órdenes; lo primero es poseer, lo segundo es recibir mis órdenes y cumplirlas. El vivir en mi Querer es hacer suya mi Voluntad como cosa propia, es disponer de Ella; el hacer mi Voluntad es tenerla en cuenta como Voluntad de Dios, no como cosa propia, ni poder disponer de Ella como se quiere. El vivir en mi Voluntad es vivir con una sola Voluntad, la cual es la de Dios, la cual, siendo una Voluntad toda Santa, toda pura, toda paz, y siendo una sola Voluntad la que reina, no hay contrastes, todo es paz; las pasiones humanas tiemblan ante esta Suprema Voluntad y quisieran rehuirla, no se atreven a moverse ni a oponerse, viendo que ante esta Santa Voluntad tiemblan Cielos y tierra. Así que el primer paso del vivir en el Querer Divino, ¿qué hace? Poner el orden divino en el fondo del alma, vaciarla de lo que es humano, de tendencias, de pasiones, de inclinaciones y de otras cosas. En cambio el hacer mi Voluntad es vivir con dos voluntades, y cuando doy las órdenes de seguir la mía, la criatura siente el peso de su voluntad

que le pone contrastes, y a pesar de que siga las órdenes de mi Voluntad con fidelidad, siente el peso de la naturaleza rebelde, sus pasiones e inclinaciones. Y cuántos santos, a pesar que han llegado a la perfección más alta, sienten esta su voluntad que les hace guerra, que los tiene oprimidos, y muchos están obligados a gritar: '¿Quién me librará de este cuerpo de muerte? Esto es, de esta mi voluntad que quiere dar muerte al bien que quiero hacer?' El vivir en mi Voluntad es vivir como hijo, el hacer mi Voluntad es vivir como siervo. En el primero, lo que es del padre es del hijo y muchas veces hacen más sacrificios los siervos que los hijos, a ellos les toca exponerse a los servicios más fatigosos, más humildes, al frío, al calor, a viajar a pie; en efecto, ¿cuánto no han hecho mis santos para seguir las órdenes de mi Voluntad? En cambio el hijo está con su padre, tiene cuidado de él, lo alegra con sus besos y con sus caricias, manda a los siervos como si lo hiciera su padre; si sale, no va a pie, sino que viaja en carroza; y si el hijo posee todo lo que es del padre, a los siervos no se da otra cosa que la paga por el trabajo que han hecho, y quedan libres de servir o no servir a su patrón, y si no lo sirven no tienen más derecho de recibir ninguna otra compensación. En cambio entre padre e hijo nadie puede quitar estos derechos: 'Que el hijo posee los bienes del padre.' Ninguna ley, ni celeste ni terrestre puede quitar estos derechos, ni desvincular la filiación entre padre e hijo. Hija mía, el vivir en mi Voluntad es el vivir que más se acerca al de los bienaventurados en el Cielo, y es tan distante de quien hace mi Voluntad y está fielmente a mis órdenes, cuanto es distante el Cielo de la tierra, cuanta distancia hay entre hijo y siervo, entre rey y súbdito. Además, esto es un don que quiero hacer en estos tiempos tan tristes, que no sólo hagan mi Voluntad sino que la posean. ¿No soy acaso Señor y dueño de dar lo que quiero, cuando quiero y a quien quiero? ¿No es libre un señor de decir a un siervo: 'Vive en mi casa, come, toma, ordena como otro yo mismo?' Y para hacer que nadie pueda impedirle la posesión de sus bienes, se legitima este siervo como hijo y le da el derecho de poseer. Si esto puede hacer un rico, mucho más puedo hacerlo Yo. Este vivir en mi Querer es el don más grande que quiero dar a las criaturas, mi bondad quiere siempre más desahogarse en amor hacia ellas y habiéndoles dado todo, y no teniendo más que darles para hacerme amar, quiero hacer don de mi Voluntad, a fin de que poseyéndola, amen el gran bien que poseen.

(3) No te asombres si ves que no comprenden, para entender deberían disponerse al más grande de los sacrificios, cual es el de no dar vida, aun en las cosas santas a la propia voluntad, sólo entonces sentirían la

posesión de la mía y tocarían con la mano qué significa vivir en mi Querer. Tú sé atenta y no te fastidies de las dificultades que te ponen, y Yo poco a poco me haré camino para hacer comprender el vivir en mi Voluntad".

17-15
Septiembre 22, 1924

Rabia diabólica porque se escribe sobre la Divina Voluntad. El vivir en el Divino Querer lleva consigo la pérdida de cualquier derecho de voluntad propia.

(1) Continúo: Mientras escribía lo que está dicho arriba, veía a mi dulce Jesús que apoyaba su boca en la parte de mi corazón y con su aliento me infundía las palabras que estaba escribiendo, y al mismo tiempo oía un horrible escándalo a lo lejos, como de personas que se peleaban y golpeaban con tanto estrépito que infundía espanto. Y yo, dirigiéndome a mi Jesús le he dicho:

(2) "Jesús mío, amor mío, ¿quienes son los que hacen tanto escándalo? Me parecen demonios enfurecidos, ¿qué cosa quieren que se pelean tanto?

(3) Y Jesús: "Hija mía, son precisamente ellos, quisieran que tú no escribieras sobre mi Voluntad, y cuando te ven escribir verdades más importantes sobre el vivir en mi Querer sufren un doble infierno, y atormentan de más a todos los condenados; temen tanto que puedan publicarse estos escritos sobre mi Voluntad, porque ven perdido su reino sobre la tierra, adquirido por ellos cuando el hombre, sustrayéndose de la Voluntad Divina, dio libre paso a su voluntad humana. ¡Ah! sí, fue precisamente entonces cuando el enemigo adquirió su reino sobre la tierra; y si mi Querer pudiese reinar sobre la tierra, el enemigo, él mismo se escondería en los más oscuros abismos. He aquí por qué se pelean con tanto furor, sienten la potencia de mi Voluntad en estos escritos, y ante la sola duda de que pueden salir fuera, montan en furia y buscan con todo su poder el impedir un bien tan grande. Tú no les hagas caso, y de esto aprende a apreciar mis enseñanzas".

(4) Y yo: "Jesús mío, siento que se necesita tu mano omnipotente para hacerme escribir lo que Tú dices sobre el vivir en tu Querer. Debido a las tantas dificultades que los demás ponen, especialmente cuando me repiten: ¿Será posible que ninguna otra criatura haya vivido en tu Santísima Voluntad? Me siento tan aniquilada que quisiera desaparecer

de la faz de la tierra, a fin de que nadie más me viera, pero a pesar mío estoy obligada a permanecer para cumplir tu Santa Voluntad".

(5) Y Jesús: "Hija mía, el vivir en mi Querer lleva consigo la pérdida de cualquier derecho de voluntad propia, todos los derechos son por parte de la Voluntad Divina, y si el alma no pierde los propios derechos, no se puede decir verdadero vivir en mi Querer, a lo más se puede decir vivir resignada, uniformada, porque el vivir en mi Querer no es la sola acción que haga según mi Voluntad, sino es que todo el interior de la criatura no dé lugar ni a un afecto, ni a un pensamiento, ni a un deseo, ni siquiera a un respiro en el cual mi Querer no tenga su lugar, ni mi Querer toleraría aun un afecto humano del cual Él no fuera la vida; tendría asco de hacer vivir al alma en mi Voluntad con sus afectos, pensamientos, etc., que pudiera tener una voluntad humana. ¿Y crees tú que sea fácil que un alma voluntariamente pierda sus propios derechos? ¡Oh, cómo es difícil! Mas bien hay almas que cuando llegan al punto de perder todos los derechos sobre su voluntad, se echan para atrás, y se contentan con llevar una vida mediana, porque el perder los propios derechos es el más grande sacrificio que puede hacer la criatura, y que dispone a mi bondad a abrirle las puertas de mi Querer, y haciéndola vivir en Ella, recompensarla con mis derechos divinos. Por eso sé atenta y no salgas jamás de los confines de mi Voluntad".

17-16
Octubre 2, 1924

Efectos de la adoración hecha en la Divina Voluntad.

(1) Me sentía toda amargada por la privación de mi dulce Jesús. ¡Oh! cómo mi exilio se hace más duro y amargo sin Aquél que forma toda mi vida, y le pedía que tuviera compasión de mí, que no me dejara a merced de mí misma. Mientras esto decía, mi amado Jesús se hacía ver que me estrechaba fuerte el corazón con sus manos, y después, con una cuerdecilla de luz me ataba toda, pero tan estrecha de impedirme el más pequeño movimiento. Después se ha extendido en mí, y sufríamos juntos. Mientras estaba en esto me sentí transportar fuera de mí misma hacia la bóveda del cielo, y me parecía encontrar al Padre Celestial y al Espíritu Santo, y Jesús que estaba conmigo, se ha puesto en medio de Ellos y me ha puesto en el seno del Padre, el cual me parecía que me esperaba con tanto amor, que me ha estrechado a su seno y fundiéndome con su Voluntad me comunicaba su potencia; así han

hecho las otras dos Divinas Personas. Pero mientras se comunicaban uno a uno, haciéndose después todo Uno, me sentía infundir toda junta la Voluntad de la potencia del Padre, la Voluntad de la sabiduría del Hijo, y la Voluntad del amor del Espíritu Santo. ¿Quién puede decir lo que sentía infundir en mi alma? Entonces mi amable Jesús me ha dicho:

(2) "Hija de nuestro eterno Querer, póstrate ante nuestra Majestad Suprema y ofrece tus adoraciones, tus homenajes, tus alabanzas, a nombre de todos con la potencia de nuestra Voluntad, con la sabiduría y con la Voluntad de nuestro amor supremo; sentiremos en ti la potencia de nuestra Voluntad que nos adora, la sabiduría de nuestra Voluntad que nos glorifica, el amor de nuestra Voluntad que nos ama y nos alaba. Y como la potencia, la sabiduría y el amor de las Tres Divinas Personas están en comunicación con la inteligencia, memoria y voluntad de todas las criaturas, sentiremos correr tus adoraciones, homenajes y alabanzas en todas las inteligencias de las criaturas, que elevándose entre el Cielo y la tierra oiremos el eco de nuestra misma potencia, sabiduría y amor que nos adoran, que nos alaban y nos aman. Adoraciones más grandes, homenajes más nobles, amor y alabanzas más divinas no puedes darnos; ningún otro acto puede igualar a estos actos, ni darnos tanta gloria y tanto amor, porque vemos aletear en el acto de la criatura la potencia, la sabiduría y el recíproco amor de las Tres Divinas Personas, encontramos nuestros actos en el acto de la criatura. ¿Cómo no apreciarlos y no darles la supremacía sobre todos los demás actos?"

(3) Entonces yo me he postrado ante la Majestad Suprema, adorándola, alabándola y amándola a nombre de todos con la potencia, sabiduría y amor de su Voluntad que sentía en mí. ¿Pero quién puede decir los efectos? No tengo palabras para expresarlos, por eso paso adelante. Después he recibido la comunión y estaba fundiéndome en el Querer de mi sumo Bien Jesús para encontrar en Él toda la Creación, a fin de que ninguno pudiera faltar a la llamada, y todos juntos conmigo pudieran postrarse a los pies de mi Sacramentado Jesús, adorarlo, amarlo, bendecirlo, etc., etc. Pero mientras esto hacía, me sentía como distraída buscando todas las cosas creadas en su Divina Voluntad, a fin de que uno fuese el amor, la alabanza, las adoraciones para mi Jesús. Y Jesús, viéndome como apurada, ha tomado toda la Creación en su regazo y me ha dicho:

(4) "Hija mía, he tomado toda la Creación en mi regazo para que te sea más fácil encontrar y llamar a todos junto contigo, a fin de que ninguna cosa salida de Mí, no me dé, por medio tuyo, la correspondencia del amor y de la adoración que se me debe como cosas que me pertenecen;

Yo no estaría plenamente contento en ti si alguna faltara. En mi Querer todo quiero encontrar en ti".

(5) Entonces me ha sido fácil encontrar y llamar a toda la Creación junto conmigo para hacer que todos alabáramos, amáramos a mi sumo Bien Jesús; pero, ¡oh sorpresa! Cada cosa creada contenía un reflejo distinto y un amor especial de Jesús, y Jesús recibía la correspondencia de sus reflejos y de su amor. ¡Oh, cómo Jesús estaba contento! Pero mientras esto hacía me he encontrado en mí misma.

17-17
Octubre 6, 1924

La Divina Voluntad es latido primario del alma y de todas las cosas creadas.

(1) Me estaba fundiendo toda en el Santo Querer Divino, y mi dulce Jesús moviéndose en mi interior me ha dicho:

(2) "Hija mía, cómo es bello ver a un alma fundirse en mi Voluntad, en cuanto el alma se funde en Ella, el latido creado toma lugar y vida en el latido increado y forman uno solo, y corre y late junto con el latido eterno. Esta es la más grande felicidad del corazón humano, latir en el latido eterno de su Creador. Mi Querer lo pone en vuelo y el latido humano se arroja en el centro de su Creador".

(3) Entonces yo le he dicho: "Dime amor mío, ¿cuántas veces gira tu Querer en todas las criaturas?"

(4) Y Jesús: "Hija mía, mi Querer, en cada latido de criatura forma su giro completo en toda la Creación, y así como el latido en la criatura es continuo, y si cesa el latido cesa la vida, así mi Voluntad, más que latido, para dar Vida Divina a las criaturas gira y forma el latido de mi Voluntad en cada corazón. Mira entonces cómo está mi Voluntad en cada criatura, como latido primario, porque el suyo es secundario. Es más, si latido de criatura hay, es en virtud del latido de mi Voluntad, más bien, esta mi Voluntad forma dos latidos, uno para el corazón humano como vida del cuerpo; y otro para el alma, como latido y vida del alma. ¿Pero quieres saber tú qué hace este latido de mi Voluntad en la criatura? Si piensa, mi Voluntad corre y circula como sangre en las venas del alma y le da el pensamiento divino, a fin de que haga a un lado el pensamiento humano y dé el lugar primario al pensamiento de mi Voluntad; si habla, quiere el lugar la palabra de mi Voluntad; si obra, si camina, si ama, mi Voluntad quiere el lugar de la obra, del paso, del amor. Es tanto el amor

y el celo de mi Voluntad en la criatura, que mientras late, si la criatura quiere pensar se hace pensamiento, si quiere mirar se hace ojo, si quiere hablar se hace palabra, si quiere obrar se hace obra, si quiere caminar se hace pie, si quiere amar se hace fuego, en suma, corre y gira en cada acto de la criatura para tomar en él su lugar primario que le es debido; pero con sumo dolor nuestro la criatura le niega este lugar de honor y da este lugar a su voluntad humana, y mi Voluntad es obligada a estarse en la criatura como si no tuviera ni pensamiento, ni ojo, ni palabra, ni manos, ni pies, sin poder desarrollar la Vida de mi Voluntad en el centro del alma de la criatura. ¡Qué dolor! ¡Qué gran ingratitud! ¿Pero quieres saber quién me da campo libre y hace obrar a mi Voluntad como latido de vida en su alma? Quien vive en mi Voluntad. ¡Oh! cómo en ella desarrolla bien su Vida y se constituye pensamiento de su pensamiento, ojo de su ojo, palabra de su boca, latido de su corazón y así de todo lo demás. ¡Oh! cómo nos entendemos inmediatamente, y mi Voluntad logra el intento de formar su Vida en el alma de la criatura. Y no sólo en la criatura racional mi Voluntad tiene su lugar primario y es como latido que dando la circulación a la vida del alma, corre a dar vida a todos los actos de la criatura, sino que en todas las cosas creadas mi Voluntad tiene su lugar primario y circula como latido de vida, desde la más pequeña cosa creada hasta la más grande, y ninguno puede separarse de la potencia e inmensidad de mi Voluntad. Ella se hace vida del cielo azul y mantiene en él siempre nuevo y vívido el celestial color, no puede decolorarse, ni cambiarse, ni perder el brillo, porque mi Voluntad así quiso que fuera, y una vez establecido así, Ella no cambia; mi Voluntad es vida de la luz y del calor del sol, y con su latido de vida conserva siempre igual y viva la luz y el calor, y lo tiene inmóvil en mi Voluntad, sin poderse apartar, ni crecer ni decrecer en el bien que debe hacer toda la tierra. Mi Voluntad es vida del mar y en él forma el murmullo de las aguas, el serpentear de los peces, las olas estruendosas. ¡Oh! cómo mi Voluntad hace gala de la potencia que contiene y desarrolla su Vida con tanta majestad y absoluto dominio en las cosas creadas, que ni el mar puede dejar de murmurar, ni el pez de nadar; es más, podría decir que es mi Voluntad la que murmura en el mar, mi Voluntad que nada en el pez, mi Voluntad que forma las olas y con su ruido hace oír que ahí está su Vida, que puede hacer todo como le parece y como le gusta. Mi Voluntad es latido de vida en el pájaro que trina, en el piar del pollito, en el cordero que bala, en la tórtola que gime, en las plantas que vegetan, en el aire que todos respiran, en suma, en todo mi Voluntad tiene su Vida y forma con su potencia el acto que Ella quiere, así que tiene la armonía en todas las cosas creadas y forma en ellas los diversos efectos, colores, oficios que cada una contiene. ¿Pero sabes para qué? Para hacerme conocer por la criatura, para ir a ella, para cortejarla, para amarla con tantos actos diversos de mi Voluntad por cuantas cosas creé. Mi Amor no estuvo contento con ponerle en el fondo del alma a mi Voluntad como latido de vida, sino que quiso poner mi Voluntad en todas las cosas creadas, a fin de que también por fuera mi Voluntad no la dejara jamás, y así pudiera conservarse y crecer en la santidad de mi misma Voluntad, y todas las cosas creadas le fueran de incentivo, de ejemplo, de voz y de reclamo continuo para hacerla siempre correr en el cumplimiento de mi Voluntad, finalidad única para la cual fue creada. Pero la criatura se hace sorda a las tantas voces de la Creación, ciega a la vista de tantos ejemplos, y si abre los ojos los fija en su voluntad. ¡Qué pena! Por eso te recomiendo que no quieras salir jamás de mi Voluntad si no quieres multiplicar mi dolor y perder la finalidad para la cual fuiste creada".

17-18
Octubre 11, 1924

Amor de Dios al crear a la criatura. Cada sentido es una comunicación entre el alma y Dios.

(1) Me sentía muy oprimida por la privación de mi dulce Jesús. ¡Oh! cuántos temores se suscitaban en mi alma, pero el que más me desgarraba era que mi Jesús no me amara como antes. Después, mientras estaba en esto me he sentido tomar por los hombros, y oyendo la voz de Jesús en mi oído me decía:

(2) "Hija mía, ¿por qué temes que no te ame? ¡Ah! si sólo conocieras mi amor en general por todas las criaturas, quedarías sorprendida. ¿Con cuánto amor no creé a la criatura? ¿Con cuántos sentidos no la doté? Cada sentido era una comunicación que dejé entre Yo y ella, el pensamiento era comunicación entre mi inteligencia y la suya, el ojo era comunicación entre mi luz y la suya, la palabra era medio de comunicación entre mi Fiat y el suyo, el corazón entre mi amor y el suyo, en suma, todo, el respiro, el movimiento, el paso, todo, todo era comunicación entre Yo y la criatura. Yo hacía más que un padre que debiendo hacer salir de viaje a un hijo, no sólo le prepara el alojamiento, los vestidos, el alimento y todo lo que puede hacer feliz a su hijo, sino que da virtud al hijo y le dice: 'Nos separaremos, es verdad, pero desde lejos tú sentirás mi vida y yo la tuya, tú sentirás mi pensamiento y yo el

tuyo, tú mi respiro, mi latido, y yo los tuyos, así que estaremos lejos y cerca, separados e inseparables, tú sentirás mi vida y yo la tuya'. Pero esto que no lo puede hacer un padre terreno por su hijo, porque le es imposible, lo hice Yo, Padre Celestial, que mientras hacía salir a la luz a este mi hijo, después de haberle preparado Yo mismo la habitación de este mundo, ponía entre él y Yo tal unión, que Yo debía sentir su vida en Mí, y la criatura la mía, y este es mi amor en general y por todos; ¿qué decirte además de mi amor especial que he tenido por ti? Cada sufrimiento que te he enviado ha sido una comunicación de más entre tú y Yo, y por lo tanto un adorno de más con el cual embellecía tu alma; cada verdad que te manifestaba era una partícula de mis cualidades, con las cuales embellecía y llenaba tu alma; cada gracia y cada venida mía a ti eran dones que hacía llover sobre ti; no he hecho otra cosa que multiplicar mis comunicaciones casi a cada instante para plasmar en ti las diversas bellezas mías, mi semejanza, a fin de que tú vivas Conmigo en el Cielo y Yo viva contigo en la tierra, ¿y después de todo esto dudas de mi amor? Más bien te digo: Piensa en amarme y Yo pensaré siempre más en amarte".

17-19
Octubre 17, 1924

Con cuánto amor Dios crea las almas, como las hace crecer, como las cuida y se da todo a ellas.

(1) Estaba pensando con cuanto amor nos ama Jesús, mi mente se perdía en el amor eterno, y mi dulce Jesús moviéndose en mi interior me hacía ver en mi mente una aureola de luz; dentro de aquella aureola había un Sol, y este Sol contenía tantos rayos por cuantas criaturas existían, cada una de las cuales tenía un rayo todo para sí, que le daba vida, luz, calor, fuerza, crecimiento, todo lo que era necesario para formar una vida. Era deleitable ver como cada criatura estaba unida a cada rayo de este Sol, del cual había salido, como un sarmiento a la vid. Y mi amable Jesús, mientras mi mente se perdía en esto, me ha dicho:
(2) "Hija mía, mira con cuánto amor amo a la criatura, ella, antes de salir a la luz del día de este mundo ya estaba en mi seno, y al hacerla salir fuera no la dejé, un rayo de luz que contiene mi Vida la sigue para suministrarle todo lo que es necesario para desarrollar esta Vida y, ¡con cuánto cuidado la hago crecer! ¡Con cuánto amor la riego! Yo mismo me hago luz, calor, alimento, defensa, y cuando termina sus días en el

tiempo, sobre el camino del mismo rayo la retiro en mi seno para hacerla espaciarse en la patria celestial. Mi amor se hace para la criatura más que el sol que formé en el cielo azul, mas bien, el sol que creé para beneficio de la naturaleza humana no es otra cosa que la sombra de mi verdadero Sol, porque el sol de la atmósfera no forma las plantas, ni les da el agua para que no se sequen, ni da todas las ayudas que son necesarias para que las plantas crezcan bellas y fuertes, y los hombres, aun los ciegos, puedan gozar de su luz, hace sólo su oficio de iluminar y calentar y sigue adelante, y si las plantas no son regadas no tiene nada que hacer para comunicarles sus efectos, mas bien las seca de más. En cambio Yo que soy el verdadero Sol de las almas, no las dejo ni de noche ni de día, Yo mismo formo las almas, les doy el agua de mi gracia para no dejarlas secar, las nutro con la luz de mis verdades, las fortifico con mis ejemplos, les doy el viento de mis caricias para purificarlas, el rocío de mis carismas para embellecerlas, las flechas de mi amor para calentarlas, en suma, no hay cosa que no haga por ellas; Yo soy todo para ellas y pongo a disposición de cada una toda mi Vida para su bien, pero cuánta ingratitud de parte de las criaturas, parece que están unidas como sarmientos a mi vid, no por amor sino por fuerza, porque no pueden prescindir de Mí y por eso crecen como sarmientos, que no recibiendo todos los humores buenos que contiene la vid, crecen débiles, sin formar jamás uvas maduras, sino acerbas, que amargan mi gusto divino. ¡Ah! si todos supieran cómo amo sus almas, todos quedarían arrebatados por el atractivo y la fuerza de mi amor y me amarían de más, por eso ámame tú y tu amor se agrande tanto que me ames por todos".

17-20
Octubre 23, 1924

La Divina Voluntad obrante y dominante en la criatura forma un dulce encanto a las pupilas divinas, y desarma la Justicia Divina.

(1) Paso días amargos por la privación de mi dulce Jesús. ¡Oh! cómo lloro por su amable presencia, aun el solo recuerdo de sus dulces palabras son heridas a mi pobre corazón y digo entre mí: "¿Y ahora dónde está? ¿Adónde dirigió sus pasos? ¿Dónde podría encontrarlo? ¡Ay! todo ha terminado, no lo veré más, no escucharé más su voz, no más rezaremos juntos, ¡cómo es dura mi suerte, qué desgarro, qué pena! ¡Ah Jesús, cómo has cambiado! ¿Cómo has huido de mí? Pero si bien lejos, te mando en alas de tu Querer, donde estés, mis besos, mi amor,

mi grito de dolor que te dice: Ven, regresa a la pobre exiliada, a la pequeña recién nacida que no puede vivir sin Ti". Pero mientras esto y más decía, mi amable Jesús se ha movido en mi interior, y extendiéndome sus brazos me ha estrechado fuerte, fuerte, y yo le he dicho: "Mi vida, mi Jesús, no puedo más, ayúdame, dame la fuerza, no me dejes más, llévame Contigo, me quiero ir". Y Jesús interrumpiendo mi hablar me ha dicho:

(2) "Hija mía, ¿no quieres hacer mi Voluntad?"

(3) Y yo: "Claro que quiero hacer tu Voluntad, pero también en el Cielo está tu Voluntad, así que si hasta ahora la he hecho en la tierra, de ahora en adelante quiero ir a hacerla en el Cielo, por eso, pronto, llévame, no me dejes más, siento que no puedo más, ten piedad de mí".

(4) Y Jesús de nuevo: "Hija mía, tú no sabes qué cosa es mi Voluntad en la tierra, se ve que después de tantas lecciones mías no lo has entendido bien. Debes saber que el alma que hace vivir mi Voluntad en ella, conforme reza, conforme sufre, obra, ama, etc., etc., forma un dulce encanto a las pupilas divinas, de manera que encierra en ese encanto, con sus actos, la mirada de Dios, de modo que raptado por la dulzura de este encanto, muchos castigos que se atraen las criaturas con sus graves pecados, este encanto tiene virtud de impedir que mi justicia se derrame con todo su furor sobre la faz de la tierra, porque también mi justicia siente el encanto de mi Voluntad que obra en la criatura. ¿Te parece poco que el Creador vea en las criaturas, viviendo aún sobre la tierra, su Voluntad obrante, triunfante, dominante, con esa misma libertad con la cual obra y domina en el Cielo? Este encanto no está en el Cielo, porque mi Voluntad en mi Reino domina como en su casa, y el encanto viene formado en Mí mismo, no fuera de Mí, así que soy Yo, es mi Voluntad la que encanta con una fuerza raptora a todos los bienaventurados, de manera que sus pupilas están encerradas en mi encanto para gozar eternamente, así que no ellos me forman el dulce encanto, sino Yo a ellos, así que mis pupilas están libres, no sufren ninguna fascinación. En cambio mi Voluntad viviendo en la criatura que navega en el exilio, es obrante y dominante en casa de la criatura, y por esto me forma el encanto, me fascina y hace sentir a mi mirada un atractivo tal, que me rapta a fijar mis pupilas en ella, sin poder separarlas. ¡Ah! tú no sabes cuán necesario es este encanto en estos tiempos.- ¡Cuántos males vendrán! Los pueblos se verán obligados a devorarse uno al otro, serán tomados de tal rabia, de ensañarse el uno contra el otro, pero la culpa mayor es de los jefes y gobernantes. ¡Pobres pueblos! Tienen por jefes a verdaderos carniceros, diablos

encarnados que quieren hacer carnicería de sus hermanos. Si los males no debieran ser graves, tu Jesús no te dejaba como privada de Él; tú temes que sea por otra cosa por lo que te privo de Mí, no, no, está segura, es mi justicia que privándote de Mí quiere descargarse sobre las criaturas; tú no salgas jamás de mi Voluntad, a fin de que su dulce encanto pueda evitar a los pueblos males mayores".

17-21
Octubre 30, 1924

Los ángeles son ángeles porque se han conservado en el acto primero en el cual fueron creados, y del conocer el más o el menos de la Suprema Voluntad, vienen constituidos los diversos coros de los ángeles. Las penas del amor son las más amargas, las más crueles, más dolorosas que las penas de la misma Pasión.

(1) Siento que no puedo confiar a la pluma mis dolorosos secretos, ni expresar en el papel lo que siento en mi martirizado corazón. ¡Ah! sí, no hay martirio que pueda compararse al martirio de la privación de mi dulce Jesús. El mártir es herido y muerto en el cuerpo, en cambio el martirio de su privación hiere el alma, la lacera en sus más íntimas fibras, y lo que es peor, la mata sin hacerla morir para golpearla continuamente sobre el yunque de hierro del dolor y del amor. Y mientras paso adelante de las penas que siento en mi interior, pues son cosas que no puedo decir, quisiera, como una de las más pobres mendigantes, pedir de limosna a todos, a los ángeles, a los santos, a mi Reina Mamá, a la Creación toda, una palabra, una pequeña oración por mí ante Jesús, a fin de que rogado por todos se pueda mover a compasión de la pequeña hija de su Querer y hacerla volver del duro exilio en el cual me encuentro.
(2) Entonces estaba pensando entre mí acerca de lo que había pasado en mi mente, es decir, que en vez de Jesús me parecía como si tuviera a mi ángel junto, y decía entre mí: "¿Y por qué el ángel y no Jesús?" En ese momento me he sentido mover en mi interior a Jesús y me dijo:
(3) "Hija mía, ¿quieres tú saber por qué son ángeles, por qué se han conservado bellos y puros como salieron de mis manos? Porque se han mantenido siempre firmes en el acto primero en el cual fueron creados, por lo tanto, estando en aquel acto primero de su existencia, están en el acto único de mi Voluntad, que no conociendo sucesión de actos no se cambia, ni crece ni decrece, y contiene en sí todos los bienes posibles e

imaginables; y los ángeles, conservándose en el acto único de mi Voluntad, en el cual los hice salir a la luz, se mantienen inmutables, bellos y puros, nada han perdido de su primaria existencia, y toda su felicidad es el mantenerse voluntariamente en el acto único de mi Voluntad. Todo encuentran en el círculo de mi Querer, no quieren para hacerse felices sino lo que les suministra mi Voluntad. ¿Pero sabes tú por qué hay diferentes coros de ángeles, uno superior a otro? Están aquellos más cercanos a mi Trono, ¿sabes por qué? Porque mi Voluntad, a quién ha manifestado un acto solo de mi Voluntad y a quién por dos, a quién por tres, a quién por siete, y en cada cosa del acto que mi Voluntad manifestaba de más se volvían superiores a los demás, y se volvían más capaces y más dignos de estar cercanos a mi Trono. Así que por cuanto más mi Voluntad se manifiesta, y en Ella se conservan, tanto más quedan elevados, embellecidos, felices y superiores a los demás. Mira entonces como todo está en mi Voluntad y en el saberse conservar, sin jamás salir, en aquella misma Voluntad de la cual han salido; y del conocer el más y el menos de mi Suprema Voluntad, vienen constituidos los diversos coros de los ángeles, sus distintas bellezas, los diversos oficios, la jerarquía Celestial. Si tú supieras qué significa conocer de más mi Voluntad, hacer un acto de más en Ella, conservarse, obrar en esa mi Voluntad conocida, dónde viene constituida, el oficio, la belleza, la superioridad de cada criatura, ¡oh! cómo apreciarías de más los diversos conocimientos que te he manifestado sobre mi Voluntad. Un conocimiento de más sobre mi Voluntad eleva al alma a tal altura sublime, que los mismos ángeles quedan estupefactos y raptados, y me confiesan incesantemente: 'Santo, Santo, Santo'. Mi Voluntad se manifiesta y llama de la nada las cosas, y forma los seres, se manifiesta y embellece, se manifiesta y eleva más en alto, se manifiesta y engrandece más la Vida Divina en la criatura, se manifiesta y en ellas forma los portentos nuevos y nunca conocidos. Así que, por las tantas cosas que te he manifestado de mi Voluntad, puedes comprender lo que quiero hacer de ti y cómo te amo, y cómo tu vida debe ser una cadena de actos continuos hechos en mi Voluntad. Si la criatura, como el ángel, no saliera jamás del acto primero en el cual mi Voluntad la hizo salir a la luz, ¿qué orden, qué portentos no se deberían ver sobre la tierra? Por eso hija mía, no salgas jamás de tu principio, en el cual mi Voluntad te creó y tu acto primero sea siempre mi Voluntad".

(4) Después de esto, con el pensamiento me he puesto junto a mi Jesús en el huerto de Getsemaní, y le pedía que me hiciera penetrar en aquel

amor con el cual tanto me amó, y mi Jesús, moviéndose de nuevo en el fondo de mi interior me ha dicho:

(5) "Hija mía, entra en mi amor, no salgas jamás, corre junto a él, o detente en mi mismo amor para comprender bien cuánto he amado a la criatura, todo es amor en Mí hacia ella. La Divinidad al crear a esta criatura se propuso amarla siempre, así que en cada cosa de dentro y fuera de ella, debía correr hacia ella con un continuo e incesante nuevo acto de amor. Por lo tanto puedo decir que en cada pensamiento, mirada, palabra, respiro, latido, y en todo lo demás de la criatura, corre un acto de amor eterno. Pero si la Divinidad se propuso el amarla siempre y en cada cosa a esta criatura, era porque quería recibir en cada cosa la correspondencia del nuevo e incesante amor de la criatura, quería dar amor para recibir amor, quería amar para ser amada. ¡Pero no fue así! La criatura no sólo no quiso mantener el compás del amor, ni responder al eco del amor de su Creador, sino que rechazó este amor, lo desconoció y lo ofendió. Ante esta afrenta la Divinidad no se detuvo, sino que continuó su nuevo e incesante amor hacia la criatura, y como la criatura no lo recibía, quedaban llenos Cielos y tierra esperando a quien debía tomar este amor para tener en ella la correspondencia, porque Dios cuando decide y propone, todos los eventos en contrario no lo cambian, sino que permanece inmutable en su inmutabilidad. He aquí por qué pasando a otro exceso de amor, vine Yo, Verbo del Padre, a la tierra, y tomando una Humanidad, recogí en Mí todo este amor que llenaba Cielo y tierra para corresponder a la Divinidad con tanto amor por cuanto había dado y debía dar a las criaturas, y me constituí amor de cada pensamiento, de cada mirada, de cada palabra, latido, movimiento y paso de cada criatura. Por esto mi Humanidad fue trabajada aun en su más pequeña fibra por las manos del eterno amor de mi Padre Celestial, para darme capacidad de poder encerrar todo el amor que la Divinidad quería dar a las criaturas, para darle el amor de todas y constituirme amor de cada uno de los actos de criatura. Así que cada pensamiento tuyo está coronado por mis incesantes actos de amor; no hay cosa en ti o fuera de ti que no esté circundada por mis repetidos actos de amor, por eso mi Humanidad en este huerto gime, se afana, agoniza, se siente triturada bajo el peso de tanto amor, porque amo y no soy correspondido. Las penas del amor son las más amargas, las más crueles, son penas sin piedad, más dolorosas que mi misma Pasión. ¡Oh! si me amaran, el peso de tanto amor se volvería ligero, porque el amor correspondido queda apagado y satisfecho en el amor mismo de quien ama, pero no correspondido llega a la locura, delira y se siente correspondido con un

acto de muerte por aquel amor que de él salió. Mira entonces cómo fue mucho más amarga y dolorosa la Pasión de mi amor, porque si en mi Pasión fue una sola la muerte que me dieron, en cambio en la Pasión del amor, tantas muertes me hicieron sufrir por cuantos actos de amor salieron de Mí y no fui por ellos correspondido. Por eso ven tú, hija mía, a corresponderme a tanto amor, en mi Voluntad encontrarás como en acto todo este amor, hazlo tuyo y constitúyete, junto Conmigo, amor de cada acto de criatura, para corresponderme por el amor de todos".

17-22
Noviembre 23, 1924

Dios al crear al hombre, para conservarle la vida formó en torno a él el aire del cuerpo y el aire del alma: El aire natural para el cuerpo, el aire de mi Voluntad para el alma.

(1) Continúo mi estado de privación de Jesús y de amarguras intensas para mi pobre alma, y si de escapada se hace ver en mi interior, es todo taciturno y pensativo, pero a pesar de su silencio yo quedo contenta, pensando que no me ha dejado y que su morada en mí aún continúa. Y mientras mi pobre alma está por sucumbir, su visita me da un sorbo de vida, que como lluvia benéfica me hace reverdecer, pero, ¿para hacer qué? Para volver de nuevo a sucumbir y sentirme morir; así que estoy siempre entre la vida y la muerte. Entonces, mientras nadaba en el mar inmenso del dolor de haberlo perdido, mi dulce Jesús se ha movido en mi interior, y haciéndose ver en acto de rezar, yo me he unido con Él en la oración y luego me ha dicho:

(2) "Hija mía, Yo, al crear al hombre, para conservarle la vida formé en torno a él el aire del cuerpo y el aire del alma: 'El aire natural para el cuerpo, el aire de mi Voluntad para el alma'. ¿Crees tú que el aire natural, sólo porque es aire tiene virtud de dar la respiración al hombre, la fuerza, el alimento, la frescura, la vida vegetativa a toda la naturaleza? Así que a pesar de que no se ve tiene todo en un puño y se constituye vida de todo ser creado, y por eso todos sienten la necesidad del aire, y él por todas partes hace su curso, de noche, de día, penetra en el latido del corazón, en la circulación de la sangre y por todas partes; ¿pero sabes por qué contiene tanta virtud? Porque en el aire está toda la sustancia de los bienes que produce, y fueron puestos por Dios en el aire la fuerza alimentadora, respiratoria, vegetativa, y él contiene como tantas semillas de todo el bien que encierra. Ahora, si se necesitaba un aire

para la conservación de toda la naturaleza, se necesitaba también un aire para la conservación del alma, y mi bondad no quiso confiar ni formar otro aire para el alma, sino que mi misma Voluntad se quiso constituir aire para el alma, y así toda aquella sustancia de los bienes que Ella contiene, pudiera, como aire que invisiblemente todo lo invade, penetrar en el fondo del alma y llevarle el alimento divino, la vegetación y todos los bienes, la virtud que respira todo lo que es Cielo, la fortaleza invencible, la fecundidad de todas las virtudes. Debería haber una competencia, el cuerpo en respirar el aire natural, y el alma en respirar el aire de mi Voluntad, sin embargo, ¡es de llorar! Si los hombres sienten que les falta el aire natural, se lo procuran, si caminan en altas montañas manifiestan con dolor la falta del aire, en cambio del aire de mi Voluntad no tienen ni un pensamiento ni un dolor, y a pesar de que están obligados a estar como embebidos en el aire de mi Voluntad, las criaturas no amando este aire balsámico y santificante, no puede poner en el alma los bienes que contiene, y está obligada a estar en ella sacrificada, sin poder desarrollar la vida que mi Voluntad contiene. Por eso hija mía, te recomiendo, si quieres que mi Voluntad cumpla en ti sus designios, que respires siempre el aire de mi Voluntad, a fin de que a medida que lo respires florezca en ti la Vida Divina y te conduzca a la verdadera finalidad para la cual fuiste creada".

17-23
Noviembre 27, 1924

La inmutabilidad de Dios, y la mutabilidad de las criaturas.

(1) Estaba pensando en la inmutabilidad de Dios y en la mutabilidad de las criaturas. ¡Qué diferencia! Ahora, mientras esto pensaba, mi siempre benigno Jesús se ha movido en mi interior diciéndome:
(2) "Hija mía, mira, no hay punto donde mi Ser no se encuentre, no tengo hacia donde moverme, ni a la derecha, ni a la izquierda, ni adelante, ni atrás; ningún vacío existe que no esté lleno por Mí. Mi firmeza, no encontrando punto donde no esté Yo, se siente inquebrantable; es mi Inmutabilidad eterna. Esta Inmutabilidad inmensa me hace inmutable en los placeres, lo que me gusta, me gusta siempre; inmutable en el amor, en el gozar, en el querer, amada una vez una cosa, gozada, querida, no hay peligro de que me cambie, para cambiarme debería restringir mi inmensidad, lo que no puedo ni quiero. Mi inmutabilidad es la aureola más bella que corona mi cabeza, que se extiende bajo mis pies, que

rinde eterno homenaje a mi Santidad inmutable. Dime, ¿hay acaso algún punto donde tú no me encuentres?"

(3) Mientras esto decía, ante mi mente se hacía presente esta inmutabilidad Divina, ¿pero quién puede decir lo que comprendía? Temo decir desatinos y por eso mejor paso adelante. Al hablarme después acerca de la mutabilidad de la criatura me decía:

(4) "¡Pobre criatura, cómo es pequeño su lugarcito! Y además de pequeño no es ni siquiera estable y fijo su lugar, hoy en un punto, mañana arrojada a otro; esta es también la causa de que hoy ama, le agrada una persona, un objeto, un lugar, y mañana cambia y quizá hasta desprecia lo que ayer le agradaba y amaba. ¿Pero sabes tú qué es lo que hace mutable a la pobre criatura? La voluntad humana la vuelve voluble en el amar, en los placeres, en el bien que hace. La voluntad humana es aquel viento impetuoso que mueve a la criatura como una caña vacía a cada soplo, ora a la derecha, ora a la izquierda. Por eso al crearla quise que viviese de mi Voluntad, a fin de que deteniendo este viento impetuoso de la voluntad humana, la hiciera firme en el bien, estable en el amor, santa en el obrar; quería hacerla vivir en el inmenso territorio de mi Inmutabilidad, pero la criatura no se contentó, quiso su pequeño lugarcito y se volvió el juguete de sí misma, de los demás y de sus mismas pasiones. Por eso ruego, suplico a la criatura que tome esta mi Voluntad, que la haga suya a fin de que retorne a aquella Voluntad inmutable de donde salió, a fin de que no más voluble se vuelva, sino estable y firme. Yo no me he cambiado, por eso la espero, la anhelo, la quiero siempre en mi Voluntad".

17-24
Diciembre 1, 1924

La Divina Voluntad rechazada por las criaturas siente la muerte del bien que quiere hacer.

(1) Me sentía sumamente amargada, y mientras rezaba, lloraba mi dura suerte de estar privada de Aquél que forma toda mi vida. Mi estado es irremediable, nadie se mueve a piedad de mí, todo es justicia, y además, ¿quién se querrá mover a piedad de mí, si Aquél que es la fuente de la piedad me la niega? Ahora, mientras lloraba y rezaba me sentí tomar las manos entre las manos de Jesús, y elevándome a lo alto ha dicho:

(2) "Vengan todos a ver un espectáculo tan grande y jamás visto ni en el Cielo ni en la tierra: Un alma muriendo continuamente por puro amor mío".

(3) Al hablar de Jesús se han abierto los Cielos y toda la jerarquía celeste me miraba, también yo me miraba y veía mi pobre alma marchita y muriendo como una flor que está por marchitarse sobre su tallo, pero mientras moría, una secreta virtud me daba vida; ¡ah! tal vez es la justicia punitiva de Dios que justamente me castiga. ¡Dios mío, Jesús mío, ten piedad de mí, piedad de una pobre moribunda! Es la suerte más dura la que me toca entre todos los mortales: ¡Morir sin poder morir! Después, mi dulce Jesús casi por toda la noche me ha tenido entre sus brazos para darme la fuerza y asistirme en mi agonía. Yo creía que finalmente tenía compasión de mí y me llevaba con Él, pero en vano. Después de que me reanimó un poco, me dejó diciéndome:

(4) "Hija mía, mi Voluntad está recibiendo continuas muertes por parte de las criaturas, Ella es vida, y como vida quiere dar la vida de la luz, pero la criatura rechaza esta luz, y en efecto, no recibiéndola, esta luz muere para la criatura y mi Voluntad siente la pena de la muerte que la criatura ha dado a esta luz. Mi Voluntad quiere hacer conocer los méritos, las virtudes que contiene y la criatura rechaza este conocimiento con los méritos y las virtudes que contiene, y mi Voluntad para la criatura muere a este conocimiento y a los méritos y a las virtudes que contiene mi Querer, y mi Voluntad siente la pena de la muerte que la criatura ha dado a las virtudes y méritos de mi Querer; y así si quiere dar amor y no es recibido, siente la muerte dada al amor; si quiere dar la santidad, la gracia, siente darse por la criatura la muerte a la santidad y a la gracia que quiere dar, así que es continua la muerte que siente al bien que quiere dar. Y además, ¿no sientes tú en ti la muerte continua que sufre mi Voluntad? Viviendo tú en Ella estás obligada, como connaturalmente, a tomar parte en estas muertes que sufre mi Voluntad, y a vivir en un estado de continua agonía".

(5) Yo al oír esto he dicho: "Jesús, amor mío, no me parece que sea así, es tu privación la que me mata, que me quita la vida sin hacerme morir".

(6) Y Jesús: "Mi privación por una parte, mi Voluntad por la otra, que teniéndote absorbida en Ella te hace partícipe de sus penas. Hija mía, en el verdadero vivir en mi Querer no hay pena que mi Voluntad reciba de las criaturas, que no haga partícipe al alma que vive en Ella".

17-25
Diciembre 8, 1924

Acerca de la Inmaculada Concepción.
Prueba a la cual fue sometida la Virgen.

(1) Estaba pensando acerca de la Inmaculada Concepción de mi Soberana Reina Mamá, a mi mente afluían los méritos, las bellezas y los prodigios de su Inmaculada Concepción, prodigio que supera todos los demás prodigios hechos por Dios en toda la Creación. Ahora, mientras esto pensaba decía entre mí: "Grande es el prodigio de la Inmaculada Concepción, pero mi Mamá Celestial no tuvo ninguna prueba en su Concepción, todo le fue propicio, tanto de parte de Dios como de parte de su naturaleza creada por Dios tan feliz, tan santa, tan privilegiada; entonces, ¿cuál fue su heroísmo y su prueba? Si de la prueba no fue excluido el ángel en el Cielo, ni Adán en el Edén, ¿acaso sólo la Reina de todos debía ser excluida de la aureola más bella, que la prueba debía poner sobre su cabeza augusta de Reina y de Madre del Hijo de Dios?" Mientras esto pensaba, mi amable Jesús moviéndose en mi interior me ha dicho:

(2) "Hija mía, nadie puede ser aceptable a Mí sin la prueba. Si no hubiera estado la prueba habría tenido una Madre esclava, no libre, y la esclavitud no entra en nuestras relaciones ni en nuestras obras, ni puede tomar parte en nuestro libre amor. Mi Mamá tuvo su primera prueba desde el primer instante de su Concepción, en cuanto tuvo su primer acto de razón, conoció su voluntad humana por una parte y la Voluntad Divina por la otra, y fue dejada libre para elegir a cuál de las dos voluntades debía adherirse, y Ella, sin perder un instante y conociendo toda la magnitud del sacrificio que hacía, nos donó su voluntad sin quererla conocer más, y Nosotros le hicimos don de la nuestra, y en este intercambio de donación de voluntades por ambas partes, concurrieron todos los méritos, las bellezas, los prodigios, los mares inmensos de gracia en la Inmaculada Concepción de la más privilegiada de todas las criaturas.

(3) Es siempre la voluntad la que tengo costumbre de probar; todos los sacrificios, aun la muerte, sin la voluntad me darían asco y no atraerían ni siquiera una de mis miradas. ¿Pero quieres saber tú cuál fue el más grande prodigio obrado por Nosotros en esta criatura tan santa, y el más grande heroísmo que ninguno, ninguno podrá jamás igualar de tan bella criatura? Su vida la comenzó con nuestra Voluntad, la siguió y la cumplió, así que se puede decir que cumplió desde que comenzó, y comenzó desde que cumplió; y nuestro más grande prodigio fue que en

cada pensamiento suyo, palabra, respiro, latido, movimiento y paso, nuestro Querer desahogaba sobre de Ella y Ella nos ofrecía el heroísmo de un pensamiento, de una palabra, de un respiro, de un latido divino y eterno obrante en Ella, esto la elevaba tanto, que lo que Nosotros éramos por naturaleza, Ella lo era por gracia; todas sus demás prerrogativas, sus privilegios, su misma Inmaculada Concepción, habrían sido un bello nada en comparación de este gran prodigio; más bien, fue esto lo que la confirmó y la volvió estable y fuerte durante toda su vida. Mi Voluntad continua, desbordante sobre de Ella, le participaba la Naturaleza Divina, y su continuo recibirla la hizo fuerte en el amor, fuerte en el dolor, distinta entre todos. Fue esta nuestra Voluntad obrante en Ella la que atrajo al Verbo a la tierra, lo que formó la semilla de la fecundidad divina para poder concebir un Hombre y Dios sin obra humana, y la hizo digna de ser Madre de su mismo Creador. Por eso Yo insisto siempre sobre mi Voluntad, porque conserva al alma bella como salió de nuestras manos, la hace crecer como copia original de su Creador; y por cuantas obras grandes y sacrificios uno pueda hacer, si mi Voluntad no entra dentro, Yo los rechazo, no los reconozco, no es alimento para Mí; y las obras más bellas sin mi Voluntad llegan a ser alimento de la voluntad humana, de la propia estima y de la avidez de la criatura".

17-26
Diciembre 24, 1924

La pena de la muerte fue la primer pena que Jesús sufrió y le duró toda su Vida. La Encarnación no fue otra cosa que un darse en poder de la criatura. La firmeza en el obrar.

(1) Mis días son siempre más dolorosos, están bajo la prensa de la dura privación de mi dulce Jesús, que como arma mortífera está sobre mí para matarme continuamente; pero mientras prepara el último golpe, lo deja suspendido sobre mi cabeza, y yo espero como refrigerio este último golpe para irme con mi Jesús, pero en vano espero, y mi pobre alma y también mi naturaleza me las siento consumir y deshacer. ¡Ah! mis grandes pecados no me hacen merecer el morir. ¡Qué pena, qué larga agonía! ¡Ah, mi Jesús, ten piedad de mí! Tú, que eres el único que conoces mi estado desgarrador no me abandones ni me dejes a merced de mí misma. Ahora, mientras me encontraba en este estado me he sentido fuera de mí misma, dentro de una luz purísima, y en esta luz

descubría a la Reina Mamá y al pequeño niño Jesús en su seno virginal. ¡Oh Dios, en qué estado tan doloroso se encontraba mi amable niñito! Su pequeña Humanidad estaba inmovilizada, estaba con los piecitos y las manitas inmóviles, sin el más pequeño movimiento, no había espacio ni para poder abrir los ojos ni para poder libremente respirar; era tanta la inmovilidad que parecía muerto mientras estaba vivo, y pensaba entre mí: "¡Quién sabe cuanto sufre mi Jesús en este estado, y la querida Mamá al ver en su propio seno tan inmovilizado al niño Jesús!" Ahora, mientras esto pensaba, mi pequeño niño, sollozando me ha dicho:

(2) "Hija mía, las penas que sufrí en este seno virginal de mi Mamá son incalculables a la mente humana, ¿pero sabes tú cuál fue la primera pena que sufrí desde el primer instante de mi Concepción y que me duró toda la vida? La pena de la muerte. Mi Divinidad descendía del Cielo plenamente feliz, intangible de cualquier pena y de cualquier muerte, y cuando vi a mi pequeña Humanidad sujeta a la muerte y a las penas por amor a las criaturas, sentí tan a lo vivo la pena de la muerte, que por pura pena habría muerto de verdad si la potencia de mi Divinidad no me hubiera sostenido con un prodigio, haciéndome sentir la pena de la muerte y la continuación de la vida, así que para Mí fue siempre muerte, sentía la muerte del pecado, la muerte del bien en las criaturas y también su muerte natural. ¡Qué duro desgarro fue para Mí toda mi Vida! Yo, que contenía la vida y era el dueño absoluto de la vida misma, debía sujetarme a la pena de la muerte. ¿No ves a mi pequeña Humanidad inmóvil y moribunda en el seno de mi querida Madre? Y no la sientes en ti misma cómo es dura y desgarradora la pena de sentirse morir y no morir? Hija mía, es tu vivir en mi Voluntad lo que te hace partícipe de la continua muerte de mi Humanidad".

(3) Entonces me he pasado casi toda la mañana junto a mi Jesús en el seno de mi Mamá y lo veía que mientras estaba en acto de morir, volvía a tomar vida para abandonarse de nuevo a morir. ¡Qué pena ver en ese estado al niño Jesús! Después de esto, en la noche estaba pensando en el acto cuando el dulce niñito salió del seno materno para nacer en medio de nosotros; mi pobre mente se perdía en un misterio tan profundo y todo de amor, y mi dulce Jesús moviéndose en mi interior ha sacado sus pequeñas manitas para abrazarme y me ha dicho:

(4) "Hija mía, el acto de mi nacimiento fue el acto más solemne de toda la Creación, Cielo y tierra sentían sumergirse en la más profunda adoración a la vista de mi pequeña Humanidad, que tenía como amurallada a mi Divinidad, así que en el acto de mi nacimiento hubo un acto de silencio y de profunda adoración y oración: Oró mi Mamá y quedó arrebatada por

la fuerza del prodigio que de Ella salía, oró san José, oraron los ángeles y toda la Creación; sentían la fuerza del amor de mi potencia creadora renovada en ellos, todos se sentían honrados y recibían el verdadero honor, porque Aquél que los había creado debía servirse de ellos para lo que era necesario a su Humanidad. Se sintió honrado el sol al tener que dar su luz y calor a su Creador, reconocía a Aquél que lo había creado, a su verdadero Señor y le hacía fiesta y honor con darle su luz; se sintió honrada la tierra cuando me sintió que estaba acostado en un pesebre, se sintió tocada por mis tiernos miembros y exultó de alegría con signos prodigiosos; todas las cosas creadas veían a su verdadero Rey y Señor en medio de ellas, y sintiéndose honradas, cada una quería darme su oficio: El agua quería quitarme la sed, los pájaros con sus trinos y gorjeos querían recrearme, el viento quería acariciarme, el aire quería besarme, todos querían darme su inocente tributo. Sólo el hombre ingrato, a pesar que todos sintieron en ellos una cosa insólita, una alegría, una fuerza potente, fueron reacios, y sofocando todo no se movieron, y a pesar de que los llamaba con lágrimas, con gemidos y sollozos, no se movieron, a excepción de pocos pastores. No obstante era por el hombre que venía a la tierra, venía para darme a él, para salvarlo y para llevarlo conmigo a la patria celestial. Por esto Yo era todo ojos para ver si venía ante Mí para recibir el gran don de mi Vida Divina y humana, así que la Encarnación no fue otra cosa que darme en poder de la criatura. En la Encarnación me di en poder de mi amada Mamá; en mi nacimiento se agregó San José, al cual hice don de mi Vida, y como mis obras son eternas y no están sujetas a terminar, esta Divinidad, este Verbo que descendió del Cielo, no se retiró más de la tierra, para tener ocasión de darme continuamente siempre a todas las criaturas. Mientras viví me di develadamente y después, pocas horas antes de morir realicé el gran prodigio de dejarme Sacramentado, para que quien quisiera pudiera recibir el gran don de mi Vida; no puse atención ni a las ofensas que me habrían hecho, ni a los rechazos de no quererme recibir, dije entre Mí: 'Me he dado, no quiero retirarme más, aunque me hagan lo que quieran, pero seré siempre de ellos y estaré siempre a su disposición". Hija, esta es la naturaleza del verdadero Amor, este es el obrar como Dios: La firmeza y el no retirarse a costa de cualquier sacrificio. Esta firmeza en mis obras es mi victoria y mi más grande gloria, y es esta la señal si la criatura obra para Dios: La firmeza. El alma no mira a nadie, ni a las penas, ni a sí misma, ni a su estima, ni a las criaturas, y a pesar de que le cueste la propia vida ella mira sólo a Dios, hacia el Cual ha decidido obrar por amor suyo, y se siente victoriosa de poner el sacrificio de su vida por amor a Dios. El no ser firme es de la naturaleza humana y del obrar humanamente, el no ser firme es el obrar de las pasiones y con pasión, la mutabilidad es debilidad, es vileza, y no es de la naturaleza del verdadero amor, por eso la firmeza debe ser la guía del obrar por Mí. Por eso en mis obras no me cambio jamás, sean cual sean los eventos, hecha una vez es hecha para siempre".

17-27
Enero 4, 1925

Todo el Cielo va al encuentro del alma que se funde en la Voluntad de Dios, y todos quieren depositar en ella sus bienes. Cómo se forma el noble martirio del alma.

(1) Habiendo transcurrido todo el día, estaba pensando entre mí: "¿Qué más me queda por hacer?" Y en mi interior he oído decirme:
(2) "Tienes que hacer la cosa más importante, tu último acto de fundirte en la Voluntad Divina".
(3) Entonces me he puesto, según mi costumbre, a fundir todo mi pobre ser en la Voluntad Suprema, y mientras esto hacía me parecía que se abriesen los Cielos y yo iba al encuentro de toda la corte celeste y todo el Cielo venía a mi encuentro, y mi dulce Jesús me ha dicho:
(4) "Hija mía, el fundirte en mi Voluntad es el acto más solemne, más grande, más importante de toda tu vida. Fundirte en mi Voluntad es entrar en el ámbito de la eternidad, abrazarla, besarla y recibir el depósito de los bienes que contiene la Voluntad Eterna; es más, en cuanto el alma se funde en el Supremo Querer todos van a su encuentro para deponer en ella todo lo que tienen de bienes y de gloria; los ángeles, los santos, la misma Divinidad, todos deponen, sabiendo que deponen en aquella misma Voluntad en la cual todo está al seguro. El alma con recibir estos bienes, con sus actos en la Voluntad Divina los multiplica y da a todo el Cielo doble gloria y honor, así que con el fundirte en mi Voluntad pones en movimiento Cielo y tierra, es una nueva fiesta para todo el empíreo. Y como el fundirse en mi Voluntad es amar y dar por todos y por cada uno, sin excluir a ninguno, mi bondad, para no dejarme vencer en amor por la criatura, pongo en ella los bienes de todos, y todos los bienes posibles que en Mí contengo; no puede faltar el espacio donde poner todos los bienes, porque mi Voluntad es inmensa y se presta a recibir todo. Si tú supieras qué haces y qué sucede con el

fundirte en mi Voluntad, te derretirías por el deseo de fundirte continuamente".

(5) Después estaba pensando si debía o no escribir lo que está escrito aquí arriba, yo no lo veía necesario, ni una cosa importante, mucho más porque la obediencia no me había dado ninguna orden de hacerlo. Entonces mi dulce Jesús moviéndose en mi interior me ha dicho:

(6) "Hija mía, ¿cómo que no es importante hacer conocer que el fundirse en mi Voluntad es vivir en Ella? El alma recibe como en depósito todos mis bienes divinos y eternos; los mismos santos hacen competencia para deponer sus méritos en el alma fundida en mi Voluntad, porque sienten en ella la gloria, la potencia de mi Voluntad, y se sienten glorificados en modo divino por la pequeñez de la criatura. Escucha hija mía, el vivir en mi Voluntad sobrepasa en mérito al mismo martirio; es más, el martirio mata al cuerpo, el vivir en mi Voluntad es hacer con una mano divina, que la propia voluntad quede muerta, y le da la nobleza de un martirio divino. Y cada vez que el alma se decide a vivir en mi Voluntad, mi Querer prepara el golpe para matar la voluntad humana y así forma el noble martirio del alma, porque voluntad humana y Voluntad Divina no hacen alianza juntas, una debe ceder el puesto a la otra, y la voluntad humana debe contentarse con permanecer extinguida bajo la potencia de la Voluntad Divina, así que cada vez que te dispones a vivir en mi Querer, te dispones a sufrir el martirio de tu voluntad. Mira entonces qué significa vivir, fundirse en mi Voluntad: 'Ser el mártir continuado de mi Voluntad Suprema.' ¿Y a ti te parece poco y cosa de nada?"

17-28
Enero 22, 1925

La Humanidad de Jesús es el nuevo Sol de las almas.

(1) Continúa mi vida entre las amarguras de las privaciones de mi dulce Jesús; no sé cómo vivo, siento un peso que me aplasta, la misma naturaleza al verse privada de Aquél único que la sostenía, quisiera disolverse, así que ora me siento descoyuntar los huesos, ora cerrar los canales del estómago, de tal manera que no quiere recibir ni agua ni alimento alguno; pobre naturaleza mía, sin mi Jesús quiere declinar y deshacerse, pero mientras está por deshacerse, una fuerza potente y una mano fuerte me ciñen, me recomponen los huesos dislocados, me abren los canales e impiden mi total colapso. ¡Oh Dios, qué pena! Ten piedad de mi dura suerte, haz que vuelva a mí Aquél que me daba la

vida, o bien que mi pobre naturaleza, pagándote el tributo de la muerte, mi pobre alma suba allá arriba, al seno de mi Jesús, donde no nos separaremos nunca más. Ahora, mientras me encontraba en este estado, y quién sabe después de cuántas fatigas, mi dulce Jesús se hacía ver en mi interior, sentado en medio, todo taciturno, con su mano en la frente, todo pensativo, aislado, sin que nadie le estuviera cerca, y si bien estaba en mi interior, había tanto espacio en mí que yo estaba lejana de Él y Él estaba lejano de mí, así que sola yo, solo Jesús. Yo a cualquier costo quería acercarme, decirle una palabrita, hacerle compañía en su soledad; entonces, no sé cómo, aquel espacio se redujo, ese espacio me parecía que era el mundo, en el cual Jesús estaba en el centro, y Jesús parecía preocupado por la suerte del mundo que corre precipitadamente a su destrucción. Entonces Jesús tomó un punto de aquel espacio y lo apoyaba sobre mí; yo me sentía aplastar bajo el peso, pero estaba contenta de que mi Jesús, mi Vida, estaba junto a mí. Y al verlo junto a mí habría yo querido llorar para moverlo a piedad de mi desgarrador estado, habría querido decirle quién sabe cuántas cosas, pero en cuanto le dije: "Jesús, no me dejes más, ¿no ves que sin Ti no puedo resistir en este exilio?" Él, todo bondad me dijo:

(2) "No te dejo, no, no, esta es una afrenta que quieres dar a tu Jesús, Yo no dejo jamás a nadie, las criaturas son las que se retiran de Mí, no Yo de ellas; es más, Yo voy junto a ellas, así que no me quieras hacer más esta afrenta diciéndome que pueda dejarte. Además, ¿no has visto que estaba dentro de ti, no fuera de ti, y no sólo Yo, sino todo el mundo junto?"

(3) Entonces yo mirando a Jesús, veía su inteligencia más que un sol, y todos los pensamientos de Jesús como tantos rayos que salían de ese sol, que extendiéndose recorrían todos los pensamientos de las criaturas pasadas, presentes y futuras. Estos rayos caminaban para tomar, como en un puño, todas las inteligencias creadas y sustituirse como gloria perenne al Padre, como reparación completa de todo y como impetración de todos los bienes a todas las inteligencias creadas. Entonces Jesús atrayéndome a Él me ha dicho:

(4) "Hija mía, este sol que tú ves en la inteligencia de mi Humanidad fue formado por mi Divinidad, la cual me dotó con la potencia creadora y con la omnividencia de todas las cosas, de manera que Yo debía ser el nuevo Sol de las almas; y así como el sol que creé para bien de la naturaleza recorre con su luz toda la tierra, sin negar a nadie los efectos de su luz a pesar de que no se aparta del cielo, sino que hace partir de su centro los rayos que llevan los bienes que contiene el sol a toda la

tierra, así mi Divinidad, sin partir de Mí, con su luz inaccesible formaba una aureola de luz, y estos rayos recorrían todos y todo, y Yo recorría a cada instante cada pensamiento, palabra y acto de todas las criaturas y me constituía en gloria perenne para mi Padre por cada pensamiento, acto, palabra, etc., de todas las generaciones humanas. Esta luz, mientras se elevaba hacia mi Padre Celestial, descendía para tomar como en un puño todos los actos humanos para iluminarlos, calentarlos y repararlos, así que, sobre cada acto humano pende una luz que continuamente quiere hacerle el bien. En Mí el hacer esto era como connatural; tú, hija mía, no tienes esta potencia de hacer en todos los actos un acto solo, como hacía Yo, por eso en mi Voluntad recorrerás uno a uno cada uno de los rayos, y poco a poco harás el camino que hizo mi Humanidad".

(5) Entonces yo he buscado de recorrer el primer rayo, luego el segundo, y así de los demás, pero, ¡oh! potencia del Divino Querer, mientras recorría esos rayos, yo era tan pequeña que me parecía haberme vuelto un átomo, y este átomo ahora se encontraba en la inteligencia divina, y recorría las inteligencias de las criaturas, ahora se encontraba en la palabra y ahora en el movimiento divino, y recorría las palabras y los movimientos de las criaturas, y así de todo lo demás. Entonces la Divinidad al ver mi extrema pequeñez en su inteligencia, en su palabra y en su movimiento, presa de amor por mi pequeñez quedaban raptados, y complacidos han dicho:

(6) "Esta pequeñez nos rapta, y al verla entrar en nuestros mismos actos para hacerlos junto con Nosotros, para difundirlos sobre todos, sentimos tales gozos y tal complacencia y recibimos la misma gloria nuestra, que con todo amor le damos la libertad de entrar en Nosotros para hacerla obrar junto con Nosotros".

(7) Yo me sentía toda confundida al oír esto y decía entre mí: "Yo no hago nada, es el Divino Querer que me lleva entre sus brazos, por lo tanto toda la gloria es de su adorable Voluntad".

17-29
Enero 27, 1925

Las cosas creadas por Dios no salen de Él, y la Divina Voluntad se hace alimentadora y conservadora de ellas. Así sucede para el alma que obra en la Divina Voluntad.

(1) Mientras estaba fundiéndome en el Santo Querer Divino pensaba entre mí: "Antes, cuando me fundía en el Santo Supremo Querer, Jesús estaba conmigo y junto con Jesús yo entraba en Él, así que el entrar era una realidad, pero ahora yo no lo veo, así que no sé si entro en el eterno Querer o no, lo siento más bien como una leccioncilla aprendida de memoria, o bien como un modo de decir". Mientras esto pensaba, mi amable Jesús se ha movido en mi interior, y tomándome una mano en la suya me empujaba hacia lo alto y me ha dicho:

(2) "Hija mía, debes saber que me veas o no me veas, cada vez que tú te fundes en mi Voluntad, Yo, desde dentro de tu interior te tomo una mano para empujarte a lo alto, y desde el Cielo te doy mi otra mano para tomar la otra tuya y jalarte hacia arriba, en medio a Nosotros en la interminable Voluntad nuestra, así que estás entre mis manos, entre mis brazos. Tú debes saber que todos los actos hechos en nuestra Voluntad entran en el acto primero, cuando creamos todas las cosas creadas, y los actos de la criatura besándose con los nuestros, porque una es la Voluntad que da vida a todos estos actos, se difunden en todas las cosas creadas, tal como está difundida nuestra Voluntad por doquier, y se constituyen correspondencia de amor, de adoración y de gloria continua por todo lo que hemos puesto fuera en la Creación. Sólo lo que se hace en nuestra Voluntad, comienza casi junto con Nosotros a darnos correspondencia de amor perenne, adoración en modo divino, gloria que jamás termina, y así como por todas las cosas creadas por Nosotros es tanto el amor que nutrimos, que no permitimos que salieran de nuestra Voluntad, conforme las creamos así todas quedaron con Nosotros, y nuestra Voluntad se hizo conservadora y alimentadora de toda la Creación, y por eso todas las cosas se conservan siempre nuevas, frescas y bellas, no crecen ni decrecen, porque por Nosotros fueron creadas todas perfectas, por eso no están sujetas a alteraciones de ninguna clase, todas conservan su principio porque se hacen alimentar y conservar por nuestra Voluntad, y quedan en torno a Nosotros a alabar nuestra gloria.

(3) Ahora, el obrar de la criatura en nuestra Voluntad entra en nuestras obras, y nuestra Voluntad se hace alimentadora, conservadora y acto del mismo acto de la criatura, y estos actos hechos en nuestra Voluntad por la criatura se ponen en torno a Nosotros, y transfundidos en todas las cosas creadas alaban nuestra perpetua gloria. ¡Cómo es diferente nuestro obrar del de la criatura y el amor con el cual obramos! Nosotros obramos y es tanto el amor a la obra que hacemos, que no permitimos que salga de Nosotros, a fin de que nada pierda de la belleza con la cual fue hecha; en cambio la criatura si hace una obra no la sabe tener

consigo, es más, muchas veces no sabe qué cosa se ha hecho de su obra, si se ha ensuciado, si la han hecho un harapo, y esto es señal del poco amor a sus mismas obras. Y como la criatura ha salido fuera de su principio, esto es, de la Voluntad Divina de donde salió, ha perdido el verdadero amor hacia Dios, hacia sí misma y hacia sus obras. Yo quise que el hombre estuviera en mi Voluntad por su voluntad, no forzado, porque lo amé más que a todas las otras cosas creadas, y quería que fuera como rey en medio de mis obras. Pero el hombre ingrato quiso salir de su principio, por eso se transformó y perdió su frescura, su belleza, y quedó sujeto a alteraciones y cambios continuos. Y por cuanto Yo lo llamo para que regrese a su principio, se hace el sordo y finge no escucharme, pero es tanto mi amor que lo espero y continúo llamándolo".

17-30
Febrero 8, 1925

Cada alma es una habitación de la Voluntad Divina.

(1) Esta mañana mi dulce Jesús se hacía ver tan sufriente, que mi pobre alma se sentía deshacer de compasión; tenía todos los miembros dislocados, llagas profundas y tan dolorosas, que Jesús gemía y se contorsionaba por la acerbidad del dolor. Se puso junto a mí como si quisiera hacerme partícipe de sus penas; con sólo mirarlo sentía reflejar en mí sus penas, y Jesús todo bondad me ha dicho:
(2) "Hija mía, no puedo más; toca mis llagas para endulzarlas, pon tu beso de amor sobre de ellas, a fin de que tu amor me mitigue el dolor que siento. Este mi estado tan doloroso es el verdadero retrato de cómo se encuentra mi Voluntad en medio de las criaturas: Está en medio de ellas, pero como dividida, porque haciendo ellas su voluntad, no la mía, la mía queda como dislocada y llagada por las criaturas, por eso une tu voluntad a la mía y dame un alivio a mi dislocamiento".
(3) Yo me lo he estrechado, le he besado las llagas de las manos, ¡oh, cuán recrudecidas por tantas obras, aun santas, pero que no tienen su principio en la Voluntad de Dios; para endulzarle el espasmo lo estrechaba en mis manos y Jesús todo se dejaba hacer, más bien lo quería, y así lo hice también con todas sus otras llagas, tanto, que casi toda la mañana se ha estado conmigo. Finalmente, antes de dejarme me ha dicho:
(4) "Hija mía, me has endulzado, siento mis huesos en su lugar, ¿pero sabes tú quién puede endulzarme y reunir mis huesos dislocados?

Quien hace reinar en sí a mi Voluntad. Cuando el alma hace a un lado su voluntad, no dándole ni siquiera un acto de vida, mi Voluntad hace de dueña en el alma, reina, manda e impera, se encuentra como si estuviera en su casa, esto es, como en mi Patria Celestial, así que siendo casa mía, domino, dispongo, pongo en ella de lo mío, porque como habitación mía puedo poner lo que quiero para hacer con ello lo que quiero, y recibo el más grande honor y gloria que la criatura me puede dar. En cambio, quien quiere hacer su voluntad, hace ella de dueña, dispone, manda, y mi Voluntad está como una pobre extraña, no es tomada en cuenta, y muchas veces despreciada. Quisiera poner de lo mío pero no puedo, porque la voluntad humana no me quiere ceder un lugar, aun en las cosas santas quiere hacer ella como cabeza, y Yo nada puedo poner de lo mío. ¡Cómo me encuentro mal en el alma que hace reinar su voluntad! Me sucede como a un padre que va a buscar a un hijo suyo lejano, o bien un amigo a otro amigo: Mientras toca, se abre la puerta, pero se le deja en la primera estancia, no se le prepara el alimento, no una cama donde dejarlo descansar, no le hacen parte ni de sus alegrías ni de sus penas; ¡qué afrenta, qué dolor para este padre, o bien amigo! Si ha llevado tesoros para obsequiarlos, nada deja y se marcha herido en el fondo de su corazón. En cambio con otro, no apenas lo ven se ponen en fiesta, le preparan el mejor alimento, la más mullida cama, es más, le dan pleno dominio sobre toda la casa y hasta sobre ellos mismos; ¿no es esto el más grande honor, amor, respeto, sujeción que se puede usar con un padre o con un amigo? ¿Qué cosa no le dejará de bello y de bueno para compensar tanta generosidad?

(5) Tal es mi Voluntad, viene del Cielo para habitar en las almas, y en lugar de hacerme dueño y señor, me tienen como un extraño y abandonado, pero mi Voluntad no se marcha, a pesar que me tienen como extraño permanezco en medio de ellos, esperando para darles mis bienes, mis gracias y mi santidad".

17-31
Febrero 15, 1925

La Divina Voluntad en el Cielo es confirmante, beatificante, felicitante, divinizante; en la tierra, en el alma, es obrante y forma en ella las olas eternas que arrollan todo.

(1) Estaba toda abandonándome en la Santísima Voluntad de Dios, y estando en ese total y pleno abandono sentía en mí un nuevo cielo, un

aire todo divino que me infundía una nueva vida. Y mi siempre amable Jesús, moviéndose en mi interior, me parecía que me extendía los brazos para recibirme y esconderme en Él y ponerme bajo este nuevo cielo de su Voluntad, que en mí, con su gracia se había formado, y yo con gran contento respiraba el aire balsámico y dulce de su Santísima Voluntad. Entonces yo llena de asombro he dicho:

(2) "¡Amor mío, mi Jesús, cómo es bello el Cielo de tu Voluntad! Cómo se está bien debajo de Ella, ¡oh, cómo es refrescante y saludable su aire celestial!" Y Jesús, estrechándome más fuerte a Él me ha dicho:

(3) "Hija de mi Voluntad, cada acto en mi Voluntad es un nuevo cielo que se extiende sobre la cabeza del alma, uno más bello que el otro. El aire de estos cielos es divino y lleva consigo: santidad, amor, luz, fortaleza, y contiene todos los gustos juntos; por eso se siente balsámico y dulce. Mi Voluntad en el Cielo es confirmante, beatificante, felicitante y penetrante por doquier, transformante, divinizante todo en Sí; en cambio en el alma que posee estos nuevos cielos de mi Voluntad en la tierra, es obrante, y mientras obra se deleita en extender nuevos cielos. Así que mi Voluntad trabaja y obra más en el alma viadora que en la Jerusalén Celestial; allá, las obras de los santos están ya cumplidas, no queda más qué hacer; en cambio aquí mi Voluntad siempre tiene qué hacer en el alma en la cual Ella reina, por eso quiere todo para Ella, no quiere dejar ningún acto a la voluntad humana, porque quiere hacer mucho, y en cada acto que cediera a la voluntad humana le faltaría extender un cielo de más y sería una obra suya de menos. ¡Ah! tú no sabes lo que sucede en el alma cuando da toda la libertad a mi Voluntad de obrar en ella, y el alma obra en mi Voluntad. Imagínate el mar cuando se elevan tan fuertes y altas las olas que no sólo las aguas, sino que la fuerza de las olas transporta aun a los peces a lo alto, de modo que se ve en aquellas olas, transportados por la fuerza de la tempestad, que aun los peces son sacados del fondo del mar, de su diaria morada para elevarse en alto junto con las olas; las olas los han arrollado y no han podido resistir esa fuerza, mientras que sin la fuerza de las olas no saben salir de su morada. ¡Oh! si el mar tuviera una fuerza sin límite haría salir toda el agua de su lecho, formando olas altísimas y todos los peces arrollados en ellas. Pero lo que no puede hacer el mar porque es limitado en su fuerza, lo hace mi Voluntad; conforme hace suyos los actos del alma obrando en ella, ahí forma las olas eternas, y en estas arrolla todo, y se ven en estas olas lo que hizo mi Humanidad, las obras de mi Celestial Mamá, las de todos los santos y todo lo que hizo la misma Divinidad, todo es puesto en movimiento. Mi Voluntad es más que mar, nuestras

obras, las de los santos, pueden ser semejanzas de los peces que viven en el mar; cuando mi Voluntad obra en el alma, y aun fuera del alma, todo lo que hay en Ella, todo se mueve, se eleva, se ponen en orden para repetirnos la gloria, el amor, la adoración, desfilan ante Nosotros diciéndonos: 'Somos obras tuyas, grande y poderoso eres Tú, pues así tan bellas nos has hecho'. Mi Voluntad encierra todo lo bello y lo bueno, y cuando obra nada deja atrás, para hacer que en aquel acto nada falte de lo que es nuestro, para hacer que sea completa nuestra gloria; y no hay de qué asombrarse, porque es el obrar eterno el que se desarrolla en el alma. Por eso el obrar de mi Voluntad se puede llamar ola eterna, que arrolla Cielo y tierra como en un punto solo, y después se difunde sobre todos como portadora de un acto divino. ¡Oh! cómo goza el Cielo cuando ve obrar en el alma a la Voluntad Eterna, porque habiendo sido confirmadas sus obras en la Divina Voluntad en el Cielo, ven correr sus obras en aquel acto divino y se sienten duplicar la gloria, la felicidad, las alegrías. Por eso te recomiendo, ya que eres la pequeña hija de mi Supremo Querer, que cada acto tuyo lo dejes en poder de las olas eternas de mi Querer, a fin de que llegando estas olas a los pies de nuestro Trono en el Cielo, podamos siempre confirmarte más como nuestra verdadera hija de nuestra Voluntad, y podamos concederte rescritos de gracia en favor de tus hermanos e hijos nuestros".

17-32
Febrero 22, 1925

Cómo Dios al crear al hombre formó diferentes caminos para facilitarle la entrada en su Voluntad, por lo tanto en la Patria Celestial.

(1) Estaba pensando en el Santo Querer Divino, y pedía a mi amable Jesús, que por su bondad me diera la gracia de que en todo cumpliera su Santísima Voluntad, y decía: "Tú que amas y quieres que tu Voluntad se haga, ayúdame, asísteme, pon a cada instante tu Querer en mí, a fin de que ninguna otra cosa pueda tener vida en mí". Ahora, mientras rezaba, mi dulce Jesús se ha movido en mi interior, y estrechándome fuerte a Él me ha dicho:
(2) "Hija mía, cómo me hiere el corazón la oración de quien busca sólo mi Querer! Siento el eco de mi oración que hice estando Yo sobre la tierra, todas mis oraciones se reducían a un punto solo, que la Voluntad de mi Padre, tanto sobre Mí como sobre todas las criaturas se cumpliera.

Fue el más grande honor para Mí y para mi Padre Celestial, que en todo hice su Santísima Voluntad. Mi Humanidad, con hacer siempre y en todo la Voluntad del Eterno abría las vías entre la voluntad humana y la Divina, cerradas por la criatura.

(3) Tú debes saber que la Divinidad al crear al hombre formó muchas vías de comunicación entre el Creador y la criatura: Vía eran las tres potencias del alma: La inteligencia, vía para comprender mi Voluntad; la memoria, vía para recordarse de Ella continuamente; y la voluntad en medio de estas dos vías, formaba la tercera vía para irse en la Voluntad de su Creador. La inteligencia y la memoria eran el sostén, la defensa, la fuerza de la vía de la voluntad, para que no pudiera desviarse ni a derecha ni a izquierda; vía era el ojo, para que pudiera ver las bellezas, las riquezas que hay en mi Voluntad; vía era el oído, para que pudiera escuchar las llamadas, las armonías que hay en Ella; vía era la palabra, en la cual pudiera recibir mi continuo desahogo de mi palabra Fiat, y los bienes que mi Fiat contiene; vía eran las manos, que elevándolas en sus obras en mi Voluntad, hubiera llegado a unificar sus obras a las obras de su Creador; vía eran los pies, para seguir los pasos de mi Querer; vía era el corazón, los deseos, los afectos, para llenarse del amor de mi Voluntad y reposarse en Ella. Mira entonces cuántas vías hay en la criatura para venir en mi Voluntad, siempre y cuando lo quiera. Todas las vías estaban abiertas entre Dios y el hombre, y en virtud de nuestra Voluntad, nuestros bienes eran suyos; además era nuestro hijo, imagen nuestra, obra salida de nuestras manos y del aliento ardiente de nuestro seno. Pero la voluntad humana, ingrata, no quiso gozar de los derechos que Nosotros le dimos sobre nuestros bienes, y no queriendo hacer nuestra Voluntad hizo la suya, y haciendo la suya formó las barreras y los muros en todos esos caminos y se restringió en el mísero cerco de su voluntad, perdió la nuestra y anduvo errante en el exilio de sus pasiones, de sus debilidades, bajo un cielo tenebroso cargado de rayos y de tempestades, pobre hijo en medio de tantos males queridos por él mismo. Así que cada acto de voluntad humana es una barrera que pone a la mía, es una reja que forma para impedir la unión de nuestros quereres, y la comunicación de los bienes entre el Cielo y la tierra queda interrumpida.

(4) Mi Humanidad compadeciendo y amando con amor infinito al hombre, con hacer en todo la Voluntad de mi Padre mantuvo íntegras estas vías, e impetró quitar las barreras y romper las cercas que la voluntad humana había formado; así que abrí de nuevo los caminos a quien quiera venir en mi Voluntad, para restituirle los derechos que por Nosotros habían

sido dados al hombre cuando lo creamos. Las vías son necesarias para facilitar el camino, son medios para poder frecuentemente hacer una visita a su propia Patria Celestial, y conociendo cuán bella es su Patria, cuán feliz se está en Ella, la ame y aspire a tomar la posesión, por tanto viva desapegado del exilio. Estos caminos en la criatura eran necesarios para hacer que frecuentemente subiera a su verdadera Patria, la conociera y la amara, y una señal de que el alma está en estas vías y de que ama su Patria Celestial es, si poniéndose en camino en nuestra Voluntad hace sus visitas. Esta es también una señal para ti, no recuerdas cuántas veces tomabas el camino del Cielo y penetrabas en las regiones celestiales y haciendo tu breve visita, mi Querer te hacía descender de nuevo al exilio, y tú amando la Patria, el exilio te parecía feo y casi insoportable. Este amar la Patria, sentir la amargura de vivir en el exilio, es una buena señal para ti, que la Patria es tuya. Mira, también en las cosas bajas de este mundo sucede igual: Si uno tiene una gran posesión, se forma el camino para ir frecuentemente a visitarla, a gozarla, a tomar los bienes que hay en ella, y mientras la visita, la ama y se la lleva en su propio corazón, pero si en cambio no se forma un camino, jamás visita su posesión, porque sin camino es casi inaccesible, y no habla nunca de ella, esto es una señal de que no la ama y desprecia sus mismos bienes, y a pesar de que podía ser un rico, él, por su mala voluntad es un pobre que vive en la más escuálida miseria. He aquí por qué mi sabiduría al crear al hombre quiso formar las vías entre Yo y él, para facilitarle la santidad, la comunicación de nuestros bienes y la entrada a la Patria Celestial".

17-33
Marzo 1, 1925

Cómo cada acto más de bien que hacemos, es un hilo de voluntad humana que se ata a la corriente de luz eterna, y vuelve más plena, más fuerte, más brillante la luz en nuestra alma.

(1) Me sentía muy amargada por la pérdida de mi dulce Jesús, ¡oh! cómo lloraba mi pasado, cuando su amable presencia hacía feliz mi pobre existencia, aun en medio de las más duras penas mi pobre lecho era para mí un pequeño paraíso, me sentía reina junto con mi amable Jesús, dominadora de mí misma, y con el contacto continuo con Él me sentía como dominadora de su mismo corazón divino; y ahora, ¡cómo ha cambiado mi felicidad! Es más, cada vez que lo busco y no lo encuentro,

una infelicidad me rodea, me arranca un fragmento de vida, porque sólo Jesús es mi vida, y siento más a lo vivo las penas de mi duro exilio. ¡Oh! cuán cierto es que no son las penas las que hacen infeliz a la criatura, sino el bien querido y no encontrado. Y mientras le decía: Ten piedad de mí, no me abandones, ven, resurge en mi pobre alma inmersa en las amargas aguas de tu privación. He sentido que mi amado Bien, mi dulce Vida se movía en mi interior, y poniéndome sus brazos al cuello me ha dicho:

(2) "La hija mía, la hija mía".

(3) Yo he mirado que Jesús salía de un fondo de luz, y al extender sus brazos la luz se extendía junto a Él, pero aquella luz no era toda plena, se veía un vacío en la misma luz, pero si bien se veía el vacío, pero no se veían tinieblas, sólo como si se necesitaran otros hilos de luz para llenar ese vacío y para hacer más intensa, más fuerte, más brillante aquella luz. A la vista de Jesús me he sentido resurgir de muerte a vida; sus palabras, la hija mía, la hija mía, cambiaron en ese momento mi infelicidad, porque estar con Jesús y ser infeliz es imposible, a lo más se puede estar con Jesús sufriendo en las penas más atroces, pero infeliz, jamás, es más, parece que la infelicidad, si es que está en el alma, huye de la presencia de Jesús y da lugar a la felicidad que Jesús lleva Consigo. Entonces, continuando sus palabras me ha dicho:

(4) "Hija mía, ánimo, no temas, no hay tinieblas en ti, porque el pecado es tinieblas, el bien es luz. ¿No ves que he salido de un fondo de luz de dentro de tu interior? ¿Pero sabes tú qué cosa es esta luz? Es todo tu obrar interior que haces, cada acto de más que haces es un hilo de más de tu voluntad que conectas a la corriente de la luz eterna, y ese hilo se convierte en luz; así que por cuantos más actos hagas, agregando así otros hilos, la luz se hará más plena, más fuerte, más brillante. Por tanto, lo que has hecho es la luz que ves, lo que te queda por hacer es el vacío que ves en la misma luz; y Yo estaré siempre en medio de esta luz, no sólo para gozármela, sino para conectar los hilos de la voluntad humana con la corriente de la luz eterna, porque el principio, el fondo, la corriente de la luz soy Yo. ¿Pero sabes tú qué cosa es la verdadera luz? La verdadera luz es la verdad; la verdad conocida, abrazada, amada y puesta en práctica por el alma es la verdadera luz que la transforma en la misma luz y la hace poner dentro y fuera nuevos y continuos partos de luz. Y esta verdad forma la verdadera Vida de Dios en el alma, porque Dios es verdad, y el alma está atada a la verdad, más bien la posee. Dios es luz y ella está unida a la luz y se alimenta de luz y de verdad; pero mientras Yo alimento al alma de Verdad y de luz, ella debe tener

abierta la corriente de su voluntad para recibir la corriente de la comunicación divina, de otra manera puede suceder como a la corriente eléctrica, a la cual no le basta que se genere la corriente, sino que se necesitan los preparativos para recibirla, pero con todo esto no a todos llega la misma luz, sino según las lámparas que se tienen, quien tiene una recibe una luz, quien tiene diez recibe por diez la luz, si las lámparas contienen más hilos eléctricos, las lámparas se ven más plenas de luz; si menos hilos, a pesar de que haya espacio en el vidrio, la luz es pequeña, y a pesar que la fuente de donde viene la corriente puede dar más luz, no la recibe porque falta la fuerza de la electricidad en las lámparas para recibirla. Por eso se necesita la corriente celestial que la quiera dar y la corriente humana para recibirla, y según vayas haciendo más actos en mi Voluntad, agregarás otros hilos para volver más completa la luz que quiero encerrar en ti".

17-34
Marzo 8, 1925

Todo lo que Jesús hizo, tanto para gloria del Padre como para el bien de las criaturas, quedó depositado en la Divina Voluntad, la cual lo conserva todo en acto, con todos sus efectos.

(1) Estaba diciendo entre mí: "Cómo quisiera recorrer todos los caminos del Querer eterno para poder encontrar todos los actos de esta Voluntad Suprema, salidos de Ella para bien de toda la familia humana, para poder poner en cada acto de su Voluntad un acto de la mía, para corresponderle con mi amor, con mi gratitud, con mi gracias por mí y a nombre de todos mis hermanos, pero, ¿cómo puedo encontrar todos estos actos de la Voluntad Divina, yo que soy tan pequeña, tan insignificante?" Mientras así pensaba, deseando abrazar y poner un beso mío, un mi te amo al menos a cada acto de la Suprema Voluntad, he sentido moverse en mi interior a mi dulce Jesús, y una luz en mi mente me decía:
(2) "Hija mía, ¿quieres tú recorrer todos los actos de mi Voluntad salidos de Ella para bien de todas las criaturas? Ven conmigo en mi Humanidad, lo suspiro, lo quiero, que tú lo hagas. Tú debes saber que mi Humanidad recorrió todos los caminos del eterno Querer, y en todos los actos que encontraba hechos para bien de todos mis hermanos, hacía el mío para corresponder a la Divina Voluntad por tantos actos suyos hechos para bien de todas las generaciones humanas. Era el acto más legítimo que

me convenía hacer, primero para honor de mi Padre Celestial; y conforme esto hacía dejaba el depósito de estos actos míos en la misma Voluntad Divina, a fin de que estuvieran siempre en acto de dar a mi Padre Divino este legítimo honor que las criaturas no le dan, y violentar a la Voluntad eterna a hacer la paz con la voluntad humana.

(3) La voluntad, también en la criatura, es el depósito de todos sus pensamientos, del bien y del mal que hace, ella es depositaria de todo, nada se le escapa que no deposite en ella. Ahora, mi Humanidad tenía dos voluntades, la humana y la Divina, y todo lo que Yo hacía lo depositaba en la Divina, para poder encontrar no sólo los actos hechos por la Suprema Voluntad y corresponderla, sino para poder hacer otros nuevos actos de Voluntad Divina, para poder formar en Ella de todo lo obrado por mi Humanidad, una nueva creación, dejándola en depósito en Ella, a fin de que me los mantuviera íntegros, siempre nuevos y bellos, sin crecer ni decrecer, porque no sujetos, por cuanto tomen de ellos, a sufrir la más mínima disminución. Y así como en la creación del cielo, del sol, de las estrellas, y de tantas otras cosas creadas por la Divinidad para bien de toda la familia humana, fue dejado el depósito en nuestra Suprema Voluntad, a fin de que las conservara siempre en ese estado creado por Nosotros, como de hecho las conserva; así confié todo el obrar de mi Humanidad en Ella, a fin de que todo lo que hice estuviera siempre en acto de darse a las criaturas. Mi obrar es más que nuevo cielo, sol y estrellas, y así como el sol que está sobre vuestro horizonte no rehúsa dar luz a todos y darse a cada uno, y si el ojo humano no toma toda la inmensidad de su luz es porque la circunferencia del ojo es pequeña, es más, según la vista es más aguda, más buena, más luz toma, pero el sol está en acto de quererse dar todo; así la nueva creación de mis actos, hechos todos en esta Voluntad y depositados en Ella para redimir, para restaurar a la criatura, están en acto de darse a todos, y más que sol, estrellas y cielo, se extiendan sobre la cabeza de todos, a fin de que todos puedan tomar el gran bien que contienen. Pero entre el sol que resplandece en el cielo azul, y el que contiene el cielo de mi Humanidad, hay gran diferencia, en aquél, por cuanto el ojo se fatiga en mirar para llenarse de luz, su circunferencia no se ensancha, queda siempre la que es; en cambio el ojo del alma, mientras más se esfuerza para mirar, para cooperar, para conocer, para amar todo lo que ha hecho mi Humanidad, se ensancha más, recibe más luz, comprende más y toma más bienes, así que está en su poder ser más rica o pobre, más llena de luz, de calor, o más fría y en tinieblas.

(4) Entonces, si quieres recorrer los caminos del eterno Querer, entra por la puerta de mi Humanidad, dentro encontrarás mi Divinidad y la Divina Voluntad te hará presente, como en acto, todo lo que ha hecho, hace y hará, tanto en la Creación como en la Redención y Santificación, y tendrás el contento de poder besar esos actos y poner en cada uno tu pequeño acto de amor, de adoración, de reconocimiento, los encontrarás todos en acto de darse a ti, y tú los amarás, tomarás los dones de tu Padre Celestial; don más grande no podía darte, esto es: Los dones, los frutos, los efectos de su Querer, pero los tomarás a medida que cooperes y hagas vivir tu voluntad perdida en la mía".

(5) Luego, por poco tiempo me he sentido toda en Jesús, y me parecía encontrar en Él todo el obrar de la Divina Voluntad para bien de las criaturas como en acto, yo buscaba seguir uno por uno los actos de la Voluntad Suprema, pero mientras esto hacía me ha desaparecido todo; pero el delirio de querer de nuevo a mi dulce Jesús me hacía morir; después de mucho lo sentí detrás de mi espalda, que extendiendo sus brazos me tomaba mis manos entre las suyas; yo con violencia lo jalé hacia delante, y con toda la amargura de mi alma le he dicho: "Jesús, no me . sin darme tiempo para decirle otra cosa me ha dicho:

(6) "Hija mía, ¿cómo? ¿A Mí me dices que no te quiero ya más? Estas palabras se pueden decir a las criaturas, pero no a tu Jesús, a Aquél que nunca puede disminuir en el amor".

(7) Y mientras esto decía, me miraba fijamente dentro, como si quisiera encontrar en mí una cosa que mucho le interesaba, y miraba y volvía a mirar, finalmente me he sentido salir de dentro de mi interior otro Jesús, todo semejante al de afuera. Yo he quedado maravillada al ver que mi Jesús me está dentro de mí y fuera de mí, y Él, todo bondad me ha dicho:

(8) "Dime hija mía, ¿quién ha formado esta Vida mía en ti? ¿No es el amor? ¿No son mis cadenas amorosas que no sólo me han formado en ti, sino me tienen atado y estrechado a ti? Y para hacer que esta Vida mía en ti pueda siempre crecer, he puesto en ti mi Eterno Querer, que haciendo uno solo con el tuyo, nos alimentamos juntos con el mismo alimento celestial, de modo de hacer una mi Vida con la tuya; ¿y con todo esto me dices: Ya no me quieres?"

(9) Yo he quedado confundida y no he sabido qué decir...

17-35
Marzo 15, 1925

La Divina Voluntad tiene el poder de formar la Vida de Jesús en la criatura.

(1) Me estaba fundiendo toda en el Santo Querer Divino, pero mientras esto hacía sentía toda la amargura de la privación de mi dulce Jesús, y aunque casi habituada a sufrir su ausencia, sin embargo cada vez que estoy privada de Él, es siempre nueva la pena. Me parece que cada vez que quedo privada de la Vida de mi vida, Jesús pone un grado más de dolor, y yo siento más a lo vivo la pena de su lejanía. ¡Oh, cuán cierto es que en Jesús son siempre nuevas las penas y nuevas las alegrías! Ahora, mientras me abandonaba en su Voluntad, mi amable Jesús ha sacado una mano de dentro de mi interior, toda llena de luz, pero en la suya tenía también la mía, pero tan fundida en la suya, que con trabajo se descubría que en lugar de una eran dos manos fundidas juntas; y Jesús teniendo compasión de mi extrema amargura me ha dicho:

(2) "Hija mía, la luz de mi Voluntad nos transforma juntos y forma una sola vida; la luz se hace camino y el calor que contiene la luz vacía, consume todo lo que puede impedir la transformación con mi Vida y hacer de ellas una sola. ¿Por qué tanto te afliges? ¿No sientes en ti esta mi Vida, y no fantástica sino real? ¿Cuántas veces no sientes en ti mi Vida obrante, otras veces sufriente, y otras veces te lleno tanto que tú te ves obligada a perder el movimiento, el respiro, las facultades mentales, y tu naturaleza misma pierde su vida para dar lugar a la mía? Y para hacer que puedas revivir estoy obligado a empequeñecerme en ti misma para hacerte readquirir el movimiento natural y el uso de los sentidos, pero siempre dentro de ti permanezco, ¿y no adviertes que cada vez que me ves, es de dentro de tu interior que me ves salir? Entonces, ¿por qué temes que Yo te deje si tú sientes a esta mi Vida en ti?"

(3) Y Yo: "¡Ah! mi Jesús, es verdad que siento otra Vida en mí, que obra, que sufre, que se mueve, que respira, que se extiende en mí, pero tanto, que yo misma no sé decir que me sucede, muchas veces creo que estoy por morir, pero como aquella vida que siento en mí se empequeñece, retirándose de los brazos, de la cabeza, yo comienzo de nuevo a revivir, pero muchas veces no te veo, te siento, pero no veo tu amable presencia, y yo temo y tengo casi pavor de aquella vida que siento en mí, pensando: '¿Quién podrá ser aquél que tiene tanto dominio en mí, que yo me siento un harapo bajo su poder? ¿No podrá ser algún enemigo mío?' Y si me quiero oponer a lo que Él quiere hacer en mí, se hace tan

fuerte e imponente que no me cede ni un acto de mi voluntad, y yo de inmediato le cedo la victoria sobre de mí".

(4) Y Jesús: "Hija mía, sólo mi Voluntad tiene este poder de formarse una Vida en la criatura. Se entiende que el alma me haya dado, quién sabe cuántas veces, pruebas seguras de que quiere vivir de mi Voluntad, no de la suya, porque cada acto de voluntad humana impide que se cumpla esta Vida mía, y este es el más grande prodigio que sabe hacer mi Voluntad: 'Mi Vida en la criatura'. Su luz me prepara el lugar, su Calor purifica y consume todo lo que podría ser inconveniente a mi Vida, y me suministra los elementos necesarios para poder desarrollar mi Vida, por eso déjame hacer a fin de que pueda cumplir todo lo que ha establecido mi Voluntad sobre de ti".

17-36
Abril 9, 1925

Con el hilo de su Voluntad Jesús ata al alma. La Divina Voluntad obrante en la criatura y sus actos hechos en Ella, forman una nube de luz, que sirve a Jesús y al alma.

(1) Después de muchos días de amargura y de privación, mi dulce Jesús me ha transportado fuera de mí misma, y tomándome entre sus brazos me puso sobre sus rodillas. ¡Oh! cómo me sentía feliz, después de tantas privaciones y amarguras, en el regazo de Jesús, pero me sentía tan tímida, sin voluntad de querer nada ni de decir nada, ni con la confianza mía acostumbrada que tenía con Jesús cuando antes estaba conmigo. Mientras tanto, Jesús me estrechaba fuerte a Él, tanto de hacerme sufrir, me ponía la mano en la boca casi quitándome el respiro, me besaba, y yo, nada, no le daba ninguna correspondencia, no tenía ganas de hacer nada. Su privación me había paralizado y me había dejado sin vida, sólo que lo dejaba hacer, no me oponía a nada, aunque me hubiera hecho morir no me habría rehusado. Entonces Jesús, queriendo que yo dijera algo me ha dicho:

(2) "Pequeña hija mía, dime al menos, ¿quieres que tu Jesús te ate toda, toda?"

(3) Y yo: "Haz como Tú quieras".

(4) Y Él tomando un hilo, hacía pasar aquel hilo en torno a mi cabeza, ante los ojos, las orejas, la boca, por el cuello, en suma, toda mi persona, hasta los pies, y después viéndome con una mirada penetrante agregó:

(5) "Cómo es bella mi pequeña hija atada toda por Mí. Ahora sí que te amaré más, porque el hilo de mi Voluntad no te ha dejado nada que tú puedas hacer, sin constituirse Ella vida de toda tú, y esto te ha agraciado tanto que te ha hecho toda agradable y bella a mis ojos. Así que mi Voluntad tiene esta virtud y potencia de volver al alma de una belleza tan rara, tan preciosa que ningún otro podrá igualar su belleza, es tan fascinante que atrae mis ojos y los ojos de todos a mirarla y a amarla".

(6) Dicho esto me encontré en mí misma, confortada y reforzada, sí, pero sumamente amargada pensando en cuándo regresaría, y que ni siquiera le había dicho una palabra de mi duro estado. Luego, me puse a fundirme en su Santísimo Querer, y mi amable Jesús ha salido de dentro de mi interior y formaba en torno a mí una nube de luz, y Jesús apoyaba sus brazos sobre esa nube y miraba a todo el mundo; todas las criaturas se han hecho presentes ante su mirada purísima, y, ¡oh! cuántas ofensas de todas clases de personas herían a mi dulce Jesús, cuántas intrigas, cuántos engaños y fingimientos, cuántas maquinaciones de revoluciones, estando listas para iniciarse con incidentes imprevistos. Y esto atraía los castigos, tales que ciudades enteras quedaban destruidas. Mi Jesús apoyado en aquella nube de luz, movía la cabeza y quedaba amargado hasta lo más íntimo del corazón, y volteándose hacia mí me ha dicho:

(7) "Hija mía, mira el estado del mundo, es tan grave que sólo a través de esta nube de luz puedo mirarlo, y si lo quisiera mirar fuera de esta nube lo destruiría en gran parte, ¿pero sabes tú qué cosa es esta nube de Luz? Es mi Voluntad obrante en ti, y tus actos hechos en Ella; por cuantos más actos haces en Ella, tanto más grande se hace esta nube de luz que me sirve de apoyo, y para hacerme mirar con aquel amor con el cual mi Voluntad creó al hombre, Ella pone un encanto a mis amorosas pupilas y haciéndome presente todo lo que hice por su amor, me hace nacer en el corazón una Voluntad de compasión y me hace terminar con compadecer a quien tanto amo. Y a ti esta nube de luz te sirve en modo maravilloso, te sirve de luz a todo tu ser, se pone en torno a ti y te hace extraña la tierra, no permite que entre en ti ningún gusto de personas o de otras cosas, aun inocentes, y poniéndote también a ti un dulce encanto a tus pupilas, te hace ver las cosas según la verdad y como las ve tu Jesús. Si te ve débil, esta nube se te estrecha en torno y te da su fuerza; si te ve inactiva, entra en ti y se hace obrante, es más, celosa sumamente de su luz, también es la centinela para que no hagas nada sin Ella y que Ella nada haga sin ti. Entonces hija mía, ¿por qué tanto te afliges? Deja que mi Voluntad haga en ti y que no le conceda

ningún acto de vida a tu voluntad, si quieres que se cumplan en ti mis grandes designios".

17-37
Abril 15, 1925

La misión de la Divina Voluntad es eterna, y es propiamente la misión de nuestro Padre Celestial.

(1) Escribo sólo por obedecer y con gran repugnancia. Habiendo leído un santo sacerdote mis escritos, me había mandado a decir que en ciertos capítulos el bendito Jesús me exaltaba demasiado, hasta llegar a decirme que me ponía cercana a su Mamá Celestial para que fuese mi modelo. Al oír esto me he sentido confundida y turbada, recordaba haberlo escrito sólo por obedecer y con suma repugnancia, ya que estaba ligada a la misión de hacer conocer la Divina Voluntad, y me lamentaba con mi Jesús por haberme dicho esto, mientras que yo soy tan mala, y que sólo Él sabe todas mis miserias. Esto me confundía y me humillaba tanto, que no podía estar en paz; sentía tal distancia entre yo y la Madre Celestial, como si hubiera un abismo de distancia entre yo y Ella. Entonces, mientras me encontraba tan turbada, mi amable Jesús ha salido de dentro de mi interior y estrechándome fuerte entre sus brazos, para infundirme la paz me ha dicho:

(2) "Hija mía, ¿por qué te turbas tanto? ¿No sabes tú que la paz es la sonrisa del alma, es el cielo azul y sereno donde el Sol Divino hace refulgir más vívida su luz, tanto, que ninguna nube puede aparecer en el horizonte y ocultar la luz? La paz es el rocío benéfico que vivifica todo y adorna al alma de una belleza raptora, y atrae el beso continuo de mi Querer sobre ella. Y además, ¿qué cosa hay que se oponga a la verdad? ¿Dónde está ese exaltarte demasiado? Sólo porque te dije que te ponía junto a mi Divina Madre, porque habiendo sido Ella la depositaria de todos los bienes de la Redención y como Madre mía, como Virgen, como Reina, la ponía a la cabeza de todos los redimidos, dándole una misión distinta, única y especial, que a ningún otro le será dada, los mismos apóstoles y toda la Iglesia de Ella dependen y de Ella reciben, no hay bien que Ella no posea, todos los bienes salen de Ella, era justo que como mi Madre, debía confiar a su corazón materno todo y a todos, abrazar todo, y poder dar todo a todos, esta misión era sólo de mi Madre. Ahora te repito, que así como a mi Mamá Yo la ponía a la cabeza de todos y ponía en Ella todos los bienes de la Redención, así

escogía a otra virgen, a la cual la ponía junto a mi Madre, dándole la misión de hacer conocer mi Divina Voluntad. Y si grande es la Redención, más grande aún es mi Voluntad; y así como en la Redención hubo un principio en el tiempo, no en la eternidad, así mi Voluntad Divina, si bien eterna, debía tener su principio en el tiempo para hacerse conocer, por tanto, siendo mi Voluntad que existe en el Cielo y en la tierra, y siendo la sola, la única que posee todos los bienes, debía escoger una criatura en la cual debía confiar el depósito de sus conocimientos, como a una segunda madre hacerle conocer los méritos, el valor, las prerrogativas, a fin de que la amase y celosa conservara el depósito; y así como mi Madre Celestial, verdadera depositaria de los bienes de la Redención, es magnánima en darlos a quien los quiera, así esta segunda madre será magnánima en hacer conocer a todos el depósito de mis enseñanzas, su santidad, y el bien que quiere dar mi Divina Voluntad, cómo Ella vive desconocida en medio de las criaturas y cómo desde el principio de la creación del hombre Ella suspira, ruega y suplica que el hombre regrese a su principio, esto es en mi Voluntad, y que le sean restituidos los derechos de su soberanía sobre las criaturas. Mi Redención fue una y me serví de mi amada Madre para cumplirla; mi Voluntad es también una y me debía servir de otra criatura, que poniéndola como a la cabeza y haciendo en ella el depósito, me debía servir para hacer conocer mis enseñanzas y cumplir los designios de mi Divina Voluntad. Por tanto, ¿dónde está ese exaltarte demasiado? ¿Quién puede negar que sean dos misiones únicas y similares, la Redención y el cumplimiento de mi Voluntad, que dándose la mano las dos, mi Voluntad hará completar los frutos de la Redención y restituirnos los derechos de la Creación, poniendo en ella el sello a la finalidad por la cual todas las cosas fueron creadas? Por eso nos interesa tanto este conocimiento de la misión de nuestra Voluntad, porque ninguna otra hará tanto bien a las criaturas como ésta, será como cumplimiento y corona de todas nuestras obras.

(3) Además de esto, se dice de David que fue imagen mía, tanto, que todos sus salmos revelan mi Persona; de San Francisco de Asís, que fue una copia fiel mía. En el santo evangelio se dice, ni más ni menos, sean perfectos como perfecto es vuestro Padre que está en los Cielos; se añade también que ninguno entrará en el reino de los Cielos si no es similar a la imagen del Hijo de Dios, y tantas otras cosas. De todos estos no se dice que han sido exaltados demasiado, y que no son cosas conforme a la verdad dicha por mi misma boca; ahora, sólo porque he dicho que a ti te quería comparar a la Virgen, hacerte su copia fiel, ¿te he

exaltado demasiado? Así que, comparada a Mí no era exaltarte, ni tenían dudas ni dificultades, comparándote a la Virgen es demasiada exaltación. Esto significa que no han comprendido bien la misión del conocimiento de mi Voluntad; más bien te repito que no sólo te pongo como pequeña hija junto a Ella en su regazo materno a fin de que te guíe, te enseñe cómo debes imitarla para llegar a ser su copia fiel con hacer siempre la Divina Voluntad, y así de su regazo pasar al regazo de la Divinidad, porque la misión de mi Voluntad es eterna, y es propiamente la misión de Nuestro Padre Celestial, que no quiere otra cosa, sino que ordena, exige que su Voluntad se conozca y se ame a fin de que se haga como en el Cielo así en la tierra. Así tú, haciendo tuya esta misión eterna e imitando al Padre Celestial, no debes querer otra cosa sobre ti y sobre de todos, sino que mi Voluntad sea conocida, amada y cumplida. Y además, cuando la criatura se exalta a sí misma, hay mucho qué pensar, pero cuando ella está en su lugar y Yo la exalto, a Mí todo me es lícito, de hacer llegar a donde quiero y como quiero, por eso fíate de Mí y no te preocupes".

17-38
Abril 23, 1925

Dios al crear al hombre, con su aliento le infundía la vida, y en esta vida le infundía una inteligencia, memoria y voluntad para ponerlo en relación con su Divina Voluntad, y Ésta debía dominar todo el interior de la criatura y dar vida a todo.

(1) Me estaba fundiendo según mi costumbre en el Santo Querer Divino, y mi dulce Jesús haciéndose sentir en mi interior me ha dicho:
(2) "Hija mía, ven en la inmensidad de mi Querer, todo el Cielo y todas las cosas creadas por Mí, viven y reciben vida continua de mi Querer, en el cual encuentran su completa gloria, su plena felicidad y su perfecta belleza, y esperan con ansia el beso del alma viadora que vive en el mismo Querer en el cual ellas viven, para corresponderle su beso y poner en común con ella la gloria, la felicidad, la belleza que ellas poseen, a fin de que otra criatura se agregue a su número, que me dé la gloria completa, por cuanto a criatura es posible, y me haga mirar la tierra con aquel amor con el cual la creé, porque existe en la tierra un alma que obra y vive en mi Voluntad. Sabiendo el Cielo que ninguna otra cosa me glorifica tanto como un alma que vive en mi Voluntad, por eso también suspiran que mi Querer viva en las almas en la tierra; así que

cada acto que hace la criatura en mi Voluntad, es un beso que da y recibe de Aquél que la creó y de todos los bienaventurados. ¿Pero sabes tú qué cosa es este beso? Es la transformación del alma con su Creador, es la posesión de Dios en el alma y del alma en Dios, es el crecimiento de la Vida Divina en el alma, es la armonía de todo el Cielo y es el derecho de la supremacía sobre todas las cosas creadas. El alma purificada por mi Voluntad, gracias al aliento omnipotente que le viene infundido por Dios, no más da náusea por la voluntad humana, y por lo tanto Dios continúa infundiéndole su aliento omnipotente, a fin de que crezca con esa Voluntad con la cual la creó; mientras que el alma que no haya sido aún purificada siente el atractivo de su voluntad, y por lo tanto obra contra la Voluntad de Dios haciendo la suya; Dios no puede acercarse a ella para infundirle su aliento de nuevo, hasta en tanto que no se da toda al ejercicio y cumplimiento de la Divina Voluntad. Por eso tú debes saber que Dios al crear al hombre con su aliento le infundía la vida, y en esta vida le infundía una inteligencia, memoria y voluntad, para ponerla en relación con la suya, y esta Voluntad Divina debía ser como rey que debía dominar todo el interior de la criatura y dar vida a todo, en modo de formar la inteligencia y la memoria querida por la Voluntad Suprema en ella; formada ésta, era como connatural que el ojo de la criatura debía mirar las cosas creadas y conocer en ellas el orden y la Voluntad de Dios sobre todo el universo, el oído debía oír los prodigios de esta eterna Voluntad, la boca debía sentirse infundir continuamente el aliento de su Creador para comunicarle la Vida y los bienes que contiene su Querer, su palabra debía hacer eco a aquel Fiat eterno para narrar lo que significa Voluntad de Dios, las manos debían ser el desahogo de las obras de esta Voluntad Suprema, los pies no debían hacer otra cosa que seguir paso a paso los pasos de su Creador. Así que establecida la Voluntad Divina en la voluntad de la criatura, ella tiene el ojo, el oído, la boca, las manos, los pies de mi Voluntad, no se separa jamás del principio de donde salió, por lo tanto está siempre en mis brazos, y le resulta fácil a ella sentir mi aliento, y a Mí el infundírselo. Ahora, es precisamente esto lo que quiero de la criatura, que haga reinar mi Voluntad en la suya, y que la suya le sirva de habitación para hacerla depositar en ella los bienes celestiales que contiene. Esto quiero de ti, a fin de que todos tus actos, sellados por mi Voluntad, formen un acto solo, que uniéndose a ese acto único de mi Voluntad, que no tiene multiplicidad de actos como es en el hombre, queden tus actos en ese principio eterno para copiar a tu Creador y darle la gloria y el contento de que su Querer sea cumplido en ti como se cumple en el Cielo".

17-39
Abril 26, 1925

El bien que harán los escritos acerca de la Divina Voluntad. Jesús y su Voluntad son inseparables, y Ésta vuelve inseparable de Jesús a quien se deja dominar por Ella.

(1) Estaba pensando entre mí en ciertas cosas sobre la Voluntad de Dios, que el buen Jesús me había dicho y que las han publicado, y en consecuencia corren entre manos de quien las quiere leer. Sentía tal vergüenza en mí que me daba una pena indescriptible y decía:

(2) "Amado bien mío, ¿cómo has permitido esto? Nuestros secretos, que por obedecer he escrito y sólo por amor tuyo, están ya a la vista de los demás, y si continúan publicando otras cosas yo me moriré de vergüenza y de pena. Y después de todo esto, como premio a mi duro sacrificio me has tan dolorosamente dejado. ¡Ah! si Tú hubieras estado conmigo habrías tenido piedad de mi pena y me habrías dado la fuerza".

(3) Pero mientras esto pensaba, mi dulce Jesús ha salido de dentro de mi interior, y poniéndome una mano en la frente y otra en la boca, como si quisiera detener tantos pensamientos desconsoladores que me venían, me ha dicho:

(4) "Calla, calla, no quieras ir más allá, no son cosas tuyas sino mías, es mi Voluntad que quiere hacer su camino para hacerse conocer. Mi Voluntad es más que sol, y para esconder la luz del sol se necesita mucho, más bien es del todo imposible, y si la detienen por un lado, ella supera el obstáculo que le han puesto enfrente, y conduciéndose por otros lados, con majestad hace su camino, dejando confundidos a quienes querían impedir su curso, porque la han visto escapárseles por todas partes sin poderla detener. Se puede esconder una lámpara, pero el sol jamás; tal es mi Voluntad, más que sol, y quererla tú esconder te resultará imposible. Por eso calla hija mía, y haz que el Sol eterno de mi Voluntad haga su curso, sea por medio de los escritos, de la publicación, de tus palabras y de tus modos; haz que Ella huya como luz y recorra todo el mundo, Yo lo suspiro, lo quiero. Y además, ¿qué cosa han hecho salir de las verdades de mi Voluntad? Se puede decir que apenas los átomos de su luz, y si bien átomos todavía, si supieras el bien que hacen, ¿qué será cuando reunidas todas las verdades que te he dicho de mi Voluntad, la fecundidad de su luz, los bienes que contiene, unidos todos juntos formarán no los átomos, o el sol que despunta, sino su

pleno mediodía? ¿Qué bien no producirá este Sol eterno en medio de las criaturas? Y Yo y tú estaremos más contentos al ver mi Voluntad conocida, amada y cumplida, por eso déjame hacer. Y además, no, no es verdad que te haya dejado, ¿cómo, no me sientes en ti? ¿No oyes el eco de mi oración en tu interior, que abrazo todo y a todos, sin que nadie me escape, porque todas las cosas y todas las generaciones son como un punto solo para Mí, y por todos Yo rezo, amo, adoro y reparo, y tú haciendo eco a mi oración te sientes como si tomaras en un puño a todos y a todo, y repites lo que hago? ¿Acaso eres tú quien lo hace, o bien tu capacidad? ¡Ah no, no! Soy Yo que estoy en ti, es mi Voluntad que te hace tomar como en un puño a todo y a todos y continúa su curso en tu alma. Y además, ¿quieres tú alguna cosa fuera de mi Voluntad? ¿Qué temes? ¿Que pudiera dejarte? ¿No sabes tú que la señal más cierta de que Yo habito en ti, es que mi Voluntad tenga su lugar de honor, que te domine y que haga de ti lo que quiere? Yo y mi Voluntad somos inseparables, y vuelve inseparable de Mí a quien se deja dominar por Ella".

17-40
Mayo 1, 1925

La misión de Luisa es única: El hacer conocer las cualidades, el valor y el bien que la Divina Voluntad contiene, y hacerla reinar sobre la tierra.

(1) Estaba pensando en las tantas cosas que mi amado Jesús me ha dicho sobre su Santísima Voluntad, y una duda me ha venido en el alma, que no es necesario decirla, diré sólo lo que mi sumo Bien me ha dicho:
(2) "Hija mía, en ciertas misiones u oficios van encerrados juntos tales dones, gracias, riquezas y prerrogativas, los cuales, si no fuera por la misión o por ocupación de oficio, no sería necesario que se poseyeran, pero que debido a la necesidad de desempeñar el oficio le han sido dados. Mi Humanidad tuvo por misión de mi Divinidad la salvación de todas las almas y el oficio de Redentor, de redimirlas, por este oficio me fueron confiadas sus almas, sus penas, sus satisfacciones, así que Yo encerré todo, y si mi Humanidad no hubiera encerrado en Ella un alma, una pena, una satisfacción, el oficio de Redentor no habría estado completo, por lo tanto no habría encerrado en Mí todas las gracias, los bienes, la luz que era necesario dar a cada alma. Y si bien no todas las almas se salvan, esto dice nada, Yo debía encerrar los bienes de todas,

para hacer que por todas tuviera, por parte mía, gracias necesarias y sobreabundantes para poder salvar a todas; esto me convenía por decoro y por justo honor a mi oficio de Redentor. Esto le sucede al sol que está sobre vuestro horizonte, que contiene tanta luz que puede dar luz a todos, y a pesar que no todos quisieran gozar de su luz, él, por el oficio único de sol que tiene, posee aquella misma luz que las criaturas pudiesen rechazar. Si esto sucede con el sol porque fue creado por Dios como único astro que debía calentar la tierra y abrazarla con su luz, – cuando una cosa o un oficio es único, para poder desempeñar su oficio es necesario que contenga tanto de aquel bien que pueda darlo a todos, sin que por darlo a los demás agote ni un átomo – mucho más esto me convenía a Mí, que debía ser el nuevo Sol de las almas, que debía con mi luz dar luz a todos y abrazar todo para poderlos llevar a la Majestad Suprema y poderle ofrecer un acto que contuviera todos los actos, y hacer descender sobre todos la luz para ponerlos a salvo.

(3) Además de Mí está mi Celestial Mamá, que tuvo la misión única de Madre del Hijo de Dios y el oficio de Corredentora del género humano. Como misión de Maternidad Divina fue enriquecida de tanta Gracia, que unido todo junto lo de todas las demás criaturas, celestes y terrestres, jamás podrán igualarla; pero esto no bastó para atraer al Verbo a su seno materno, abrazó a todas las criaturas, amó, reparó, adoró a la Majestad Suprema por todas, de manera de poder hacer Ella sola todo lo que las generaciones humanas debían hacer hacia Dios; entonces en su corazón virginal tenía una vena inagotable hacia Dios y hacia todas las criaturas. Cuando la Divinidad encontró en esta Virgen la compensación del amor de todos, se sintió raptar y en Ella hizo su Concepción, y al concebirme Ella tomó el oficio de Corredentora y tomó parte y abrazó junto Conmigo todas las penas, las satisfacciones, las reparaciones, el amor materno hacia todos; así que en el corazón de mi Mamá había una fibra de amor materno hacia cada criatura. Por eso, con verdad y con justicia la declaré, cuando Yo estaba sobre la cruz, Madre de todos. Ella corría junto Conmigo en el amor, en las penas, en todo, no me dejaba jamás solo; y si el Eterno no le hubiera dado tanta gracia de poder recibir de Ella sola el amor de todos, jamás se habría movido del Cielo para venir a la tierra a redimir al género humano. He aquí la necesidad, la conveniencia de que debido a la misión de Madre del Verbo tenía que abrazar todo y sobrepasar todo. Cuando un oficio es único, viene como de consecuencia que nada se le debe escapar, debe tener bajo su mirada todo, para poder dar ese bien que posee, debe ser como un

verdadero sol que puede dar luz a todos. Esto fue de Mí y de mi Mamá Celestial.

(4) Ahora, tu misión de hacer conocer la Voluntad eterna se entrelaza con la mía y con la de mi querida Mamá, y debiendo servir para bien de todos, era necesario concentrar en una criatura este Sol Eterno de mi Querer, para que así, como misión única, pudiera este Sol, desde una criatura, expandir sus rayos para que todos puedan tomar el bien de su luz. Entonces por decoro y honor de mi Voluntad debía derramar en ti tales gracias, luz, amor y conocimiento de Ella, como precursor y preparativo que convenían a la habitación del Sol de mi Querer. Es más, tú debes saber que así como mi Humanidad, por el oficio de Redentor concibió en Ella a todas las almas, así tú, por el oficio de hacer conocer y reinar mi Voluntad, mientras vas haciendo tus actos por todos en mi Voluntad, todas las criaturas quedan concebidas en tu voluntad, y conforme vas repitiendo tus actos en la mía, así formas otros tantos sorbos de Vida de Voluntad Divina para poder alimentar a todas las criaturas que en virtud de mi Voluntad quedan como concebidas en la tuya. ¿No sientes cómo en mi Voluntad tú abrazas a todas, desde la primera hasta la última criatura que deberá existir sobre la tierra, y por todas quisieras satisfacer, amar, complacer a esta Suprema Voluntad, atarla a todas, quitar todos los impedimentos que impiden su dominio en las criaturas, hacerla conocer por todas, y te ofreces tú, aun con penas a satisfacer por todas a esta Voluntad Suprema que tanto ama el hacerse conocer y reinar en las criaturas? A ti es dado, hija primogénita de mi Divino Querer, el hacer conocer los méritos, el valor, el bien que mi Voluntad contiene y su eterno dolor por vivir desconocida, oculta en medio de las generaciones humanas, más bien, despreciada y ofendida, y puesta a la par de las otras virtudes por los buenos, como si fuese una pequeña linterna, como son las virtudes, y no un Sol como es mi Voluntad. La misión de mi Voluntad es la más grande que puede existir, no hay bien que de Ella no descienda, no hay gloria que de Ella no me venga, Cielo y tierra, todo concentra, por eso sé atenta y no quieras perder el tiempo, todo lo que te he dicho para esta misión de mi Voluntad era necesario, no por ti sino por el honor, la gloria, el conocimiento y la Santidad de mi Voluntad, y así como mi Querer es uno, a quien debía confiarlo debía ser una, por medio de la cual debía hacer resplandecer sus rayos para hacer bien a todos".

17-41
Mayo 4, 1925

La misión de la Divina Voluntad reflejará a la Santísima Trinidad en la tierra, y hará que el hombre regrese a su origen.

(1) Después de haber escrito lo que está arriba, me he puesto a hacer la adoración a mi crucificado Jesús, fundiéndome toda en su Santísima Voluntad, y mi amado Jesús ha salido de dentro de mi interior, y poniendo su santísimo rostro junto al mío, todo ternura me ha dicho:
(2) "Hija mía, ¿has escrito todo sobre la misión de mi Voluntad?"
(3) Y yo: "Sí, sí, he escrito todo".
(4) Y Él de nuevo: "Y si te dijera que no has escrito todo, es más, la cosa más esencial la has dejado, por eso vuelve a escribir y agrega: La misión de mi Voluntad reflejará a la Santísima Trinidad en la tierra; y como en el Cielo están el Padre, el Hijo y el Espíritu Santo, inseparables entre Ellos, pero distintos entre Ellos, los cuales forman toda la bienaventuranza del Cielo, así en la tierra habrá tres personas que por su misión serán distintas e inseparables entre ellas: la Virgen con su Maternidad, que refleja la Paternidad del Padre Celestial y encierra su potencia para cumplir su misión de Madre del Verbo Eterno y Corredentora del género humano; mi Humanidad para la misión de Redentor encerró la Divinidad, y el Verbo sin separarse jamás del Padre y del Espíritu Santo para manifestar mi Sabiduría celestial, agregando el vínculo de hacerme inseparable con mi Mamá; tú, para la misión de mi Voluntad, el Espíritu Santo hará desahogo de su amor manifestándote los secretos, los prodigios de mi Querer, los bienes que contiene para hacer felices a aquellos que querrán conocer cuánto bien contiene esta Voluntad Suprema, para amarla y hacerla reinar entre ellos, ofreciendo sus almas para hacerla habitar en sus propios corazones para poder formar su Vida en ellos, agregando el vínculo de la inseparabilidad entre tú, la Madre y el Verbo Eterno. Estas tres misiones son distintas e inseparables, y las primeras dos han preparado las gracias, la luz, el trabajo, y penas inauditas para la tercera misión de mi Voluntad, para fundirse ambas en ella, sin dejar su oficio para encontrar reposo, porque sólo mi Voluntad es reposo celestial. Estas misiones no se repiten, porque es tal y tanta la exuberancia de la gracia, de la luz, del conocimiento, que todas las generaciones humanas podrán quedar llenas, más bien, no podrán contener todo el bien que contienen. Estas misiones están simbolizadas en el sol, que al crearlo lo llené de tanta luz y calor, de modo que todas las generaciones humanas tienen luz sobreabundante, y no tuve en cuenta que al principio de la Creación,

estando sólo Adán y Eva que debían gozárselo, hubiera podido poner en el sol una luz que bastase solamente para ellos dos, y conforme debían crecer las generaciones acrecentar nueva luz; no, no, lo hice lleno de luz como es todavía ahora y será. Mis obras, por decoro y honor de nuestra potencia, sabiduría y amor, son siempre hechas con la plenitud de todo el bien que contienen, no sujetas a crecer o decrecer; así hice con el sol, concentré en él toda la luz que debía servir hasta al último hombre. ¿Y cuántos bienes no hace el sol a la tierra? ¿Cuánta gloria en su muda luz no da a su Creador? Puedo decir que me glorifica y me hace conocer más el sol en su mudo lenguaje, por los inmensos bienes que hace a la tierra, que todas las demás cosas juntas, y esto porque es pleno en su luz y estable en su curso. Cuando miré el sol que con tanta luz sólo Adán y Eva gozaban, miré también a todos los vivientes, y viendo que esa luz debía servir a todos, mi paterna bondad exultó de alegría y quedé glorificado en mis obras. Así hice con mi Mamá, la llené de tanta gracia que puede dar gracias a todos sin agotar una sola; así hice con mi Humanidad, no hay bien que no posea, encierra todo, aún a la misma Divinidad, para darla a quien la quiera; así he hecho contigo, he encerrado en ti mi Voluntad, y con Ella me he encerrado a Mí mismo; he encerrado en ti sus conocimientos, sus secretos, su luz; he llenado tu alma hasta el borde, tanto, que lo que escribes no es otra cosa que el desahogo de lo que contienes de mi Voluntad, y a pesar de que ahora te sirve sólo a ti, y algún rayo de luz a alguna otra alma, Yo me contento, porque siendo luz, por sí misma, más que segundo sol se hará camino para iluminar las generaciones humanas y llevar el cumplimiento de nuestras obras, que nuestra Voluntad sea conocida y amada y reine como vida en las criaturas. Esta fue la finalidad de la Creación, éste su principio, éste será el medio y el fin. Por eso sé atenta, porque se trata de poner a salvo esa Voluntad Eterna que con tanto amor quiere habitar en las criaturas, pero quiere ser conocida, no quiere estar como extraña, sino quiere dar sus bienes y hacerse vida de cada uno, pero quiere sus derechos, su lugar de honor, quiere que la voluntad humana se ponga a un lado, única enemiga suya y del hombre. La misión de mi Voluntad fue la finalidad de la creación del hombre. Mi Divinidad no partió del Cielo, de su trono, pero mi Voluntad no sólo partió, sino que descendió en todas las cosas creadas y ahí formó su Vida. Pero mientras todas las cosas me reconocieron, y Yo con majestad y decoro en ellas habito, sólo el hombre me arrojó; pero Yo quiero conquistarlo y vencerlo, y por eso mi misión no ha terminado, por eso te he llamado a ti, confiándote mi misma misión, a fin de que pongas en el regazo de mi Voluntad al que me arrojó, y todo me regrese en mi Querer. Por eso no te asombres por cuantas cosas grandes y maravillosas pueda decirte para esta misión, por cuantas gracias pueda hacerte, porque no se trata de hacer un santo, de salvar a las generaciones, sino se trata de poner a salvo una Voluntad Divina, que todos regresen al principio, al origen del cual todos salieron, y que la finalidad de mi Voluntad tenga su cumplimiento".

17-42
Mayo 10, 1925

Diversos modos de fundirse en el Divino Querer. En la Divina Voluntad está el vacío de los actos humanos que se deben hacer en Ella.

(1) Escribo sólo por obedecer y hago una mezcla de cosas pasadas y de cosas presentes. Muchas veces en mis escritos digo: "Me estaba fundiendo en el Santo Querer Divino", pero no explico más. Ahora, obligada por la obediencia digo lo que me sucede en este fundirme. Mientras me fundo en Él, frente a mi mente se hace presente un vacío inmenso, todo de luz, en el cual no se encuentra hasta dónde llega la altura, ni dónde llega la profundidad, ni los confines a la derecha ni a la izquierda, ni enfrente ni atrás. En medio de esta inmensidad, en un punto altísimo me parece ver a la Divinidad, o bien las Tres Divinas Personas que me esperan, pero esto siempre mentalmente, y yo, no sé cómo, pero una pequeña niña sale de mí, pero soy yo misma, tal vez es la pequeña alma mía, pero es conmovedor ver a esta pequeña niña ponerse en camino en este vacío inmenso, toda sola, que camina tímida, de puntitas, con los ojos siempre dirigidos adonde ve a las Tres Divinas Personas, porque teme que si baja la mirada a ese vacío inmenso no sabe a qué punto irá a terminar. Toda su fuerza está en la mirada fija en lo alto, que siendo correspondida con la mirada de la Alteza Suprema, toma fuerzas en el camino. Ahora, cuando llega frente a Ellas, se postra con la cara al vacío para adorar a la Majestad Divina, pero una mano de las Divinas Personas levanta a la pequeña niña y Ellas le dicen:
(2) "Nuestra hija, la pequeña hija de nuestra Voluntad, ven en nuestros brazos".
(3) Y ella al oír esto se pone en fiesta y pone en fiesta a las Tres Divinas Personas, que esperan el desempeño de su oficio que le han confiado, y ella con una gracia propia de niña dice:

(4) "Vengo a adoraros, a bendeciros, a agradeceros por todos, vengo a atar a vuestro trono todas las voluntades humanas de todas las generaciones, desde el primero hasta el último hombre, a fin de que todos reconozcan vuestra Voluntad Suprema, la adoren, la amen y le den vida en sus almas. Majestad Suprema, en este vacío inmenso están todas las criaturas, y yo quiero tomarlas todas para ponerlas en vuestro Santo Querer, a fin de que todas regresen al principio del cual salieron, es decir, a vuestra Voluntad, por eso he venido en vuestros brazos paternos para traeros a todos vuestros hijos, mis hermanos, y atarlos todos con vuestra Voluntad, y yo a nombre de todos y por todos, quiero repararos y daros el homenaje y la gloria, como si todos hubieran hecho vuestra Santísima Voluntad. Pero ¡ah! os ruego que ya no haya más separación entre Voluntad Divina y humana, es una pequeña niña la que esto os pide, y a los pequeños yo sé que Vosotros no sabéis negar nada".

(5) Pero quién puede decir todo, sería demasiado largo, además me faltan las palabras para expresar lo que digo frente a la Majestad Suprema, me parece que aquí en el bajo mundo no se usa el lenguaje de aquel vacío inmenso.

(6) Otras veces, mientras me fundo en el Querer Divino y aquel vacío inmenso se hace presente a mi mente, giro por todas las cosas creadas e imprimo en ellas un te amo para la Majestad Suprema, como si yo quisiera llenar toda la atmósfera de tantos 'te amo' para corresponder al Amor Supremo por tanto amor hacia las criaturas, es más, giro por cada pensamiento de criatura e imprimo en ellos mi 'te amo', por cada mirada y dejo en ellas mi 'te amo', por cada boca, y en cada palabra sello en ella mi 'te amo', por cada latido, obra y paso y los cubro con mi 'te amo' a mi Dios, desciendo hasta allá abajo, en el mar, en el fondo del océano, y en cada serpenteo de pez, en cada gota de agua, los quiero llenar de mi 'te amo'. Después de que por todas partes, como si sembrara mi 'te amo', la pequeña niña va ante la Majestad Divina y como si quisiera darle una sorpresa dice:

(7) "Mi Creador y Padre mío, mi Jesús y mi eterno amor, mira, todas las cosas por parte de todas las criaturas os dicen que os aman, por todas partes está el 'te amo' para Vosotros, Cielo y tierra están llenos; ¿y Vosotros no concederéis a la pequeña niña que vuestra Voluntad descienda en medio de las criaturas, que se haga conocer, que haga paz con la voluntad humana, y tomando su justo dominio, su lugar de honor, ninguna criatura haga más su voluntad, sino siempre la Vuestra?"

(8) Otras veces, mientras me fundo en el Divino Querer, quiero dolerme de todas las ofensas hechas a mi Dios, y retomando mi giro en aquel vacío inmenso para encontrar todo el dolor que mi Jesús tuvo por todos los pecados, lo hago mío y giro por todos lados, en los lugares más recónditos y secretos, en los lugares públicos, sobre todos los actos humanos malos para dolerme por todas las ofensas y por cada pecado, siento que quisiera gritar a cada movimiento de la criatura: "Dolor, perdón". Y para hacer que todos lo oigan lo imprimo en el rumor del trueno, a fin de que truene en todos los corazones: "Dolor por haber ofendido a mi Dios; perdón en el estallido del rayo; dolor en el silbido del viento; dolor, perdón en el tintineo de las campanas; dolor y perdón, en suma en todo". Luego llevo a mi Dios el dolor de todos e imploro perdón por todos y digo: "Gran Dios, haced descender vuestra Voluntad a la tierra, a fin de que el pecado no tenga más lugar. Es la voluntad humana la que produce tantas ofensas que parece que inunda toda la tierra de pecados; vuestra Voluntad será la que destruya todos los males, por eso os pido que contentéis a la pequeña hija de vuestra Voluntad, que no quiere otra cosa que vuestra Voluntad sea conocida y amada y reine en todos los corazones".

(9) Recuerdo que un día estaba fundiéndome en el Santo Querer Divino, y yo miraba el cielo que llovía a cántaros y sentía gusto al ver caer el agua a la tierra; y mi dulce Jesús moviéndose en mi interior, con amor y ternura indecibles me decía:

(10) "Hija mía, en esas gotas de agua que ves descender del cielo está mi Voluntad, Ella corre rápidamente junto con el agua, va para quitar la sed a las criaturas, para descender en las vísceras humanas, en sus venas, para refrescarlas y constituirse vida de las criaturas y llevarles mi beso, mi amor; va para regar la tierra, para fecundarla y prepararles el alimento; va para tantas otras necesidades de ellas. Mi Voluntad quiere tener Vida en todas las cosas creadas para dar vida celestial y natural a todas las criaturas. Pero Ella, mientras va como en fiesta, llena de amor hacia todas, no recibe la adecuada correspondencia y queda como en ayunas por parte de las criaturas. Hija mía, tu voluntad fundida en la mía corre también en esa agua que llueve del cielo, corre junto dondequiera que Ella va, no la dejes sola y dale la correspondencia de tu amor, y por todos".

(11) Pero mientras esto decía, mis ojos quedaban encantados, no los podía apartar de dentro del agua que llovía, mi voluntad corría junto, veía en aquella agua las manos de mi Jesús, multiplicadas en tantas, para llevar con sus manos el agua a todos. ¿Quién puede decir lo que sentía

en mí? Lo puede decir sólo Jesús, que es el autor. ¿Pero quién puede decir los tantos modos de fundirme en su Santísimo Querer? Por ahora basta, si Jesús quiere que siga me dará las palabras y la gracia de decir más, y yo seguiré escribiendo.

(12) Además de esto, decía a mi Jesús: "Dime amor mío, ¿qué cosa es este vacío que se presenta ante mi mente cuando me fundo en tu Santísima Voluntad? ¿Quién es esta niña que sale de mí y por qué siente una fuerza irresistible de ir ante tu trono para depositar sus pequeños actos en el regazo divino, como para hacerle fiesta?" Y mi dulce Jesús, todo bondad me ha dicho:

(13) "Hija mía, el vacío es mi Voluntad puesta a tu disposición, que debería llenarse de tantos actos por cuantos las criaturas hubieran hecho si hubiesen cumplido nuestra Voluntad. Este vacío inmenso que tú ves, que representa nuestra Voluntad, salió de nuestra Divinidad a bien de todos en la Creación para hacer feliz todo y a todos, por lo tanto era como consecuencia que todas las criaturas debían llenar este vacío con la correspondencia de sus actos y con la donación de su voluntad a su Creador, y no habiéndolo hecho se hace la ofensa más grave, por eso te llamamos a ti con misión especial, para que seamos resarcidos y correspondidos de lo que los demás nos debían, y esta es la causa por la cual primero te dispusimos con una larga cadena de gracias y después te preguntamos si querías hacer vida en nuestra Voluntad, y tú aceptaste con un 'sí', atando tu voluntad a nuestro trono sin quererla conocer más, porque voluntad humana y Divina no se reconcilian ni pueden vivir juntas; entonces, aquel 'sí', o sea tu voluntad, existe fuertemente atado a nuestro trono, he aquí por qué tu alma, como pequeña niña es atraída ante la Majestad Suprema, porque está tu querer delante a Nosotros, que como imán te atrae, y tú en vez de mirar tu voluntad te ocupas sólo de llevar a nuestro regazo todo lo que has podido hacer en nuestra Voluntad, y depositas en nuestro seno nuestra misma Voluntad como el homenaje más grande que a Nosotros nos conviene y la correspondencia más agradable a Nosotros. Entonces, el no tomar en cuenta a tu voluntad, y el solo Querer nuestro que vive en ti, nos pone en fiesta; tus pequeños actos hechos en nuestro Querer nos traen las alegrías de toda la Creación, así que parece que todo nos sonríe y nos hace fiesta; y al verte descender de nuestro trono sin ni siquiera mirar tu voluntad, llevándote la Nuestra, es para Nosotros la alegría más grande, por eso te digo siempre, sé atenta a nuestro Querer, porque en Él hay mucho qué hacer, y mientras más hagas, más fiesta nos darás y nuestro Querer se verterá a torrentes en ti y fuera de ti".

17-43
Mayo 17, 1925

Continúa diciendo otros modos de fundirse en la Divina Voluntad, para dar la correspondencia a nombre de todos de amor y gloria por la obra de la Creación, de la Redención y de la Santificación.

(1) Habiendo hecho oír al confesor lo que está escrito antes, con fecha 10 de Mayo, no ha quedado contento y me ha impuesto seguir escribiendo acerca del modo de fundirme en el Santo Querer Divino; y yo, sólo por obedecer y por temor de que mi Jesús pudiera mínimamente disgustarse, comienzo nuevamente: "Agrego que mientras se presenta a mi mente aquel vacío inmenso al fundirme en el Supremo Querer, la pequeña niña continúa su giro, y elevándose en alto quiere corresponder a su Dios por todo el amor que tuvo por todas las criaturas en la Creación, quiere honrarlo como Creador de todas las cosas, por eso gira por las estrellas y en cada centelleo de luz imprime mi 'te amo y gloria a mi Creador'; en cada átomo de luz del sol que desciende a lo bajo, 'te amo y gloria'; en toda la extensión de los cielos, entre la distancia de un paso al otro, mi 'te amo y gloria'; en el trinar del pájaro, en el movimiento de sus alas, 'amor y gloria a mi Creador'; en el hilo de hierba que despunta de la tierra, en la flor que se abre, en el perfume que se eleva, 'amor y gloria'; en la altura de los montes y en la profundidad de los valles, 'amor y gloria'. Giro por cada corazón de criatura, como si me quisiera encerrar dentro, y gritar dentro a cada corazón mi 'te amo y gloria a mi Creador'; quisiera que uno fuese el grito, una la voluntad, una la armonía de todas las cosas: 'Gloria y amor a mi Creador'; y después, como si hubiera reunido todo junto, de manera que todo diga correspondencia de amor y testimonio de gloria por todo lo que Dios ha hecho en la Creación, me transporto a su trono y le digo: 'Majestad Suprema y Creador de todas las cosas, esta pequeña niña viene en vuestros brazos para deciros que toda la Creación, a nombre de todas las criaturas, os da no sólo la correspondencia del amor, sino la de la justa gloria por tantas cosas creadas por Vosotros por amor nuestro. En vuestra Voluntad, en este vacío inmenso, he girado por todas partes, a fin de que todas las cosas os glorifiquen, os amen y os bendigan, y ya que he puesto en relación el amor entre Creador y criatura, que la voluntad humana había roto, y la gloria que todos os debían, haced descender vuestra Voluntad a la tierra, a fin de que vincule, reafirme

todas las relaciones entre Creador y criatura, y así todas las cosas retornarán al orden primero, establecido por Vosotros; por eso hacedlo pronto, no tardéis más, ¿no veis cómo está llena de males la tierra? Sólo vuestra Voluntad puede detener esta corriente, puede ponerla a salvo, pero vuestra Voluntad conocida y dominadora".

(2) Entonces, después de esto siento que mi oficio no está completo, por eso desciendo a lo bajo de ese vacío para corresponder a mi Jesús por la obra de la Redención, y como si encontrase en acto todo lo que Él hizo, quiero darle mi correspondencia de todos los actos que deberían haber hecho todas las criaturas si lo hubieran esperado y recibido en la tierra, y después, como si me quisiera transformar toda en amor por Jesús, vuelvo a mi estribillo y digo: "Te amo en el acto de descender del Cielo e imprimo mi 'te amo' en el acto en que fuiste concebido, 'te amo' en la primera gota de sangre que se formó en tu Humanidad, 'te amo' en el primer latido de tu corazón, para sellar todos tus latidos con mi 'te amo'; 'te amo' en tu primer respiro, 'te amo' en tus primeras penas, 'te amo' en tus primeras lágrimas que derramaste en el seno materno; quiero corresponder tus oraciones, tus reparaciones, tus ofrecimientos con mi 'te amo', cada instante de tu Vida lo quiero sellar con mi 'te amo'; 'te amo' en tu nacimiento, 'te amo' en el frío que sufriste, 'te amo' en cada gota de leche que chupaste de tu Mamá; intento llenar con mis 'te amo' los pañales con los que tu Mamá te envolvió; extiendo mi 'te amo' sobre de aquella tierra en la cual tu querida Mamá te recostó en el pesebre, y tus ternísimos miembros sintieron la dureza del heno, pero más que heno la dureza de los corazones; mi 'te amo' en cada gemido tuyo, en todas tus lágrimas y penas de tu infancia; hago correr mi 'te amo' en todas las relaciones, comunicaciones y amor que tuviste con tu Mamá; 'te amo' en todas las palabras que dijiste, en el alimento que tomaste, en los pasos que diste, en el agua que bebiste; 'te amo' en el trabajo que hiciste con tus manos; 'te amo' en todos los actos que hiciste en tu vida oculta; sello mi 'te amo' en cada acto interior tuyo y penas que sufriste; extiendo mi 'te amo' sobre aquellos caminos que recorriste, en el aire que respiraste, en todas las predicaciones que hiciste en tu Vida pública; mi 'te amo' corre en la potencia de los milagros que hiciste, en los Sacramentos que instituiste, en todo oh mi Jesús, aun en las fibras más íntimas de tu corazón imprimo mi 'te amo' por mí y por todos. Tu Querer me hace todo presente, y yo nada quiero dejarte en que no esté impreso mi 'te amo'; tu pequeña hija de tu Querer siente el deber, de que si otra cosa no sabe hacer, al menos tengas un pequeño 'te amo' mío por todo lo que has hecho por mí y por todos. Por eso mi 'te amo' te sigue

en todas las penas de tu Pasión, en todos los escupitajos, desprecios e insultos que te hicieron; mi 'te amo' sella cada gota de tu sangre que derramaste, cada golpe que recibiste, en cada llaga que se formó en tu cuerpo, en cada espina que traspasó tu cabeza, en los dolores acerbos de la crucifixión, en las palabras que pronunciaste sobre la cruz, hasta en tu último respiro intento imprimir mi 'te amo'; quiero encerrar toda tu Vida, todos tus actos con mi 'te amo'; por todas partes quiero que Tú toques, que veas, que oigas mi continuo 'te amo'. Mi 'te amo' no te dejará jamás, tu mismo Querer es la vida de mi 'te amo'.

(3) ¿Pero sabes qué quiere esta pequeña niña? Que ese Querer Divino que tanto amaste e hiciste en toda tu Vida sobre la tierra, se haga conocer a todas las criaturas, a fin de que todas lo amen y cumplan tu Voluntad como en el Cielo así en la tierra; quiere vencerte en amor, a fin de que des tu Voluntad a todas las criaturas. ¡Ah! haz feliz a esta pobre pequeña que no quiere otra cosa que lo que quieres Tú, que tu Voluntad sea conocida y reine sobre la tierra.

(4) Ahora, creo que la obediencia quedará en algún modo contenta; es cierto que en muchas cosas he debido hacer saltos, de otra manera no acabaría jamás. El fundirme en el Supremo Querer es para mí como una fuente que brota, y cada pequeña cosa que oigo, que veo, una ofensa hecha a mi Jesús, me es ocasión de nuevos modos y nuevas fusiones en su Santísima Voluntad. Ahora continúo con decir que mi dulce Jesús me ha dicho:

(5) "Hija mía, a lo que has dicho sobre el fundirte en mi Querer se le necesita dar otro nombre, cual es el de fundirte en el orden de la gracia, en todo lo que ha hecho y hará el Santificador a los santificantes, el Cual es el Espíritu Santo. Mucho más, pues si la Creación se atribuye al Padre, mientras estamos siempre unidas las Tres Divinas Personas en el obrar, la Redención al Hijo, el Fiat Voluntas Tua se atribuirá al Espíritu Santo; y es propiamente en el Fiat Voluntas Tua que el Divino Espíritu hará desahogo de su obra. Tú lo haces cuando viniendo ante la Suprema Majestad dices: 'Vengo a corresponder en amor a todo lo que hace el Santificador a los santificantes, vengo a entrar en el orden de la gracia para poderos dar la gloria y la correspondencia del amor como si todos se hubiesen hecho santos, y a repararos por todas las oposiciones, las incorrespondencias a la gracia'. Y por cuanto está en ti, buscas en nuestra Voluntad los actos de la gracia del Espíritu Santificador, para hacer tuyo su dolor, sus gemidos secretos, sus suspiros angustiosos en el fondo de los corazones al verse tan mal acogido; y como el primer acto que hace es llevar nuestra Voluntad como acto completo de su

santificación, al verse rechazado gime con gemidos inenarrables, y tú en tu infantil sencillez le dices: 'Espíritu Santificador, hazlo pronto, os suplico, os imploro, haced conocer a todos vuestra Voluntad, a fin de que conociéndola la amen y acojan vuestro primer acto de su santificación completa, el cual es la Santa Voluntad vuestra'. Hija mía, las Tres Divinas Personas somos inseparables y distintas, así queremos manifestar a las generaciones humanas nuestras obras hacia ellas, que mientras estamos unidos entre Nosotros, cada uno de Nosotros quiere manifestar distintamente su amor y su obra hacia las criaturas".

17-44
Mayo 21, 1925

Voluntad Divina y humana son los más fieros enemigos. El vivir en el Divino Querer es no dejar jamás solo a su Creador, admirar todas sus obras y darle a sus grandes actos, los pequeños actos de las criaturas.

(1) Estaba pensando entre mí, y casi me lamentaba con mi amable Jesús, de que algunas veces actúa de modo que viene y me hace sufrir en la presencia del confesor, y por cuanto yo haga por resistir y no caer en ese estado de pérdida de los sentidos y de penas, me resulta imposible. Y le digo a Jesús: "Amor mío, hubo tiempo esta noche, hay tiempo hoy de que vengas y me hagas sufrir, pero ahora que está el confesor déjame libre y después harás lo que quieras, estaré a tu disposición". Pero qué, en vano es decirlo, una fuerza irresistible me sorprende y me pone en un estado como si estuviera muriendo; por eso me lamentaba de esto con Jesús y le rogaba que no lo permitiera, y Él, todo bondad me ha dicho:
(2) "Hija mía, si esto lo permito es por la firmeza del confesor que no cesa de pedirme que te haga sufrir, siempre con la finalidad de mi gloria y de aplacarme. Si Yo no concurriera quedaría deshonrado en ti, y harías poner en duda las verdades que te he manifestado, tanto sobre mi Voluntad cuanto sobre las virtudes. Se diría: ¿Dónde está la obediencia de la víctima, en la que debe ser transmutada aun la misma naturaleza en la obediencia dada? Así que tú quisieras deshonrarme y hacer creer que no soy Yo quien te habla y quien obra en ti.
(3) Además de esto, tú debes saber que para confiarte a ti la misión de mi Voluntad, si no te quité la mancha original como hice con mi amada Mamá, te quité el incentivo de la concupiscencia y el germen de la

corrupción, porque convenía al decoro y a la Santidad de mi Voluntad que no tomara puesto en una voluntad y naturaleza corrompida; habrían sido como nubes frente al Sol de mi Querer, y los conocimientos de Él, como rayos, no habrían penetrado y tomado posesión de tu alma. Ahora, estando mi Voluntad en ti, contigo está ligado todo el Cielo, la Virgen Santísima, todos los santos y ángeles, porque Ella es vida de cada uno de ellos; por eso, cuando tú titubeas, aun mínimamente, o reflexionas si debes o no aceptar, Cielo y tierra se sienten sacudir desde sus cimientos, porque esa Voluntad que es vida de todos, y que por su suma bondad suya quiere reinar en ti como en el Cielo, no tiene su pleno dominio ni su justo honor. Por eso te recomiendo que no llames más a vida a tu querer si quieres que tu Jesús quede honrado en ti, y mi Voluntad quede con su pleno dominio".

(4) Yo he quedado espantada al oír el gran mal que hago sólo al reflexionar si debo o no ceder a lo que Jesús quiere de mí, aunque después termino siempre con ceder, ¿qué será si, jamás sea, no cediera? Y me sentía angustiada temiendo que pudiera suceder esto, y mi amable Jesús teniendo compasión de mi angustia, que me oprimía al temer que, nunca lo sea, no hiciera siempre su Santísima Voluntad, ha regresado y me ha dicho:

(5) "Hija mía, ánimo, no temas, por eso te lo he dicho y te lo he hecho ver, cómo todo el Cielo está ligado a esa mi Voluntad que reina en ti, a fin de que jamás cedas a tu voluntad, porque Voluntad Divina y humana son los más fieros enemigos entre ellas, y como la Voluntad Divina es la más fuerte, la más santa, la más inmensa, conviene que el enemigo, la voluntad humana, esté bajo sus pies y sirva de escabel a la Voluntad Divina. Porque quien debe vivir en mi Querer no debe considerarse como ciudadano terrestre, sino debe tenerse en cuenta como ciudadano del Cielo, y con justa razón todos los bienaventurados se sienten sacudidos, porque quien vive con su misma voluntad piensa hacer salir en campo la voluntad humana, causa ésta de desorden, lo que nunca ha entrado en las regiones celestes. Tú debes estar convencida que con vivir de mi Voluntad la vida de la tuya ha terminado, no tiene ya más razón de existir, por eso te he dicho tantas veces que el vivir en mi Voluntad es muy diverso; para quien hace mi Voluntad, estos son libres de dar su voluntad y retomarla, porque viven como ciudadanos terrestres, pero para quien vive en Ella, está atado a un punto eterno, corre junto con la mía, está circundado de fuerza inexpugnable, por eso no temas y sé atenta".

(6) Luego, como si Jesús me quisiera consolar y reafirmar en su Santísima Voluntad, ha tomado mi mano en la suya y me ha dicho:

(7) "Hija mía, ven a hacer tu giro en mi Voluntad, mira, mi Voluntad es una, pero corre como dividida en todas las cosas creadas, pero sin dividirse. Mira las estrellas, el cielo azul, el sol, la luna, las plantas, las flores, los frutos, los campos, la tierra, el mar, todo y todos, en cada cosa hay un acto de mi Voluntad, y no sólo hay un acto, sino que se ha quedado como conservadora de mi mismo acto en cada cosa creada. Mi Voluntad no quiere quedar sola en su acto, sino quiere la compañía de tu acto, quiere tu correspondencia, por eso te he puesto en mi Voluntad, a fin de que hagas compañía a mis actos, y junto con mi Voluntad tú querrás lo que quiero Yo, que las estrellas centelleen, que el sol llene de luz a la tierra, que las plantas florezcan, que los campos reverdezcan, que el pájaro cante, que el mar murmure, que el pez serpentee, en suma, querrás lo que quiero Yo; mi Voluntad no se sentirá más sola en las cosas creadas, sino sentirá la compañía de tus actos, por eso gira por cada cosa creada, y constitúyete acto por cada acto de mi Voluntad. Esto es el vivir en mi Querer, no dejar jamás solo a su Creador, admirar todas sus obras y darle a sus actos grandes los pequeños actos de criatura".

(8) Yo, no sé cómo me he encontrado en aquel vacío inmenso de luz para encontrar todos los actos salidos de la Voluntad de Dios, para poner en ellos mi correspondencia de acto de adoración, de alabanza, de amor y de agradecimiento, y después me he encontrado en mí misma.

17-45
Mayo 30, 1925

El conocimiento abre las puertas del bien que se conoce para poseerlo. El libre albedrío en el Cielo y el vivir en la Divina Voluntad en la tierra.

(1) Me sentía oprimida por la pérdida de mi adorable Jesús, ¡oh, cómo suspiraba su regreso! Lo llamaba con el corazón, con la voz, con los pensamientos, que su privación me los volvía inquietos. ¡Oh! Dios, qué largas noches sin Jesús, mientras que junto con Él pasan como un suspiro. Entonces decía: "Amor mío, ven, no me dejes, soy demasiado pequeña, tengo necesidad de Ti, y Tú sabes que mi pequeñez no puede estar sin Ti, ¿y sin embargo me dejas? ¡Ah, vuelve, vuelve oh Jesús!" En ese momento me puso un brazo en el cuello y se hizo ver como niño,

apoyaba fuerte fuerte su cabeza en mi pecho, y daba con su misma cabeza golpes en mi pecho y me lo sentía como romper, tanto que yo temblaba y tenía temor, y Jesús, con voz fuerte y suave me ha dicho:

(2) "Hija mía, no temas, soy Yo, no te dejo, y además, ¿cómo puedo dejarte? El vivir en mi Voluntad vuelve al alma inseparable de Mí, mi Vida es para ella más que alma al cuerpo, y así como el cuerpo sin el alma se convierte en polvo, porque falta la vida que lo sostiene, así tú, sin mi Vida en ti quedarías vacía de todos los actos de mi Voluntad en ti, no oirías más en el fondo de tu alma mi repetida voz que te sugiere el modo de hacerte cumplir tu oficio en mi Voluntad; si está mi voz, está también mi Vida que la emite. Cuán fácil eres para pensar que puedo dejarte, no lo puedo, primero deberías tú dejar mi Voluntad, y luego podrías pensar que Yo te he dejado; pero el dejar tú mi Voluntad te será muy difícil, por no decirte casi imposible. Tú te encuentras casi semejante a las condiciones en las cuales se encuentran los bienaventurados en el Cielo, ellos no han perdido el libre albedrío, esto es un don que di al hombre, y lo que Yo una vez doy no lo quito jamás. En el Cielo no ha entrado jamás la esclavitud, soy Dios de los hijos, no de los esclavos; soy Rey que hago a todos reinar; no hay división entre Yo y ellos, pero en el Cielo es tal y tanto el conocimiento de mis bienes, de mi Voluntad y de mi felicidad, que todos quedan llenos de ellos hasta el borde, hasta desbordarse fuera, tanto, que su voluntad no encuentra lugar para obrar, y mientras son libres, el conocimiento de una Voluntad infinita y de bienes infinitos en los cuales están inmersos, los lleva con una fuerza irresistible a usar de su voluntad como si no la tuvieran, considerando esto como suma fortuna y felicidad, pero espontáneamente libres y de toda su voluntad. Así tú hija mía, el hacerte conocer mi Voluntad ha sido la gracia más grande que te he hecho, y mientras eres libre de hacer o no hacer tu voluntad, frente a la mía la tuya se siente incapaz de obrar, se siente anulada, y conociendo el gran bien de mi Voluntad aborreces la tuya, y sin que nadie te fuerce, amas hacer la mía en vista del gran bien que te viene. Además, los tantos conocimientos que te he manifestado de mi Voluntad son vínculos divinos, cadenas eternas que te circundan, posesión de bienes celestiales; y huir de estas cadenas eternas, romper estos vínculos divinos, perder estas posesiones celestiales, aún en vida, tu voluntad, si bien libre, no encuentra el camino para salir, se revuelve, ve su pequeñez y temiendo de sí misma, rápidamente se arroja y se profundiza con más amor espontáneo en mi Voluntad. El conocimiento abre las puertas de aquel bien que se conoce, y por cuantos conocimientos de más te he manifestado sobre mi

Voluntad, otras tantas diferentes puertas de bienes te he abierto, de luz, de gracia y de participaciones divinas. Estas puertas son abiertas para ti y cuando estos conocimientos lleguen en medio de las criaturas, se abrirán estas puertas para ellas, porque el conocimiento hace surgir el amor al bien conocido, y la primera puerta que abriré será mi Voluntad, para cerrar la pequeña puerta de su voluntad. Mi Voluntad hará aborrecer la suya, porque frente a mi Voluntad, la humana es incapaz de obrar, con la luz de la mía ve cómo es insignificante y buena para nada, por eso, como consecuencia las criaturas harán a un lado la propia voluntad. Además, tú debes saber que cuando te manifiesto un conocimiento de mi Voluntad, entonces me decido a abrirte otra puerta de mi conocimiento, cuando tú hayas hecho entrar en tu alma todo el bien de lo que te he manifestado; si esto no lo hiciera así, sería tuya sólo la noticia de ese bien, no su posesión, y Yo esto no lo sé hacer, cuando hablo Yo quiero que se posea el bien que manifiesto, por eso sé atenta en el ejercicio de mi Voluntad, a fin de que te abra otras puertas de mis conocimientos y tú entres más en las posesiones divinas".

17-46
Junio 3, 1925

Todo fue hecho en la Creación, en Ella la Divinidad manifestó toda su Majestad, Potencia y Sabiduría, e hizo desahogo de su amor hacia las criaturas. Si el hombre no toma la Divina Voluntad, las obras de la Redención y Santificación no tendrán sus copiosos efectos.

(1) Estaba según mi costumbre fundiéndome en el Santo Querer Divino y pensaba entre mí: "En dónde Nuestro Señor Dios ha hecho más por la criatura, en la Creación, en la Redención o en la Santificación". Y mi siempre amable Jesús, moviéndose en mi interior me hacía ver toda la Creación, ¡cuánta sublimidad! ¡Qué magnificencia! ¡Cuántas armonías! ¡Qué orden! No hay punto ni del cielo ni de la tierra en el cual Dios no haya creado una cosa especial y distinta, y con tal maestría, que los más grandes científicos, ante la más pequeña cosa creada por Dios, sienten que toda su ciencia y maestría es una nada comparada con las cosas creadas por Dios, llenas de vida y de movimiento. ¡Oh! ¡Cómo es verdad que mirar el universo y no conocer a Dios, no amarlo y no creer en Él es una verdadera locura! Todas las cosas creadas son como tantos velos que lo esconden, y Dios viene a nosotros en cada cosa

creada como velado, porque el hombre, en carne mortal, es incapaz de verlo develado. Es tanto el amor de Dios hacia nosotros, que para no deslumbrarnos con su luz, para no atemorizarnos con su potencia, para no hacernos avergonzar ante su belleza, para no hacernos aniquilar ante su inmensidad, se vela en las cosas creadas para venir en cada una de ellas hacia nosotros y estarse con nosotros, más bien hacernos nadar en su misma Vida. ¡Dios mío, cuánto nos has amado y cuánto nos amas! Después que me ha hecho ver todo el universo, mi dulce Jesús me ha dicho:

(2) "Hija mía, todo fue hecho en la Creación, en ella, la Divinidad manifestó toda su majestad, potencia y sabiduría, e hizo desahogo de su amor completo hacia las criaturas, no hay punto ni del cielo ni de la tierra, ni en cada cosa creada en la cual no se vea la terminación de nuestras obras, ninguna cosa fue hecha a la mitad; Dios en la Creación hizo alarde de todas sus obras hacia las criaturas, amó con amor completo e hizo obras completas, no había nada que agregar ni que quitar, así que el todo lo hizo perfecto, Nosotros no sabemos hacer obras incompletas, es más, en cada cosa creada fue puesto, en la Creación, un amor distinto y completo hacia cada una de las criaturas.

(3) La Redención no fue otra cosa que una reparación a los males que había hecho la criatura, nada agregó a la obra de la Creación.

(4) La Santificación no es otra cosa que ayuda, gracia, luz para que el hombre regrese a su primer estado de la Creación, a su origen y a la finalidad para la que fue creado, porque en la Creación, con la virtud de mi Voluntad, la santidad del hombre era completa, porque salía de un acto completo de Dios; era santo y feliz en el alma porque mi Voluntad le llevaba los reflejos de la santidad de su Creador, como también santo y feliz era en el cuerpo. ¡Ah! hija mía, con toda la Redención y la obra de la Santificación, la santidad en el hombre es incompleta, y para otros es como inútil; esto dice que si el hombre no se vuelve atrás para tomar mi Voluntad como vida, como regla y como alimento para purificarse, ennoblecerse, divinizarse y tomar el primer acto de la Creación, para tomar mi Voluntad como su heredad asignada a él por Dios, las mismas obras de la Redención y Santificación no tendrán sus copiosos efectos. Así que el todo está en mi Voluntad, si toma Ésta toma todo, es un sólo punto que abraza y encierra los bienes de la Redención y de la Santificación, es más, estos bienes para quien vive en mi Voluntad, habiendo tomado el primer punto de la Creación, le sirven no de remedio como a quien no hace mi Voluntad, sino de gloria y como herencia especial llevada por la Voluntad del Padre Celestial en la Persona del

Verbo a la tierra. Y si Yo vine a la tierra fue precisamente este el primer acto, el hacer conocer la Voluntad de mi Padre para reanudarla de nuevo con las criaturas. Las penas, las humillaciones, mi Vida oculta y todo el mar inmenso de las penas de mi Pasión, fueron remedios, medicinas, auxilios, luz para hacer conocer mi Voluntad, porque con esto no sólo tendría al hombre salvo, sino santo; con mis penas lo ponía a salvo, con mi Voluntad le restituía la santidad perdida en el edén terrenal. Si esto no hiciera, mi amor, mi obra no serían completos como lo fue en la Creación, porque es sólo mi Voluntad la que tiene virtud de volver completas nuestras obras hacia las criaturas y las obras de las criaturas hacia Nosotros. Mi Voluntad hace pensar en un modo diferente, hace ver en todas las cosas creadas a mi Voluntad, hace hablar con el eco de mi Voluntad, hace obrar a través de los velos de mi Voluntad, en una palabra, hace todo de un solo golpe según mi Supremo Querer; mientras que las virtudes actúan lentamente, poco a poco. Mi misma Redención, sin el acto primero de mi Voluntad, sirve al hombre como medicación a las llagas más profundas, como medicina para no dejarlo morir, como antídoto para no dejarlo caer en el infierno. Por eso tu único interés sea sólo mi Voluntad si quieres amarme en verdad y hacerte santa".

17-47
Junio 11, 1925

El mal de no hacer la Divina Voluntad es irreparable. Así como la Divina Voluntad es el equilibrio de los atributos de Dios, así debería ser el equilibrio de los atributos del hombre.

(1) Mi pobre mente me la sentía sumergida en la Santísima Voluntad de Dios. ¡Oh, cómo habría querido que ni siquiera un respiro, un latido, un movimiento hiciera yo fuera del Querer Supremo! Me parecía que todo lo que se hace fuera de la Voluntad de Dios nos hace perder nueva belleza, nueva gracia y luz, y nos pone como en desemejanza con nuestro Creador, mientras que Jesús quiere que en todo nos semejemos a nuestro Supremo Creador. ¿Y en qué otro modo más fácil podemos semejarnos, que recibir en nosotros la Vida continua de su Santísima Voluntad? Ella nos trae los reflejos, los lineamientos de nuestro Padre Celestial, nos mantiene íntegra la finalidad de la Creación, nos circunda en modo de conservarnos bellos y santos tal como Dios nos creó, y nos da aquello siempre nuevo de belleza, de luz, de amor jamás interrumpido que sólo en Dios se encuentra. Ahora, mientras mi mente se perdía en

el Querer Eterno, mi dulce Jesús, estrechándome a Él, con voz audible me ha dicho:

(2) "Hija mía, no hay cosa que pueda igualar el gran mal de no hacer mi Voluntad, no hay bien que pueda igualarlo, no hay virtud que pueda hacerle frente, así que el bien que se pierde con no hacer mi Voluntad es irreparable, y sólo con volver de nuevo en Ella puede encontrar remedio, y ser restituidos los bienes que nuestra Voluntad había establecido dar a la criatura. En vano se ilusionan las criaturas con hacer otras obras, virtudes, sacrificios, pues si no son partos de mi Voluntad y hechos sólo para cumplirla, no son reconocidas por Mí; mucho más porque está establecido el dar la gracia, los auxilios, la luz, los bienes y el justo premio a quien obra para cumplir mi Voluntad. Además, mi Voluntad es eterna, no tiene principio ni tendrá fin, ¿y quién puede calcular un acto hecho en mi Voluntad, sin principio y sin fin? Ese acto queda circundado, lleno de bienes sin fin; tal cual es mi Voluntad, tal hace el acto. En cambio las virtudes, las obras y sacrificios sin mi Voluntad, tienen un principio, como también un fin; ¿qué gran cosa de premio pueden recibir cosas sujetas a perecer? Además de esto, mi Voluntad es el equilibrio de mis atributos: Si mi potencia no tuviera esta Voluntad Santa, se manifestaría en tiranía hacia quien tanto me ofende, en cambio equilibrando mi potencia, me hace derramar gracias donde debería derramar furor y destrucción. Mi sabiduría, si no fuera por mi Voluntad que le da vida siempre nueva, no manifestaría tanto arte y maestría en nuestras obras. Nuestra belleza sería descolorida y sin atractivo si no fuera sostenida por esta Voluntad eterna. La Misericordia se convertiría en debilidad si no estuviera equilibrada por mi Voluntad, y así de todo el resto de nuestros atributos. Ahora, nuestra Paterna Bondad tiene tanto amor hacia las criaturas, que ha establecido el equilibrio del hombre en nuestra Voluntad; era justo que habiendo salido este hombre de la Voluntad Suprema, Ella se hiciera vida que mantuviera el equilibrio a todo el obrar del hombre, dándole la semejanza de su Creador, así que se debía ver en él tal dignidad, majestad, orden en el obrar, para reconocerlo como parto de su Creador. Entonces, también por el obrar se puede ver si está el equilibrio de mi Voluntad, o bien el de la humana. Esta es la causa de tantas obras, tal vez aun buenas, pero que no se ve el equilibrio, el régimen, el orden, porque falta la ejecución de mi Voluntad, y por eso en vez de admirarse son de lamentarse, y en lugar de dar luz dan tinieblas. Si todo el bien viene de mi Voluntad, sin Ella son bienes aparentes, sin vida, y tal vez aún venenosos, que envenenan a quienes toman parte".

17-48
Junio 18, 1925

Todas las cosas contienen el germen de la regeneración. La Voluntad de Dios debe regenerar en la voluntad humana para cambiarla en Divina.

(1) Estaba según mi costumbre fundiéndome en el Santo Querer Divino, y haciéndose delante de mi mente aquel vacío inmenso de la Santísima Voluntad Suprema, pensaba entre mí: "¿Cómo puede ser que este vacío será llenado por la correspondencia de los actos humanos hechos en esta adorable Voluntad Divina? Para hacer esto se deben quitar todas las barreras de la voluntad humana que impiden el paso para entrar en este ambiente eterno y celestial de la Voluntad Suprema, en la cual parece que Dios los espera, para hacer que el hombre regrese a su origen en el orden de la Creación, y sobre aquellos primeros pasos y camino en el cual había tenido su principio; sin embargo nada nuevo se ve en el mundo de bien; los pecados, como eran, tales son, más aún, son peores; y si algún despertar se oye de religión, de obras aun en círculos católicos, parecen verdaderas mascaradas de aquel bien, pero en el fondo, en la sustancia, están vicios que horrorizan más que antes; por tanto, ¿cómo podrá ser que el hombre dé la muerte como de un solo golpe a todos los vicios para dar vida a todas las virtudes, como se requiere para vivir en este ambiente de la Voluntad Suprema? Porque para vivir en Ella no hay términos medios, vidas a mitad de virtudes y vicios, sino que es necesario sacrificar todo para convertir todas las cosas en Voluntad de Dios; la voluntad humana y las cosas humanas no deben tener más vida, sino que deben existir para cumplir en ellas la Voluntad de Dios y para hacer desarrollar su Vida en nosotros. Ahora, mientras esto y otras cosas pensaba, mi dulce Jesús interrumpiendo mi pensamiento me ha dicho:
(2) "Hija mía, sin embargo será así, este vacío inmenso de mi Voluntad será llenado por los actos humanos hechos por las criaturas en mi Voluntad. Mi Voluntad Divina salió del seno eterno del Ente Supremo para bien del hombre; esta nuestra Voluntad mientras hizo un acto solo al salir de Nosotros para envolver al hombre, de manera que no encontrara el camino para salir de Ella, se multiplicó luego en tantos innumerables actos para circundarlo y decirle: 'Mira, esta mi Voluntad no sólo te envuelve, sino que está en continua actitud de actos inmediatos

para hacerse conocer por ti y recibir tu acto de correspondencia en mi Voluntad'. Todas las cosas tienen su correspondencia, y si no la tienen se pueden llamar obras inútiles y sin valor. La semilla arrojada bajo tierra por el sembrador quiere la correspondencia, que la semilla genere otras semillas, el diez, el veinte, el treinta por uno. El árbol plantado por el agricultor quiere la correspondencia de la generación y multiplicación de sus frutos. El agua sacada de la fuente da la correspondencia de quitar la sed, lavar y limpiar a quien la ha sacado. El fuego encendido da la correspondencia del calor, y así todas las demás cosas creadas por Dios, que tienen el poder de generar, contienen la virtud de la regeneración, se multiplican y dan su correspondencia. Ahora, ¿sólo esta Voluntad nuestra, salida de Nosotros con tanto amor, con tantas manifestaciones y con tantos actos continuados debe quedar sin su correspondencia de la regeneración de otras voluntades humanas en Divinas? La semilla da otra semilla, el fruto genera otro fruto, el hombre genera otro hombre, el maestro forma otro maestro y, ¿sólo nuestra Voluntad, por cuán potente Ella sea debe quedar aislada, sin correspondencia y sin generar la nuestra en la voluntad humana? ¡Ah no, esto es imposible! Nuestra Voluntad tendrá su correspondencia, tendrá su generación Divina en la voluntad humana, mucho más que esto fue nuestro primer acto por el cual todas las demás cosas fueron creadas, es decir, que nuestra Voluntad transforme y regenere la voluntad humana en Divina. Voluntad salió de Nosotros, voluntad queremos, todas las demás cosas fueron hechas en orden secundario, pero esto fue hecho, establecido en el orden primario de la Creación, a lo más podrá llevar tiempo, pero no terminarán los siglos, sin que mi Voluntad obtenga su finalidad. Si ha obtenido la finalidad de la regeneración en las cosas secundarias, mucho más lo debe obtener en su finalidad primaria. Jamás nuestra Voluntad habría partido de nuestro seno si hubiera sabido que no habría tenido sus efectos completos, esto es, que la voluntad humana quedase regenerada en la Voluntad Divina. ¿Crees tú que las cosas serán siempre como hoy? ¡Ah, no! Mi Voluntad arrollará todo, pondrá confusión por doquier, todas las cosas serán trastornadas, muchos fenómenos nuevos sucederán para confundir la soberbia del hombre, guerras, revoluciones, mortalidad de todas clases, nada será evitado para derribar por tierra al hombre y disponerlo a recibir la regeneración de la Voluntad Divina en la voluntad humana, y todo lo que te manifiesto sobre mi Voluntad, y todo lo que tú haces en Ella, no son otra cosa que preparar el camino, los medios, las enseñanzas, la luz, las gracias, para hacer que mi Voluntad quede regenerada en la voluntad humana. Si esto no debiera suceder, no te habría manifestado tanto, ni te habría tenido por tan largo tiempo sacrificada dentro de una cama para poner en ti los fundamentos de la regeneración de mi Voluntad en la tuya, y por tanto tenerte en continuo ejercicio en mi Voluntad. ¿Crees tú que sea nada este estarme continuamente en ti, ponerte en la boca mi oración, hacerte sentir mis penas, que junto Conmigo tienen otro valor, otros efectos, otro poder? Podría decir que estoy haciendo la primera estatua, la primera alma de la regeneración de mi Voluntad en ella, después, el hacer las copias resultará más fácil. Por eso te digo siempre: Sé atenta, porque se trata de mucho, y de la cosa más importante que existe en el Cielo y en la tierra, se trata de poner a salvo los derechos de nuestra Voluntad, de restituirnos la finalidad de la Creación, de volver a darnos toda la gloria por la cual todas las cosas fueron hechas, y de hacernos dar todas las gracias que nuestra Voluntad había establecido dar a las criaturas si hubieran cumplido en todo nuestra Voluntad".

17-49
Junio 20, 1925

El alma que hace vivir la Voluntad de Dios en ella, pone en movimiento las alegrías y las bienaventuranzas divinas, en las cuales quedan raptados los bienaventurados.

(1) Me sentía inmersa en el Santo Querer de Dios, y mi dulce Jesús, atrayéndome a Él me estrechaba muy fuerte entre sus brazos y después me ha dicho:

(2) "Hija mía, ¡oh! cómo es bello mi reposo en el alma que tiene por vida mi Querer y que hace en todo y por todo, obrar y amar a mi Voluntad en ella. Has de saber que en cuanto el alma respira, late, obra, y todo lo que en ella se desarrolla, estando como centro de vida mi Voluntad en ella, es mi Voluntad que respira en ella, que palpita, que da movimiento a la obra, a la circulación de la sangre, a todo. Ahora, siendo esta Voluntad la misma que tienen las Tres Divinas Personas, sucede que sienten en Ellas el respiro del alma, su latido, su movimiento; y como nuestra Voluntad cada vez que se decide a hacer un acto, hace salir de Nosotros nuevas alegrías, nuevas beatitudes, nueva felicidad, que armonizando todo esto entre las Divinas Personas forman mares inmensos de nueva felicidad, que envolviendo a todos los bienaventurados quedan raptados en estas alegrías y son sacudidos por

este rapto cuando nuestra Voluntad quiere formar otros actos de Voluntad para hacernos más felices y hacernos poner fuera otras beatitudes, y mientras quedan conmovidos quedan más fuertemente raptados en nuestras inmensurables bienaventuranzas. Ahora, el alma que hace vivir nuestra Voluntad en ella, llega a tanto, que al hacerla obrar nos da ocasión de hacernos poner en movimiento nuestras bienaventuranzas, las armonías y las infinitas alegrías de nuestro amor; nos hace poner fuera nuevas bellezas nuestras. Nuestra Voluntad obrante en la criatura nos es tan agradable, tan tierna, tan amable, nos hace nuevas sorpresas, pone en movimiento nuestras cosas para darnos la correspondencia de nuestra gloria, de nuestro amor, de nuestras felicidades, y todo esto por medio de la criatura que en ella ha dado el lugar para hacer vivir a nuestra Voluntad; ¿cómo no amar este parto de nuestro Querer? Mucho más, pues a tal criatura nuestra Voluntad nos la hace amable, graciosa, bella, de modo tal que en ninguna otra encontramos sus prerrogativas, es un trabajo hecho por nuestra Voluntad, con tal maestría que hace encantar a todo el Cielo, y hace al alma amable a todos, y mucho más a la Trinidad Sacrosanta".
(3) Y mientras esto decía me estrechaba más fuerte, y haciéndome poner mi boca en su corazón ha agregado:
(4) "Bebe también tú a grandes sorbos nuestras beatitudes, sáciate como quieras y cuanto quieras".

17-50
Junio 25, 1925

Las cruces abren las puertas a nuevas manifestaciones, a lecciones más secretas, a los dones más grandes. Para vivir en la Divina Voluntad, el alma debe hacer el sacrificio total de todo, pero todo estará en comprenderla, conocerla y amarla.

(1) Encontrándome en mi habitual estado, mi adorable Jesús, todo amor y ternura ha venido a mi pobre alma. Primero se puso junto a mí y me miraba fijamente, como si me quisiera decir muchas cosas, pero quería ensanchar mi inteligencia porque era incapaz de poder recibir y comprender lo que Él quería decirme; después se ha extendido sobre toda mi persona y me ocultaba dentro de Él, cubría mi cara con la suya, mis manos, mis pies con los suyos; me parecía que estaba todo atento a cubrirme y a esconderme toda en Él, a fin de que nada más apareciera de mí. ¡Oh, cómo me sentía feliz escondida y cubierta toda por Jesús! Y

yo no veía más que otro Jesús, todo lo demás me había desaparecido. Las alegrías, la felicidad de su amable presencia, como por encanto habían todas vuelto a revivir en mi pobre corazón; el dolor había desaparecido de mí, no recordaba más su privación que me había costado penas mortales. ¡Oh, cómo es fácil olvidar todo estando con Jesús! Ahora, después de que me ha tenido por algún tiempo toda cubierta y escondida en Él, tanto que yo creía que no me dejaría más, lo oía que llamaba a los ángeles, a los santos, para que vinieran a ver lo que hacía conmigo y el modo como me tenía cubierta bajo su adorable persona. Luego me ha participado sus penas y yo todo se lo dejaba hacer, y si bien me sentía triturada por esas penas, me sentía feliz y sentía los gozos que contiene el Querer Divino cuando el alma se abandona en Él, aun sufriendo. Entonces, después que me ha hecho sufrir me ha dicho:

(2) "Hija mía, mi Voluntad quiere siempre más darse a ti, y para darse más, quiere hacerse comprender más, y para hacer más estable, más seguro y más apreciable lo que te manifiesta, te da nuevas penas para disponerte mayormente y preparar en ti el vacío donde depositar sus verdades; quiere el noble cortejo del dolor para estar segura del alma y poderse fiar de ella; es siempre el dolor, las cruces, las que abren las puertas a nuevas manifestaciones, a lecciones más secretas, a los dones más grandes que quiero deponer en ti, porque si el alma resiste mi Voluntad penante, doliente, se hará capaz de recibir mi Voluntad felicitante, y adquirirá el oído para entender las nuevas lecciones de mi Voluntad; el dolor le hará adquirir el lenguaje celestial, de manera que sabrá repetir las nuevas lecciones aprendidas".

(3) Yo al oír esto le he dicho: "Mi Jesús y mi vida, me parece que se necesita completo sacrificio para hacer tu Voluntad y vivir en Ella, a primera vista parece nada, pero después, en la práctica parece difícil, ese no tener ni siquiera en las cosas santas, en el mismo bien, ni siquiera un respiro de voluntad propia, a la naturaleza humana le parece demasiado doloroso, por eso, ¿jamás podrán las almas llegar a vivir en tu Querer con el total sacrificio de todo?"

(4) Y Jesús ha agregado: "Hija mía, todo está en comprender el gran bien que les viene con hacer mi Voluntad, comprender quién es esta Voluntad que quiere este sacrificio, y cómo esta Voluntad Suprema no se adapta a ser entremezclada y a convivir con una voluntad baja, pequeña y finita; Ella quiere volver eternos, infinitos y divinos los actos del alma que quiere vivir en mi Voluntad, y ¿cómo puede hacer esto si ella quiere poner el aliento de la voluntad humana, aunque fuese en cosas santas

como tú dices? Pero es siempre una voluntad finita, y entonces no sería más una realidad el vivir en mi Voluntad, sino un modo de decir. En cambio, el oficio de mi Voluntad es dominio total, y es justo que el pequeño átomo de la voluntad humana quede conquistado y pierda su campo de acción en mi Voluntad. ¿Qué dirías si una pequeña lamparilla, un fósforo, una chispa de fuego quisiera ponerse en el sol para hacer su camino y formar en él su campo de luz, de acción en el centro del sol? Si el sol tuviera razón se indignaría, y su luz y su calor aniquilarían la pequeña lamparilla, aquel fósforo, aquella chispa; y tú, la primera, te burlarías de ellos, condenando su temeridad de querer hacer su campo de acción en la luz del sol. Tal es el aliento de la voluntad humana, aun en el bien, en la mía, por eso está atenta a que en nada la tuya tenga vida, y toda te he cubierto y escondido en Mí, a fin de que no tengas más ojos que para mirar sólo mi Voluntad, para darle libre campo de acción en tu alma. Más bien lo difícil estará en comprender el vivir en mi Querer, no en el sacrificarse, porque cuando hayan entendido el gran bien que les viene, que de pobres serán ricos, de esclavos de viles pasiones serán libres y dominantes, de siervos amos, de infelices felices y aun en las penas de esta pobre vida, y que conozcan todos los bienes que hay en mi Querer, el sacrificio total de todo para ellos será un honor, será deseado, querido y suspirado. He aquí por qué te incito tanto a manifestar lo que te digo referente a mi Voluntad, porque todo estará en conocerla, comprenderla y amarla".

(5) Y yo: "Jesús mío, si tanto amas y quieres que esta Voluntad tuya sea conocida, a fin de que tenga su campo de acción divino en las almas, ah, manifiesta Tú mismo a las almas sus verdades y el gran bien que contiene tu Voluntad y el gran bien que ellas recibirán. Tu palabra directa contiene una fuerza mágica, un imán potente, la virtud de la potencia creadora, ¡oh! cómo es difícil no rendirse al dulce encanto de tu palabra divina, por eso, dicho directamente por Ti, todos se rendirán".

(6) Y Jesús: "Hija mía, es mi costumbre, el orden de mi eterna sabiduría, manifestar mis obras más grandes primero a una sola alma, concentrar en ella todo el bien que mi obra contiene, vérmelas con ella de tú a tú como si ninguna otra existiera; cuando lo he hecho todo, de modo que puedo decir que mi obra la he completado del todo en ella, tanto que nada debe faltarle, entonces la hago correr como en un vasto mar en favor de las demás criaturas. Esto lo hice con mi Celestial Mamá, primero traté con Ella al tú por tú la obra de la Redención, ninguna de las demás criaturas sabía nada; Ella se dispuso a todos los sacrificios, a todos los preparativos necesarios para hacerme descender del Cielo a la

tierra; hice todo como si Ella fuera la única redimida, pero después que me hizo salir a la luz, de manera que todos podían verme y tomar los bienes de la Redención, me di a todos, con tal que me quisieran recibir. Así será de mi Voluntad, cuando todo lo haya completado en ti, de modo que mi Voluntad triunfará sobre ti y tú sobre Ella, entonces como agua correrá a bien de todos, pero es necesario formar la primera alma para tener las segundas".

17-51
Junio 29, 1925

Así como las obras de Jesús, hasta después de su muerte tuvieron su pleno triunfo, así será de Luisa.

(1) Me sentía oprimida y un pensamiento quería turbar la serenidad de mi mente: "Y si te encontraras en el punto de la muerte y te vinieran dudas, temores de cómo te has comportado en tu vida, tanto de hacerte temer de tu salvación, ¿qué harías?" Pero mientras esto pensaba, mi dulce Jesús no me ha dado tiempo de reflexionar más ni de responder a mi pensamiento, y moviéndose en mi interior se hacía ver que movía la cabeza, y como entristecido por mi pensamiento me ha dicho:
(2) "Hija mía, ¿qué dices? Pensar esto es una afrenta a mi Voluntad, en Ella no entran ni temores, ni dudas, ni peligro alguno, estas son cosas que no le pertenecen, son más bien los míseros harapos de la voluntad humana; mi Voluntad es como un mar plácido que murmura paz, felicidad, seguridad, certeza, y las olas que hace salir de su seno son olas de alegrías y de contentos sin termino, por eso al verte pensar esto Yo he quedado estremecido; mi Voluntad no es capaz de temores, de dudas, de peligro, y el alma que vive en Ella se hace extraña a los míseros harapos de la voluntad humana. Y además, ¿de qué puede temer mi Voluntad? ¿Quién puede hacer suscitar dudas de su obrar, si ante la Santidad de mi Querer obrante todos tiemblan y están obligados a bajar la frente, adorando el obrar de mi Voluntad? Es más, quiero decirte una cosa, para ti muy consoladora y para Mí de gran gloria: Cuando mueras en el tiempo, sucederá de ti lo que sucedió de Mí en mi muerte: Yo en vida obré, recé, prediqué, instituí Sacramentos, sufrí penas inauditas y hasta la misma muerte, pero mi Humanidad, puedo decir que casi nada vio en comparación del gran bien que había hecho, ni los mismos Sacramentos tuvieron vida mientras Yo estuve sobre la tierra. En cuanto morí, mi muerte selló todo mi obrar, mis palabras, mis

penas, los Sacramentos, y el fruto de mi muerte confirmó todo lo que Yo hice, e hizo resurgir a vida mis obras, mis penas, mis palabras, mis Sacramentos instituidos por Mí y la continuación de la vidade ellos hasta la consumación de los siglos, así que mi muerte puso en movimiento todas mis obras y las hizo resurgir a vida perenne. Todo esto era justo, pues conteniendo mi Humanidad al Verbo Eterno y una Voluntad que no tiene ni principio ni fin, ni está sujeta a morir, de todo lo que Ella hizo nada debía perecer, ni siquiera una sola palabra, sino que todo debía tener su continuación hasta el fin de los siglos, para pasar a los Cielos a beatificar a todos los bienaventurados eternamente. Así sucederá de ti: Mi Voluntad que vive en ti, que te habla, que te hace obrar, sufrir, nada dejará perecer, ni siquiera una palabra de las tantas verdades que te he manifestado sobre mi Voluntad, todo lo pondrá en movimiento, todo lo hará resurgir, tu muerte será la confirmación a todo lo que te he dicho; y así como en el vivir en mi Voluntad, todo lo que el alma hace, sufre, reza, habla, contiene un acto de Voluntad Divina, todo esto no estará sujeto a morir, sino que quedarán como tantas vidas en el mundo, todas en acto de dar vida a las criatura. Por lo tanto, todas las verdades que te he dicho, tu muerte rasgará los velos que las cubren y resurgirán como tantos soles que disiparán las nubes de todas las dudas y dificultades con las que parecían cubiertas en vida. Así que mientras tú vivas en este bajo mundo, poco o nada verás en los demás de todo el gran bien que mi Voluntad quiere hacer por medio tuyo, pero después de tu muerte todo tendrá su pleno efecto".

(3) Después de esto he pasado la noche sin poder cerrar los ojos al sueño y sin recibir las acostumbradas visitas de mi amable Jesús, porque viniendo Él yo quedo adormecida en Él y para mí es más que sueño; pero ese tiempo lo he pasado haciendo las horas de la Pasión y haciendo mis acostumbrados giros en su adorable Voluntad; luego veía que era ya de día, (esto me sucede frecuentemente), y estaba diciendo entre mí: "Amor mío, ni has venido ni me has hecho dormir, entonces, ¿cómo haré hoy sin Ti?" Mientras estaba en esto, mi dulce Jesús se ha movido en mi interior diciéndome:

(4) "Hija mía, en mi Voluntad no hay noches, ni sueño, siempre es pleno día y plena vigilia; no hay tiempo para dormir porque hay mucho qué hacer, qué tomar y qué hacerse feliz en Ella, por lo tanto tú debes aprender a vivir en el largo día de mi Voluntad, para hacer que mi Voluntad pueda tener su Vida de actitud continua en ti; además encontrarás el más bello reposo, porque mi Voluntad te hará subir siempre más en tu Dios y te lo hará comprender más, y por cuanto más

lo comprendas, tanto más tu alma quedará ensanchada para poder recibir ese reposo eterno, con todas las felicidades y alegrías que contiene el reposo divino. ¡Oh! qué bello reposo será éste para ti, reposo que sólo en mi Voluntad se encuentra".

(5) Ahora, mientras esto decía, ha salido de dentro de mi interior y poniendo sus brazos en mi cuello me estrechaba fuerte a Él, y yo extendí también los míos y lo estrechaba fuerte a mí. Mientras estaba en esto, mi dulce Jesús llamaba a muchas personas que se estrechaban a sus pies y Jesús les decía: "Vengan a mi corazón y les haré ver los portentos que mi Voluntad ha hecho en esta alma".

(6) Habiendo dicho esto ha desaparecido.

17-52
Julio 9, 1925

Sufrir junto con Jesús sirve de toque continuo, con el cual llama a las puertas del alma, y el alma llama a las puertas de la suya.

(1) Sentía que no podía estar más sin mi dulce Jesús. Por varios días he tenido que suspirar su regreso, pero en vano, y le decía de corazón:

(2) "Amor mío, regresa a tu pequeña hija, ¿no ves que no puedo más? ¡Ay, a qué duro martirio sometes mi pobre existencia con privarme de Ti!"

(3) Y cansada y exhausta me abandonaba en su Santísimo Querer. Ahora, mientras me encontraba en este estado, estaba leyendo y sentí ponerme sus brazos al cuello, mi mente ha quedado adormecida y me he encontrado estrechada por los brazos de Jesús, toda cubierta y escondida en Él. Yo quería decirle mi dolor, pero no me ha dado tiempo de hacerlo y ha hablado Jesús diciéndome:

(4) "Hija mía, no quieres persuadirte que cuando mi Justicia quiere, por justa razón, castigar a las gentes, Yo estoy obligado a esconderme de ti, porque tú no eres otra cosa que una pequeña partecilla que vincula todas las otras partecitas de las demás criaturas, y estar a lo familiar contigo y como en fiesta y golpear a las otras partecitas vinculadas a ti, entonces mi Justicia se encuentra en contraste y se siente disuadir del castigar a las otras partecitas. Por eso, en estos días pasados en que ha habido castigos en el mundo me he mantenido oculto de ti, pero siempre en ti".

(5) Mientras esto decía me he encontrado fuera de mí misma, y me hacía ver que en varios puntos de la tierra había habido: Dónde terremotos, dónde graves incendios con muerte de gentes, y dónde otros castigos, y parecía que otros graves males seguirían. Yo he quedado espantada y

rezaba, y mi amable Jesús ha regresado, yo me veía frente a Él toda fea, como marchita y le he dicho:

(6) "Vida mía y mi todo, mírame cómo me he hecho fea, cómo me estoy marchitando. ¡Ah, sin Ti cómo cambio! Tu privación me hace perder la frescura, la belleza, me siento como bajo un sol ardiente que quitándome todos los humores vitales me hace marchitar y consumirme".

(7) Entonces Jesús me hizo sufrir un poco junto con Él, y ese sufrimiento se convertía sobre mi alma como en un celestial rocío que me restituía los humores vitales, y tomando mi pobre alma en sus manos ha agregado:

(8) "Pobre hija mía, no temas, si mi privación te ha hecho marchitar, mi regreso te restituirá la frescura, la belleza, el colorido, y todos mis lineamientos, y el sufrir junto Conmigo no sólo te será como rocío que te hará tomar vigor, sino que servirá como llamada continua, con la cual Yo pueda llamar a las puertas de tu alma y tú a la mía, de manera que las puertas queden siempre abiertas, y tú libremente puedas entrar en Mí y Yo en ti; mi aliento te servirá como vientecillo para conservar en ti la bella frescura con la cual te creé".

(9) Y mientras esto decía me soplaba fuerte fuerte, y estrechándome a Sí desapareció.

17-53
Julio 20, 1925

Inmovilidad de la Gracia en las almas por la ingratitud humana.

(1) Encontrándome en mi acostumbrado estado, después de haber pasado privaciones amarguísimas de mi dulce Jesús, finalmente se ha hecho ver, y sin decirme ni siquiera una palabra me ha puesto en una posición dolorosa, en una perfecta inmovilidad; sentía la vida y no tenía movimiento, sentía el respiro y no podía respirar, toda mi pobre persona no tenía ni un pequeño movimiento, y mientras sentía dolerme no era capaz de retorcerme por el dolor que sentía, pues estaba obligada por la presencia de Jesús y por su Santísima Voluntad a quedar inmóvil. Después, cuando el bendito Jesús ha querido, me ha extendido sus brazos como para tomarme y estrecharme a su seno, y me ha dicho:

(2) "Hija mía, ¿has visto cómo es doloroso el estado de inmovilidad? Es el estado más duro, porque aun sintiendo acerbos dolores, el movimiento es alivio, es señal de vida, las contorsiones son voces mudas que piden ayuda, y despiertan compasión de los presentes. Tú has sentido cómo

es doloroso, ¿pero sabes por qué te he puesto en este estado de inmovilidad? Para hacerte comprender el estado en el que se encuentra mi gracia, y tener de ti una reparación. ¡Oh, en qué estado de inmovilidad se encuentra mi gracia! Ella es vida y movimiento continuo y está en continuo acto de darse a las criaturas, las criaturas la rechazan y la vuelven inmóvil; siente la vida, quiere dar la vida y está obligada por la ingratitud humana a estarse inmóvil y sin movimiento; ¡qué pena! Mi gracia es luz y como luz naturalmente se expande, y las criaturas no hacen otra cosa que hacer salir de sí tinieblas, y mientras mi luz quiere entrar en ellas, las tinieblas que expanden paralizan mi luz y la vuelven como inmóvil y sin vida para las criaturas. Mi gracia es amor y contiene la vida de poder encender a todos en amor, pero la criatura amando otra cosa vuelve como muerto para ella este amor, y mi gracia siente el más desgarrador dolor por el estado de inmovilidad en el cual la ponen las criaturas. ¡Oh, en qué estrecheces dolorosísimas se encuentra mi gracia! Y esto no sólo en aquellos que abiertamente se dicen malos, sino también en aquellos que se dicen religiosos, almas piadosas, y muchas veces por cosas de nada, por cosas que no van con su gusto, por un capricho, por un vilísimo apego, o porque no encuentran las satisfacciones de la propia voluntad en las mismas cosas santas, mientras mi gracia es toda movimiento y vida para ellos, la vuelven inmóvil y se apegan a lo que va con sus inclinaciones, al capricho, a los apegos humanos y a todo aquello en donde sienten la satisfacción del propio yo. Así que en el lugar de mi gracia ponen el propio yo como vida y como ídolo propio; pero, ¿sabes tú quién es la consoladora, la indivisible compañera, la raptora que rapta el movimiento y la vida de mi gracia, más bien la que acelera siempre más su movimiento y ni siquiera un solo instante la vuelve inmóvil? Quien vive en mi Voluntad; donde mi Voluntad reina está siempre en movimiento mi gracia, siempre está en fiesta, tiene siempre qué hacer, nunca queda enfadada, ociosa; el alma donde reina mi Querer es la benjamina de mi gracia, es su pequeña secretaria en la que deposita los secretos de sus dolores y de sus alegrías, le confía todo, porque mi Voluntad tiene lugar suficiente para recibir el depósito que contiene mi gracia, porque ella no es otra cosa que el parto continuo de mi Voluntad Suprema".

17-54
Agosto 2, 1925

¿Qué cosa es el te amo?

(1) Estaba rezando y fundiéndome en el Santo Querer Divino; quería girar por todas partes, hasta en el empíreo para encontrar ese te amo supremo que no está sujeto a ninguna interrupción, quisiera hacerlo mío a fin de que también yo tuviera un te amo jamás interrumpido que pudiese hacer eco al te amo eterno, y poseyendo en mí la fuente del verdadero te amo pudiese tener un te amo por todos, por cada uno, por cada movimiento, por cada acto, por cada respiro, por cada latido y por cada te amo del mismo Jesús. Y mientras me parecía llegar al seno del Eterno, haciendo mío su te amo iba repitiendo por todas partes y sobre cada cosa el estribillo de te amo para mi Supremo Señor. Ahora, mientras esto hacía, mi pensamiento ha interrumpido mi te amo diciéndome: "¿Qué haces? Podrías hacer otra cosa, y además, ¿qué gran cosa es este te amo?" Y mi dulce Jesús moviéndose como deprisa en mi interior me ha dicho:

(2) "¿Qué cosa? ¿Qué gran cosa es el te amo para Mí? Hija mía, el te amo es todo, el te amo es amor, es veneración, es estima, es heroísmo, es sacrificio, es confianza hacia quien es dirigido; el te amo es poseer a Aquél que encierra el te amo. Te amo es una palabra pequeña, pero pesa cuanto pesa toda la eternidad. El te amo encierra todo, abarca a todos, se difunde, se estrecha, se eleva en alto, desciende hasta lo bajo, se imprime dondequiera pero jamás se detiene. ¿Cómo que es cosa de nada mi te amo hija mía? Su origen es eterno, en el te amo el Padre Celeste me generó, y en el te amo procedió el Espíritu Santo, en el te amo el Fiat eterno hizo la toda la Creación, y en el te amo perdonó al hombre culpable y lo redimió; así que en el te amo el alma encuentra todo en Dios y Dios encuentra todo en el alma, por eso el valor del te amo es infinito, está lleno de vida, de energía, no se cansa jamás, supera todo y triunfa sobre todo; por eso quiero ver este te amo dirigido a Mí sobre tus labios, en tu corazón, en el vuelo de tus pensamientos, en las gotas de tu sangre, en las penas y en las alegrías, en el alimento que tomas, en todo. La vida de mi te amo debe ser larga, larga en ti, y mi Fiat que reina en ti pondrá el sello del te amo Divino".

(3) Después de esto, frente a mi mente se ha presentado en un punto altísimo un sol, su luz era inaccesible, de su centro salían continuas llamitas, conteniendo cada una un te amo, y conforme salían se ponían en orden alrededor de esta luz inaccesible, pero estas llamitas quedaban como atadas por un hilo de luz a aquella luz inaccesible que alimentaba la vida de esas llamitas; estas llamitas eran tantas que llenaban Cielo y tierra. Me parecía ver a nuestro Dios como principio y origen de todo, y

las llamitas, la Creación toda como parto divino y de puro amor, también yo era una pequeña llamita y mi dulce Jesús me incitaba a tomar mi vuelo por cada llamita para poner en ellas el doble te amo. Yo no sé cómo me he encontrado fuera de mí misma para girar en medio de esas llamitas e imprimir mi te amo en cada una de ellas, pero eran tantas que me perdía, pero una fuerza suprema me hacía volver a tomar el orden y el giro de mi te amo.

(4) Después me he encontrado en un vasto jardín, y con gran sorpresa mía he encontrado a mi Reina Mamá, la cual acercándose a mí me ha dicho:

(5) "Hija mía, ven junto Conmigo a trabajar en este jardín, debemos plantar flores y frutos celestiales y divinos, ya casi está vacío, y si algunas plantas hay, son terrestres y humanas, por lo tanto conviene arrancarlas para hacer que este jardín sea del todo agradable a mi Hijo Jesús. Las semillas que debemos plantar son todas mis virtudes, mis obras, mis penas, que contienen el germen del Fiat Voluntas Tua; no hubo cosa que Yo hiciera que no contuviera este germen de la Voluntad de Dios, me habría contentado con no hacer nada antes que obrar, sufrir sin este germen. Toda mi gloria, la dignidad de Madre, la altura de Reina, la supremacía sobre todo, me venía de este germen; toda la Creación, todos los seres me reconocían dominante sobre ellos porque veían en Mí reinante a la Voluntad Suprema. Por eso todo lo que hice Yo, y todo lo que has hecho tú con este germen del Querer Supremo, lo uniremos junto y plantaremos este jardín".

(6) Entonces hemos fundido juntas las semillas que tenía la Mamá Celestial, que eran muchas, y las pocas mías, que no sé cómo me las he encontrado, y hemos comenzado a formar surcos para poner las semillas. Pero mientras esto hacíamos, fuera de los muros del jardín, que eran altísimos, se oían rumores de armas, de cañones y que se golpeaban en modo horrible, así que nos hemos visto obligadas a correr para prestar ayuda; habiendo llegado, se veían gentes de varias razas, de diversos colores, y muchas naciones unidas juntas que hacían batalla y daban terror y espanto. Pero mientras esto veía me he encontrado en mí misma, pero con tal espanto, y con el dolor de no haber dicho ni siquiera una palabra a mi Celestial Mamá acerca de mi duro estado. Sea siempre bendita la Santísima Voluntad de Dios y todo sea para gloria suya.

17-55
Agosto 4, 1925

Quien vive en la Voluntad de Dios está en comunicación con todas las cosas creadas, y es sostenida por toda la Creación.

(1) Después de haber pasado varios días de total privación de mi dulcísimo Jesús, iba repitiendo mi doloroso estribillo: "Todo para mí ha terminado, ¡ah! no lo veré más, no escucharé más su voz que tanto me deleitaba, ¡ah! estoy abandonada por quien formaba todo mi contento y era todo para mí. ¡Qué martirio prolongado, qué vida sin Vida, sin Jesús!" Pero mientras mi corazón estaba ahogado en penas, mi dulce Jesús ha salido de dentro de mi interior y tomándome en brazos, yo he puesto mis brazos en su cuello poniendo mi cabeza sobre su pecho sin poder más, y Jesús estrechándome fuerte a Sí, apoyaba sus rodillas sobre mi pecho, oprimiéndolo fuerte fuerte y me ha dicho:

(2) "Hija mía, tú debes morir continuamente".

(3) Y mientras esto decía me participaba varias penas, y después, tomando un aspecto más afable ha agregado:

(4) "Hija mía, ¿de qué temes si está en ti la potencia de mi Voluntad? Y es tan cierto que está este mi Querer en ti, que en un instante te he transformado en mis penas y tú con amor te has prestado a recibirlas. Y conforme tú penabas has extendido los brazos para abrazar a mi Voluntad, y mientras tú la abrazabas, todo lo que vive en mi Querer, esto es: Los ángeles, los santos, mi Mamá Celestial, la misma Divinidad, han sentido la estrechura de tu abrazo, y todos han corrido hacia ti para abrazarte y en coro han dicho: 'Cómo es grato y amado el abrazo de nuestra pequeña exiliada que vive sobre la tierra para cumplir solamente la Voluntad de Dios, así como la cumplimos nosotros en el Cielo, ella es nuestra alegría, es la nueva y única fiesta que nos viene de la tierra'. ¡Oh, si tú supieras qué significa vivir en mi Voluntad, significa que no hay división entre ella y el Cielo, donde está mi Voluntad ella se encuentra, sus actos, sus penas, sus palabras, están en acto y obrantes en cualquier lugar donde se encuentra mi Voluntad, y como se encuentra por todas partes, el alma se pone en el orden de la Creación, y está, gracias a la electricidad del Supremo Querer, en comunicación con todas las cosas creadas, y así como las cosas creadas están en orden y armonía entre ellas, la una es el sostén de la otra, ni siquiera una puede apartarse; y jamás sea, si se apartara una sola cosa creada por Mí la Creación se trastornaría toda; hay un secreto entre ellas, una fuerza misteriosa, que mientras viven suspendidos en el aire, sin ningún apoyo, con la fuerza de la comunicación que tienen entre ellas una sostiene a la

otra; así quien hace mi Voluntad está en comunicación con todos, está sostenida por todas las obras de su Creador, por eso todos la reconocen, la aman y le prestan la electricidad, el secreto de vivir junto con ellas suspendida entre el Cielo y la tierra, toda sostenida por la sola fuerza de la Suprema Voluntad".

Deo Gratias.

Nihil obstat
Canonico Hanibale
M. Di Francia

Eccl.
Imprimatur
Arzobispo Giuseppe M. Leo
Octubre de 1926

[1] Este libro ha sido traducido directamente del original manuscrito de Luisa Piccarreta

[1]
I. M. I.

18-1
Agosto 9, 1925

Corresponder a Dios en amor por todas las cosas creadas, es el primer deber de la criatura. La Divina Voluntad fue dada como Vida primaria de la criatura.

(1) Jesús mío, dame la fuerza, Tú que ves la gran repugnancia que siento al escribir, que si no fuera por la bendita obediencia y el temor de desagradarte jamás habría escrito una sola palabra. Tus largas privaciones me aturden y me vuelven incapaz de todo, por eso tengo necesidad de mayor ayuda para poner en el papel lo que tu Santo Querer me sugiere. Así que dame la mano y estate siempre junto conmigo.

(2) Ahora, mientras me estaba fundiendo en el Santo Querer Divino para corresponder en amor a Dios por todo lo que hizo en la Creación por amor de las criaturas, el pensamiento me decía que no era necesario

hacerlo, ni era agradable a mi Jesús este modo de orar, me decía que todo era invención de mi cabeza. Y mi siempre amable Jesús, moviéndose en mi interior me ha dicho:

(3) "Hija mía, tú debes saber que este modo de orar, esto es, corresponder a Dios en amor por todas las cosas creadas por Él, es un derecho divino y entra en el primer deber de la criatura. La Creación fue hecha por amor del hombre, es más, fue tanto nuestro amor, que si hubiera sido necesario hubiéramos creado tantos cielos, tantos soles, estrellas, mares, tierras, plantas, y todo lo demás, por cuantas criaturas debían venir a la luz de este mundo, a fin de que cada una tuviera una Creación para sí, un universo todo suyo, como en efecto cuando todo fue creado, sólo Adán fue el espectador de todo lo creado, él podía gozar todo el bien que quería. Y si no lo hicimos fue porque el hombre podía gozar igualmente todo como si fuera de él, a pesar de que los demás también lo gozan. En efecto, ¿quién no puede decir: el sol es mío y gozar de la luz del sol por cuanta quiera, quién no puede decir el agua es mía y quitarse la sed y servirse de ella donde la necesita, quién no puede decir que el mar, la tierra, el fuego, el aire son cosas mías? Y tantas otras cosas creadas por Mí, y si alguna cosa parece que al hombre le falta, que se fatiga para conseguirla, es el pecado que obstruyendo el paso a mis beneficios impide a las cosas creadas por Mí ser magnánimas hacia la criatura ingrata.

(4) Por tanto, siendo así, que en todas las cosas creadas Dios vinculaba su amor hacia cada criatura, en ella entraba el deber de corresponder a Dios con su pequeño amor, con su gratitud, con su gracias hacia quien tanto había hecho por ella. El no corresponder en amor a Dios por todo lo que ha hecho en la Creación para el hombre, es el primer fraude que hace la criatura a Dios, es un usurpar sus dones sin ni siquiera reconocer de donde vienen, ni a quien tanto la ha amado; por eso es el primer deber de la criatura, y es tan indispensable e importante este deber, que Aquélla que tomó a pecho toda nuestra gloria, nuestra defensa, nuestro interés, no hacía otra cosa que girar por doquier, desde la más pequeña hasta la más grande de las cosas creadas por Dios para imprimir su correspondencia de amor, de gloria, de agradecimiento por todos y a nombre de todas las generaciones humanas. ¡Ah, sí, fue propiamente mi Mamá Celestial que llenó Cielos y tierra de correspondencia por todo lo que Dios había hecho en la Creación! Después de Ella fue mi Humanidad la que cumplió este deber tan sacrosanto, al cual la criatura había faltado tanto, tanto, así que fueron mis oraciones y las de mi inseparable Mamá lo que hizo propicio a mi Padre Celestial hacia el

hombre culpable. ¿No quieres tú entonces repetir mis mismas oraciones? Es más, por esto te he llamado en mi Querer, a fin de que te asocies con Nosotros y sigas y repitas nuestros actos".

(5) Entonces yo buscaba por cuanto podía, girar por todas las cosas creadas para dar a mi Dios la correspondencia del amor, de la gloria, del agradecimiento por todo lo que había hecho en la Creación. Me parecía ver en todas las cosas la correspondencia de amor de mi Emperatriz Mamá y de mi amado Jesús. Esta correspondencia formaba la más bella armonía entre el Cielo y la tierra, y vinculaba al Creador con la criatura. Cada correspondencia de amor era una tecla, una sonatina de música celestial que raptaba, y mi dulce Jesús ha agregado:

(6) "Hija mía, todas las cosas creadas no fueron otra cosa que un acto de nuestra Voluntad que las puso fuera, ellas no pueden apartarse de su lugar, ni cambiar efectos, ni posición, ni el oficio que cada una recibió de su Creador; ellas no son otra cosa que espejos donde el hombre debía mirar los reflejos de las cualidades de su Creador: Dónde la potencia, dónde la belleza, en otras cosas creadas la bondad, la inmensidad, la luz, etc., en suma, cada cosa creada predica al hombre las cualidades de su Creador, y con voces mudas le dicen cuánto lo amo. En cambio al crear al hombre no fue sólo nuestra Voluntad, sino una emanación que salió de nuestro seno, una parte de Nosotros mismos que infundimos en él, y por eso lo creamos libre de voluntad, a fin de que creciera siempre en belleza, en sabiduría, en virtud; a semejanza nuestra él podía multiplicar sus bienes, sus gracias. ¡Oh, si el sol fuera libre de voluntad y pudiera hacer de uno, dos soles; de dos, cuatro soles, etc., qué gloria, qué honor no daría a su Creador, y cuánta gloria también para él mismo! Sin embargo, lo que no pueden hacer las cosas creadas porque están privadas de libre albedrío y porque fueron creadas para servir al hombre, lo puede hacer el hombre, porque él debía servir a Dios, así que todo nuestro amor estaba concentrado en el hombre y por eso pusimos todo lo creado a su disposición, todo ordenado en torno a él, para que el hombre se sirviera de nuestras obras como de tantos escalones y caminos para venir a Nosotros para conocernos y para amarnos. ¿Pero cuál no es nuestro dolor al ver al hombre por debajo de nuestras cosas creadas, mas bien, transformada por el pecado en fealdad su bella alma dada por Nosotros, y no solo no crecido en el bien, sino horrible al verse? No obstante, como si todo lo que fue creado para él no bastara a nuestro amor, para custodiar este libre albedrío le hicimos el don más grande que superó todos los demás dones, esto es, le dimos nuestra Voluntad como preservativo, como antídoto, como preventivo y ayuda a su libre

voluntad; así que nuestra Voluntad se puso a su disposición para darle todas aquellas ayudas de las cuales el hombre tuviera necesidad; así que nuestra Voluntad le fue dada como vida primaria y acto primero de todas sus obras. Debiendo él crecer en gracia y belleza, tenía necesidad de una Voluntad Suprema que no sólo hiciera compañía a su voluntad humana, sino que se sustituyera al obrar de la criatura; pero también este gran don despreció y no lo quiso conocer. Ve entonces cómo nuestra Voluntad entra en la vida primaria de la criatura, y mientras tiene su acto primero, su vida, la criatura crece siempre en gracia, en luz, en belleza, conserva el vínculo del acto primero de su creación, y Nosotros recibimos la gloria de todas las cosas creadas, porque sirven a nuestra Voluntad obrante en la criatura, única finalidad de toda la Creación. Por eso te recomiendo que nuestra Voluntad sea para ti más que vida, y el acto primero de todas tus acciones".

18-2
Agosto 15, 1925

Todas las cosas creadas caminan hacia el hombre. La fiesta de la Asunción se debería llamar la fiesta de la Divina Voluntad.

(1) Continuaba fundiéndome en el Santo Querer Divino para corresponder a mi Jesús con mi pequeño amor por todo lo que ha hecho por el género humano en la Creación; y mi amado Jesús, moviéndose en mi interior, para dar más valor a mi pequeño amor, hacía junto conmigo lo que yo hacía, y mientras estaba en esto me ha dicho:

(2) "Hija mía, todas las cosas creadas fueron hechas para el hombre, y todas corren hacia él, no tienen pies, pero todas caminan, todas tienen un movimiento, o para encontrarlo o para hacerse encontrar: La luz del sol parte desde la altura de los cielos para encontrar a la criatura, iluminarla y calentarla; el agua camina para llegar hasta las vísceras humanas para quitarle la sed y refrescarla; las plantas, las semillas, caminan y desgarran la tierra, forman su fruto para darse al hombre, no hay cosa creada que no tenga un paso, un movimiento, hacia quien el Eterno Artífice las había dirigido en su creación. Mi Voluntad mantiene el orden, la armonía y las mantiene a todas en camino hacia las criaturas, así que es mi Voluntad que camina siempre en las cosas creadas hacia la criatura, no se detiene jamás, es toda movimiento hacia quien tanto ama, sin embargo, ¿quién dice un gracias a mi Voluntad que le lleva la luz del sol, el agua para beber para quitarle la sed, el pan para quitarle el

hambre, el fruto, la flor para recrearlo y tantas otras cosas que le lleva para hacerlo feliz? ¿No es justo que mi Voluntad, haciendo todo para él, el hombre hiciera todo para cumplir mi Voluntad? ¡Oh! si tú supieras la fiesta que hace mi Voluntad en las cosas creadas cuando camina y sirve a quien cumple mi Voluntad. Mi Voluntad obrante y cumplida en la criatura, y mi Voluntad obrante en las cosas creadas, mientras se encuentran juntas se besan, armonizan, se aman y forman el himno, la adoración a su Creador, y el portento más grande de toda la Creación. Las cosas creadas se sienten honradas cuando sirven a la criatura que es animada por esa misma Voluntad que forma su misma Vida de ellas; en cambio mi Voluntad se pone en actitud de dolor en las mismas cosas creadas cuando debe servir a quien no cumple mi Voluntad; he aquí por qué sucede que muchas veces las cosas creadas se ponen contra el hombre, lo golpean, lo castigan, porque ellas se vuelven superiores al hombre, conservando íntegra en ellas aquella Voluntad Divina por la cual fueron animadas desde el principio de su creación, y el hombre ha descendido a lo bajo, no conservando en él la Voluntad de su Creador".

(3) Después de esto me he puesto a pensar en la fiesta de mi Celestial Mamá Asunta al Cielo, y mi dulce Jesús con un acento tierno y conmovedor ha agregado:

(4) "Hija mía, el verdadero nombre de esta fiesta, debería ser: 'La fiesta de la Divina Voluntad'. Fue la voluntad humana la que cerró el Cielo, que destrozó los vínculos con su Creador, la que hizo salir todas las miserias, el dolor, y que puso término a las fiestas que la criatura debía gozar en el Cielo. Ahora, esta criatura, Reina de todos, con hacer siempre y en todo la Voluntad del Eterno, es más, se puede decir que su vida fue sólo la Voluntad Divina, abrió el Cielo, se vinculó con el Eterno e hizo volver las fiestas en el Cielo con la criatura; cada acto que hacía en la Voluntad Suprema era una fiesta que iniciaba en el Cielo, eran soles que formaba como ornamentos de esta fiesta, eran músicas que enviaba para alegrar la Jerusalén Celestial, así que la verdadera causa de esta fiesta es la Voluntad Eterna obrante y cumplida en mi Mamá Celestial, que obró tales prodigios en Ella, que dejó estupefactos a Cielos y tierra, encadenó al Eterno con los vínculos indisolubles de amor, raptó al Verbo Eterno hasta su seno, los mismos ángeles, raptados, repetían entre ellos: '¿De dónde tanta gloria, tanto honor, tanta grandeza y tantos prodigios jamás vistos, en esta excelsa Criatura? No obstante es del exilio que viene'. Y atónitos reconocían la Voluntad de su Creador como vida y obrante en Ella, y estremeciéndose decían: '¡Santa, Santa, Santa, honor y gloria a la Voluntad de nuestro Soberano Señor y gloria y tres veces Santa

Aquélla que ha hecho obrar a esta Suprema Voluntad!' Así que es mi Voluntad la que más que todo fue y es festejada en el día de la Asunción al Cielo de mi Madre Santísima; fue mi Voluntad únicamente la que la hizo ascender tan alto que la distinguió entre todas las criaturas, todo lo demás habría sido nada si no hubiera poseído el prodigio de mi Querer. Fue mi Voluntad que le dio la Fecundidad Divina y la hizo Madre del Verbo, fue mi Voluntad la que le hizo ver y abrazar a todas las criaturas juntas, haciéndose Madre de todas y amando a todas con un amor de Maternidad Divina, y haciéndola Reina de todos la hacía imperar y dominar. En aquel día mi Voluntad recibió los primeros honores, la gloria y el fruto abundante de su labor en la Creación, y comenzó su fiesta que jamás interrumpe por la glorificación de su obrar en mi amada Madre; y si bien el Cielo fue abierto por Mí, y muchos santos estaban ya en posesión de la Patria Celestial cuando la Reina Celestial fue asunta al Cielo, sin embargo la causa primaria era precisamente Ella, que había cumplido en todo la Suprema Voluntad, y por eso se esperó a Aquélla que tanto la había honrado y contenía el verdadero prodigio de la Santísima Voluntad para hacer la primera fiesta al Supremo Querer. ¡Oh, cómo todo el Cielo glorificaba, bendecía, alababa a la Eterna Voluntad cuando veía a esta sublime Reina entrar en el Empíreo, en medio de la corte celestial, toda fundida en el Sol Eterno del Querer Supremo! La veían toda adornada por la potencia del Fiat Supremo, no había habido en Ella ni siquiera un latido que no tuviera impreso este Fiat, y atónitos la miraban y le decían: 'Asciende, asciende más arriba, es justo que Aquélla que tanto ha honrado al Fiat Supremo y que por medio suyo nos encontramos en la Patria Celestial, tenga el trono más alto y que sea nuestra Reina'. Y el más grande honor que recibió mi Mamá fue el ver glorificada la Divina Voluntad".

18-3
Septiembre 16, 1925

Jesús fue siempre igual en las penas. El ser siempre igual es virtud divina. El silencio de Jesús.

(1) Mis días son siempre más amargos por las largas privaciones de mi dulce Jesús. Sólo su Voluntad me ha quedado como preciosa herencia de sus tantas visitas hechas a mi pobre alma, pero ahora he quedado sola, olvidada por Aquél que formaba mi vida, que me parecía estar fundidos juntos, y que ni Él podía estar sin mí, ni yo sin Él; y mientras

pienso: ¿Dónde, a dónde habrá ido Aquél que tanto me amaba? ¿Qué he hecho que me ha dejado? ¡Ah Jesús, regresa, regresa que no puedo más! Y mientras quisiera abandonarme al dolor y pensar en mi gran desventura por haber perdido a Aquél en quien había puesto todas mis esperanzas, mi felicidad, el Santo Querer Divino se impone sobre mí haciéndome hacer el curso de mis actos en su adorable Voluntad, y casi me impide dolerme más por estar privada de mi único bien, y quedo como petrificada, inmóvil, toda sola, sin el mínimo consuelo ni del Cielo ni de la tierra. Ahora, mientras me encontraba en este estado, estaba pensando en diversas penas de la Pasión de Jesús, el cual haciéndose ver por poco tiempo me ha dicho:

(2) "Hija mía, en todas mis penas fui siempre igual, jamás cambié, mi mirada fue siempre dulce, mi rostro siempre sereno, mis palabras siempre calmadas y dignas; en toda mi persona había tal igualdad de modos, que si hubieran querido conocerme como su Redentor, sólo por mi modo siempre igual en todo y por todo me hubieran conocido. Es verdad que mis penas fueron tantas que me eclipsaban, y como tantas nubes que me circundaban, pero esto era nada, después de la intensidad de las penas Yo reaparecía en medio de mis enemigos como sol majestuoso, con mi acostumbrada serenidad y con mis mismos modos siempre iguales y pacíficos. Ser siempre igual es sólo de Dios y de los verdaderos hijos de Dios, el modo siempre igual imprime el carácter divino en el alma, y hace conocer qué puro y santo es el obrar de las criaturas. En cambio, un carácter desigual es de las criaturas y es señal de pasiones que se agitan en el corazón humano, que lo tiranizan, de modo que también en el exterior muestran un carácter desagradable que desagrada a todos. Por eso te recomiendo ser siempre igual Conmigo, contigo misma y con los demás; igual en las penas y hasta en mi misma privación. El carácter igual en ti debe ser imborrable, y si bien las penas de mi privación te aterran y forman dentro y fuera de ti las nubes del dolor, tus modos iguales serán luz que alejarán estas nubes y harán conocer que, si bien escondido, Yo habito en ti".

(3) Después de esto yo continuaba pensando en las penas de la Pasión de mi adorable Jesús, con el clavo de su privación en mi corazón, y mi amable Jesús se hacía ver en mi interior todo taciturno y tan afligido que daba piedad, y yo le he dicho:

(4) "Amor mío, ¿por qué callas? Me parece que no quieres decirme más nada, ni confiarme tus secretos y tus penas".

(5) Y Jesús, todo bondad pero afligido me ha dicho: "Hija mía, el callar dice alguna cosa más grande que no dice el hablar. El callar es decisión

de quien no queriendo ser distraído, calla. El callar de un padre con un hijo suyo amado mientras se encuentra en medio de otros hijos libertinos, es señal de que quiere castigar a los hijos perversos. ¿Tú crees que sea cosa de nada que no venga a ti y que casi no te participe mis penas? ¡Ah hija mía, no es cosa de nada, todo lo contrario, es cosa grande!; cuando Yo no vengo a ti, mi justicia se llena de flagelos para castigar al hombre, tanto que todos los males pasados, los terremotos, las guerras, serán como nada ante los males que vendrán y ante la gran guerra y revolución que están preparando; son tantos los pecados que no merecen que te participe mis penas para librarlos de los castigos merecidos, por eso ten paciencia, mi Voluntad suplirá a mi vista, si bien estoy escondido en ti, y si esto no fuera no habrías podido mantener la batuta en hacer tus acostumbrados giros en mi Voluntad; soy Yo que, si bien escondido, los hago en ti, y tú sigues a Aquél que no ves, sin embargo cuando mi justicia haya cumplido el llenado de los flagelos, Yo estaré contigo como antes, por eso, ánimo, espérame y no temas".

(6) Ahora, mientras esto decía me he encontrado fuera de mí misma en medio del mundo, y en casi todas las naciones se veían preparativos de guerras, nuevos modos más trágicos de combatir, que daban espanto al sólo mirarlos, y además la gran ceguera humana, que haciendo más ciego al hombre lo hacía obrar como bestia, no como hombre, y tan ciego que no veía que mientras hería a los demás se hería a sí mismo. Luego, toda asustada me he encontrado en mí misma, sola, sin mi Jesús y con el clavo en el corazón, porque Aquél que amo se había ido de mí dejándome sola y abandonada. Y mientras deliraba y sufría por la pena, mi dulce Jesús, moviéndose en mi interior y suspirando por mi duro estado me ha dicho:

(7) "Hija mía, cálmate, cálmate, estoy en ti, no te dejo, y además, ¿cómo puedo dejarte? Mira, mi Voluntad se encuentra por todas partes, si tú estás en mi Voluntad no tengo a dónde ir, ni encuentro lugar para alejarme de ti, debería hacer limitada mi Voluntad, reunirla en un punto para dejarte, pero ni siquiera esto puedo hacer. Mi inmensidad se extiende por todas partes y mi Naturaleza hace inmenso todo lo que me pertenece, por lo tanto, inmensa es mi Voluntad, mi potencia, mi amor, mi sabiduría, etc., entonces, ¿cómo puedo dejarte si en mi Voluntad dondequiera Yo te encuentro? Por eso debes estar segura de que no te dejo, profundízate siempre más en la inmensidad del abismo de mi Voluntad".

18-4

Octubre 1, 1925

La Divina Voluntad estaba en el centro de la Humanidad de Nuestro Señor, y quien vive en Ella vive en este centro.

(1) Estaba según mi costumbre acompañando las penas de la Pasión de mi dulce Jesús, y ofrecía su misma privación, la tortura que me ocasionaba, como testimonio de mi doloroso amor para aliviarlo y compadecerlo en sus penas. Ahora, mientras esto hacía, mi amado bien ha movido un brazo en mi interior, alzando su mano derecha haciendo correr de sus dedos ríos de sangre y de luz sobre mi pobre alma que estaba marchita y quemada por el viento potente de su privación, y con una tristeza tal, que Jesús mismo se ha sobresaltado, y enternecido por compasión y queriéndome consolar me ha dicho:

(2) "Hija mía, ánimo, no temas, quien vive en mi Voluntad está en el centro de mi Humanidad, porque la Voluntad Divina está en Mí como el sol en su esfera, que a pesar de que los rayos invaden la tierra, no se aparta jamás de lo alto, de su centro, está siempre en su esfera, en su majestuoso trono, y mientras su luz recorre todo, dominando todo, todo le sirve de escabel, esperando todos su benéfica luz; así se encontraba en Mí la Voluntad Divina, como centro en la esfera de mi Humanidad, y de ésta partía la luz a todos y por doquier.

(3) Había sido este el primer acto del hombre, rechazar mi Voluntad Suprema; convenía entonces a mi Humanidad dar el primer paso hacia Ella, concentrando en Mí como centro de vida esta Voluntad Eterna, y por medio de mi Vida, de mis obras y penas, llevarla de nuevo al hombre, a fin de que regresara a su Creador, poniéndose en el orden para el cual había sido creado. Mira entonces hija mía, el alma que vive en mi Voluntad está en el centro de mi Humanidad, y todo lo que Yo hice y sufrí está todo en torno a ella y en su ayuda: Si es débil le suministra mi fortaleza, si está sucia mi sangre la lava y la embellece, mis oraciones la sostienen, mis brazos la tienen estrechada y la cubren con mis obras, en suma, todo está en su defensa y en su ayuda; por eso, el pensamiento de mis penas es como connatural en ti, porque viviendo en mi Voluntad ellas te circundan como tantas nubes de luz y de gracia. Mi Voluntad en la esfera de mi Humanidad ponía como en camino mis obras, mis pasos, mis palabras, mi sangre, mis llagas, mis penas, y todo lo que Yo hice para llamar al hombre y darle las ayudas y medios suficientes para salvarlo y hacerlo volver de nuevo al seno de mi Voluntad. Si mi Voluntad hubiera querido llamar directamente al hombre, éste se habría

espantado; en cambio quise llamarlo con todo lo que hice y sufrí, como si fueran tantas seducciones, ayudas, estímulos y medios para hacerlo volver a mis brazos, así que todo lo que Yo hice y sufrí es el portador del hombre a Dios. Ahora, quien vive en mi Voluntad, viviendo en el centro de mi Humanidad, toma todos los frutos de todo lo que Yo hice y sufrí, y entra en el orden de la Creación, y mi Voluntad cumple en él la plena finalidad para la que fue creado. Otros, que no viven en mi Voluntad, encuentran los medios para salvarse, pero no gozan todos los frutos de la Redención y de la Creación".

(4) Ahora, mientras esto decía mi amable Jesús, yo le he dicho: "Amor mío, yo no sé, me dices que yo vivo en tu Voluntad y luego me dejas, ¡ah! a qué duro martirio me sometes, en cuanto Tú me dejas todo para mí se cambia, yo misma no me reconozco más, todo para mí muere: muere la luz, el amor, el bien. Eres sólo Tú el que mantiene el latido de la vida de mi pobre alma; en cuanto Tú partes y me dejas, así muere todo. Mira entonces en qué condiciones tan duras y dolorosas me dejas. ¡Ah! ten piedad de mí y no me dejes, porque no puedo más". Y mientras quería decir más, mi Jesús suspirando ha agregado:

(5) "Hija mía, calla, no sigas más adelante, tus palabras me hieren el corazón. ¡Oh! cómo quisiera quitar de tu corazón este clavo tan duro que Yo te dejo, de que pudiera dejarte. Lo sé también Yo, que para quien me ama este clavo es insoportable, mata continuamente sin piedad, por eso quita el pensamiento de que Yo pudiera dejarte. En vez de dejarte, deberías estar convencida de que me adentro más en ti, y hago silencio en la navecilla de tu alma, tan es verdad, que nada ha cambiado en ti, los preparativos que estaban están, todos en el orden, tan es cierto, que basta que mi Voluntad lo quiera y Yo doy una vueltecita por los preparativos que hay, y que son ya tuyos. Y además, ¿cómo puedo dejarte? Para quien hace mi Voluntad y vive en Ella, mantiene íntegros los vínculos de la Creación que hay entre Creador y criaturas, los vínculos de la Redención y los vínculos que hay entre el Santificador y los santificados; mi Voluntad sella todos esos vínculos y vuelve a la criatura inseparable de Mí. Por eso debes estar segura de que tu Jesús no te deja".

(6) Mientras esto decía, veía como innumerables hilos de luz atados a mi corazón, que algunos estaban atados a todas las cosas creadas, otros hilos salían de todo lo que Jesús había hecho y padecido, otros de los Sacramentos. Sea todo para gloria de Dios y para bien de mi alma y de todas las almas. Amén.

18-5
Octubre 4, 1925

Repetir el mismo bien sirve para formar el agua para regar las semillas de las virtudes. Todo lo que ha hecho Nuestro Señor está suspendido en la Divina Voluntad

(1)Estaba según mi costumbre fundiéndome en la Santísima Voluntad de Dios, y mientras giraba en Ella para poner mi te amo sobre todas las cosas, hubiera querido que mi Jesús nada viera u oyera sino mi te amo, o bien que todo lo viera y oyera a través de este mi te amo. Y mientras repetía el estribillo de mi te amo pensaba entre mí: "Se ve que soy verdaderamente una pequeña niña que no sé decir otra cosa que el estribillo aprendido; y además, ¿para qué me sirve el repetir y siempre repetir te amo, te amo?" Mientras esto pensaba, mi adorable Jesús ha salido de dentro de mi interior, haciendo ver en toda su Divina Persona impreso por todas partes mi te amo: Sobre los labios, sobre el rostro, en la frente, en los ojos, en medio del pecho, sobre el dorso y en medio de la palma de las manos, en la punta de sus dedos, en suma, dondequiera; y con un acento tierno me ha dicho:

(2)"Hija mía, ¿no estás contenta de que ningún te amo que sale de ti quede perdido, sino que todos queden impresos en Mí? Y además, ¿sabes de qué te sirve el repetirlos? Tú debes saber que cuando el alma se decide a hacer un bien, a ejercitar una virtud, forma la semilla de aquella virtud; con repetir aquellos actos forma el agua para regar esa semilla en la tierra del propio corazón, y cuanto más a menudo los repite, más riega esa semilla y la planta crece bella, verde, de manera que pronto produce los frutos de aquella semilla. En cambio, si es lenta en repetirlos, muchas veces aquella semilla queda sofocada, y si crece, crece débil y jamás da fruto; pobre semilla, sin agua suficiente para crecer, y mi Sol no surge sobre esa semilla para darle la fecundidad, la madurez y el bello color a sus frutos, porque es infecunda. En cambio con repetir siempre los mismos actos, el alma contiene mucha agua para regar aquella semilla, mi Sol surge sobre ella cada vez que es regada, y se alegra mucho al ver que tiene tanta fuerza para crecer que hace llegar sus ramas hasta Mí, y viendo sus muchos frutos los tomo con gusto y reposo a su sombra. Así que el repetir tu te amo para Mí, te provee del agua para regar y formar el árbol del amor; el repetir la paciencia, riega y forma el árbol de la paciencia; el repetir tus actos en mi Voluntad, forma el agua para regar y formar el árbol divino y eterno de mi Voluntad;

ninguna cosa se forma con un solo acto, sino con muchos y muchos actos repetidos. Sólo tu Jesús contiene esta virtud, de formar todas las cosas, aun las más grandes con un acto solo, porque contengo la potencia creadora, pero la criatura, a fuerza de repetir el mismo acto, forma paso a paso el bien que quiere hacer. Con la costumbre se vuelve naturaleza aquel bien o aquella virtud, y la criatura se vuelve poseedora, formando con ellas toda su fortuna. También en el orden natural sucede así, nadie se vuelve maestro con haber leído una vez o pocas veces las vocales y las consonantes, sino quien constantemente repite hasta llenarse la mente, la voluntad y el corazón de toda aquella ciencia que conviene para poder hacer de maestro a los demás; ninguno se ve saciado si no come bocado a bocado el alimento que se necesita para saciarse; nadie recoge la semilla si no repite, quién sabe cuántas veces, su trabajo en su campo; y así de tantas otras cosas. El repetir el mismo acto es señal de que se ama, se aprecia y se quiere poseer el mismo acto que hace. Por eso, repite, e incesantemente repite sin cansarte jamás".

(3) Después me he encontrado fuera de mí misma, y mi dulce Jesús me ha llevado girando en todos aquellos lugares donde había, estando Él en la tierra, obrado, sufrido, orado y también llorado; todo lo que había hecho, todo estaba en acto y mi amado Bien me ha dicho:

(4) "Hija mía, hija de mi Querer Supremo, mi Voluntad quiere hacerte participar en todo. Todo lo que tú ves son todas mis obras que hice estando en la tierra, las cuales mi Voluntad las tiene suspendidas en Ella porque las criaturas no se disponen a querer recibirlas, en parte porque no conocen aún lo que Yo hice. Mira, aquí están mis oraciones que de noche hacía, cubiertas de lágrimas amargas y de suspiros ardientes por la salvación de todos, están todas en espera para darse a las criaturas, para darles los frutos que contienen. Hija, entra tú en ellas, cúbrete con mis lágrimas, vístete con mis oraciones, a fin de que mi Voluntad cumpla en ti los efectos que hay en mis lágrimas, oraciones y suspiros. Mi Voluntad tiene como alineadas en Sí las penas de mi infancia, todos mis actos internos de mi Vida oculta, que son prodigios de gracia y de santidad, todas las humillaciones, gloria y penas de mi Vida pública, las penas más escondidas de mi Pasión, todo está suspendido, el fruto completo no ha sido tomado por las criaturas y espero a quien debe vivir en mi Querer a fin de que no estén más suspendidos, sino que se viertan sobre ellos para darles el fruto completo. Sólo quien debe vivir en mi Voluntad hará que no continúen suspendidos mis bienes, por eso entra en cada uno de mis actos y de mis penas, a fin de que mi Voluntad se

cumpla en ti. Entre tú y Yo no quiero cosas suspendidas, ni tolero no poderte dar lo que quiero, por eso quiero encontrar en ti mi misma Voluntad, a fin de que nada pueda oponerse a lo que quiere darte mi misma Voluntad".

(5)Y mientras Jesús decía esto, yo pasaba de un acto a otro de Jesús y quedaba como transformada, cubierta con sus mismos actos, oraciones, lágrimas y penas. ¿Pero quién puede decir lo que sentía? Espero que el bendito Jesús me dé la gracia de corresponder y de cumplir en mí su adorable Voluntad, y en todos. Amén.

18-6
Octubre 10, 1925

Intercambio de Voluntad entre Dios y la Santísima Virgen y Luisa. La Santísima Virgen repite al alma lo que hizo a su Hijo.

(1)Encontrándome en mi acostumbrado estado, mi pobre mente se encontraba en una atmósfera altísima, me parecía ver a la Divinidad y sobre una rodilla del Padre Celestial a mi Reina Mamá muerta, como si no tuviera vida; yo maravillada pensaba entre mí: "Mi Mamá está muerta, pero qué muerte feliz morir sobre las rodillas de nuestro Creador". Pero mirando mejor, veía como si su voluntad estuviese separada del cuerpo, estaba en las manos del Padre Divino. Yo asombrada miraba pero no me sabía explicar lo que veía, pero una voz que salía del trono decía:

(2)"Esta es la elegida entre todas las elegidas, es la toda bella, es la única criatura que nos hizo don de su voluntad, y muerta nos la dejó sobre las rodillas, en nuestras manos, y Nosotros en correspondencia le hicimos don de nuestra Voluntad. Don más grande no podíamos hacerle, porque con la adquisición de esta Suprema Voluntad tuvo poder de hacer descender al Verbo sobre la tierra y de hacer formar la Redención del género humano. Una voluntad humana no tendría poder sobre Nosotros ni ningún atractivo, en cambio una Voluntad Divina dada por Nosotros mismos a esta incomparable criatura nos venció, nos conquistó, nos raptó, y no pudiendo resistir cedimos a sus instancias de hacer descender al Verbo sobre la tierra. Ahora esperamos que vengas tú a morir sobre la otra rodilla, donándonos tu voluntad, y Nosotros, viéndola muerta en nuestras manos, como si no existiera más para ti, te haremos don de la nuestra y por medio tuyo, es decir, por medio de esta nuestra Voluntad donada a ti, regresará a vivir nuestro Fiat sobre la tierra. Estas dos voluntades muertas sobre nuestras rodillas serán el rescate de tantas voluntades rebeldes, y las tendremos como prendas preciosas que nos reharán de los tantos males de todas las demás criaturas, porque con nuestra Voluntad podrán satisfacernos".

(3) La voz no se oía más, y yo me he encontrado sobre la otra rodilla Paterna en acto de dar el último respiro quedando muerta, pero en ese mismo instante me he encontrado en mí misma, pero no sé decir lo que sentía en mí, sólo rogaba de corazón que no más mi voluntad entrara en mí, sino que sólo la Divina tuviese vida en mí. ¡Ah, sólo Ella es la portadora de todos los bienes y la repetidora de Jesús en las almas, que haciendo eco al Fiat de la Creación abraza todo y a todos como de un solo golpe y corresponde a Dios por la obra de la Creación, Redención y Santificación! La Voluntad Divina obrante en nosotros todo puede hacer, es la verdadera Reina que reina e impera sobre todo.

(4) Después veía a mi Mamá Celestial con el niño Jesús entre sus brazos, que lo besaba y lo ponía a su pecho para darle su purísima leche, y yo le he dicho: "Mamá mía, ¿y a mí nada me das? ¡Ah! permíteme al menos que ponga mi te amo entre tu boca y la de Jesús mientras os besáis, a fin de que en todo lo que hagáis corra junto mi pequeño te amo. Y Ella me dijo:

(5) "Hija mía, pon también tu pequeño te amo no sólo en la boca, sino en todos los actos que corren entre Yo y mi Hijo. Tú debes saber que en todo lo que hacía hacia mi Hijo, tenía la intención de hacerlo hacia las almas que debían vivir en la Voluntad Divina, porque estando en Ella estaban dispuestas a recibir todos aquellos actos que Yo hacía hacia Jesús, y encontraba espacio suficiente donde depositarlos. Así que si Yo besaba a mi Hijo, las besaba a ellas, porque las encontraba junto con Él en su Suprema Voluntad. Eran ellas las primeras como alineadas en Él, y mi amor materno me empujaba a hacerlas participar de lo que hacía a mi Hijo. Gracias grandes se necesitaban para quien debía vivir en esta Santa Voluntad, y Yo ponía a su disposición todos mis bienes, mis gracias, mis dolores, para su ayuda, defensa, fortaleza, apoyo, luz; y Yo me sentía feliz y honrada, con los honores más grandes, de tener por hijos míos los hijos de la Voluntad del Padre Celestial, la cual también Yo poseía, y por eso los veía también como partos míos. Es más, de ellos se puede decir lo que se dice de mi Hijo, que las primeras generaciones encontraban la salvación en los méritos del futuro Redentor. Así estas almas en virtud de la Voluntad Divina obrante en ellas, estas futuras hijas son aquellas que imploran incesantemente la salvación, las gracias a las futuras generaciones; están con Jesús y Jesús en ellas, y repiten junto

con Jesús lo que contiene Jesús. Por eso, si quieres que te repita lo que hice a mi Hijo, haz que te encuentre siempre en su Voluntad, y Yo te daré magnánimamente mis favores".

18-7
Octubre 17, 1925

La Sabiduría Eterna ha establecido que el alimento del alma del hombre sea la Voluntad de Dios.

(1)Después de dos días de amarguísimas privaciones de mi sumo bien Jesús, lo sentí moverse en mi interior, me parecía ver que en mi interior estaba sentado con su cabeza apoyada en uno de mis hombros y con su boca dirigida hacia la mía en acto de suministrarme las palabras. Yo me lo estreché y me puse a escucharlo, abandonándome toda en Él. Entonces parecía que me decía:

(2)"Hija mía, mi Voluntad es más que alimento; el alimento da la fuerza al cuerpo, lo calienta, aumenta la sangre, reaviva la inteligencia si está debilitada, da la fuerza a todos los miembros y empuja a la criatura a nuevas obras y sacrificios; en cambio una que está en ayunas, no dando el alimento necesario a su cuerpo es débil, fría, pobre de sangre, la inteligencia debilitada, agotada en todos sus miembros, lo que la lleva a la tristeza y la empuja a no hacer nada, sin ganas de sacrificarse en nada. Pobrecita, se siente faltar la vida en toda su persona, tan es verdad, que cuando una enfermedad es mortal para una criatura, abandona el alimento, y abandonando el alimento se dispone a la muerte. Entonces, habiendo establecido la Eterna Sabiduría que también el alma tuviera su alimento, le fue asignado como alimento exquisito la Voluntad Suprema, así que quien toma ese alimento es fuerte en el obrar el bien, está como impregnado en el amor hacia Dios, este alimento le aumenta la sangre divina para formar el crecimiento de la Vida de Dios en ella, como sol se refleja en su inteligencia para hacerla conocer a su Creador y formarse a su semejanza, le pone la fuerza en toda el alma para poner en vigor todas las virtudes y la empuja a nuevos trabajos y a sacrificios inauditos. El alimento de mi Voluntad se da a cada instante, a cada respiro, de noche, de día, en cada cosa y cuantas veces se quiera, no hay que temer como con el alimento corporal, que si se toma en exceso hace daño y produce enfermedades, no, no, por cuanto más se toma más fortifica y tanto más eleva al alma a la semejanza con su Creador, se puede estar siempre con la boca abierta en acto de tomar este alimento celestial; todo al contrario para quien no toma este alimento de mi Voluntad: Para quien no lo toma de ninguna manera, se puede decir que se dispone a morir eternamente; para quien se alimenta de él rara vez, es débil e inconstante en el bien, es frío en el amor, es pobre de sangre divina, de manera que crece como anémica en él la Vida Divina; la luz en su inteligencia es tan escasa, que poco o nada conoce de su Creador, y no conociéndolo su semejanza está tan lejana de él por cuanto está lejano el alimento de su Voluntad; está sin brío en el obrar el bien, porque no tiene alimento suficiente, y ahora se le escapa la paciencia, ahora la caridad, ahora el desapego de todo, así que las pobres virtudes viven como estranguladas sin el alimento suficiente de mi Voluntad. ¡Ah! si se pudiese ver un alma privada de este alimento celestial, sería de llorar, tantas son las miserias y las suciedades con las que está cubierta, sin embargo es mucho más de compadecer si se ve una criatura en ayunas del alimento corporal, porque muchas veces le faltan los medios para comprarlo, en cambio el alimento de mi Voluntad se da gratuitamente, por lo tanto quien no lo toma merece la condena, y la condena se la forma ella misma porque rechaza el alimento que le daba la vida".

(3) Después de esto he oído que varias personas habían sufrido conflictos, humillaciones y otras cosas, y mi dulce Jesús ha continuado hablando:

(4) "Hija mía, así como cuando el cuerpo contiene sangre mala que infecta la buena es necesario aplicar lavados, sangrías, punciones para sacar la sangre mala, de otra manera corre peligro de quedar paralizado por toda la vida, así el alma a la cual le falta el continuo alimento de mi Voluntad, contiene tantos humores malos, y es necesario aplicarle lavados de humillaciones para hacer salir el humor malo de la propia estima, sangrías para hacer salir el humor infectado de la vanagloria del propio yo, repentinas punciones para hacer salir la sangre mala de los pequeños apegos que se va formando en el propio corazón hacia las personas a las cuales se acerca al hacer el bien, de otra manera esos humores crecerían tanto que infectarían todo lo que hacen, de manera que quedarían paralizadas en el bien por toda la vida. Las punciones aprovechan siempre, son las centinelas del corazón, que mantienen pura la sangre, esto es, recta la intención del alma en el obrar el bien. Por esto, si todos obraran el bien para cumplir solamente mi Voluntad, las punciones no serían necesarias, porque Ella es salvaguarda de todos los humores malos, así que las punciones son también penas de quien no toma el alimento suficiente de mi Voluntad".

18-8
Octubre 21, 1925

Efectos de un acto hecho en la Divina Voluntad. El dolor de Jesús está suspendido en la Divina Voluntad esperando al pecador.

(1) Esta mañana mi dulce Jesús al venir me ha dicho: "Hija mía, te traigo el beso de todo el Cielo". Y mientras esto decía me ha besado y ha añadido:
(2) "Todo el Cielo está en mi Voluntad, y todo lo que Yo hago, estando ellos en este Supremo Querer, sienten el eco de mis actos y repiten como respondiendo a mi eco lo que hago Yo".
(3) Dicho esto ha desaparecido, pero después de algunas horas ha regresado diciéndome:
(4) "Hija mía, devuélveme el beso que te he dado, porque todo el Cielo, mi Mamá, nuestro Padre Celestial y el Divino Espíritu están esperando la correspondencia de tu beso, porque habiendo salido un acto de Ellos en mi Voluntad hacia la criatura que vive en el exilio, anhelan que les sea restituida la correspondencia en mi misma Voluntad".
(5) Entonces, acercando su boca a la mía, casi temblando le di mi beso, el cual ha producido un sonido armonioso nunca escuchado, que se elevaba a lo alto y se difundía en todo y a todos. Y Jesús, con un amor indecible ha añadido:
(6) "¡Cómo son bellos los actos en mi Voluntad! ¡Ah! tú no sabes la potencia, la grandeza, la maravilla de un acto en mi Voluntad, este acto mueve todo, Cielo y tierra como si fuera un acto solo, y todo lo creado, ángeles, santos, dan y reciben la correspondencia de ese acto. Por esto un acto hecho en mi Voluntad no puede estar sin correspondencia, de otra manera todos sentirían dolor de un acto divino que ha movido a todos, en el que todos han puesto de lo suyo, y sin embargo no correspondido. El obrar del alma en mi Voluntad es como el sonido argentino de una vibrante y sonora campana que suena tan fuerte, que llama la atención de todos, y suena y resuena tan dulce, que todos conocen en ese sonido, el obrar del alma en mi Voluntad, recibiendo todos la gloria, el honor de un acto divino".
(7) Y habiendo dicho esto desapareció. Más tarde, continuando el fundirme en la Voluntad Divina, doliéndome por cada ofensa que ha sido hecha a mi Jesús, desde el primero hasta el último hombre que vendrá

sobre la tierra, y mientras me dolía pedía perdón, pero mientras esto hacía decía entre mí:

(8)"Jesús mío, amor mío, no me basta con dolerme y pedirte perdón, sino que quisiera aniquilar cualquier pecado, para hacer que jamás, jamás seas ofendido". Y Jesús moviéndose en mi interior me ha dicho:

(9)"Hija mía, Yo tuve un dolor especial por cada pecado, y sobre mi dolor estaba suspendido el perdón al pecador. Ahora, este mi dolor está suspendido en mi Voluntad esperando al pecador cuando me ofende, a fin de que doliéndose de haberme ofendido descienda mi dolor a dolerse junto con el suyo, y pronto darle el perdón; ¿pero cuántos me ofenden y no se duelen? Y mi dolor y perdón están suspendidos en mi Voluntad y como aislados. Gracias hija mía, gracias por venir en mi Voluntad a hacer compañía a mi dolor y a mi perdón. Continúa girando en mi Voluntad y haciendo tuyo mi mismo dolor, grita por cada ofensa: 'dolor, perdón', a fin de que no sea Yo solo a dolerme y a impetrar el perdón, sino que tenga la compañía de la pequeña hija de mi Querer que se duele junto Conmigo".

18-9
Octubre 24, 1925

La Divina Voluntad es un acto solo, inmenso y eterno que contiene todo junto: Creación, Redención, Santificación. Quien vive en la Divina Voluntad posee este acto solo y toma parte en todas sus obras, formando un acto solo con su Dios.

(1)Encontrándome en mi habitual estado, sentía a mi dulce Jesús moverse en mi interior, en acto de extenderse en mí, como si me pusiera en agonía; yo oía su estertor de agonizante y me sentía también yo agonizar junto con Él. Después de haber sufrido un poco junto con Jesús me ha dicho:

(2) "Hija mía, el pensar en mi Pasión, el compadecerme en mis penas me es muy grato, siento que no estoy solo en mis penas, sino que tengo junto Conmigo la compañía de la criatura, por causa de la cual Yo sufro y a la que amo tanto, y teniéndola junto Conmigo el sufrir se me hace más dulce. ¡Cómo es duro el aislamiento en el sufrir! Cuando me veo solo no tengo a quién confiar mis penas, ni a quién dar el fruto que mis penas contienen, y por eso quedo como ahogado de penas y de amor, y por eso mi amor no pudiendo más, vengo a ti para sufrir en ti y tú sufres junto Conmigo las penas de mi Pasión en acto, para repetir lo que Yo hice y

sufrí en mi Humanidad. El repetir mi Pasión en acto en la criatura difiere de quien sólo piensa y compadece mis penas; lo primero es un acto de mi Vida que se pone en lugar mío para repetir mis penas, y Yo siento darme de nuevo los efectos, el valor de un Vida Divina; en cambio el pensar en mis penas y el compadecerme, es sólo la compañía que siento de la criatura. ¿Pero sabes tú en quién puedo repetir mis penas en acto de mi Pasión? En quien está como centro de vida mi Voluntad. Sólo mi Voluntad es un acto solo, que no tiene sucesión de actos; este acto único está como fijado en un punto que jamás se cambia, este punto es la eternidad, y mientras es un acto solo, es acto primero, acto interminable, sin embargo su circunferencia es tan inmensa que nada le puede escapar, abraza todo y a todos con un solo abrazo, partiendo todo de aquel acto primero como un solo acto; así que la Creación, la Redención y Santificación es un acto único para la Divinidad, y solamente porque es un acto solo tiene la potencia de hacer suyos todos los actos como si fueran uno solo. Ahora, quien vive en mi Voluntad posee este acto único, y no es maravilla el que tome parte en las penas de mi Pasión como en acto; en este acto único encuentra como en acto a su Creador que crea la Creación, y ella, formando un acto solo con su Dios, crea junto con Él, corriendo como un solo acto en todas las cosas creadas, y forma la gloria de la Creación a su Creador; su amor brilla sobre todas las cosas creadas, goza y toma placer de ellas, las ama como cosas suyas y de su Dios. En aquel acto solo ella tiene una nota que hace eco a todo el obrar divino, y dice en su énfasis de amor: 'Lo que es tuyo es mío, y lo que es mío es tuyo; sean dados gloria, honor y amor a mi Creador'. En este acto solo encuentra en acto la Redención, la hace toda suya, sufre mis penas como si fueran suyas, corre en todo lo que Yo hice, en mis oraciones, en mis obras, en mis palabras, en todo tiene una nota de reparación, de compadecimiento, de amor y de sustitución a mi Vida'. En este acto solo encuentra todo, todo lo hace suyo y por doquier pone su correspondencia de amor, por eso el vivir en mi Voluntad es el prodigio de los prodigios, es el encanto de Dios y de todo el Cielo, porque ven correr la pequeñez de la criatura en todas las cosas de su Creador, y como rayo solar unido a este acto solo se difunde por doquier y en todos. Por eso te recomiendo que jamás, aun a costa de tu vida, salgas de este acto solo de mi Voluntad, a fin de que repita en ti como en acto, la Creación, Redención y Santificación.

(3)Mira, también la naturaleza contiene la semejanza de este acto solo: En la atmósfera el sol tiene un acto único, desde que fue creado por Dios hace siempre un acto solo, su luz, su calor están tan fundidos juntos que se vuelven inseparables el uno del otro, y está siempre en acto, desde lo alto, de mandar luz y calor, y mientras desde lo alto no sabe hacer otra cosa que un solo acto, la circunferencia de su luz que desciende a lo bajo es tan grande, que abraza toda la tierra, y con su abrazo produce innumerables efectos, se constituye vida y gloria de todas las cosas creadas. En virtud de este acto único tiene virtud de encerrar en sí cada planta, y suministra: a quién el desarrollo, a quién la maduración de los frutos, a quién la dulzura, a quién el perfume; se puede decir que toda la tierra mendiga del sol la vida, y cada planta, aun el más pequeño hilo de hierba implora del sol su crecimiento y cada fruto que deben producir, pero el sol no cambia jamás acción, se gloría de hacer siempre un acto solo.

(4) También la naturaleza humana contiene la semejanza de un acto solo, y ésta lo contiene el latido del corazón. Comienza la vida humana con el latido; éste hace siempre un acto único, no sabe hacer otra cosa que latir, pero la virtud de este latido, los efectos, son innumerables sobre la vida humana: Conforme late y a cada latido hace circular la sangre en los miembros, hasta en las partes extremas, y conforme late da la fuerza a los pies para caminar, a las manos para obrar, a la boca para hablar, a la mente para pensar; suministra el calor y la fuerza a toda la persona, todo depende del latido, tan es verdad, que si el latido es un poco débil se pierde la energía, las ganas de obrar; la inteligencia se disminuye, se llena de dolores y llega un malestar general; y si cesa el latido cesa la vida. La potencia de un acto solo continuamente repetido es grande, mucho más el acto único de un Dios Eterno, que tiene virtud de hacer todo con un solo acto. Por eso ni el pasado ni el futuro existen en este acto, y quien vive en mi Voluntad se encuentra ya en este acto único, y así como el corazón hace siempre un latido en la naturaleza humana, que se constituye vida de ella, así mi Voluntad en el fondo del alma late continuamente, pero con un latido único, y a medida que late le da la belleza, la santidad, la fortaleza, el amor, la bondad, la sabiduría. Este latido encierra Cielo y tierra, es como circulación de sangre, como circunferencia de luz se encuentra en los puntos más altos y en las partes más extremas. Donde este acto único, este latido del alma tiene pleno vigor y reina completamente, es un prodigio continuado, es el prodigio que sólo un Dios sabe hacer y por eso se descubren en el alma nuevos cielos, nuevos abismos de gracias, verdades sorprendentes. Pero si se le pregunta, ¿de dónde tanto bien? Respondería unida con el sol, junto con el latido humano y con el acto solo del Dios eterno: Hago

una sola cosa, hago siempre la Voluntad de Dios y vivo en Ella, este es todo mi secreto y toda mi fortuna".

(5) Dicho esto ha desaparecido, pero después me he encontrado fuera de mí misma con el niño Jesús en brazos. Estaba tan pálido y temblaba todo, con los labios lívidos, frío y tan demacrado que daba piedad; me parecía que se había refugiado en mis brazos para ser defendido. Yo me lo estreché a mi corazón para calentarlo, le tomaba sus manitas y sus piecitos en mis manos, los estrechaba para hacer que no temblara, lo besaba y lo volvía a besar, le decía que lo amaba mucho, mucho, y mientras esto hacía el niño iba recuperando su color, dejaba de temblar, reaccionaba todo y se estrechaba más a mí. Pero mientras yo creía que se quedaría siempre conmigo, con sorpresa vi que poco a poco descendía de mis rodillas, yo he gritado jalándolo con el brazo: "Jesús, ¿a dónde vas? Cómo, ¿me dejas?"

(6) Y Él: "Debo irme".

(7) Y yo: "¿Cuándo regresas?".

(8) Y Jesús: "Dentro de tres años".

(9) Y ha tomado el camino para alejarse. ¿Pero quién puede decir mi dolor? Repetía entre mí, entre las lágrimas y conmocionada: "De aquí a tres años lo volveré a ver, ¡oh Dios! ¿Cómo haré?" Pero era tanto el dolor que casi perdí el sentido y no comprendí más nada; pero mientras estaba en esto, en cuanto abrí los ojos vi que Jesús había dado la vuelta y subía por mi otra rodilla, y poco a poquito se acurrucaba en mi regazo y con sus manitas me acariciaba, me besaba y me repetía:

(10) "Cálmate, cálmate, que no te dejo".

(11) Y conforme me decía no te dejo, yo me sentía recobrar, darme nuevamente la vida, y me he encontrado en mí misma, pero con tal temor, que me sentía morir.

18-10
Noviembre 1, 1925

La pena de la privación de Jesús supera la misma pena del infierno. La Voluntad de Dios se ofrece en ayuda y todo el Cielo está vuelto hacia el alma.

(1) He pasado días amarguísimos privada de mi dulce Jesús, el pensamiento de no verlo más martillaba mi pobre corazón como sobre de un yunque con repetidos golpes crueles de martillo. ¡Ah! Jesús, me has puesto en un infierno viviente, mas bien mis penas superan las mismas

penas infernales; ay, los condenados no te aman y como les falta el germen del amor huyen de Ti, no suspiran tu abrazo, sus penas se recrudecerían más con tu presencia; un amor odiado no soporta la presencia de la persona que odia, por eso, para ellos es más soportable tu privación, pero para mí, infeliz, es todo lo contrario, yo te amo, siento el germen del amor hasta en mis huesos, en los nervios, en la sangre. ¡Ah! ¿no te acuerdas que con haber vivido por más de cuarenta años juntos, Tú me llenabas de Ti los huesos, los nervios, la sangre, toda yo misma? Yo me sentía como una vestidura que te cubría y te escondía en mí, y ahora, privada de Ti me siento vacía de todo, así que mis huesos gritan, mis nervios, mi sangre, gritan que quieren a Aquél que los llenaba, así que dentro de mí hay un grito continuo que me lacera, que me desgarra: 'Que te quieren a Ti que llenabas mi vida'. ¿Ves entonces cuántos desgarros crueles sufre mi pobre existencia? ¡Ah! en el infierno no hay estas penas atroces, estos crueles desgarros, este vacío de un Dios poseído y amado, ¡ah Jesús, regresa a quien te ama, regresa a la infeliz de las infelices, pero hecha infeliz sólo por Ti, sólo por causa tuya. ¡Ah! lo puedo decir, Tú solo me has vuelto infeliz, otra infelicidad yo no conozco. Ahora, mientras nadaba en el mar amargo de la privación de mi Jesús, me he puesto a considerar las penas del corazón de mi Jesús para hacer una comparación con las penas de mi pobre corazón, pero en vez de encontrar un consuelo en las penas de Jesús, mis penas más se recrudecían pensando entre mí que mis penas superaban las de mi Jesús, porque las penas del corazón de Jesús, por cuanto grandes, eran penas que le daban las criaturas, y si éstas, ingratas lo ofenden y huyen de Él, son siempre criaturas finitas, no el Ser Infinito; en cambio para mí son penas que me da un Dios, no es una criatura que me huye, sino es un Dios, el Ser Infinito. Jesús no tiene otro Dios que lo pueda dejar, ni puede tenerlo, por lo tanto no puede sufrir la pena que sobrepasa toda pena, la de estar privado de un Dios. En cambio mi pena de estar privada de un Dios es grande, es infinita, por cuanto es grande e infinito Dios. ¡Ah, su corazón traspasado no ha sufrido esta pena y le falta la herida de la pena de la privación divina a su corazón herido; y además, por cuantas penas le den las criaturas, mi Jesús no pierde jamás su soberanía, su dominio, aun sobre aquellos que lo ofenden, ni lo empequeñecen, ni lo decoloran, nada pierde de lo que es, siempre queda dominante sobre todo, es siempre el Ser Eterno, Inmenso, Infinito, amable y adorable. En cambio yo no tengo soberanía, ni dominio, y con el estar privada de Jesús me empequeñezco, me decoloro, me siento disolver en la nada, me vuelvo nauseabunda e insoportable aun a mí misma. Mira entonces, ¡oh! Jesús, cómo mis penas son más grandes que las tuyas, ah, Tú sabes las penas que te dan las criaturas, pero no sabes las penas que puede dar un Dios, y cuánto pesa tu privación.

(2) Mi pobre mente desvariaba, sentía que no hay pena que pueda compararse a la pena de la privación de Jesús, es una pena sin principio ni fin, incalculable e irremediable, cual es Jesús tal se vuelve la pena. Mi pobre corazón estaba ahogado y sin vida, y para no desvariar más me he esforzado en no comparar mis penas con las de Jesús y pasar a otra cosa, sólo rogaba que me diera la fuerza, y como la pena de su privación era tan grande y tenía un sonido misterioso y divino que no tienen las otras penas, y un peso que supera el peso de todas las otras penas juntas, rogaba que por bondad suya aceptase mi pena, y en vista de ésta me diera la gracia más grande: Que todos conocieran su Santísima Voluntad, y con su sonido misterioso y divino resuene en todos los corazones y llame a todos a cumplir la Santísima Voluntad, aplastando con su peso la voluntad humana, las pasiones, el pecado, a fin de que todos te conozcan, te amen, y comprendan qué significa la pérdida de un Dios. ¿Pero quién puede decir todo lo que pensaba? Si dijera todo sería demasiado largo; mas bien, habría querido pasar todo en silencio y no poner en el papel mis secretos, pero la obediencia se ha impuesto y he tenido que decir Fiat.

(3) Después me sentía extenuada y sin fuerzas y no podía más, y mi dulce Jesús teniendo compasión de mí, ha salido de dentro de mi interior, todo agitado, con la boca toda llena de sangre, y era tanta la sangre que le impedía hablar, pero con su mirada triste me pedía ayuda. Ante las penas de Jesús olvidé las mías, es más, estando Él yo no tenía más penas, y le he rogado que sufriéramos juntos. Entonces, después de haber sufrido juntos un poco, la sangre de la boca se ha detenido, y viendo cómo me había reducido por su privación me estrechaba a Sí, se extendía en mí para llenarme de Él, y después me ha dicho:

(4) "Pobre hija mía, cómo te has reducido, tienes razón, la pena de la privación de un Dios es la más grande, y como es grande se necesitaba toda la fuerza de mi Voluntad para sostenerte. Pero tú no sabes qué significa sufrir en mi Voluntad, dondequiera que está mi Voluntad corría tu pena, en la tierra, en el Cielo, en los santos y en los ángeles, y en cuanto les llegaba, todos se ponían en acto de mirarte y de ayudarte, así que todos estaban atentos a ti, y si el paraíso fuera capaz de pena, habría cambiado en dolor todas sus alegrías y felicidad, pero no siendo capaz de pena todos imploraban gracias como correspondencia de una pena tan grande. Entonces, las penas del alma que vive en mi Voluntad

son la cruz de todos, que satisfacen por todo y convierten en celestial rocío el furor de la justicia divina. Por eso date ánimo y no quieras salir jamás de mi Voluntad".

(5) Yo he quedado confundida, esperaba de Jesús un reproche por mis desatinos, pero nada, y hemos quedado en perfecta paz.

18-11
Noviembre 5, 1925

Los gemidos del Espíritu Santo en los Sacramentos. Correspondencia de amor del alma.

(1) Estaba según mi costumbre fundiéndome en el Santo Querer Divino y buscaba, por cuanto me era posible, corresponder con mi pequeño amor a mi Jesús por todo lo que ha hecho en la Redención, y mi amable y dulce amor Jesús, moviéndose en mi interior me ha dicho:

(2) "Hija mía, con tu vuelo en mi Voluntad ponte en todos los Sacramentos instituidos por Mí, desciende en el fondo de ellos para darme tu pequeña correspondencia de amor. ¡Oh! Cuántas lágrimas mías secretas encontrarás en ellos, cuántos suspiros amargos, cuántos gemidos ahogados del Espíritu Santo, su gemido es continuo por las tantas desilusiones de nuestro amor. Los Sacramentos fueron instituidos para continuar mi Vida sobre la tierra en medio de mis hijos, pero, ¡ay de Mí, cuántos dolores! Por eso siento la necesidad de tu pequeño amor, será pequeño, pero mi Voluntad me lo hará grande; mi amor no tolera para quien debe vivir en mi Voluntad, que no se asocie a mis dolores y que no me dé su pequeña correspondencia de amor por todo lo que he hecho y sufro, por eso hija mía ve como gime mi amor en los Sacramentos:

(3) Si veo bautizar al recién nacido lloro de dolor, porque mientras con el bautismo le restituyo la inocencia, reencuentro de nuevo a mi hijo, le restituyo los derechos perdidos sobre la Creación, le sonrío de amor y complacencia, le pongo en fuga al enemigo, a fin de que no tenga más derecho sobre él, lo confío a los ángeles, todo el Cielo le hace fiesta, pero rápidamente la sonrisa se me cambia en dolor, la fiesta en luto, veo que aquel bautizado será un enemigo mío, un nuevo Adán, y quizá también un alma perdida. ¡Oh! Cómo gime mi amor en cada bautismo, especialmente si se agrega que el ministro que bautiza no lo hace con el respeto, dignidad y decoro que conviene a un Sacramento que contiene la nueva regeneración. ¡Ay! Muchas veces se está más atento a una

bagatela, a una escena cualquiera que a administrar un Sacramento, así que mi amor se siente herir por el bautizante y por el bautizado y gime con gemidos inenarrables. ¿No quisieras tú darme por cada bautismo una correspondencia de amor, un gemido amoroso para hacer compañía a mis dolientes gemidos?

(4) Pasa al Sacramento de la confirmación, ¡ay, cuántos suspiros amargos! Mientras que con la confirmación le devuelvo el ánimo, le restituyo las fuerzas perdidas volviéndolo invencible ante todos los enemigos, ante sus pasiones, viene admitido en las filas de las milicias de su Creador a fin de que milite para adquirir la patria celestial, el Espíritu Santo le vuelve a dar su beso amoroso, le prodiga mil caricias y se ofrece como compañero de su vida, pero muchas veces se siente restituir el beso del traidor, despreciar sus caricias y huir de su compañía. Cuántos gemidos, cuántos suspiros para que vuelva, cuántas voces secretas al corazón aquien huye de Él, hasta cansarse por su hablar; pero qué, en vano. Por eso, ¿no quieres tú poner tu correspondencia de amor, el beso amoroso, tu compañía al Espíritu Santo que gime por tanto desconocimiento que le hacen?

(5) Pero no te detengas, vuela aún y escucharás los gemidos angustiosos del Espíritu Santo en el Sacramento de la penitencia. ¡Cuánta ingratitud, cuántos abusos y profanaciones por parte de quien lo administra y por parte de quien lo recibe! En este Sacramento mi sangre se pone en acto sobre el pecador arrepentido para descender a su alma para lavarlo, para embellecerlo, sanarlo y fortificarlo, para restituirle la gracia perdida, para ponerle en las manos las llaves del Cielo que el pecado le había arrancado, para sellar sobre su frente el beso pacífico del perdón; pero, ¡ay! cuántos gemidos desgarradores al ver acercarse a las almas a este Sacramento de la penitencia sin dolor, por costumbre, casi por un desahogo del corazón humano; otras, horrible es decirlo, en vez de ir a encontrar la vida del alma, de la gracia, van a encontrar la muerte, a desahogar sus pasiones, así que el Sacramento se reduce a una burla, a una buena charla, y mi sangre en vez de descender en ellas como lavado, desciende como fuego que las esteriliza mayormente. Así que en cada confesión nuestro amor llora inconsolablemente, y sollozando repite: 'Ingratitud humana, cómo eres grande, por todas partes buscas ofenderme, y mientras te ofrezco la vida tú cambias en muerte la misma vida que te ofrezco". Ve entonces cómo nuestros gemidos esperan tu correspondencia de amor en el Sacramento de la penitencia.

(6) Tu amor no se detenga, recorra todos los tabernáculos, cada hostia sacramental, y en cada hostia oirás gemir al Espíritu Santo con dolor

inenarrable. El Sacramento de la Eucaristía no es sólo su vida que reciben las almas, sino es mi misma Vida que se da a ellas, así que el fruto de este Sacramento es formar mi Vida en ellas, y cada comunión sirve para hacer crecer mi Vida, para desarrollarla de modo de poder decir: 'Yo soy otro Cristo'. Pero, ¡ay de Mí! qué pocos lo aprovechan, es más, cuántas veces desciendo en los corazones y me hacen encontrar las armas para herirme, y me repiten la tragedia de mi Pasión, y en cuanto se consumen las especies Sacramentales, en vez de incitarme a quedar con ellas soy obligado a salir bañado en lágrimas, llorando mi suerte Sacramental, y no encuentro quién calme mi llanto y mis gemidos dolientes. Si tú pudieses romper los velos de la hostia que me cubren, me encontrarías bañado en llanto conociendo la suerte que me espera al descender en los corazones. Por eso tu correspondencia de amor por cada hostia sea continuo, para calmarme el llanto y volver menos dolorosos los gemidos del Espíritu Santo.

(7) No te detengas, de otra manera no te encontraremos siempre junto en nuestros gemidos y en nuestras lágrimas secretas, sentiremos el vacío de tu correspondencia de amor. Desciende en el Sacramento del orden, aquí sí, encontrarás nuestros más íntimos dolores escondidos, las lágrimas más amargas, los gemidos más desgarradores. El orden constituye al hombre a una altura suprema, de un carácter divino, lo hace el repetidor de mi Vida, el administrador de los Sacramentos, el revelador de mis secretos, de mi Evangelio, de la ciencia más sagrada, el pacificador entre el Cielo y la tierra, el portador de Jesús a las almas; pero, ¡ay de Mí! Cuántas veces vemos en el ordenado que será un nuevo Judas, un usurpador del carácter que le ha sido impreso. ¡Oh! cómo gime el Espíritu Santo al ver en el ordenado arrancarse las cosas más sagradas, el carácter más grande que existe entre el Cielo y la tierra; cuántas profanaciones, cada acto de este ordenado hecho no según el carácter impreso, será un grito de dolor, un llanto amargo, un gemido desgarrador. El orden es el Sacramento que encierra todos los demás Sacramentos juntos, por eso si el ordenado sabe conservar en sí, íntegro el carácter recibido, pondrá casi a salvo todos los otros Sacramentos, será él el defensor y el salvador del mismo Jesús. Por eso, no viendo esto en el ordenado, nuestros dolores se concentran más, nuestros gemidos se vuelven más continuos y dolientes, por eso corra tu correspondencia de amor en cada acto sacerdotal para hacer compañía al amor gimiente del Espíritu Santo.

(8) Pon atento el oído de tu corazón y escucha nuestros profundos gemidos en el Sacramento del matrimonio. ¡Cuántos desórdenes en él!

El matrimonio fue elevado por Mí a Sacramento para poner en él un vínculo sagrado, el símbolo de la Trinidad Sacrosanta, el amor divino que Ella encierra, así que el amor que debía reinar en el padre, en la madre y en los hijos, la concordia, la paz, debía simbolizar a la Familia Celestial. Así que debía tener sobre la tierra tantas otras familias semejantes a la Familia del Creador, destinadas a poblar la tierra como otros tantos ángeles terrestres, para conducirlos a poblar las regiones Celestes. Pero, ¡ay! cuántos gemidos al ver formar en el matrimonio familias de pecado, que simbolizan el infierno con la discordia, con el desamor, con el odio, que pueblan la tierra como tantos ángeles rebeldes que servirán para poblar el infierno. El Espíritu Santo gime con gemidos desgarradores en cada matrimonio al ver formar en la tierra tantas cuevas infernales. Por eso pon tu correspondencia de amor en cada matrimonio, en cada criatura que viene a la luz, así tu gemido amoroso volverá menos dolientes nuestros gemidos continuos.

(9) Nuestros gemidos no han terminado aún, por eso tu correspondencia de amor llegue al lecho del moribundo cuando le es administrado el Sacramento de la extrema unción. Pero, ¡ay! cuántos gemidos, cuántas lágrimas nuestras secretas, este Sacramento contiene la virtud de poner a salvo a cualquier costo al pecador agonizante, es la confirmación de la santidad a los buenos y a los santos, es el último vínculo que pone, con su unción, entre la criatura y Dios, es el sello del Cielo que imprime en el alma redimida, es la infusión de los méritos del Redentor para enriquecerla, purificarla y embellecerla, es la última pincelada que da el Espíritu Santo para disponerla a partir de la tierra para hacerla comparecer ante su Creador. En suma, con la extrema unción es el último desahogo de nuestro amor y la última vestidura del alma, es el ordenamiento de todas las obras buenas, por esto obra en modo sorprendente en los vivos a la gracia; con la extrema unción el alma es cubierta como por un rocío celestial que le apaga como de un solo soplo las pasiones, el apego a la tierra y a todo lo que no pertenece al Cielo. Pero, ay de Mí, cuántos gemidos, cuántas lágrimas amargas, cuántas indisposiciones, cuántos descuidos, cuántas almas perdidas, qué pocas santidades encuentra para confirmar, qué escasas obras buenas para reordenar y confirmar. ¡Oh! si nuestros gemidos, nuestro llanto en el lecho del agonizante en el acto de administrar el Sacramento de la extrema unción pudieran ser escuchados por todos, todos llorarían de dolor; ¿no quieres darnos tu correspondencia de amor por cada vez que es administrado este Sacramento, que es el último desahogo de nuestro amor hacia la criatura? Nuestra Voluntad te espera en todas partes para

tener tu correspondencia de amor y la compañía a nuestros gemidos y suspiros".

18-12
Noviembre 9, 1925

Fundirse en el Querer Divino es el acto más grande y el que más honra a nuestro Creador.

(1)Estaba según mi costumbre fundiéndome en el Santo Querer Divino, para luego hacer mi adoración a mi crucificado bien, y como más de un vez mientras estaba haciendo mis actos en el Querer Supremo me había sorprendido el sueño, lo que antes jamás me sucedía, por eso no habiendo cumplido lo uno ni hecho la adoración, dije entre mí: "Primero hago la adoración al crucifijo, y si no me sorprende el sueño me fundiré en el Querer Divino para hacer mis acostumbrados actos". Pero mientras esto pensaba mi dulce Jesús ha salido de dentro de mi interior, y poniendo su rostro junto al mío me ha dicho:

(2)"Hija mía, quiero que primero te fundas en mi Querer, que vengas delante a la Majestad Suprema para reordenar todas las voluntades humanas en la Voluntad de su Creador, para reparar con mi misma Voluntad todos los actos de las voluntades de las criaturas opuestos a la mía. Voluntad ha salido de Nosotros para divinizar a la criatura, y voluntad queremos, y cuando esta Voluntad es rechazada por ellas para hacer la propia, es la ofensa más directa al Creador, es el desconocer todos los bienes de la Creación y alejarse de su semejanza. ¿Y te parece poco que tú, fundiéndote en mi Voluntad tomes como en tu regazo toda esta Voluntad mía, que si bien es una, a cada criatura lleva su acto divinizador y tú, reuniéndolos todos juntos estos actos de mi Voluntad me los traes ante la Majestad Suprema para corresponderlos con la tuya junto a la Mía, con tu amor rehaciendo todos los actos opuestos de las criaturas, y tomada esta mi misma Voluntad, que sorprenda de nuevo a las criaturas con actos mas repetidos, a fin de que la conozcan, la reciban en ellas como acto primero, la amen y cumplan en todo esta Santa Voluntad? La adoración a mis llagas más de uno me la hace, pero devolver los derechos a mi Voluntad como acto primero que hice hacia el hombre, no me lo hace ninguno, por eso te toca a ti, que tienes una misión especial en mi Voluntad, el hacerlo. Y si mientras esto haces te sorprende el sueño, nuestro Padre Celestial te mirará con amor al verte dormir en sus brazos, viendo a su pequeña hija que aun

durmiendo tiene en su pequeño regazo todos los actos de su Voluntad para repararlos, corresponderlos en amor y dar a cada acto de nuestra Voluntad el honor, la soberanía y el derecho que le conviene. Por eso, primero cumple tu deber, y después, si puedes, harás también la adoración a mis llagas".
(3)Sea siempre dadas las gracias a Jesús, esta noche, por su bondad, he hecho lo uno y lo otro.

18-13
Noviembre 12, 1925

Quien es llamado como cabeza de una misión, debe encerrar todos los bienes pertenecientes a aquella misión para comunicarlos a los demás. Es costumbre de la Sabiduría eterna establecer los actos de la criatura para dar cumplimiento al bien que quiere hacer en ella.

(1)Estaba fundiéndome según mi costumbre en el Santo Querer Divino, y mi dulce Jesús moviéndose en mi interior me ha estrechado toda a Sí y se ha puesto en actitud de darme una lección y de corregirme, y me ha dicho:
(2)"Hija mía, sé atenta en hacer tus actos en mi Voluntad, tú debes saber que quien es llamado como cabeza de una misión, cuanto más encierra del bien perteneciente a esa misión, tanto más bien podrá comunicar a los demás; esos bienes serán como tantas semillas que prestará a los demás, a fin de que quien tenga la fortuna de querer adquirir esos gérmenes se volverá poseedor de la cosecha de esas semillas. Esto sucedió en Adán, que siendo el primer hombre fue constituido cabeza de todas las generaciones, y siendo él la cabeza se volvía necesario que debía poseer los gérmenes para poder dar a los demás lo que es necesario para el desarrollo de la vida humana; si luego estos gérmenes han sido agrandados, explicados, más conocidos según la buena voluntad de las generaciones siguientes, por la capacidad y aplicación que han hecho sobre aquellos mismos gérmenes, pero Adán los tenía todos en sí, y se puede decir que todo viene de él; así que se pude decir que al ser creado por Dios fue dotado de todas las ciencias; lo que los demás aprenden con tantas fatigas, él lo poseía como don en modo sorprendente; así que poseía el conocimiento de todas las cosas de esta tierra, tenía la ciencia de todas las plantas, de todas las hierbas, y la virtud que cada una de ellas contenía; tenía la ciencia de todas las especies animales y de cómo debía usar de ellos; tenía la ciencia de la

música, del canto, de la escritura, de la medicina, en suma, de todo, y si las generaciones poseen cada una su ciencia especial, Adán las poseía todas. Ve entonces que quien debe ser cabeza es necesario que encierre en sí todo el bien que debe participar a los demás.

(3) Así es de ti hija mía, como te he llamado como cabeza de una misión especial, más que a nuevo Adán, y no se trata de las ciencias humanas sino de la ciencia de las ciencias, la cual es mi Voluntad, ciencia toda de Cielo, quiero que encierres en ti todos los gérmenes que mi Voluntad contiene, y por cuantos más actos hagas en Ella, y por cuantos más conocimientos adquieras, tantos más rayos de luz pondrás al Sol de mi Voluntad, y así, habiendo mayor plenitud de luz, más se podrá difundir para bien de las generaciones, de modo que tocadas por la plenitud de la luz, podrán conocer con más claridad el bien que contiene mi Voluntad, qué significa vivir en Ella, y el gran bien con el cual quedan enriquecidas. Sucederá como sucede con el sol, que como posee tanta plenitud de luz, puede con facilidad tomar como en un puño a toda la tierra, calentarla, iluminarla y fecundarla, de modo que todos pueden conocer, quién más, quién menos, el bien que hace con llevar su luz a todos, pero si el sol en lo alto de su esfera fuera pobre de luz, no podría la luz que desciende a lo bajo iluminar plenamente toda la tierra, a lo más a una pequeña parte de la tierra que girara más cercana al sol. Y si al sol que debía iluminar naturalmente a la tierra le di tal plenitud de luz para el bien de todas las generaciones, mucho más quiero llenar de plenitud de luz el Sol de mi Voluntad, que debe iluminar las almas, calentarlas y poner en ellas la fecundidad del germen de la Santidad Divina. Ahora, así como elegí a Adán como cabeza, así como elegí un punto del cielo donde fijar el centro del sol que debía iluminar a la tierra, así te he elegido a ti como centro del Sol de mi Voluntad, y debe ser tanta la plenitud de la luz, que todos podrán gozar y ser investidos por esta luz, y hacerla cada uno como cosa propia, por eso se necesitan tus actos completos en mi Voluntad y los conocimientos que Yo te voy manifestando, para formar la plenitud de esta luz.

(4) Es costumbre de la Sabiduría Eterna establecer los actos de la criatura para dar cumplimiento al bien que le quiere hacer a ella, esto sucedió para que viniera a la tierra la Redención del Verbo Eterno, se necesitó el curso de cuatro mil años, y para este intervalo de tiempo estaban establecidos todos los actos que debían hacer las criaturas para disponerse a merecer el gran bien de la Redención, y todas las gracias y conocimientos que debía dar la Suprema Majestad para hacer conocer el mismo bien que debía llevar el descendimiento del Verbo en medio de

ellas. He aquí el por qué de los patriarcas, de los santos padres, de los profetas y todos los buenos del antiguo testamento, los cuales, con sus actos debían hacer el camino, la escalera para llegar al cumplimiento de la Redención ansiada; pero esto no basta, por cuan buenos y santos eran sus actos, estaba el muro altísimo del pecado original que mantenía la división entre ellos y Dios. He aquí el por qué se necesitó una Virgen concebida sin mancha original, inocente, santa y enriquecida por Dios con todas las gracias, la cual hizo como suyos todos los actos buenos del curso de los cuatro mil años, los cubrió con su inocencia, santidad y pureza, de modo que la Divinidad veía aquellos actos a través de losactos de esta inocente y santa Criatura, la cual no sólo abrazó todos los actos de los antiguos, sino que Ella con los suyos los superó a todos, y por eso obtuvo el descendimiento del Verbo a la tierra. A todos los actos buenos de los antiguos, les sucedió como a quien tiene mucho oro y plata, pero en aquellos metales preciosos no esta acuñada la imagen del rey que es lo que da el valor de moneda al metal, y si bien por sí mismo contiene valor, pero no puede llamarse valor de moneda que pueda correr con derecho en el reino; pero supón que aquel oro o plata fueran adquiridos por el rey, y dándoles forma de moneda acuñara sobre ella su imagen, entonces aquel oro adquirirá el derecho de moneda. Así hizo la Virgen, sobre aquellos actos acuñó su inocencia, su santidad, el Querer Divino que Ella poseía íntegro, y los presentó todos juntos a la Divinidad y obtuvo el Redentor ansiado. Así que la Virgen completó todos los actos que se necesitaban para hacer descender el Verbo a la tierra; pero no terminó aquí, para hacer que el Redentor tuviera su campo de acción en la tierra, y para hacer que cualquiera que lo quisiera pudiera servirse de aquellos actos como monedas para comprarse el Cielo, se necesitaba el sello de la inocencia, santidad y Querer Divino, se necesitaba el sello del obrar del mismo Verbo para hacer subir al hombre al Cielo. Si el sello de la Virgen bastó para hacerme descender en medio de las criaturas, para hacer subir al hombre se necesitaba mi obrar divino; y he aquí por esto que Yo abracé e hice míos todos aquellos actos, suplí a todos, cumplí todo y por todos puse el sello divino a todos los actos buenos, desde el primero hasta el último hombre que vendrá a la tierra, y este sello fue hecho por Mí con penas inauditas y con el desembolso de mi sangre, y así di como Rey magnánimo la moneda a todos para comprarse el Cielo. Todo esto estaba establecido por la Sabiduría Increada, y ni siquiera un acto podía faltar de todo esto para venir a cumplimiento la Redención.

(5)Ahora hija mía, así como fue de la Redención así es de mi Voluntad. Para hacerla conocer y hacerla reinar como acto primero de vida en la criatura se necesita el cumplimiento de los actos; también tú, a ejemplo de mi Celestial Mamá y del mío, debes en mi misma Voluntad abrazar todos los actos hechos en el antiguo testamento, los de la Reina del Cielo, aquellos hechos por Mí, aquellos que se hacen y que se harán por todos los buenos y santos hasta el último de los días, y a todos les pondrás tu sello de correspondencia de amor, de bendición, de adoración, con la Santidad y Potencia de mi Voluntad, nada te debe escapar. Mi Voluntad abraza todo, también tú debes abrazar todo y a todos, y poner en ellos en el primer puesto de honor, sobre todos los actos de las criaturas sólo mi Voluntad. Ella será tu sello, con el cual sellarás la imagen de mi Voluntad sobre todos los actos de las criaturas. Por eso tu campo es vasto; te quiero ver correr en mi Voluntad sobre todas las gracias y prodigios que hice en el antiguo testamento, para darme tu correspondencia de amor y de agradecimiento; en los actos de los patriarcas y profetas para suplir su amor; no hay acto en el que no te quiera encontrar, no me sentiría satisfecho ni contento si no te encontrase en todos los actos de las criaturas que se han hecho y se harán, ni tú podrías decir que has completado todo en mi Voluntad, te faltaría alguna cosa del verdadero vivir en mi Querer. Por eso sé atenta si quieres que la plenitud de la luz sea suficiente para poder iluminar con el Sol de mi Voluntad a todas las gentes. Quien quiera dar luz a todos, debe abrazar a todos como en un solo abrazo, con el hacerse vida y suplemento de todo y de todos. ¿No es tal vez mi Voluntad vida de todo? ¿Y cómo esta vida viene correspondida con tantas amarguras? ¿No se necesita entonces quién corra en todos para endulzar estas amarguras con el sustituirse como acto de vida con mi misma Voluntad por cada acto de la ingrata criatura?"

18-14
Noviembre 19, 1925

El Divino Querer quiere la compañía de la criatura para poder enriquecerla, instruirla y darle la posesión del bien que le hace conocer.

(1)Me sentía como inmersa en el mar inmenso de la Suprema Voluntad, y habría querido, como me dice mi amable Jesús, que nada se me escapara de todos los actos que ha hecho, hace y hará, que para Jesús son un acto solo, y que yo siempre estuviera junto con esta Divina Voluntad para darle mi pequeña correspondencia de amor y de agradecimiento; habría querido al menos hacer una larga lista de todos los actos de esta Voluntad Suprema para admirar, alabar lo que Ella sabe hacer, y estar siempre junto con Ella, jamás dejarla sola. Pero, ¡ay de mí! Mi pequeñez es tanta, que me pierdo y no sé dónde tomarla para seguirla, porque dondequiera la encuentro y siempre en acto de obrar cosas sorprendentes, sea en las cosas grandes como en las más pequeñas. Pero mientras esto pensaba, mi dulce Jesús saliendo de mi interior me ha dicho:

(2) "Hija de mi Santo Querer, quien es hija debe conocer lo que hace el padre, debe saber lo que posee y debe poder decir al padre: 'Lo que es tuyo es mío'. Y si esto no fuera, significa que no hay sumo acuerdo entre padre e hija, o que tal vez no es hija legítima de este padre. Así es, quien es verdadera hija de mi Voluntad debe conocer lo que hace y los inmensos bienes que posee; es propiamente esto el vivir en mi Querer, hacer compañía a todos los actos que hace mi Voluntad. Ella no quiere vivir aislada en medio de la Creación, sino quiere la compañía de la criatura, por causa de la cual, porque la ama tanto, mantiene el orden de toda la Creación y se hace vida de cada cosa; y cuando encuentra al alma que le hace compañía en esta vida que mantiene en todo el universo, mi Voluntad jubilosa hace fiesta y se siente feliz, encuentra a aquélla que ama y por la cual es correspondida en amor, encuentra a quién puede hacerse conocer, lo que posee, y en su felicidad narra al alma los arcanos de su Querer, su valor y sus efectos sorprendentes; pero esto es nada, conforme narra sus conocimientos, lo que hace y lo que es, así le hace donación de lo que le manifiesta, y más que válida escritura es el mismo conocimiento, que con caracteres de luz ha impreso en el alma la posesión de los bienes que su conocimiento contiene. ¡Oh! cómo es bello ver la santidad, la potencia, la inmensidad de mi Querer entretenerse con la pequeñez de la voluntad humana en el acto en que le hace compañía; Él quiere dar siempre, no se detiene jamás, quiere ver a la pequeñez bella, rica, potente, la quiere tener siempre cerca para poder darle siempre. No hay cosa más bella, más graciosa, más sorprendente al verse, que un alma que busca seguir los actos de la Voluntad de su Creador; hay una competencia continua entre ellos, un amor recíproco, un dar y un recibir continuo. ¡Oh! si tú supieras cómo eres rica; por cuantas cosas conoces de mi Voluntad, tantos bienes posees; si tú los enumeras te perderías y quedarías ahogada en

ellos. Por eso sé atenta en seguir los actos de mi Querer si quieres hacerle continua compañía".

18-15
Noviembre 22, 1925

El gran bien que el alma recibe con vivir en el Querer Supremo. Los actos hechos en Él forman un rocío celestial que cubre todas las criaturas.

(1) Estaba según mi costumbre fundiéndome en el Santo Querer Divino, tratando por cuanto a mí es posible de abrazar todo en mi pequeño regazo, para poder poner mi pequeño "te amo" sobre todas las cosas, mi "gracias", mi "adoración", mi "te bendigo", con la potencia del Fiat Supremo para poder hacer compañía a esta Suprema Voluntad esparcida con tanto amor en la Creación. Pero mientras esto hacía pensaba entre mí: "¿Qué cosa recibe el alma viviendo en esta atmósfera celestial de la Suprema Voluntad?" Mientras estaba en esto, mi amable Jesús ha salido de dentro de mi interior y estrechándome toda a Él me ha dicho:

(2) "Hija mía, ¿quieres saber qué recibe el alma viviendo en mi Voluntad? Recibe la unión de la Voluntad Suprema con la suya, y en esta unión mi Voluntad asume el trabajo de dar la paridad de la suya con la voluntad del alma. Así que mi Voluntad es santa, es pura, es luz, y quiere poner a la par al alma en santidad, pureza y luz, y si el trabajo del alma es el de vivir en mi Voluntad, el trabajo de la mía es el dar en modo perfecto mi semejanza a la voluntad del alma, y por eso te quiero siempre en Ella, para hacer que no sólo te tenga en su compañía, sino que te haga crecer a su semejanza, y por eso te pongo el alimento de sus conocimientos, para hacerte crecer en modo divino y con su perfecta semejanza; y es por esto que te quiere junto, dondequiera que obra mi Voluntad, a fin de que te pueda dar el acto de su obrar, el valor que contiene el obrar de una Voluntad Divina y tú puedas recibirlos".

(3) Yo al oír esto he dicho: "Amor mío, tu Voluntad está por todas partes, así que todos viven en Ella, sin embargo no todos reciben esta semejanza". Y Jesús de inmediato ha agregado:

(4) "¿Y qué hay con eso hija mía? Es verdad que todos viven en mi Voluntad, porque no hay punto donde Ella no se encuentre, pero casi todos viven en Ella como extraños, o como mercenarios, otros forzados, otros rebeldes; estos tales viven en Ella y no la conocen ni poseen sus

bienes, más bien son usurpadores de aquella misma vida que han recibido de mi Voluntad. Cada acto de éstos es una desemejanza que adquieren entre su voluntad y la de su Creador, es la confirmación de su pobreza, de sus pasiones y de las densas tinieblas de las cuales se llenan, de modo que son ciegos para todo lo que es Cielo. Para llegar a la paridad de mi Voluntad no se puede vivir como extraños, sino como dueños, debe mirar todas las cosas como cosas suyas, tener todo el cuidado con ellas, por esto es necesario conocerlas para amarlas y poseerlas. Por cuan bella y buena sea una cosa, si no es totalmente suya, no se ama, no se estima, no se pone todo el cuidado que merece, se tiene siempre un ojo frío al mirarla y un latido sin vida para amarla; en cambio si la cosa fuera suya, es todo ojos para mirarla y todo corazón para amarla, la estima y llega a tanto, que hace de ella un ídolo para su propio corazón; la cosa en sí misma no se ha hecho más bella, tal cual era, es, no ha sufrido ningún cambio, el cambio lo ha sufrido la persona con adquirirla y tenerla como cosa exclusivamente suya. He aquí lo que recibe el alma con vivir en mi Voluntad: La recibe como suya, la posee, siente su aura celestial, su Vida de Cielo, la semejanza de Aquél que la creó, y como vive en mi Querer se siente adornada por los reflejos de su Creador, en todo siente la potencia de aquel Fiat que da vida a todas las cosas, y en el océano de los bienes que posee dice: '¡Cómo soy feliz, la Voluntad de Dios es mía, la poseo y la amo!' Por eso todos los actos hechos en mi Querer se difunden sobre todos, y todos toman parte. Mira, cuando tú al primer surgir del día decías: 'Surja mi mente en la Voluntad Suprema para cubrir todas las inteligencias de las criaturas con tu Voluntad, a fin de que todas surjan en Ella, y yo a nombre de todas te doy la adoración, el amor, la sumisión de todas las inteligencias creadas.' Mientras esto decías un rocío celestial caía sobre todas las criaturas, que las cubría para llevar a todas la correspondencia de tu acto. ¡Oh! cómo era bello ver cubiertas a todas las criaturas con este rocío celestial que formaba mi Voluntad, del cual es símbolo el rocío nocturno que en la mañana se encuentra sobre todas las plantas para embellecerlas y fecundarlas, y a aquéllas que están por secarse para impedir que se puedan secar; con su toque celestial parece que ponga un toque de vida para hacerlas vivir. Cómo es encantador el rocío de la mañana, pero mucho más encantador y bello es el rocío de los actos que forma el alma en mi Voluntad".

(5) Y yo: "Sin embargo amor mío y vida mía, con todo este rocío las criaturas no cambian".

(6) Y Jesús: "Si el rocío nocturno hace tanto bien a las plantas, siempre y cuando no caiga sobre leña seca, cortada de las plantas, o bien sobre cosas que no contienen ninguna vida, y si bien éstas quedan cubiertas de rocío y como embellecidas, pero para ellas está como muerto y el sol en cuanto despunta, poco a poco se lo retira; mucho más bien hace el rocío que hace descender mi Voluntad sobre las almas, siempre y cuando no estén del todo muertas a la gracia; no obstante, con la virtud vivificante que posee, si están muertas busca infundirles un soplo de vida, pero todos los demás sienten, quién más, quién menos, según sus disposiciones, los efectos de este rocío benéfico".

18-16
Diciembre 6, 1925

El verdadero vivir en la Voluntad Suprema es propiamente esto: Que Jesús debe encontrar todo y a todos en el fondo del alma y todo debe estar, con su amor, vinculado en el alma.

(1) Estaba haciendo en mi interior mis acostumbrados actos en el Querer Supremo, abrazando toda la Creación y a todas las criaturas para poder hacer míos todos sus actos y corresponder a mi Dios con mi pequeño amor por todo lo que ha hecho en la Creación y por lo que deberían hacer todas las criaturas. Pero mientras esto hacía, el pensamiento me ha dicho: "Ocupo tanto tiempo en hacer esto, ¿y cuál es el bien que tú haces? ¿Cuál la gloria que das a tu Dios?" Mientras estaba en esto, mi dulce Jesús se ha movido en mi interior y extendiendo sus brazos parecía que quería abrazar a todos y a todo, y elevándolos en alto ofrecía todo a su Padre Celestial, y después me ha dicho:

(2) "Hija mía, el verdadero vivir en la Voluntad Suprema es propiamente esto, que Yo debo encontrar todo y a todos en el fondo del alma, todo lo que mi Voluntad ha hecho salir fuera para el bien de las criaturas en la Creación, debe estar vinculado con su amor en el alma. Con el vivir en mi Querer y con su correspondencia de amor queda ya vinculada y en posesión de todo lo que mi Voluntad ha hecho y hará, y ama como ama y sabe amar mi Voluntad. Así que estando todo esto en el verdadero vivir en Ella, y habiendo vinculado todo a sí, Yo encuentro en el alma el cielo estrellado, el sol resplandeciente, la vastedad de los mares, las praderas floridas, todo encuentro en ella; por tanto, ¿no es justo que el alma, saltando de cosa en cosa sobre todo lo que es mío y suyo lo reconozca, y jugueteando sobre todas las cosas creadas imprima en ellas su beso y

su pequeño 'te amo' sobre cada cosa para Aquél que ha creado tantas cosas para hacer don de ellas a las criaturas, mostrándoles con esto una variedad de amor por cuantas cosas ha creado, y como ama que el hombre sea feliz, dándole no sólo lo necesario sino aún lo superfluo?

(3) Pero esto no es todo, no sólo debo encontrar la Creación toda, sino que el verdadero vivir en mi Voluntad vincula a todos, y por lo tanto debo encontrar en el alma, como en acto, a Adán santo, tal como salió de nuestras manos creadoras, y a Adán culpable, humillado y lloroso, a fin de que se vincule con él en el estado de santidad, y tomando parte en sus actos inocentes y santos me dé la gloria y haga sonreír de nuevo a toda la Creación; y tomando parte en sus lágrimas, suspira con él aquel Fiat rechazado que fue la causa de tanta ruina. Debo encontrar en ella a los profetas, a los patriarcas, a los santos padres, con todos sus actos, y si aquellos suspiraban el Redentor, tú suspirarás mi Fiat Supremo como triunfo y cumplimiento de sus suspiros; quiero encontrar a mi inseparable Mamá con todos sus actos, donde mi Querer obró tantos portentos teniendo en Ella pleno dominio; quiero encontrarme a todo Mí mismo y todos mis actos; en suma, quiero encontrar todas mis cosas, todo lo que me pertenece, todo lo que ha hecho y hará mi Suprema Voluntad, porque todas son cosas inseparables de Mí, y para quien vive en mi Querer es justo y necesario que se vuelvan inseparables de ella. Así que si no encuentro todo, no se puede decir que vive completamente en mi Querer, y Yo, viéndola, no encuentro todas mis cosas en ella, más bien las veo esparcidas fuera del alma y no puedo recibir su correspondencia de amor por todo lo que me pertenece. ¿No he creado tal vez a la criatura para que fuera un pequeño mundo y un pequeño dios? Por eso te digo siempre que el vivir en mi Querer no es conocido aún, y Yo te voy enseñando ahora una cosa, ahora otra, y ensancho tu capacidad para hacer que entren en ti todas mis cosas y todo lo que de bien ha hecho salir mi Voluntad. Quiero sentirme repetir por ti tu correspondencia de amor sobre todo lo que me pertenece; no tolero para quien vive en mi Querer que no conozca todas mis cosas, que no las ame y posea, de otra manera, ¿cuál sería el gran prodigio del vivir en mi Querer?"

(4) Después de esto mi dulce Jesús ha hecho silencio, y yo me perdía en el Divino Querer. ¡Oh! cómo habría querido poner sobre todas las cosas creadas mi beso amoroso y de reconocimiento, mi pequeño "te amo" sobre todos los actos supremos del Divino Querer, para quedar yo atada a ellos y ellos atados a mí, para poder rodear a mi Jesús en mí con todos los actos del Eterno Querer. En ese momento veía el cielo estrellado y mi amable Jesús ha continuado:

(5)"Hija mía, mira el cielo, qué orden, qué armonía entre las estrellas, una estrella no puede estar sin la otra, están tan vinculadas entre ellas, que una sostiene a la otra, una es fuerza de la otra, y si, jamás sea, una sola estrella se apartara de su lugar, habría tal confusión y desorden en el universo, que habría peligro de que todo terminara en ruinas, así que toda la belleza del cielo está cimentada en el estarse cada una en su lugar, en la unión común y en la fuerza comunicativa y atractiva que tienen entre ellas, que más que electricidad las tiene suspendidas y sujetas entre ellas. El hombre es el nuevo cielo, es más, más que cielo sobre la tierra, se puede decir que cada criatura es una estrella animada. Lo que hizo el primer hombre, Adán, hasta el último que vendrá, todo debía ser en común entre ellos, así que no debía poseer sólo su propia fuerza, sino la fuerza de todos, todos los bienes debían ser en común entre ellos. Mi Voluntad, más que electricidad debía llevar el vínculo entre ellos y la comunicación de todo lo que es bueno y santo, y a pesar de que cada hombre debía hacer su oficio y ocuparse en acciones diversas, como todos debían partir del punto primero de mi Voluntad, todos debían convertirse en luz, y por lo tanto uno debía ser luz para el otro. Por eso mi dolor al ver trastornado este cielo de las criaturas fue tan grande, que es incomprensible a la criatura humana. Quitada mi Voluntad, que une a todos y vincula todo, entró el desorden, la confusión, la desunión, la debilidad, las tinieblas. ¡Pobre cielo de las criaturas! no se reconoce más, y sólo el vivir en mi Querer reordenará de nuevo este cielo, lo hará resplandecer con nueva luz, por eso te digo que en ti quiero encontrar a todos y a todo; mi Voluntad, acto primero de todas las criaturas, celestes y terrestres, te llevará la comunicación de todos los actos de ellos y tú quedarás atada a ellos y ellos a ti. Por eso el vivir en mi Querer encierra todo y a todos. Por tanto sé atenta, que quiero darte la cosa más grande que existe, pero quiero de ti cosas grandes y suma atención, quien mucho da mucho quiere recibir".

18-17
Diciembre 20, 1925

Acerca de las lágrimas de Jesús y cómo derramó todas las lágrimas de las criaturas. Vivir en la Divina Voluntad significa poseerla.

(1)Estaba pensando en las lágrimas que derramó el niño Jesús en su nacimiento y decía entre mí: "Cuán amargas debieron ser esas lágrimas, cómo le pudieron ahora helar, ahora quemar aquel tierno rostro, porque por lo que yo sé, las lágrimas tienen dos efectos, según la causa por la cual son derramadas, si la causa es por un amor, queman y hacen dar en sollozos; si son producidas por el dolor, son heladas y hacen temblar. En mi real niño había un intenso e infinito amor y un dolor sin término, así que mucho le debieron costar sus lágrimas". Ahora, mientras esto pensaba, mi dulce Jesús se ha movido en mi interior y me hacía ver su rostro bañado en lágrimas, pero tantas, que una corría tras la otra, hasta bañarle el pecho y las manos, y suspirando me ha dicho:

(2) "Hija mía, mis lágrimas comenzaron desde el primer instante de mi Concepción en el seno de mi Mamá Celestial y duraron hasta mi último respiro sobre la cruz. La Voluntad de mi Padre Celestial me confió también el trabajo de las lágrimas, y debía derramar tantas de mis ojos por cuantas debían derramar todas las criaturas juntas. Así como concebí todas sus almas en Mí, así debía derramar todas sus lágrimas de mis ojos. Mira entonces cuánto debí llorar: Debí derramar de mis ojos las lágrimas que las criaturas derraman por pasiones, a fin de que las mías apagaran sus pasiones; debí derramar las lágrimas que se necesitan después del pecado, para darles el dolor de haberme ofendido y el convencimiento del mal que han hecho, preparando con mis lágrimas el propósito de no ofenderme más; debí derramar las lágrimas para enternecer a las almas para hacerles comprender las penas de mi Pasión; como también derramé lágrimas abundantes de amor para atraer a las almas a amarme, para captar su simpatía y su corazón todo para Mí; basta decirte que no hay lágrima que brote del ojo humano que no haya derramado Yo de mis ojos. Ninguno supo mis tantas lágrimas, mis tantos llantos ocultos y secretos; cuántas veces aún como tierno niño volaba de la tierra al Cielo, y apoyando mi cabecita sobre las rodillas de mi Padre Celestial lloraba, lloraba y sollozando le decía: 'Padre mío, mira, he nacido en el mundo a las lágrimas y al dolor, semejante a mis hermanos que nacen a las lágrimas y mueren en el llanto, y Yo amo tanto a estos hermanos, que quiero derramar todas sus lágrimas de mis ojos, no quiero que ni una se me escape, para dar a sus lágrimas, lágrimas de amor, de dolor, de victoria, de santificación y de divinización'. Cuántas veces mi querida Mamá mirándome quedaba traspasada al verme todo bañado en llanto, y Ella unía, por el dolor de verme llorar, sus lágrimas a las mías, y llorábamos juntos; a veces me veía obligado a esconderme para dar desahogo al llanto para no traspasar su inocente y materno corazón, otras veces esperaba a que mi Celestial Mamá, por necesidad, se ocupara en sus quehaceres domésticos para dar

desahogo a mis lágrimas para poder completar el número de las lágrimas de todas las criaturas".

(3) Entonces yo al oír esto le he dicho: "Jesús, amor mío, ya que también mis lágrimas han sido derramadas por tus ojos, como también las de nuestro primer padre Adán, yo quiero que las derrames sobre mi alma para darme la gracia no sólo de hacer tu Santísima Voluntad, sino de poseerla como cosa y voluntad mía". Entonces Jesús sacudía la cabeza, y de su rostro corrían las lágrimas sobre mi pobre alma, y ha agregado:

(4) "Hija de mi Querer, ciertamente que derramé tus lágrimas, para que pasando por mis ojos las tuyas, te pudiese dar el gran don de mi Voluntad. Lo que no pudo recibir Adán con sus lágrimas, a pesar de que pasaron por mis ojos, lo puedes recibir tú, porque Adán antes de que pecara poseía mi Voluntad, y con la posesión de mi Voluntad crecía en la semejanza de su Creador, y crecía tanto que formaba el encanto de todo el Cielo y todos se sentían honrados en servirlo; después del pecado perdió la posesión de mi Querer, y a pesar de que lloró su culpa y no pecó más, pudo hacer mi Voluntad, pero no poseerla, porque faltaba el Divino Ofendido que debía formar el nuevo injerto divino entre la criatura y el Creador, para poder atravesar de nuevo los umbrales de las posesiones del Eterno Querer. Este injerto fue hecho por Mí, Verbo Eterno, después de cuatro mil años, y Adán para entonces había pasado a los umbrales de la eternidad. Pero a pesar de este injerto divino hecho por Mí con lágrimas, suspiros y penas inauditas, cuántos se reducen a la condición de Adán después del pecado a sólo hacer mi Voluntad, otros no la quieren conocer, otros se revelan a Ella; sólo quien vive en mi Voluntad se eleva al estado de Adán inocente antes de caer en el pecado, porque hay gran distancia entre quien hace mi Voluntad y entre aquellos que la poseen, hay la distancia entre Adán inocente y Adán después del pecado. Y Yo al venir a la tierra debía obrar como Dios, debía completar en todo la obra del hombre, debía elevarlo al punto primero de su origen, con darle la posesión de mi Voluntad, y si bien muchos se sirven de mi venida sólo como remedio para su salvación y por lo tanto toman mi Voluntad como medicina, como fuerza y como antídoto para no ir al infierno, Yo esperaré aún, a fin de que surjan las almas que la tomen como vida, y con hacerla conocer tomen posesión de Ella y así completaré la obra de mi venida a la tierra y tendrá fruto el injerto divino formado de nuevo con la criatura, y mis lágrimas se cambiarán en sonrisas celestiales y divinas para Mí y para ellas".

18-18

Diciembre 25, 1925

Se necesitan las disposiciones para poseer el don del Querer Divino. Semejanzas de Él. El vivir en el Querer Supremo es la cosa más grande, es el vivir Vida Divina, y el alma obra en la unidad de la Luz Eterna.

(1) Estaba pensando en lo que está dicho anteriormente, que la Voluntad de Dios es un don, y por eso como don se posee como cosa propia; en cambio quien hace la Voluntad de Dios debe estar a las órdenes, debe preguntar frecuentemente qué debe hacer y pedir que se le preste el don, no para ser el dueño sino para hacer la misma acción que Dios quiere, terminada la cual debe devolver el don que ha tomado en préstamo. En mi mente se formaban tantas imágenes y semejanzas entre quien vive en el Querer Divino y lo posee como don, y entre quien hace la Santísima Voluntad de Dios, que no solo no posee la plenitud del don, y si lo posee es a intervalos y en préstamo. Digo ahora algunas de estas semejanzas:

(2) Supongamos que tuviese una moneda de oro que tuviera la virtud de hacer surgir cuantas monedas yo quisiera, ¡oh! cuán rica me podría hacer con este don, en cambio otro lo recibe en préstamo este don por una hora para realizar una acción suya y devolverlo de inmediato; ¡qué diferencia entre mi riqueza por el don que poseo y entre la de quien lo recibe en préstamo! O bien, si tuviera en don una luz que no se apaga jamás, así que, de noche o de día yo estoy al seguro, tengo siempre el bien de ver esta luz que nadie me puede quitar, se hace conmigo como connatural y me hace conocer el bien para hacerlo y el mal para rehuirlo, así que con esta luz dada a mí en don, yo me río de todos, del mundo, del enemigo, de mis pasiones, y hasta de mí misma; por tanto esta luz es para mí fuente perenne de felicidad, está sin armas y me defiende, es sin voz y me enseña, es sin manos ni pies y dirige mi camino y se hace guía segura para llevarme al Cielo. En cambio otra persona cuando siente la necesidad debe ir a pedir esta luz, pues no la tiene a su disposición, y habituada a no ver siempre junto con la luz, no posee el conocimiento del bien y del mal y no tiene fuerza suficiente para hacer siempre el bien y evitar el mal; entonces, no poseyendo la luz encendida continuamente, ¿en cuántos engaños, peligros y caminos sinuosos no se encuentra? Qué diferencia entre quien la posee como don suyo esta luz, y entre quien la debe ir a pedir cuando la necesita. Ahora, mientras mi mente se perdía en tantas semejanzas, decía entre mí: "Así que el vivir en la

Voluntad de Dios es poseer la Voluntad de Dios, y esto es un don; por tanto, si la bondad de Dios no se complace en darlo, ¿qué puede hacer la pobre criatura?" En ese momento mi amable Jesús se ha movido en mi interior, como estrechándome toda a Él, y me ha dicho:

(3) "Hija mía, es verdad que el vivir en mi Querer es un don, y es el poseer el don más grande, pero este don que contiene valor infinito, que es moneda que surge a cada instante, que es luz que nunca se apaga, que es sol que jamás tiene ocaso, que pone al alma en su lugar establecido por Dios en el orden divino y por lo tanto toma su lugar de honor y de soberanía en la Creación, no se da sino a quien está dispuesto, a quien no debe hacer despilfarro, a quien debe estimarlo tanto y amarlo más que la propia vida, es más, debe estar pronto a sacrificar la propia vida para hacer que este don de mi Querer tenga la supremacía sobre todo y sea tenido en cuenta más que la propia vida, más bien, su vida como una nada en comparación a Él. Por eso primero quiero ver que el alma quiere hacer en verdad mi Voluntad y nunca la suya, pronta a cualquier sacrificio para hacer la mía, en todo lo que hace pedirme siempre, aun como préstamo el don de mi Querer. Entonces Yo, cuando veo que nada hace sin el préstamo de mi Querer, lo doy como don, porque con pedirlo y volver a pedirlo ha formado el vacío en su alma donde poner este don celestial, y con haberse habituado a vivir con el préstamo de este alimento divino, ha perdido el gusto del propio querer, su paladar se ha ennoblecido y no se adaptará a los alimentos viles del propio yo; por tanto, viéndose en posesión del don que ella tanto suspiraba, anhelaba y amaba, vivirá de la Vida de aquel don, lo amará y lo tendrá en la estima que merece. ¿No condenarías tú a un hombre que lleno de afecto pueril hacia un niño, sólo para que le estuviese un poco en su compañía entreteniéndose juntos, le diese un billete de mil, y el niño no conociendo el valor, después de algunos momentos lo rompa en mil pedazos? Pero si en cambio primero lo hace desear, luego le hace conocer el valor, después el bien que le puede hacer ese billete de a mil y luego se lo da, aquel niño no lo hará pedazos, sino que ira a guardarlo bajo llave, apreciando el don y amando más al donador, tú alabarías a ese hombre que ha tenido la habilidad de hacer conocer el valor del billete al pequeño niño. Si esto hace el hombre, mucho más Yo que doy mis dones con sabiduría, con justicia y con verdadero amor; he aquí entonces la necesidad de las disposiciones, del conocimiento del don y de la estima y aprecio, y del amar al mismo don. Por eso, como precursor del don de mi Voluntad que quiero hacer a la criatura es el conocimiento de Ella, el conocimiento prepara el camino, el conocimiento

es como el contrato que quiero hacer del don que quiero dar, y por cuanto más conocimiento envío al alma, tanto más es estimulada a desear el don y a solicitar al Divino Escritor que ponga la última firma, que el don es suyo y lo posee. Entonces, la señal de que quiero hacer don de mi Querer en estos tiempos, es el conocimiento de Él, por eso sé atenta en no dejar escapar nada de lo que te manifiesto sobre mi Voluntad, si quieres que Yo ponga la última firma del don que suspiro dar a las criaturas".

(4) Después de esto, mi pobre mente se perdía en el Querer Supremo, y hacía cuanto más podía por hacer todos mis actos en la Divina Voluntad; me sentía investida por una luz suprema, y mis pequeños actos, en cuanto salían de mí, tomaban lugar en aquella luz y se convertían en luz, y yo no podía ver ni el punto de la luz en el cual los había hecho, ni dónde encontrarlos, sólo veía que se habían incorporado en aquella luz interminable y no más, y a mí me resultaba imposible poder navegar en toda aquella luz inaccesible, estarme dentro sí, pero atravesarla toda no le era dado a mi pequeñez. Mientras estaba en esto, mi amable Jesús se ha movido en mi interior y me ha dicho:

(5) "Hija mía, cómo es bello el obrar del alma en mi Voluntad, su acto se une al acto único de su Creador que no conoce sucesión de actos, porque la luz eterna no es divisible, y si se pudiera dividir, lo que no puede ser, la parte dividida se volvería tinieblas, así que el acto divino, siendo luz, de todo su obrar forma un solo acto. Por eso el alma obrando en la luz de mi Querer se une a aquel acto único de su Creador y toma lugar en el ámbito de la luz de la eternidad, por eso no puedes verlos, ni en la parte de la luz donde los has hecho, ni donde se encuentran, porque la luz eterna de Dios, para la criatura, es intraspasable y no se puede abarcar toda, pero ten por seguro que su acto está en aquella luz, el cual toma lugar en el pasado, en el presente y en el futuro. Mira el sol, siendo él imagen de la sombra de la luz divina, tiene en parte esta propiedad: Supón que tú obraras en el punto donde el sol expande su luz solar, tú ves su luz delante, sobre y detrás de ti, a derecha e izquierda, por eso si tú quisieras ver cuál es la parte de la luz del sol que toda te circundaba, tú no la sabrías encontrar ni distinguir, sabrías decir sólo que su luz ciertamente estaba sobre ti. Ahora, aquella luz estaba desde el primer instante en que fue creado el sol, está y estará, y si tu acto pudiera convertirse en luz solar como se convierte en luz divina, ¿podrías encontrar tu partecita de luz y la luz que te ha sido dada por el sol para hacerte obrar? Claro que no, pero sabrías que de ti ha salido un acto que se ha incorporado en la luz del sol, por eso digo que el vivir en

el Querer Supremo es la cosa más grande, es el vivir Vida Divina. El Celestial Creador en cuanto ve al alma en su Voluntad, la toma entre sus brazos, y poniéndola en su seno la hace obrar con sus mismas manos y con aquella potencia de aquel Fiat con el cual fueron hechas todas las cosas; hace descender sobre la criatura todos sus reflejos para darle la semejanza de su obrar; he ahí por qué el obrar de la criatura se vuelve luz y se une a aquel acto único de su Creador y se constituye gloria eterna y alabanza continua de su Creador. Por eso sé atenta y haz que el vivir en mi Querer sea para ti tu todo, a fin de que jamás puedas descender de tu origen, es decir del seno de tu Creador".

18-19
Enero 10, 1926

El camino y el trabajo que hace la Divina Voluntad en todas las cosas creadas para llegar a la criatura, a fin de que ella ponga el último punto para su cumplimiento.

(1)Estaba fundiéndome en el Santo Querer Divino, y la pequeñez de mi mente se perdía en Él, por todas partes y en todo lo veía siempre en acto de obrar en toda la Creación. ¡Oh! cómo habría querido seguirlo para darle mi pequeña correspondencia de amor en todo lo que Él obraba, darle mi gracias, mi adoración profunda, mi mezquina compañía. Ahora, mientras esto pensaba, mi adorable Jesús se ha movido en mi interior diciéndome:
(2)"Hija mía, mi Voluntad está siempre en camino en las cosas creadas para ir hacia la criatura, ¿pero quién la completa? ¿Quién pone el último punto al trabajo de mi Voluntad? La criatura. Esto es, la criatura que toma todas las cosas creadas como cumplimiento de mi Voluntad; mi Voluntad hace su camino en la semilla, hace que la tierra la reciba, dándole virtud de hacerla germinar y multiplicarse; hace su camino llamando al agua para regarla, al sol para fecundarla, al viento para purificarla, al frío para hacerle profundizar sus raíces, al calor para desarrollarla y hacerla llegar a justa maduración; luego da virtud a las máquinas para cosecharla, para trillarla, para molerla, y así poder darle sustancia de pan, y llamando al fuego para cocerla la lleva a la boca de la criatura, a fin de que de ella coma y conserve su vida. Ve entonces cuánto camino y trabajo ha hecho mi Voluntad en aquella semilla, cuántas cosas creadas ha llamado sobre esa semilla para hacerla llegar como pan a la boca de las criaturas. Ahora, ¿quién pone el último paso

al camino de mi Voluntad y el cumplimiento del último acto de mi Supremo Querer? Quien toma aquel pan y lo come como portador del Divino Querer en él, y conforme come el pan, come mi Querer en él para acrecentar las fuerzas del cuerpo y del alma, para cumplir en todo la Divina Voluntad. Se puede decir que la criatura es el centro del reposo al cual mi Voluntad aspira en todos los caminos y trabajos que hace en todas las cosas creadas para llegar a la criatura; y así en todas las otras cosas creadas que sirven al hombre, mi Voluntad hace su camino en el mar y trabaja en la multiplicación de los peces; hace su camino sobre la tierra y multiplica plantas, animales y pájaros; hace su camino en las esferas celestes para tener todo bajo sus ojos, para hacer que nada le huya y hacerse pies, manos y corazón para cada criatura, para dar a cada una el fruto de sus innumerables cosechas; pero toda su fiesta es sólo por quien toma de lo suyo como último punto y cumplimiento de su Supremo Querer. Si no fuese por mi Voluntad, – que en cuanto se desprendió su Fiat, se dejó en camino en todas las cosas creadas para hacerlas llegar al hombre, a fin de que tuviese su primer puesto el Fiat Supremo en quién y para quién todas las cosas habían sido creadas, y así fuera el regulador y el actor de la misma vida de la criatura – , todas las cosas quedarían paralizadas, y como tantas pinturas en las cuales no está la vida de las cosas que representan; así que, pobre criatura si mi Voluntad se retirase de hacer su camino en todas las cosas creadas, todas quedarían como pinturas, sin producir más el bien que cada cosa contiene hacia el hombre; por eso puedo decir que no son las cosas creadas que lo sirven, sino mi Voluntad velada, escondida, que se hace servidora del hombre. ¿No es entonces justo y el más sagrado deber, que el hombre mire en todas las cosas a mi Suprema Voluntad y la cumpla en todo, e intercambiándose servicio sirva a Aquélla que no desdeña servirlo aun en las más pequeñas cosas? Y Yo me siento como correspondido, pagado por mi trabajo cuando veo que llegan al hombre y las toma como cumplimiento de mi Voluntad. Y por eso hago fiesta, porque la finalidad de mi largo camino en las cosas creadas ha obtenido mi intento y el cumplimiento de mi Voluntad realizado en la criatura. Sucede a mi Voluntad como a un actor, el cual debe exponer su escena al público. ¡Pobrecito! cuántos trabajos escondidos, cuántos desvelos, cuantos preparativos, cuánto arte en sus mismos movimientos no prepara para ponerse en actitud, ahora de hacer sonreír al público, ahora de hacerlo llorar. En todo este trabajo el actor no hace fiesta, más bien suda, se cansa y se fatiga, y cuando todo le parece que ya está preparado, se dispone a llamar al público a ver su escena, y por cuanta más gente ve, más siente despuntar en el corazón la alegría, quién sabe y a lo mejor podrá hacer una bella fiesta, pero el verdadero cumplimiento de su fiesta es cuando terminada la escena siente correr a manos llenas las monedas de oro y de plata en sus manos, como aprobación y triunfo de su escena; pero si en cambio después de tantos preparativos, prepara la mesa, toca y vuelve a tocar trompetas y ninguno se presenta, o poca gente, que a los primeros actos de su escena lo dejan solo, pobrecito, cómo sufre, y la esperanza de su fiesta se cambia en luto. ¿Quién ha sido el que ha amargado tanto a aquel pobre actor tan hábil y tan bueno en hacer sus escenas? ¡Ah! la gente ingrata que no ha querido ser ni siquiera espectadora de las escenas de aquel pobre actor. Tal es mi Voluntad, que como hábil actor prepara las escenas más bellas para divertir al hombre en el teatro de toda la Creación, no para recibir sino para dar: prepara las escenas de luz, de las más refulgentes; las escenas de floración y de bellezas, las más deslumbrantes; las escenas de fuerza en el estruendo del trueno, en el estallido del rayo, en el elevarse de las olas y hasta en las alturas de las montañas más altas; las escenas más conmovedoras del niño que llora, que tiembla entumecido de frío; escenas dolorosas de sangre y trágicas, y hasta de muerte en mi Pasión; ningún actor por cuan hábil sea, puede igualarme en la variedad de mis escenas amorosas. Pero, ¡ay de Mí! cuántos no miran mi Voluntad en todas estas escenas y no toman la sustancia del fruto que hay en ellas, y cambian en luto las fiestas que se preparaba mi Voluntad en la Creación y en la Redención, por eso hija mía, no dejes que se te escape nada, todas las cosas tómalas como don que te hace mi Voluntad, sean pequeñas o grandes, naturales o sobrenaturales, amargas o dulces, haz que todas entren en ti como dones y cumplimiento de mi Voluntad".

18-20
Enero 24, 1926

La Divina Voluntad es madre de todas las voluntades humanas. En la Divina Voluntad no hay muertes.

(1)Me sentía abandonada por el Cielo y por la tierra, y pensaba entre mí que Jesús me había dicho hace ya mucho tiempo, que yo debía vivir en el duro exilio de la vida como si no existiera nadie más que Jesús y yo, todos debían desaparecer de mi mente y de mi corazón. Y ahora, después de que todo me ha desaparecido y habituada a vivir sólo con

Jesús, también Él ha huido dejándome sola en poder de amarguras indecibles en el duro estado de aislamiento. ¡Oh! Dios, qué pena, ten piedad de mí, regresa a quien siente necesidad de tu Vida más que de la vida propia. Ahora, mientras esto pensaba y otras cosas más desgarradoras aún, que sería demasiado largo el decirlas, mi dulce Jesús se ha movido en mi interior, y suspirando me ha dicho:

(2) "Hija de mi Supremo Querer, ánimo en tu aislamiento, éste sirve como compañía a mi Voluntad abandonada por las criaturas; el dolor de su aislamiento, ¡oh, cómo es más duro que el tuyo! Mi Voluntad es la Madre de todas las voluntades de las criaturas, Ella, como Madre ternísima se ha quedado en el centro de la Creación para dar a luz a las voluntades humanas y tenerlas todas en torno a Ella, subirlas sobre sus rodillas, nutrirlas con la leche de sus enseñanzas celestiales y hacerlas crecer a su semejanza, dándoles toda la Creación donde entretenerse, y como mi Voluntad es centro de cada cosa creada, a cualquier parte que las criaturas fueran, Ella como centro de cada cosa les estaría más que madre afectuosa siempre cerca, para no hacerles faltar jamás sus cuidados maternos y para no dejarlas descender de su nobleza y semejanza. Pero, ¡ay de Mí! Estas hijas, estas voluntades humanas paridas por esta Madre Celestial de mi Voluntad, despreciando y no apreciando todos los cuidados maternos, su amor, sus ternuras y premuras, a pesar de que Ella esta junto a ellas, las voluntades humanas están lejanas de esta Madre, muchas ni siquiera la conocen, otras la desprecian y hacen de Ella mofa. Pobre Madre que es Voluntad, en medio de tantas hijas paridas por Ella queda aislada, abandonada, y mientras todas toman de lo suyo para vivir, se sirven de todo para crecer a su desemejanza y para ofenderla; ¿se puede dar dolor más grande para una madre que el abandono de sus propios hijos, no ser conocida por el parto de sus propias entrañas, y cambiándose en enemigas ofendan a Aquélla que las ha dado a luz? Por eso el dolor del aislamiento de mi Voluntad es grande e inconcebible. Por eso tu aislamiento sea la compañía de esta Madre aislada, que llora y busca a sus hijas, que por cuanto llora, grita y llama a sus hijas con las voces más tiernas, con las lágrimas más amargas, con los suspiros más ardientes y con las voces más fuertes de castigos, estas hijas ingratas se están lejanas del seno de Aquélla que las ha generado. Hija mía, ¿no quieres tomar parte, como verdadera hija fiel de mi Voluntad, en su dolor y en su aislamiento?"

(3) Después me he puesto a hacer la adoración a mi Crucificado Jesús, y delante a mi mente pasaba una larga fila de soldados, todos armados,

que no terminaba jamás. Yo habría querido pensar en mi Crucificado Jesús y ya no ver soldados, pero a pesar mío me veía obligada a ver estos soldados armados. Entonces pedía a mi dulce Jesús que alejara de mí esta vista a fin de que pudiera quedar libre con Él, y Jesús todo afligido me ha dicho:

(4) "Hija mía, cuanto más el mundo aparentemente parece en paz, alaba la paz, tanto más bajo aquella paz efímera y enmascarada esconden guerras, revoluciones y escenas trágicas para la pobre humanidad, y cuanto más parece que favorecen mi Iglesia y la alaban, canten victorias y triunfos y prácticas de unión entre estado e Iglesia, tanto más cercana está la contienda que preparan contra Ella. Así fue de Mí, hasta en tanto que no me aclamaron Rey y me recibieron en triunfo, Yo pude vivir en medio de los pueblos, pero después de mi entrada triunfal en Jerusalén no me dejaron vivir más, y después de pocos días me gritaron 'crucifícalo' y armándose todos contra Mí me hicieron morir. Cuando las cosas no parten de un fondo de verdad, no tienen fuerza de reinar largamente, porque faltando la verdad falta el amor y falta la vida que las sostiene, y por eso es fácil que salga fuera lo que escondían y cambian la paz en guerra, los favores en venganzas. ¡Oh, cuántas cosas imprevistas están preparando!"

(5) Jesús ha desaparecido, y yo he quedado toda afligida y pensaba entre mí: "Mi amado Jesús me ha dicho tantas veces que yo soy la pequeña recién nacida de la Divina Voluntad, por eso recién nacida apenas, sin haber formado mi pequeña vida en este Querer Supremo. Jesús, ahora que tenía más necesidad de formar mi crecimiento me deja sola, entonces yo seré como un parto abortado de la Divina Voluntad, sin tener existencia. ¿No ves amor mío en qué estado lamentable me encuentro, y cómo tus mismos designios sobre mí se resuelven en la nada? ¡Ah! si no quieres tener piedad de mí, ten piedad de Ti mismo, de tus designios y de tus trabajos que has hecho a mi pobre alma". Pero mientras mi pobre mente quería adentrarse en el estado doloroso en el cual me encuentro, mi amado Bien ha salido de dentro de mi interior, y mirándome toda de la cabeza a los pies me ha dicho:

(6) "Hija mía, en mi Voluntad no hay muertos ni abortos, y quien vive en Ella contiene por vida la Vida de mi Voluntad, y aunque se sienta morir, o aun muerta, se encuentra en mi Voluntad, la cual conteniendo la vida la hace resurgir a cada instante a nueva luz, a nueva belleza, gracia y felicidad, deleitándose en conservarla siempre pequeña en sí, para tenerla grande con Ella; pequeña pero fuerte, pequeña pero bella, recién nacida apenas, a fin de que nada de humano tenga, sino todo divino, así

que su vida es sólo mi Voluntad, la cual llevará a cabo todos mis designios, sin que nada se pierda. Serás como la gota de agua sumergida en el gran mar, como un grano en las grandes masas de los graneros; por cuanto la gota de agua parezca como desaparecida en el mar y el grano en los innumerables granos, no se puede negar ni quitarle el derecho de que su vida existe. Por eso no temas, y haz de tal manera que pierdas tu vida para adquirir el derecho de tener por vida mi sola Voluntad".

18-21
Enero 28, 1926

Adán, después del pecado hacía los mismos actos de antes, pero como se sustrajo de la Voluntad Suprema, estaban vacíos de sustancia de Vida Divina.

(1)Estaba pensando en el Santo Querer Divino, y pensaba entre mí: ¿Cómo pudo ser que Adán después del pecado, habiendo roto su voluntad con la de Dios, perdió la fuerza, el dominio, y sus actos no eran tan agradables a Dios para formarle su delicia, mientras que Adán, antes de pecar había hecho sus actos hacia Dios, los había aprendido, ¿y por qué repitiéndolos después no sonaban con el mismo sonido, no contenían la plenitud del amor divino y de la completa gloria de Dios? Ahora, mientras esto pensaba, mi amable Jesús se ha movido en mi interior, y con una luz que me enviaba me ha dicho:
(2)"Hija mía, antes que todo, Adán antes de que se sustrajera de mi Voluntad era mi hijo, contenía por centro de su vida y de todos sus actos a mi Voluntad, por lo tanto poseía una fuerza, un dominio, un atractivo todo divino, por eso su respiro, su latido, sus actos, daban lo divino, todo su ser emanaba un perfume celestial que a todos nos atraía hacia él, así que nos sentíamos heridos por todas partes por este hijo, si respiraba, si hablaba, si obraba las cosas más inocentes, indiferentes y naturales, eran heridas de amor para Nosotros, y Nosotros entreteniéndonos con él lo colmábamos siempre más de nuestros bienes, porque todo lo que hacía salía de un solo punto, el cual era nuestra Voluntad, por eso todo nos agradaba, no encontrábamos nada en que desagradarnos. Ahora, después del pecado Adán descendió del estado de hijo y se redujo al estado de siervo, y en cuanto rompió con la Voluntad Suprema salió de él la fuerza divina, el dominio, el atractivo, el perfume celestial, por eso sus actos, su ser, no daban ya lo divino, sino que se llenó de una

sensación humana, que haciéndole perder el atractivo, no nos sentíamos más heridos, es más, nos poníamos a distancia, él de Nosotros y Nosotros de él. Nada dice el que él repitiera los mismos actos que hacía antes de pecar, como en efecto los hacía; ¿pero sabes tú qué son los actos de la criatura sin la plenitud de nuestra Voluntad? Son como aquellos alimentos sin condimento y sin sustancia, que en vez de gustarlos disgustan el paladar humano, así disgustan el paladar divino, son como aquellos frutos no maduros, que no contienen ni dulzura ni sabor; son como aquellas flores sin perfume; son como aquellos vasos llenos, sí, pero de cosas viejas, frágiles y rotas. Todo esto puede servir a una estrecha necesidad del hombre y también como una sombra de la gloria de Dios, pero no a la felicidad y a todo el bienestar de la criatura y a la plenitud de la gloria de Dios. Por el contrario, ¿con qué gusto no se come un alimento bien condimentado y sustancioso? ¿Cómo refuerza a toda la persona? El solo perfume del condimento estimula el apetito y la avidez de comerlo. Y así Adán antes de que pecara, con la sustancia de nuestra Voluntad condimentaba todos sus actos, y por lo tanto estimulaba el apetito de nuestro amor a tomar todos sus actos como el alimento más agradable para Nosotros, y Nosotros en correspondencia le dábamos nuestro alimento exquisito de nuestra Voluntad. Pero después del pecado, ¡pobrecito! perdió el camino directo de comunicación con su Creador, no reinaba más en él el puro amor; el amor fue dividido por el temor, por el miedo, y no conteniendo más el absoluto dominio de la Suprema Voluntad, sus actos de antes hechos después del pecado, no tenían más aquel valor. Mucho más, pues toda la Creación, incluido también el hombre salió del Eterno Creador, que es como fuente de vida, en la cual debían conservarse sólo con la Vida de la Divina Voluntad, todo debía estar basado en Ella, y esta base de Divino Querer debía conservar todas las cosas bellas, nobles, como habían salido de Dios, como de hecho están todas las cosas creadas, tal como fueron creadas tales son, ninguna ha perdido nada de su origen, sólo el hombre perdió la vida, la base, y por esto perdió su nobleza, la fuerza, la semejanza con su Creador. Pero a pesar de todo esto mi Voluntad no dejó del todo al hombre, y no pudiéndole ser más fuente de vida y base que lo sostenía, porque él mismo se había sustraído de Ella, se ofreció como medicina para hacer que no pereciera del todo. Así que mi Voluntad es medicina, es salud, es conservación, es alimento, es vida, es plenitud de la más alta santidad, y según la quiera la criatura, Ella se ofrece: Si la quiere como medicina, Ella se ofrece para quitarle la fiebre de las pasiones, las debilidades de las impaciencias, los vértigos de la soberbia, el malestar de los apegos, y así de todo el resto de los males; si la quiere como salud, Ella se ofrece para conservarla sana, para liberarla de cualquier mal espiritual; si la quiere como alimento, Ella se da como alimento para hacerle desarrollar las fuerzas y hacerla crecer más en la santidad; si la quiere como vida y como plenitud de santidad, ¡oh! entonces mi Voluntad hace fiesta, porque ve regresar al hombre al regazo de su origen, de donde salió, y se ofrece a darle la semejanza con su Creador, finalidad única de su creación. Mi Voluntad jamás deja al hombre, si lo dejara se resolvería en la nada; y si no se presta a hacerse hacer santo por mi Voluntad, Ella usa los modos al menos para salvarlo".

(3) Yo al oír esto, decía entre mí: "Jesús, amor mío, si tanto amas el que tu Voluntad obre en la criatura como en el acto en el cual Tú la creaste, como si no hubiera habido ninguna rotura entre tu Voluntad y la de la criatura, ¿por qué al venir a la tierra a redimirnos no nos diste este gran bien, que tu Voluntad triunfante sobre todo nos pusiera en el orden de la Creación, como salimos de las manos de nuestro Padre Celestial?" Y Jesús saliendo de mi interior, me estrechó toda a su corazón, y con ternura indecible me ha dicho:

(4) "Hija mía, la finalidad primaria de mi venida a la tierra fue precisamente esto, que el hombre regresara al seno de mi Querer, como salió de él cuando fue creado; pero para hacer esto debí formar por medio de mi Humanidad la raíz, el tronco, las ramas, las hojas, las flores de las cuales debían salir los frutos celestiales de mi Querer; nadie tiene el fruto sin el árbol, este árbol fue regado por mi sangre, fue cultivado por mis penas, por mis suspiros y lágrimas; el sol que resplandeció sobre él fue sólo el Sol de mi Voluntad, por lo tanto, con toda certeza vendrán los frutos de mi Querer, pero para desear estos frutos se debe conocer cuán preciosos son, el bien que aportan, las riquezas que producen. He aquí el por qué de las tantas manifestaciones que te he hecho de mi Querer, porque el conocimiento llevará el deseo de comerlo, y cuando hayan saboreado qué significa vivir sólo para hacer mi Voluntad, si no todos, al menos en parte volverán sobre el camino de mi Querer, las dos voluntades se darán el beso perenne, no habrá más lucha entre la voluntad humana y la del Creador, y mi Redención, a los tantos frutos que ha dado, dará también el fruto del Fiat Voluntas Tua como en el Cielo así en la tierra. Por eso sé tú la primera en tomar este fruto, y no quieras otro alimento ni otra vida que mi sola Voluntad".

18-22

Enero 30, 1926

Muerte del confesor. [2] Temor de hacer la propia voluntad.

(1)Me encontraba en lo sumo de mi afiliación por la muerte fulminante de mi confesor; a mis tantas penas internas por las frecuentes privaciones de mi dulce Jesús, ha querido agregar un golpe tan doloroso para mi pobre corazón, privándome de aquél que era el único que conocía mi pobre alma, pero el Fiat Voluntas Tua sea siempre hecho, amado y adorado. La tierra era indigna de poseer a tal persona, por eso el Señor para castigarnos se lo ha llevado al Cielo. Entonces, en mi inmensa amargura de ser dejada sin confesor, no sabiendo yo misma a quién dirigirme, rogaba a mi amable Jesús por aquella alma bendita diciendo: "Amor mío, si me lo has quitado a mí, al menos llévalo Contigo derecho al Cielo". Y llorando le decía: "Lo pongo en tu Voluntad, Ella contiene todo: Amor, luz, belleza, todos los bienes que se han hecho y se harán, a fin de que lo purifiquen, lo embellezcan, lo enriquezcan de todo lo que se necesita para estar en tu presencia, y así nada encontrarás en él que impida su entrada al Cielo".

(2)Ahora, mientras esto hacía y decía, he visto ante mí un globo de luz, y dentro de aquella luz el alma de mi confesor que tomaba el camino del Cielo, sin decirme ni siquiera una palabra. Yo he quedado consolada, sí, por su suerte, pero sumamente amargada por la mía, y rogaba a Jesús que habiéndome quitado el confesor y no teniendo yo a quién dirigirme, que por su bondad me liberara del fastidio que daba al confesor, pero no como querido por mí, sino como querido por Él, porque siento que si Jesús me lo concediese como querido por mí, sentiría como si me faltase la tierra bajo los pies, el cielo sobre la cabeza, el latido en el corazón, así que para mí sería una desgracia en vez de una gracia. Y toda abandonada en el dolor ofrecía todo a Jesús para que me diera la gracia de cumplir en todo su Santísima Voluntad. Y Jesús, teniendo compasión de mi dolor me ha estrechado toda a Él y me ha dicho:

(3)"Hija mía, ánimo, no temas, no te dejo, estaré siempre contigo y te prometo que si ningún sacerdote quiere prestarse para tu asistencia, no queriendo ellos seguir mi Voluntad, Yo, no porque lo quieres tú sino porque lo quiero Yo, te libraré de su fastidio. Por eso no temas, que no haré entrar tu voluntad de por medio, haré todo por Mí, seré celoso aun de tu respiro, que no entre en él tu voluntad sino sólo la mía".

(4)Después, al llegar la noche sentía tal temor de que el bendito Jesús me sorprendiera y me hiciera caer en el estado de mis acostumbrados sufrimientos, que temblaba y lloraba; mucho más porque sentía como si yo quisiera que me liberase, y el bendito Jesús ha salido de dentro de mi interior, y poniendo su rostro cerca del mío lloraba, tanto, que he sentido bañar mi rostro por sus lágrimas, y sollozando me ha dicho:

(5) "Hija mía, ten paciencia, recuerda que sobre ti pesa la suerte del mundo. ¡Ah, tú no sabes qué significa estar en este estado de penas junto Conmigo aunque sea media hora o cinco minutos! Es mi Vida real que se repite sobre la tierra, es esta Vida Divina que sufre, que ruega, que repara en ti, que traslada en ti mi misma Voluntad, para hacer que obre en ti como obraba en mi Humanidad; ¿y a ti te parece poco?"

(6) Y haciendo silencio continuaba llorando. Yo me sentía despedazar el corazón al ver llorar a Jesús, y comprendía que lloraba por mí, para darme la gracia de que su Voluntad tuviera sus plenos derechos sobre mí y que mantuviera íntegra su Vida en mi alma, y que mi voluntad jamás tuviese vida; así que sus lágrimas eran para poner a salvo su Voluntad en mi pobre alma. Lloraba también por los sacerdotes para darles su gracia para que comprendiesen sus obras, a fin de que se prestaran también ellos a cumplir su Voluntad.

18-23
Febrero 7, 1926

La Divina Voluntad reinante en el alma la eleva sobre todo, la pone en su origen, y el alma amando con el amor de Dios, ama todas las cosas con su mismo amor, y es constituida poseedora y reina de todo lo creado.

(1) Estaba según mi costumbre fundiéndome en el Santo Querer Divino, y tomando el eterno te amo de mi dulce Jesús, y haciéndolo mío, giraba por toda la Creación para imprimirlo sobre cada cosa, a fin de que todo y todos tuvieran una sola nota, un solo sonido, una sola armonía: "Te amo, te amo, te amo por mí y por todos, hacia mi Creador que tanto me ha amado". Ahora, mientras esto hacía, mi amable Jesús ha salido de dentro de mi interior, y estrechándome a su corazón, todo ternura me ha dicho:

(2) "Hija mía, cómo es bello el te amo de quien vive en mi Voluntad, siento el eco del mío junto con el suyo sobre todas las cosas creadas, por eso siento la correspondencia del amor de la criatura por todo lo que he hecho, y además, amar significa poseer lo que se ama, o querer poseer la cosa amada; así que tú amas la Creación toda porque es mía,

y Yo te la hago amar porque quiero hacerla tuya. Tu repetido te amo para Mí sobre cada cosa creada, es el camino y el derecho de posesión para poseerla. La Creación toda al sentirse amada, reconoce a su dueña, por eso hace fiesta al sentirse repetir sobre de ella tu te amo; el amor hace reconocer lo que es suyo, y se dan sólo a aquellos por los cuales son amadas, y mi Voluntad reinante en el alma es la confirmación de que lo que es mío es suyo. Ahora, cuando una cosa es poseída entre dos personas, se necesita sumo acuerdo, la una no puede hacer sin la otra, y he aquí la necesidad de su inseparable unión, de las continuas comunicaciones sobre lo que hay que hacer con lo que poseen. ¡Oh! cómo mi Voluntad reinante en el alma la eleva sobre todo, y amando con el amor de un Dios sabe amar todas las cosas con su mismo amor, y es constituida poseedora y reina de todo lo creado.

(3) Hija mía, en este estado feliz creé al hombre, mi Voluntad debía suplir a todo lo que faltaba en él, y elevarlo a la semejanza de su Creador. Y es propiamente esta mi mira sobre ti, hacerte regresar al origen como creamos al hombre, por eso no quiero división alguna entre Yo y tú, ni que lo que es mío no sea tuyo; pero para darte los derechos quiero que reconozcas lo que es mío, a fin de que amando todo y corriendo en todas las cosas tu te amo, toda la Creación te reconozca; oirán en ti el eco del principio de la creación del hombre, y haciéndose felices ambicionaran hacerse poseer por ti.

(4) Yo hago contigo como un rey, que despreciado por sus pueblos, ofendido, olvidado, estos pueblos no están más bajo el régimen de las leyes del rey, y si alguna ley observan, es la fuerza que se impone sobre ellos, no el amor; así que el pobre rey está obligado a vivir en su palacio, aislado, sin el amor, la sujeción y el avasallamiento de su voluntad sobre los pueblos; pero entre tantos, él advierte que uno sólo se mantiene íntegro en hacerse someter en todo y por todo por la voluntad del rey, es más, repara, llora por la voluntad rebelde de todo el pueblo, y quisiera rehacer al rey haciéndose acto por cada criatura, a fin de que encuentreen él todo lo que debería encontrar en todo el resto del pueblo. Entonces el rey siente amar a éste, lo tiene siempre ante sus ojos para ver si es constante y no por un día, sino por un periodo de vida, porque sólo la constancia es sobre lo que el rey puede confiar y estar seguro de lo que quiere hacer de la criatura. El sacrificarse, el hacer el bien un día, es cosa fácil para la criatura, pero el sacrificarse y el hacer el bien toda la vida, ¡oh, cómo es difícil! Y si esto sucede, es una virtud divina obrante en la criatura. Entonces, cuando el rey se siente seguro de aquél, lo llama a sí en su palacio, le da todo lo que debería dar a todo el pueblo, y

haciendo a un lado a todos los demás hace salir de él la nueva generación de su pueblo elegido, los cuales no tendrán otra ambición que vivir sólo de la voluntad del rey, todos sojuzgados a él, como tantos partos de sus entrañas. ¿No te parece hija mía, que es precisamente esto lo que estoy haciendo por ti? Ese continuo llamarte en mi Voluntad, a fin de que no la tuya viva en ti sino la mía; aquel querer de ti, que sobre todas las cosas creadas y desde el primero hasta el último hombre que vendrá, encuentre la nota de tu te amo, de tu adoración a tu Creador, de tu reparación por cada ofensa, ¿no dice claramente que quiero todo para darte todo, y que elevándote sobre todo quiero que regrese en ti mi Voluntad íntegra, bella, triunfante, como salió de Nosotros en el principio de la Creación? Mi Voluntad fue el acto primero de la criatura, la criatura tuvo su acto primero en mi Voluntad, y por eso quiere hacer su curso de vida en ella, y si bien fue sofocada al principio de su nacer en la criatura, pero no quedó extinta, y por eso espera su campo de vida en ella; ¿no quieres tú ser su primer campito? Por eso sé atenta, cuando quieras hacer alguna cosa no la hagas jamás por ti misma, sino ruégame que la haga mi Voluntad en ti, porque la misma cosa, si la haces tú suena mal, da de humano, en cambio si la hace mi Voluntad suena bien, armoniza con el Cielo, es sostenida por una gracia y potencia divinas, es el Creador que obra en la criatura, su perfume es divino, y elevándose abraza a todos con un solo abrazo, de modo que todos sienten el bien del obrar del Creador en la criatura".

18-24
Febrero 11, 1926

La voluntad humana es la polilla que roe todos los bienes y la llave que abre todos los males. Cada acto de voluntad humana no unida con la de Dios, forma un abismo de distancia entre el Creador y la criatura.

(1)Estaba pensando entre mí: "¿Por qué tanto temor en mí, tanto de sentirme faltar la vida, si jamás sea, no hiciera en todo y por todo la Santísima Voluntad de Dios? El solo pensamiento me destruye, ¿qué será si llegara a sustraerme aun por un solo instante de la Voluntad Suprema y adorable de mi Creador?" Mientras esto pensaba, mi amable Jesús ha salido de dentro de mi interior, y tomando mis manos entre las suyas las ha besado con un amor indecible, después se las ha estrechado a su pecho, fuerte fuerte, y todo ternura me ha dicho:

(2)"Hija mía, cómo es bella mi Voluntad obrante en tus manos, tus movimientos son heridas para Mí, pero heridas divinas, porque salen del fondo de mi Voluntad dominante, obrante y triunfante en ti, así que me siento herido como por otro Yo mismo. Con justa razón temes si por un solo instante salieras de la Voluntad Suprema, ¡oh! cómo descenderías en lo bajo, te reducirías casi casi del estado de Adán inocente al estado de Adán culpable, y como Adán había sido creado como cabeza de todas las generaciones, su voluntad sustraída de su Creador formó la polilla en la raíz del árbol de todas las generaciones, por eso todos sienten las ruinas que formó la polilla de la voluntad humana desde el principio de la creación del hombre. Cada acto de voluntad humana no conectada con la de Dios forma un abismo de distancia entre el Creador y la criatura, por tanto, distancia de santidad, de belleza, de nobleza, de luz, de ciencia, etc. Entonces Adán no hizo otra cosa con sustraerse de la Divina Voluntad, que ponerse a distancia de su Creador, esta distancia lo debilitó, lo empobreció, lo desequilibró todo y llevó el desequilibrio a todas las generaciones, porque cuando el mal está en la raíz, todo el árbol está obligado a sentir los efectos malignos, los humores nocivos que hay en la raíz. Entonces hija mía, habiéndote llamado a ti como primera y cabeza de la misión de mi Voluntad, esta mi Voluntad debe poner en ti el equilibrio entre tú y el Creador, y por lo tanto quitar la distancia que hay entre la voluntad humana y la Divina, para poder formar en ti la raíz del árbol sin humores malos, haciendo correr en él sólo el humor vital de mi Voluntad, a fin de que el árbol no quede perjudicado en la vegetación, en el desarrollo y en la preciosidad de sus frutos. Ahora, si tú quisieras hacer un acto de tu voluntad no conectada con la mía, vendrías a formar la polilla a la misión que te he confiado, y como un segundo Adán me arruinarías la raíz del árbol de mi Voluntad que quiero formar en ti, y perjudicarías a todos aquellos que querrán injertarse a este árbol, porque no encontrarían toda la plenitud de mi Voluntad en quien de Ella ha tenido el principio. Por eso soy Yo que pongo este temor en tu alma a fin de que mi Voluntad sea siempre dominante en ti, y todas las manifestaciones que te he hecho estén siempre en vegetación para formar raíces, tronco, ramas, flores y frutos divinos sin la sombra de tu voluntad humana. Así regresarás a tu origen en el seno de tu Creador toda bella, crecida y formada con la plenitud de la Voluntad Suprema, y la Divinidad, satisfecha en ti de la obra de la creación del hombre, hará salir de ti y de la misión a ti confiada su pueblo elegido del Fiat Voluntas Tua como en el Cielo así en la tierra, por eso sé atenta hija mía, y no quieras arruinar la obra de mi Voluntad en ti; la amo tanto y me cuesta tanto, que usaré todo mi celo infinito y estaré Yo mismo a guardia de mi Voluntad, a fin de que la tuya jamás tenga vida".

(3) Yo he quedado sorprendida y comprendía con claridad qué significa un acto de voluntad humana en comparación de un acto de Voluntad Divina, y cómo el alma con el hacer la suya pierde la fisonomía de su Creador, y despojándose de la belleza con la cual fue creada se viste de míseros harapos, se arrastra con dificultad en el bien, adquiere la semejanza diabólica, se nutre con alimentos puercos. Jesús mío, danos la gracia a todos de jamás hacer la propia voluntad, lo cual es llamar a vida todas las pasiones. Entonces, casi temblando trataba de abismarme más adentro en la Suprema Voluntad, y llamaba a mi Mamá Celestial en mi ayuda, a fin de que junto conmigo pudiéramos, a nombre de todos adorar a la Voluntad Suprema por todas las voluntades humanas opuestas a Ella. Ahora, mientras esto hacía, el Cielo se ha abierto y mi Jesús ha salido de dentro de mi interior todo en fiesta y me ha dicho:

(4) "Hija de mi Querer, tú debes saber que cuando reina íntegra mi Voluntad en el alma, todo lo que el alma hace es el desarrollo de la Vida de mi Eterna Voluntad en ella, así que no has sido tú quien ha llamado a mi Divina Mamá, sino mi misma Voluntad que la ha llamado, y sintiéndose llamar por una Voluntad Divina, la cual ha sido siempre íntegra y triunfante en Ella, ha advertido súbito que una de la familia celestial la llamaba en la tierra, y ha dicho a todo el Cielo: 'Vayamos, vayamos, es una de nuestra familia que nos llama a cumplir los deberes de la familia a la cual pertenecemos'. Y helos aquí, míralos a todos en torno a Nosotros, la Virgen, los santos, los ángeles, para hacer tu acto de adoración que quieres hacer, y la Divinidad para recibirlo. Mi Voluntad tiene tal potencia que encierra todo y hace hacer a todos la misma cosa, como si fuera un solo acto. Por eso la gran diferencia que hay entre quien hace reinar a mi Voluntad en ella y entre quien vive del propio yo. En la primera está una Voluntad Divina que reza, que obra, que piensa, que mira, que sufre; a cada movimiento suyo mueve Cielo y tierra y une todo junto, de manera que todos sienten la potencia de la Divina Voluntad obrante en la criatura, descubren en ella la nobleza, la semejanza, la filiación de su Creador, y como hija de la familia celestial todos la protegen, la asisten, la defienden y la suspiran junto con ellos en la patria celestial. Todo lo contrario para quien vive de la propia voluntad, ella es la llave del infierno, de las miserias, de la inconstancia; donde ella abre, no sabe abrir otra cosa más que donde está el mal, y si acaso hace algún bien, es aparente, porque dentro está la polilla del

propio querer que roe todo. Por eso, aunque te cueste la vida, no salgas jamás, jamás de mi Voluntad".

18-25
Febrero 18, 1926

Cada manifestación sobre la Voluntad Divina es una bienaventuranza que brota de Dios, y cada acto de voluntad humana rechaza estas bienaventuranzas.

(1)Me sentía oprimida por tantos pensamientos que giraban en mi mente, con el agregado de la privación de mi dulce Jesús; y mientras luchaba entre la esperanza de que no me habría dejado por largo tiempo sin Él, y entre el temor de no verlo más, mi amable Jesús me ha sorprendido y me ha llenado toda de Sí mismo, de modo que no me veía más a mí, sino sólo a Jesús, el cual formaba en torno a Él un mar inmenso de muchas llamitas, y éstas eran todas las verdades que se referían a la Divinidad y a su amable Querer. Yo habría querido tomar aquellas llamitas para conocer a Aquél que es todo para mí y hacerlo conocer por todos, pero qué, en algunas cosas no encontraba las palabras humanas para expresarlas, dónde la pequeñez de mi mente no las podía contener, dónde lo infinito que no me era dado abrazar, dónde lo inmenso en lo cual yo quedaba dispersa. De todo comprendía alguna cosa, pero, ¡ay de mí! el lenguaje celeste es muy diferente del lenguaje terrestre, por lo tanto no encontraba las palabras adecuadas para hacerme comprender, mucho más que estando con Jesús yo tengo el mismo lenguaje de Él, nos comprendemos de maravilla los dos, pero retirándose Jesús y encontrándome en mí misma, siento tal cambio, que con dificultad puedo decir alguna cosa, y quizá media deforme y balbuceando como una pequeña niña. Entonces, mientras nadaba en aquel mar de llamitas, mi amado Jesús me ha dicho:
(2)"Es justo que la pequeña recién nacida de mi Querer Supremo tome parte en las bienaventuranzas, alegrías y felicidad de Aquél que la ha sacado a la luz. Todas estas llamitas que tú ves en el mar interminable de mi Voluntad, son símbolos de las bienaventuranzas, alegrías y felicidad secretas que Ella contiene; digo secretas porque no habiendo manifestado aún la plenitud del conocimiento que el Querer Eterno contiene, ni habiendo disposiciones convenientes en las criaturas para manifestarlas, todas estas bienaventuranzas están ad intra en la Divinidad, esperando que sean sacadas fuera para quien debía nacer,

vivir y hacer vida en nuestro Querer sin interrupción alguna, porque siendo una su voluntad con la nuestra, todas las puertas divinas están abiertas y nuestros más íntimos secretos develados, las alegrías y las bienaventuranzas se vuelven comunes, por cuanto a criatura es posible. Así que mira hija mía, cada manifestación que te hago sobre mi Voluntad es una bienaventuranza que brota del seno de la Divinidad, la cual no sólo te hace feliz y te dispone mayormente a vivir en mi Querer, sino que te prepara a otros nuevos conocimientos, y no sólo esto, sino que todo el Cielo queda inundado de aquella nueva bienaventuranza que ha salido de nuestro seno. ¡Oh, cómo te agradecen y ruegan que Yo continúe las manifestaciones sobre mi Voluntad! Estas bienaventuranzas fueron encerradas en Nosotros por la voluntad humana, y cada acto de voluntad humana es una cerradura a estas bienaventuranzas celestiales, no sólo en el tiempo sino también en la eternidad, porque cada acto de mi Voluntad hecho en la tierra arroja la semilla en el alma de aquella bienaventuranza que deberá gozar en el Cielo, sin la semilla es inútil esperar la planta. Por eso te quiero siempre más adentro en mi Querer".

18-26
Febrero 21, 1926

Cada manifestación sobre la Divina Voluntad es un parto de Ella, y cada acto hecho en Ella es agua que forma para engrandecer el mar de la Voluntad Eterna en torno al alma.

(1)Me sentía toda inmersa en el Santo Querer Divino, un aire celestial y divino me circundaba, y una luz inaccesible me hacía presentes, como en acto, todos los actos del Querer Supremo, los cuales encontrando en mí el mismo Querer, me daban su beso y su amor, y yo les daba nuevamente mi beso e imprimía mi te amo en cada acto del Querer Eterno. Me parecía que todos querían ser reconocidos por mí para tener mi correspondencia, acuerdo perfecto y recíproca posesión. Ahora, mientras me encontraba en este estado, mi dulce Jesús ha salido de dentro de mi interior, y con sus manos divinas me ataba en aquella luz, en modo que nada más veía que a Jesús, su Voluntad y todo lo que Ella hacía; cómo me sentía feliz, cuántas alegrías inexpresables sentía, Jesús mismo estaba todo en fiesta y sentía tal contento al verme toda para su Querer y en su Querer, que parecía que olvidaba todo para ocuparse sólo de su Voluntad, a fin de que fuese completa en mí, y triunfando sobre todo pudiese tener la finalidad para la cual todas las cosas fueron creadas. Después me ha dicho:

(2)"Hija mía, pequeña recién nacida de mi Voluntad, tú debes saber que quien ha nacido en mi Voluntad puede ser también madre, dando a luz muchos hijos a mi Supremo Querer. Para ser madre es necesario tener materia suficiente en el interior, para poder formar con su sangre, con su carne y con los alimentos continuos el parto que se quiere dar a luz. Si no está el germen y la materia suficiente, es inútil esperar ser madre. Ahora en ti, habiendo nacido en mi Querer, está el germen de la fecundidad, como también está la materia suficientísima de todas las manifestaciones que te he hecho acerca de mi Querer, cada conocimiento que te he dado, se puede decir que puede dar a luz un hijo a mi Voluntad; tus actos continuos en mi Querer son alimentos abundantes para formarlos primero en ti a estos hijos del Cielo, y después sacarlos fuera como triunfo, honor, gloria y corona de mi Voluntad y perenne alegría de la madre que los ha parido. Ve entonces qué significa una manifestación de más, es un parto de más que hace mi Voluntad, es una Vida Divina que sale para bien de las criaturas, es un debilitar las fuerzas de la voluntad humana para constituir en ella la fuerza de la Voluntad Divina. Cómo debes entonces estar atenta a no perder nada, aun de las más pequeñas manifestaciones que te hago, porque vendrías a quitarme el honor de tener un hijo de más, que puede narrar a todos un bien de más sobre mi Voluntad para darlo a las criaturas, y entonces poderla amar de más y hacerse sojuzgar por la potencia de mi Supremo Querer".

(3)Entonces, no sé cómo me sentía el acostumbrado temor que pudiese salir mínimamente de la Santísima Voluntad, y mi siempre amable Jesús ha regresado de nuevo y todo amor me ha dicho:

(4)"Hija mía, ¿por qué temes? Escucha, cuando te afanas y te afliges por temor de salir de mi Querer, Yo me río y me divierto, porque sé que es tanta el agua del mar de mi Voluntad que te circunda, que no encontrarías los confines para salir de él; dondequiera que quisieras dirigir tus pasos, a la derecha o a la izquierda, hacia adelante o hacia atrás, caminarías, sí, pero siempre en el agua del mar de mi Voluntad, y esta agua la has formado tú misma con los tantos actos que has hecho en Ella, porque siendo mi Voluntad interminable, haciendo tus actos en Ella venías a formar en torno a ti un mar del cual no puedes salir. Así que cada acto que haces viene a formar nueva agua para ensanchar mayormente el mar de la Suprema Voluntad dentro y fuera de ti. Tus mismos temores de salir del origen donde has nacido, son oleadas que formas, que agitándote te profundizan de más en el abismo del mar de mi Querer. Por eso Yo no te hago ningún reproche, porque sé donde estás y cómo estás; y más bien llamo tu atención a vivir en paz en mi Querer, o bien te hago una sorpresa con decirte otras cosas más sorprendentes sobre el Eterno Querer, de modo que sorprendida olvides todo, también tus temores, y en paz navegues el mar de mi Voluntad, y Yo, divino piloto me deleito en guiar a aquella que vive y es toda para nuestro Supremo Querer".

(5) Sea todo para gloria de Dios y para confusión mía, que soy la más miserable de las criaturas.
Deo Gratias

Nihil obstat
Canonico Hanibale
M. Di Francia

Eccl.
Imprimatur
Arzobispo Giuseppe M. Leo
Octubre de 1926

[1] Este libro ha sido traducido directamente del original manuscrito de Luisa Piccarreta
[2] Don Francesco Di Benedictis

[1]
I. M. I.
Fiat Sempre

19-1
Febrero 23, 1926

Jesús la llama la pequeña recién nacida para hacer que renazca siempre en su Santo Querer a nueva belleza, a nueva santidad, a nueva luz, a nueva semejanza con su Creador.

(1) Amor mío y vida mía, Jesús, ven Tú en ayuda de mi debilidad y de mi renuencia a escribir, más bien haz que venga a escribir tu misma Voluntad, a fin de que nada ponga de lo mío, sino solamente lo que Tú

quieres que escriba, y Tú, Mamá mía y Madre Celestial de la Divina Voluntad, ven a llevarme la mano mientras escribo, dame las palabras, facilítame los conceptos que Jesús pone en mi mente, a fin de que pueda escribir dignamente acerca de la Santísima Voluntad, de modo de volver contento a mi dulce Jesús.

(2) Estaba pensando entre mí: "¿Por qué Jesús bendito me llama frecuentemente la pequeña recién nacida de su Santísima Voluntad? Tal vez porque soy mala aún, y no habiendo dado un solo paso en su Voluntad, con razón me llama recién nacida apenas". Ahora, mientras esto pensaba, mi adorable Jesús me ha puesto los brazos al cuello y estrechándome fuerte a su corazón me ha dicho:

(3) "A mi pequeña recién nacida de mi Voluntad nada quiero negarle; ¿quieres saber por qué te llamo la pequeña recién nacida? Recién nacida significa estar en acto de nacer, y como tú debes renacer en cada acto tuyo en mi Querer, y no sólo eso, sino que mi Voluntad para rehacerse de todas las oposiciones de las voluntades humanas quiere llamarte en mi Querer a hacerte renacer tantas veces por cuantas veces las voluntades humanas se han opuesto a la suya, por eso es necesario conservarte siempre recién nacida. Quien está en acto de nacer es fácil hacerla renacer cuantas veces se quiera y conservarla sin el crecimiento de la voluntad humana, pero cuando el alma crece, resulta más difícil conservarla sin la vida del propio yo. Pero esto no es todo, a la recién nacida de mi Voluntad era necesario, conveniente, decoroso, para ella y para nuestra misma Voluntad, que se uniera a aquel acto único del Eterno, que no tiene sucesión de actos, y así como este acto único da al Ser Divino toda la grandeza, la magnificencia, la inmensidad, la eternidad, la potencia, en suma, encierra todo para poder hacer salir de este acto único todo lo que quiere, así nuestra pequeña recién nacida en nuestra Voluntad, uniéndose con el acto único del Eterno, debía hacer siempre un solo acto, esto es, estar siempre en acto continuo de nacer, hacer siempre un solo acto: 'Nuestra Voluntad'. Y mientras hace un solo acto, renacer continuamente, pero, ¿a qué cosa renacer? A nueva belleza, a nueva santidad, a nueva luz, a nueva semejanza con su Creador; y conforme tú renaces en nuestro Querer, así la Divinidad se siente correspondida en la finalidad por la que puso fuera a la Creación, y se siente regresar las alegrías y la felicidad que debía darle la criatura, y estrechándote al seno divino te colma de alegría y de gracias infinitas, y te manifiesta otros conocimientos sobre nuestra Voluntad, y no dándote tiempo te hace renacer de nuevo en nuestro Querer. Además de esto, estos nacimientos continuos te hacen morir continuamente a tu voluntad,

a tus debilidades, a las miserias, a todo lo que no pertenece a nuestro Querer. ¡Cómo es bella la suerte de mi pequeña recién nacida! ¿No estás contenta? Mira, también Yo nací una vez, pero aquel nacimiento me hace nacer continuamente, renazco en cada hostia consagrada, renazco cada vez que la criatura regresa a mi Gracia; el primer nacimiento me dio el campo para hacerme renacer siempre. Así son las obras divinas, hechas una vez queda el acto continuado sin terminar jamás. Así será de mi pequeña recién nacida en mi Querer, nacida una vez, permanecerá el acto del nacimiento continuo, por eso estoy tan atento a que no entre en ti tu querer, te circundo de tanta gracia para hacer que tú nazcas siempre en mi Querer y mi Querer renazca en ti".

19-2
Febrero 28, 1926

Cada vez que el alma se ocupa de sí misma, pierde un acto en la Voluntad Divina. Qué significa perder este acto.

(1) Continuaba en mis acostumbrados temores, y mi siempre amable Jesús haciéndose ver, todo bondad me ha dicho:

(2) "Hija mía, no pierdas el tiempo, porque cada vez que te ocupas de ti es un acto que pierdes en mi Voluntad, y si supieras qué significa perder un solo acto en mi Voluntad: Tú pierdes un acto divino, aquel acto que abraza todo y a todos y que contiene todos los bienes que hay en el Cielo y en la tierra, mucho más que mi Voluntad es un acto continuado que no se detiene jamás en su curso, ni puede esperarte a ti cuando por tus temores te detienes, es a ti a quien conviene seguirla en su curso continuado, no a Ella esperarte a ti a cuando tú te pongas en camino para seguirla. Y no sólo tú pierdes el tiempo, sino que Yo, debiendo apaciguarte y quitarte de tus temores para ponerte en camino en mi Voluntad, me obligas a Mí a ocuparme de cosas que no pertenecen al Supremo Querer, tu mismo ángel custodio que te está cerca queda en ayunas, porque cada acto que haces en Ella y conforme sigues su curso, es una bienaventuranza accidental de más que él goza estando cerca de ti, es un paraíso duplicado de alegría que tú le ofreces, de modo que se siente feliz de su suerte por tenerte bajo su custodia, y como las alegrías del Cielo son comunes, tu ángel ofrece la bienaventuranza accidental que ha recibido de ti, su paraíso duplicado, a toda la corte celestial, como fruto del Querer Divino de su protegida, todos hacen fiesta y magnifican y alaban la potencia, la santidad, la inmensidad de mi Voluntad. Por eso

sé atenta, en mi Querer no se puede perder el tiempo, hay mucho qué hacer, conviene que tú sigas el acto de un Dios no interrumpido jamás".

(3) Dicho esto ha desaparecido y yo he quedado pensativa al ver el mal que yo hacía, y decía entre mí: "¿Cómo puede ser posible que con ponerme en el Querer Divino, olvidando todo lo demás como si ninguna otra cosa existiera para mí sino sólo la eterna Voluntad, yo tome parte en todo lo que contiene este amable Querer?" Y Jesús regresando ha agregado:

(4) "Hija mía, quien ha nacido en mi Querer, es justo que sepa los secretos que Él contiene, además la cosa en sí misma es facilísima y como connatural: Supón que pases a habitar en una casa, o por poco tiempo o para siempre, en la cual hay una bella música, un aire perfumado por el cual se siente infundir una nueva vida; tú, ciertamente no has puesto aquella música ni aquel aire balsámico, pero como tú te encuentras en aquella habitación, no tuya, tú vienes a gozar tanto de la música como del aire perfumado que regenera las fuerzas a vida nueva; agrega que aquella habitación contiene pinturas encantadoras, cosas bellas que embelesan, jardines jamás vistos por ti, con tanta variedad de plantas y flores que resulta imposible numerarlos todos; también hay comidas exquisitas que jamás has gustado, ¡oh, cómo te recreas, te deleitas y gozas al mirar tantas bellezas, al probar alimentos tan exquisitos! Pero de todo esto nada está hecho o puesto por ti, no obstante tomas parte en todo sólo porque te encuentras en aquella habitación. Ahora, si esto sucede en el orden natural, mucho más fácil puede suceder en el orden sobrenatural de mi Voluntad, el alma con el entrar en Ella forma un solo acto con la Divina Voluntad, y como connatural toma parte en loque Ella hace y contiene; mucho más que el alma para vivir en mi Voluntad, primero es despojada de las vestiduras del viejo Adán culpable, y es revestida por las vestiduras del Adán nuevo y santo, su vestidura es la luz de la misma Voluntad Suprema, en la cual le vienen comunicados todos sus modos divinos, nobles y comunicativos a todos. Esta luz le hace perder las facciones humanas y le restituye la fisonomía de su Creador. ¿Qué maravilla entonces en que tome parte en todo lo que posee el Divino Querer, siendo una la Vida y una la Voluntad? Por eso sé atenta, te recomiendo que me seas fiel y tu Jesús mantendrá la batuta de hacerte vivir siempre en mi Querer, estaré en guardia a fin de que jamás puedas salir de Él".

19-3
Marzo 2, 1926

El silencio en lo que respecta a las verdades del Querer Divino forma la tumba a estas verdades, mientras que la palabra forma su resurrección.

(1) Me sentía oprimida y con tal renuencia de abrir mi alma para manifestar lo que el bendito Jesús me dice, habría querido callar para siempre, a fin de que nada más se supiera, y me lamentaba con mi dulce Jesús diciéndole: "¡Oh! si Tú me dijeras que no diga más nada a ninguno acerca de lo que pasa entre Tú y yo, de qué peso enorme me librarías, cómo estaría contenta. ¿No ves mi gran repugnancia, el esfuerzo que necesito hacer?" Pero mientras esto decía, mi siempre amable Jesús moviéndose en mi interior me ha dicho:

(2) "Hija mía, ¿quisieras tú sepultar la luz, la gracia, la verdad y así preparar la tumba a tu Jesús? El silencio acerca de todo lo que es verdad forma la sepultura de la verdad, mientras que la palabra forma la resurrección de la verdad, hace resurgir la luz, la gracia, el bien, mucho más porque la palabra sobre la verdad parte del Fiat Supremo. La palabra tuvo su campo divino cuando en la Creación, con la palabra Fiat, hice salir fuera toda la Creación, podía haberla creado aún callando, pero quise servirme de la palabra Fiat para hacer que también la palabra tuviese el origen divino, que conteniendo la potencia creadora, quien se sirva de ella para manifestar lo que a Mí pertenece, tuviese la potencia de comunicar aquellas verdades a quien tiene la fortuna de escucharlas. Para ti hay una razón más fuerte, porque siendo todo lo que Yo te digo, la mayor parte cosas que corresponden a mi Suprema Voluntad, no es solamente la palabra de origen, sino es propiamente aquel mismo Fiat, que saliendo de nuevo en campo como en la Creación quiere hacer conocer los inmensos bienes que contiene mi Querer, y comunica tal potencia sobre todo lo que te manifiesto acerca de Él, que es suficiente para poder formar la nueva Creación de mi Voluntad en las almas. ¿Esto es lo bien que me quieres, que con tu callar quieres formar la tumba a mi Voluntad?"

(3) Yo he quedado espantada y más afligida que antes, y rogaba a Jesús que me diera la gracia de cumplir su Santísima Voluntad, y mi amado Jesús, como si me quisiera consolar ha salido de dentro de mi interior y estrechándome fuerte a su santísimo corazón me infundía nueva fuerza. Mientras estaba en esto se ha abierto el Cielo y oía que todos en coro decían: "Gloria Patri et Filii et Spiritui Sancto". Y no sé cómo, a mí me ha tocado responder: "Sicut erat in principio et nunc et semper et in

saecula saeculorum, amen". ¿Pero quién puede decir lo que sucedía? En la palabra "Patri" se veía la Potencia creadora que corría por doquier, conservaba todo, daba vida a todo, el solo hálito de ella bastaba para mantener íntegro, bello y siempre nuevo todo lo que había creado. En la palabra "Filii" se veían todas las obras del Verbo, renovadas, ordenadas y todo en acto de llenar Cielo y tierra para darse a bien de las criaturas. En la palabra "Spiritui Sancto" se veía investir todas las cosas de un amor hablante, obrante y vivificante; pero, ¿quién puede decirlo todo? Mi pobre mente me la sentía inmersa en las bienaventuranzas eternas, y mi adorable Jesús queriéndome hacer volver en mí misma me ha dicho:

(4) "Hija mía, ¿sabes por qué te ha tocado a ti decir la segunda parte del Gloria? Estando en ti mi Voluntad te convenía a ti llevar la tierra al Cielo, para dar a nombre de todos, junto con la corte celestial, aquella gloria que no tendrá jamás fin, por todos los siglos de los siglos. Las cosas eternas que jamás tienen fin se encuentran sólo en mi Voluntad, y quien la posee se encuentra en comunicación con el Cielo, y lo que hacen en las regiones celestiales, ella toma parte en todo y se encuentra como en acto junto a los habitantes celestiales."

19-4
Marzo 6, 1926

Así como de la Mamá Celestial se supo la cosa más importante, que el Hijo de Dios era Hijo suyo, así será de la hija de la Divina Voluntad, sólo se sabrá lo más importante para hacerla conocer a Ella. El bien no conocido no tiene camino para comunicarse.

(1) Encontrándome en mi habitual estado, mi siempre amable Jesús ha venido, y tomándome la mano en la suya me atraía a Él en lo alto, entre el cielo y la tierra, y yo casi temiendo me estrechaba a Jesús, tomándome fuerte de su santísima mano, y queriendo desahogar con Él mi pena que tanto me oprime le he dicho:

(2) "Amor mío y vida mía, Jesús, tiempo atrás Tú me decías que querías hacer de mí una copia de mi Mamá Celestial, sin embargo de Ella casi nada se supo de los tantos mares de gracia con los que Tú a cada instante la inundabas, no dijo nada a ninguno, todo se lo reservó para Sí, ni el evangelio dice nada, sólo se sabe que fue tu Mamá y que dio al mundo al Verbo Eterno, a Ti, pero todo lo que pasó entre Tú y Ella de favores, de gracia, se los reservó todos para Sí misma. Pero para mí

quieres al contrario, quieres que manifieste lo que me dices, no quieres el secreto de lo que pasa entre Tú y yo. Por eso estoy doliente, ¿dónde está entonces la copia que quieres hacer en mí de mi Mamá Celestial?" Y mi dulce Jesús estrechándome fuerte a su corazón, todo ternura me ha dicho:

(3) "Hija mía, ánimo, no temas, así como fue de mi Mamá, que no se supo otra cosa que lo que fue necesario, que Yo era su Hijo y que por medio de Ella vine a redimir las generaciones humanas, y que fue Ella la primera en la cual Yo tuve mi primer campo de acciones divinas en su alma; todo el resto, de los favores, de los mares de gracias que recibió, quedó en el sagrario de los secretos divinos, sin embargo se supo la cosa más importante, más grande, más santa, que el Hijo de Dios era Hijo suyo, esto para Ella era el honor más grande y que la ponía por encima de todas las criaturas; por tanto sabiéndose lo más de mi Mamá, lo menos no era necesario. Así será de mi hija, sólo se sabrá que mi Voluntad ha tenido su primer campo de acción divina en tu alma, y todo lo que es necesario para hacer conocer lo que respecta a mi Voluntad y cómo quiere salir en campo para hacer que la criatura regrese a su origen, cómo con ansia la espera en sus brazos, a fin de que no más haya división entre Yo y ella. Si esto no se supiera, ¿cómo pueden suspirar este gran bien? ¿Cómo disponerse a una gracia tan grande? Si mi Mamá no hubiese querido hacer conocer que Yo era el Verbo Eterno e Hijo suyo, ¿qué bien habría producido la Redención? El bien no conocido, por cuan grande sea, no tiene caminos para comunicar el bien que posee. Y así como mi Mamá no se opuso, así la hija mía no se debe oponer a comunicar lo que respecta a mi Voluntad, todo el resto de los secretos, los vuelos que haces en mi Querer, los bienes que tomas, las cosas más íntimas entre Yo y tú permanecerán en el sagrario de los secretos divinos. No temas, tu Jesús te contentará en todo".

19-5
Marzo 9, 1926

La Creación forma la gloria muda de Dios. Al crear al hombre fue un juego de azar, el cual falló, pero se debe rehacer.

(1) Mi pobre alma nadaba en el mar interminable del Querer Divino, y mi siempre amable Jesús me hacía ver en acto toda la Creación; qué orden, qué armonía, cuántas variadas bellezas, cada cosa tenía el sello de un amor increado que corría hacia las criaturas, que descendiendo en el

fondo de cada corazón gritaban en su mudo lenguaje: "Ama, ama a Aquél que tanto ama". Yo sentía un dulce encanto al ver a toda la Creación, su mutismo amoroso, que más que voz potente hería mi pobre corazón, tanto, que me sentía venir a menos, y mi dulce Jesús sosteniéndome en sus brazos me ha dicho:

(2) "Hija mía, toda la Creación dice: 'Gloria, adoración hacia nuestro Creador, amor hacia las criaturas'. Así que la Creación es una gloria, una adoración muda para Nosotros, porque no le fue concedida ninguna libertad, ni de crecer ni de decrecer, la sacamos fuera de Nosotros, pero la dejamos en Nosotros, esto es, dentro de nuestra Voluntad a alabar, si bien en forma muda, nuestra potencia, belleza, magnificencia y gloria, así que somos Nosotros mismos que nos alabamos nuestra potencia, nuestra gloria, el infinito amor, nuestra potencia, bondad, armonía y belleza; la Creación nada nos da por sí misma, si bien siendo ella el desahogo de todo nuestro Ser Divino, sirve de espejo al hombre para mirar y conocer a su Creador, y le da lecciones sublimes de orden, de armonía, de santidad y de amor, se puede decir que el mismo Creador poniéndose en actitud de Maestro Divino, da tantas lecciones por cuantas cosas creó, de la más grande a la más pequeña obra que salió de sus manos creadoras. No fue así al crear al hombre, nuestro amor fue tanto por él, que sobrepasó todo el amor que tuvimos en la Creación, por eso lo dotamos de razón, de memoria y de voluntad, y poniendo nuestra Voluntad como en un banco en la suya, la multiplicase, la centuplicase, no para Nosotros que no teníamos necesidad, sino para su bien, a fin de que no quedase como las otras cosas creadas, mudas y en aquel punto como Nosotros las sacamos a la luz, sino que creciera siempre, siempre, en gloria, en riquezas, en amor y en semejanza con su Creador, y para hacer que él pudiese encontrar todas las ayudas posibles e imaginables, le dimos a su disposición nuestra Voluntad, a fin de que obrase con nuestra misma potencia el bien, el crecimiento, la semejanza que quería adquirir con su Creador. Nuestro amor al crear al hombre quiso hacer un juego de azar, poniendo nuestras cosas en el pequeño cerco de la voluntad humana como en el banco, nuestra belleza, sabiduría, santidad, amor, etc., y nuestra Voluntad que debía hacerse guía y actor de su obrar, a fin de que no sólo lo hiciera crecer a nuestra semejanza, sino que le diese la forma de un pequeño dios. Por eso nuestro dolor fue grande al vernos rechazar estos grandes bienes por la criatura, y nuestro juego de azar quedó malogrado, pero aun fallido, era siempre un juego divino que podía y debía rehacerse de su falla. Por eso, después de tantos años quiso de nuevo mi amor jugar al

azar, y fue con mi Mamá Inmaculada, en Ella nuestro juego no quedó malogrado, tuvo su pleno efecto, y por eso todo le dimos y todo a Ella le confiamos, más bien se formaba una competencia, Nosotros a dar y Ella a recibir.

(3) Ahora, tú debes saber que nuestro amor también contigo quiere hacer este juego de azar, a fin de que tú, unida con la Mamá Celestial nos hagas vencer en el juego rehaciéndonos de la falla que nos procuró el primer hombre, Adán, así nuestra Voluntad rehecha en sus victorias puede poner de nuevo en campo sus bienes que con tanto amor quiere dar a las criaturas; y así como por medio de la Virgen Santa, porque estaba rehecho en mi juego, hice surgir el Sol de la Redención para salvar a la humanidad perdida, así por medio tuyo haré resurgir el Sol de mi Voluntad, para que haga su camino en medio de las criaturas. He aquí la causa de tantas gracias mías que vierto en ti, los tantos conocimientos sobre mi Voluntad, esto no es otra cosa que mi juego de azar que estoy formando en ti, por eso sé atenta, a fin de que no me des el más grande de los dolores que podría recibir en toda la historia del mundo, que mi segundo juego sea fallido. ¡Ah, no, no me lo harás, mi amor saldrá victorioso y mi Voluntad encontrará su cumplimiento!".

(4) Jesús ha desaparecido y yo he quedado pensativa sobre lo que me había dicho, pero toda abandonada en el Querer Supremo. Por eso, en todo lo que escribo, –sólo Jesús sabe el desgarro de mi alma y la gran repugnancia a poner sobre el papel estas cosas que habría querido sepultar– me sentía luchar con lamisma obediencia, pero el Fiat de Jesús ha vencido, y continúo escribiendo lo que yo no quería. Entonces mi dulce Jesús ha regresado y viéndome pensativa me ha dicho:

(5) "Hija mía, ¿por qué temes? ¿No quieres que Yo juegue contigo? Tú no pondrás otra cosa tuya que la pequeña llamita de tu voluntad que Yo mismo te di al crearte, así que todo el azar de mis bienes será mío, ¿no quieres ser tú la copia de mi Mamá? Por eso ven junto Conmigo delante al trono divino y ahí encontrarás la llamita de la voluntad de la Reina del Cielo a los pies de la Majestad Suprema, que Ella puso en el juego divino, porque para jugar se necesita poner siempre alguna cosa propia, de otra manera quien vence no tiene qué tomar, y quien pierde no tiene qué dejar. Y como Yo vencí en el juego con mi Mamá, Ella perdió la llamita de su voluntad, pero, ¡feliz pérdida! Con el haber perdido su pequeña llamita, dejándola como homenaje continuo a los pies de su Creador, formó su Vida en el gran fuego divino, creciendo en el océano de los bienes divinos, y por eso pudo obtener al Redentor suspirado. Ahora te toca a ti poner la llamita de tu pequeña voluntad al lado de la de

mi inseparable Mamá, a fin de que también tú te formes en el fuego divino y crezcas con los reflejos de tu Creador, y así puedas obtener gracia ante la Suprema Majestad de poder obtener el suspirado Fiat. Estas dos llamitas se verán a los pies del trono supremo, por toda la eternidad, que no han tenido vida propia y que una obtuvo la Redención y la otra el cumplimiento de mi Voluntad, único fin de la Creación, de la Redención y de mi desquite de mi juego de azar al crear al hombre".

(6)En un instante me he encontrado delante a aquella luz inaccesible, y mi voluntad bajo forma de llamita se ha puesto al lado de aquélla de mi Mamá Celestial para hacer lo que ella hacía, ¿pero quién puede decir lo que se veía, comprendía y hacía? Me faltan las palabras y por eso pongo punto. Y mi dulce Jesús ha agregado:

(7)"Hija mía, la llamita de tu voluntad la he vencido y tú has vencido la mía; si tú no perdías la tuya no podías vencer a la mía, ahora los dos somos felices, ambos somos victoriosos, pero mira la gran diferencia que hay, en mi Voluntad basta hacer una vez un acto, una oración, un te amo, porque tomando su lugar en el Querer Supremo queda siempre a hacer el mismo acto, la oración, el te amo, sin interrumpirlo jamás, porque cuando se hace un acto en mi Voluntad, ese acto no está sujeto a interrupción, hecho una vez queda hecho para siempre, es como si siempre lo estuviera haciendo. El obrar del alma en mi Voluntad entra a tomar parte en los modos del obrar divino, que cuando obra hace siempre el mismo acto sin tener necesidad de repetirlo. ¿Qué serán tus tantos 'te amo' en mi Voluntad que repetirán siempre su estribillo, 'te amo, te amo'? Serán tantas heridas para Mí y me prepararán a conceder la gracia más grande: Que mi Voluntad sea conocida, amada y cumplida. Por eso en mi Voluntad las plegarias, las obras, el amor, entran en el orden divino y se puede decir que soy Yo mismo que ruego, que obro, que amo, ¿y qué cosa podría negarme a Mí mismo? ¿En qué cosa no podría complacerme?"

19-6
Marzo 14, 1926

Quien vive en el Querer Divino debe ser la voz de todas las cosas creadas.

(1)Continúo perdiéndome en el Santo Querer Divino, quisiera abrazar todo y a todos para poder llevar todo a mi Dios como cosas mías, dadas a mí por Él, a fin de que tuviese para darle por cada una de las cosas creadas una palabrita de amor, un gracias, un te bendigo, un te adoro. Y mi siempre amable Jesús ha salido de dentro de mi interior, y con su Fiat Omnipotente llamaba a toda la Creación para ponerla en mi regazo, para hacerme don de ella y con una ternura toda de amor me ha dicho:

(2) "Hija mía, todo es tuyo, para quien debe vivir en mi Querer, todo lo que ha salido de mi Voluntad, que Ella conserva y posee, por derecho debe ser todo suyo. Ahora, fue mi Fiat Omnipotente que extendió el cielo, lo adornó de estrellas, mi Fiat llamó a vida la luz y creó el sol y así de todas las otras cosas creadas, y mi Fiat permaneció dentro de la Creación como vida triunfadora, dominadora y conservadora. Ahora, quien ha vencido a mi Voluntad ha vencido a toda la Creación y también al mismo Dios, por lo tanto, por derecho de justicia debe poseer todo lo que mi Voluntad posee, –mucho más que siendo la Creación muda hacia su Creador, y por eso la hizo muda, para que a quien debía darla y vivir en mi Querer tuviese ella la palabra en todas las cosas creadas–, para hacer que todas las cosas hechas por Mí fuesen hablantes, no mudas. Así que tú serás la voz del cielo, que haciendo eco de un punto al otro hará oír tu palabra, que resonando en toda la atmósfera celeste dirá: 'Amo, glorifico, adoro a mi Creador'. Serás la voz de cada estrella, del sol, del viento, del trueno, del mar, de las plantas, de los montes, de todo, que repetirá continuamente: 'Amo, bendigo, glorifico, adoro, agradezco a Aquél que nos ha creado'. ¡Oh! cómo será bella la voz de mi recién nacida en mi Voluntad, de la pequeña hija de mi Querer, todas las cosas, la Creación toda me la volverá hablante, será más bello que si hubiera dado a la Creación el uso de la palabra. Te amo tanto que quiero oír tu voz en el sol, amando, adorando, glorificando; la quiero escuchar en las esferas celestiales, en el murmullo del mar, en el agitar de los peces, en el pájaro que canta y gorjea, en la oveja que bala, en la tórtola que gime, dondequiera quiero oírte, no estaría contento si en todas las cosas creadas, donde mi Voluntad tiene el primer puesto, no escuchase la voz de mi pequeña recién nacida, que volviéndome toda la Creación hablante me da amor por amor, gloria, adoración por cada una de las cosas creadas por Mí, por eso hija mía sé atenta, mucho te he dado y mucho quiero, tu misión es grande, es la Vida de mi Voluntad que debe desarrollarse en ti, la cual abraza todo y todo posee".

(3) Después de esto estaba pensando entre mí: "¿Cómo puedo hacer todo lo que dice mi Jesús, encontrarme en todas las cosas creadas, tener un acto por todo lo que hace el Supremo Querer, como si Él debiese ser mi eco y yo el eco suyo, si apenas soy recién nacida en la Divina Voluntad? Al menos debería crecer un poquito para poderme

difundir mejor en todas las cosas creadas como quiere mi amado Jesús."
Mientras esto pensaba ha salido de dentro de mi interior y me ha dicho:
(4) "Hija mía, no te maravilles si te digo que eres la recién nacida de mi Voluntad, tú debes saber que mi misma Mamá Inmaculada es la recién nacida de mi Voluntad, porque entre lo que es el Creador y lo que puede ser y tomar de Dios la criatura, se puede decir una pequeña recién nacida. Y porque fue la recién nacida de mi Voluntad se formó a semejanza de su Creador y pudo ser Reina de toda la Creación, y como Reina dominaba todo, su eco corría bien con el eco de la Divina Voluntad, y no sólo la Celestial Soberana, sino todos los santos, ángeles y beatos se pueden llamar recién nacidos apenas en el eterno Querer, porque el alma apenas sale del cuerpo mortal, renace en mi Voluntad, y si no renace en Ella no sólo no puede entrar en la patria celestial, sino que ni siquiera puede salvarse, porque en la eterna gloria ninguno entra si no es parto de mi Voluntad. Sin embargo debo decirte la gran diferencia que hay entre quien es la recién nacidade la Suprema Voluntad en el tiempo, y entre aquellos que renacen a las puertas de la eternidad, un ejemplo es mi Mamá Reina, que fue la recién nacida de la Divina Voluntad en el tiempo, y porque fue recién nacida, tuvo el poder de hacer descender a su Creador sobre la tierra, y mientras lo dejaba inmenso, lo empequeñecía en su seno materno para vestirlo de su misma naturaleza y darlo como Salvador de las generaciones humanas. Ella, con ser la recién nacida formó mares de gracias, de luz, de santidad, de sabiduría, donde poder contener a Aquél que la había creado. Con la potencia de la Vida de la Suprema Voluntad que poseía, pudo hacer todo y conseguir todo, y el mismo Dios no podía rehusarse a lo que pedía esta Celestial Criatura, porque lo que pedía, era su mismo Querer que lo pedía, al cual nada podía ni debía negar. Por lo tanto, quien es recién nacida en mi Voluntad en el tiempo, se forma estando en el exilio mares de Gracia, y partiendo de la tierra lleva consigo todos los mares de bienes que posee el Querer Divino, y por lo tanto lleva consigo al mismo Dios; es un portento llevar del exilio aquel Querer, aquel Dios que reina en los Cielos, tú misma no puedes claramente comprender los grandes bienes, los prodigios de quien es recién nacida en mi Voluntad en el tiempo, y por eso todo lo que te digo, todo puedes hacer, mucho más que mi Voluntad lo hará como fundida con tu pequeño ser. En cambio quien renace en mi Voluntad al partir de la tierra, es el Querer Divino que hace encontrar sus mares inmensos para hacer renacer al alma en Él, no lleva consigo a su Dios, sino que Dios se hace encontrar por ella. ¡Qué diferencia entre la una y la otra! Por eso, gracia más

grande no te podría dar que el hacerte la recién nacida de mi Voluntad, y si quieres crecer, haz que crezca solamente mi Querer".

19-7
Marzo 19, 1926

La Santísima Voluntad lo eclipsa todo, aun a la misma Creación y Redención, y siendo vida de todo dará frutos mayores.

(1) Escribo sólo por obedecer y para cumplir la Voluntad de Dios. Estaba pensando entre mí: "Mi siempre amable Jesús me dice tantas veces que yo debo ser copia de mi Mamá Celestial, por lo tanto abrazar todo, suplir por todos para poder conseguir el suspirado Fiat, así como la Soberana Reina consiguió al suspirado Redentor, ¿pero cómo lo puedo hacer? Ella era santa, concebida sin la mancha de origen; en cambio yo soy una de las más pequeñas y pobres criaturas, concebida como todos los hijos de Adán, con el pecado original, llena de miserias y debilidades, ¿cómo podré yo entonces seguir los vuelos de la Soberana Señora en el Querer Divino para conseguir el tan suspirado Fiat sobre la tierra, que mi dulce Jesús quiere que reine?" Ahora, mientras esto pensaba, mi dulce Jesús ha salido de dentro de mi interior y estrechándome fuerte en sus brazos me ha dicho:

(2) "Hija mía, mi Mamá fue concebida sin mancha original para poder conseguir el suspirado Redentor, porque era justo y decoroso que quien debía ser mi Madre, ni siquiera el germen de la culpa hubiese tenido jamás existencia en Ella, y debía ser la más noble, la más santa de todas las criaturas, pero de una nobleza divina y de una santidad totalmente similar a la de su Creador, para poder encontrar en Ella tanta gracia y capacidad, de poder concebir al Santo de los Santos, al Verbo Eterno. Muchas veces las criaturas hacen algo similar a esto, pues si deben conservar cosas preciosas y de gran valor, preparan vasos tersísimos y de un valor equivalente a las cosas preciosas que se deben conservar en ellos, en cambio si son cosas ordinarias y de poco valor, se preparan vasos de yeso y de poquísimo valor, no se tiene el cuidado de tenerlos bajo llave como al recipiente tersísimo, sino que los tienen expuestos, así que de la preciosidad del vaso y del cómo se tiene custodiado, se puede conocer si las cosas que contiene son preciosas y de gran valor; ahora, debiendo Yo recibir su sangre por ser concebido en su seno, era justo que tanto el alma como su cuerpo fuesen tersísimos y enriquecidos de todas las gracias, privilegios y prerrogativas posibles e imaginables que

Dios puede dar y la criatura recibir. Ahora hija mía, si todo esto fue en mi amada Mamá porque debía hacer descender al suspirado Redentor a la tierra, también a ti, habiéndote escogido para el suspirado Fiat, suspirado por el Cielo y por la tierra, suspirado con tanto amor y ansias por la misma Divinidad, es más, suspirado más por Dios que por los hombres, debía darte tanta Gracia para no poner en un alma y cuerpo corrupto los conocimientos pertenecientes a mi Voluntad, y no sólo los conocimientos sino su misma Vida que debía formar y desarrollar en ti, por lo tanto, haciendo uso de su poder, si no te exentó de la mancha de origen, con su potencia abatió y se mantiene firme sobre el germen, a fin de que no produjera sus corruptos efectos, así que en ti la mancha de origen mi Voluntad la tiene aplastada y sin vida, esto era justo y necesario a la nobleza, al decoro y a la Santidad de la Suprema Voluntad; si en ti hubiera efectos no buenos, mi Voluntad encontraría las sombras, la niebla y no podría expandir sus rayos de verdad como el sol en su pleno mediodía, mucho menos formar en ti el centro del desarrollo de su Vida Divina, porque Ella es tan tersa y santa que no sabe estar ni adaptarse a vivir junto con la más mínima sombra de mal".

(3) Yo al oír esto, temblando he dicho: "Jesús, ¿qué dices? ¿Será posible todo esto? No obstante yo me siento tan miserable y pequeña que siento la necesidad de Ti, de tu asistencia y de tu presencia para poder continuar viviendo, y Tú sabes a qué estado tan lamentable me reduzco cuando me privas de Ti". Y Jesús interrumpiéndome ha agregado:

(4) "Hija mía, no te maravilles, esto lo requiere la Santidad de mi Querer, y como se trata de la cosa más grande que existe en el Cielo y en la tierra, se trata de que si en la Redención vine a salvar al hombre, ahora se trata de poner a salvo mi Voluntad en las criaturas, y por lo tanto de hacer conocer la finalidad de la Creación, de la Redención, los bienes que quiere dar mi Querer, la Vida que quiere formar en cada criatura, los derechos que a Él convienen. Por tanto, poner a salvo una Voluntad Divina en medio de las criaturas es la cosa más grande, y mi Voluntad conocida y reinante superará los frutos de la Creación y Redención, será la corona de mis obras y el triunfo de nuestras obras, y si mi Voluntad no llega a ser conocida, amada y cumplida, ni la Creación ni la Redención tendrán su plena finalidad ni el fruto completo. La Creación, la Redención, salieron de dentro de mi Fiat Omnipotente, y para hacer que nuestra gloria sea completa y la criatura reciba todos los efectos y los bienes que contienen, todo debe regresar en nuestra Voluntad".

(5) Ahora, ¿quién puede decir cómo mi pobre mente nadaba en la inmensidad del Querer eterno? ¿Lo que comprendía? Pero lo que más me impresionaba era que el Fiat debía superar al mismo bien de la Redención, con el agregado de una renuencia terrible de manifestar lo que está dicho arriba, por el temor que la obediencia me impusiera el escribirlo. ¡Oh! cómo habría querido callar, pero con el Fiat no se discute, porque de cualquier modo la victoria debe ser siempre suya. Después mi dulce Jesús, siempre benigno, regresando me ha dicho:

(6) "Hija mía, es necesario que lo manifiestes, no por ti, sino por el decoro y santidad que conviene a mi Querer; ¿crees tú que todo el trabajo que he hecho dentro de tu alma por más de cuarenta años ha sido sólo por ti, por lo bien que te quería y te quiero? ¡Ah, no, ha sido más que todo por el decoro que le convenía a mi Voluntad, para hacer que viniendo Ella a reinar en ti encontrase mi trabajo, mis plegarias incesantes que la invitaban a venir, el trono de mis obras, de mis penas, donde pudiese dominar y formar su morada, la luz de su mismo conocimiento y así pudiese encontrar en ti los honores y su misma gloria divina! Por eso eran necesarias las tantas manifestaciones mías acerca de la Suprema Voluntad, por la decencia que le conviene. Ahora tú debes saber que mi Voluntad es más grande y más interminable que la misma Redención, y lo que es más grande lleva siempre frutos y bienes mayores. Mi Voluntad es eterna, en el tiempo y en la eternidad no tuvo principio ni tendrá jamás fin, en cambio la Redención, si bien es eterna en la mente divina, pero en el tiempo tuvo su principio y fue un producto de la Eterna Voluntad, así que no fue la Redención la que dio vida al Divino Querer, sino fue mi Querer el que dio vida a la Redención, y lo que tiene el poder de dar vida, por naturaleza y por necesidad se debe volver más fructuoso que quien ha recibido la vida. Pero esto no es todo, en la Creación, la Divinidad sacó fuera de Sí las sombras de su luz, las sombras de su sabiduría, de su potencia, derramó todo su Ser en todo lo creado, así que la Belleza, la armonía, el orden, el amor, la bondad de Dios que se ve en toda la Creación, son semejanzas divinas, sombras de la Majestad Suprema; en cambio mi Voluntad, no nuestra semejanza, nuestra sombra, sino que Ella salió fuera en el campo de la Creación como vida de todas las cosas creadas, así que Ella es vida, base, sostén, vivificación y conservación de todo lo que ha salido de nuestras manos creadoras, por eso a la Suprema Voluntad todo se debe, mi misma Redención, ante Ella dobló las rodillas para implorar que se constituyese vida de cada acto mío, de mi latido, de mi sufrir y hasta de mi respiro, a fin de que pudiese hacer correr en las criaturas las ayudas vitales para

salvarlas. Mi Redención se puede llamar el árbol, cuya raíz es la Divina Voluntad, y así como esta raíz ha producido el tronco, las ramas, las hojas, las flores de todos los bienes que hay en la Iglesia, así también debe producir el fruto de vida que contiene la raíz de este árbol. Y además, la Creación salió de Nosotros con el único fin de que nuestra Voluntad fuese conocida, amada más que la misma vida, y por eso se constituyó vida de todo, a fin de que fuese cumplida; todas las otras cosas creadas por Nosotros, y aun la misma Redención, fueron dadas como ayudas para facilitar nuestra finalidad, por lo tanto, si no obtenemos nuestra primera finalidad, ¿cómo podemos obtener nuestra gloria completa y cómo la criatura podría recibir el bien establecido por Nosotros? Además de esto, la Creación, la Redención y el Fiat Voluntas Tua como en el Cielo así en la tierra, simbolizan la Trinidad Sacrosanta, en la que las Divinas Personas son inseparables entre Ellas, así también éstas son inseparables entre ellas, una da la mano a la otra, una ayuda a la otra, pero el triunfo, la gloria, es de las tres, y como nuestra Voluntad ha tenido su puesto primario en todas nuestras obras, por eso la Creación y la Redención quedan eclipsadas y como perdidas en la inmensidad e interminabilidad de la Suprema Voluntad. Ella todo envuelve y tiene a las mismas cosas hechas por Nosotros como su trono donde reina y domina, por lo tanto, si Ella es todo, ¿por qué te maravillas de que dará frutos mayores que las otras obras nuestras? Y el hombre recibirá aquella Vida que tiene y no conoce, la cual la tiene como comprimida, ahogada, debilitada, y Ella gime, suspira, porque quiere desenvolver su Vida y no le es concedido; por eso sé atenta, porque el conocimiento de mi Voluntad sacudirá al hombre, y será como cemento a la polilla que produjo el pecado original al árbol de las generaciones humanas, y así, reforzada la raíz, la criatura podrá hacer vivir en sí aquella Vida que con tanta ingratitud rechazó".

19-8
Marzo 28, 1926

Con vivir en el Querer Divino todos los bienes quedan concentrados en el alma. La finalidad primaria de la Redención fue el Fiat Divino.

(1) Habiendo recibido la Santa Comunión, estaba llamando a todos, a mi Reina Mamá, a los santos, al primer hombre Adán, con el séquito de todas las generaciones hasta el último hombre que vendrá sobre la tierra y además a todas las cosas creadas, a fin de que todos junto conmigo,

postrados en torno a Jesús lo adoráramos, lo bendijéramos y lo amáramos, a fin de que a Jesús nada le faltara en torno a Él de todas las obras salidas de sus manos, ni un solo corazón que palpita, ni un sol que refulge, ni la vastedad del cielo azul adornado de estrellas, ni el mar que murmura, ni siquiera la pequeña florecita que eleva su perfume, todo y a todos quisiera concentrar en torno a Jesús Hostia, a fin de que le rindieran los honores debidos; su Querer me hacía todo presente como si todo fuera mío, y yo quería dar todo a Jesús. Ahora, mientras esto hacía, me parecía que Jesús era feliz al mirar a todas las generaciones y las cosas suyas en torno a Él, y estrechándome a Sí me ha dicho:

(2) "Hija mía, cómo estoy contento al ver en torno a Mí a todas mis obras, me siento restituir la alegría, la felicidad que les di al crearlas, y Yo les correspondo con nueva felicidad; este es el gran bien que contiene y lleva mi Voluntad, y en quien vive en Ella concentra los bienes de todos en ella, porque mi Voluntad no hay bien que no lleve y vincula el alma a todos y a todo lo que a Ella pertenece, así que si la criatura no se hubiese sustraído de mi Querer, Yo debía encontrar a todos en una, y a cada una en todos; los bienes, la luz, la fuerza, la ciencia, el amor, la belleza, debían ser comunes a todos, no debía haber ni tuyo ni mío, ni en el orden natural ni en el orden espiritual, cada una de las criaturas podría tomar cuanto quisiera. Símbolo del sol debía ser la vida humana en mi Voluntad, que todos pueden tomar la luz por cuanto quieran, sin que a ninguno le falte; pero como se sustrajo de mi Voluntad, los bienes, la luz, la fuerza, el amor, la belleza, quedaron divididos y como incompletos entre las criaturas, por eso no hubo más orden, ni armonía, ni verdadero amor, ni hacia Dios ni entre ellos. ¡Oh! si el sol se pudiera dividir en tantos rayos, separándose del centro de la luz, estos rayos solares terminarían volviéndose tinieblas, y ¿qué sería de la tierra? ¡Ah, ciertamente ninguno habría podido tener más una luz toda suya y toda para sí! Así fue de mi Voluntad, el hombre al sustraerse de Ella perdió la plenitud de los bienes, la plenitud de la luz, de la fuerza, de la belleza, etc., y por eso fue obligado a vivir con privaciones. Por eso sé atenta, tu vivir en mi Querer sea continuo, a fin de que tú contengas todo y Yo encuentre a todos en ti".

(3) Después estaba pensando entre mí: "Si tanto bien contiene el verdadero vivir en la Suprema Voluntad, ¿por qué mi Mamá Celestial, que era toda Voluntad de Dios, no consiguió junto al suspirado Redentor el Fiat Voluntas Tua como en el Cielo así en la tierra, y así hacer regresar al hombre en aquel Fiat Supremo de donde salió, para darle nuevamente todos lo bienes y el fin por el cual había sido creado?

Mucho más que Ella, siendo toda Voluntad de Dios, no tenía ningún alimento extraño a Dios, por lo tanto poseía la misma potencia divina y con ésta todo podía conseguir". Y mi dulce Jesús moviéndose de nuevo en mi interior, suspirando ha agregado:

(4) "Hija mía, todo lo que hizo mi Mamá y todo lo que hice Yo en la Redención, su finalidad primaria era que mi Fiat reinase sobre la tierra; no sería ni decoroso, ni verdadero amor, ni gran magnanimidad, ni mucho menos obrar como aquel Dios que era, si viniendo al mundo debiera y quisiera dar a las criaturas la cosa más pequeña, como eran los medios para salvarse, y no la cosa más grande, como era mi Voluntad, que contiene no sólo los remedios sino todos los bienes posibles que hay en el Cielo y en la tierra, y no sólo la salvación y la santidad, sino aquella santidad que la eleva a la misma Santidad de su Creador. ¡Oh, si tú pudieras penetrar en cada oración, acto, palabra y pena de mi indivisible Mamá, tú encontrarías dentro el Fiat que suspiraba e impetraba; si pudieras penetrar dentro de cada gota de mi sangre, en cada latido mío, respiro, paso, obra, dolor y lágrima, encontrarías dentro el Fiat que tenía la supremacía, que suspiraba y pedía para las criaturas, pero mientras el fin primario era el Fiat, mi bondad debió descender al fin secundario y casi hacer como un maestro que mientras posee las ciencias más altas, y podría dar lecciones nobles y sublimes, dignas de sí, como los escolares son todos analfabetas se debe abajar a dar lecciones de: a, b, c, para poder poco a poco llegar a su fin primario de impartir las lecciones de la ciencia que posee para hacer otros tantos maestros dignos de tal maestro; si este maestro no se quisiera abajar a dar lecciones de estudios inferiores y quisiera dar lecciones de su alta ciencia, los escolares, siendo analfabetas, no lo habrían entendido y confundidos por tanta ciencia ignorada por ellos lo habrían dejado, y el pobre maestro por no haberse querido abajar, no ha dado ni el pequeño bien de su ciencia ni el grande. Ahora hija mía, cuando Yo vine a la tierra las criaturas eran todas analfabetas en las cosas del Cielo, y si Yo hubiese querido hablar del Fiat y del verdadero vivir en Él, habrían sido incapaces de comprenderlo si no conocían el camino para venir a Mí, en su mayor parte eran cojos, ciegos, enfermos, debí abajarme en los vestidos de mi Humanidad que cubrían aquel Fiat que quería dar, hermanarme con ellos, mezclarme con todos para poder enseñar las primeras nociones, el a, b, c, del Fiat Supremo, y todo lo que Yo enseñé, hice y sufrí, no fue otra cosa que preparar el camino, el Reino y el dominio a mi Voluntad. Esta es la costumbre en nuestras obras, hacer las cosas menores como acto preparatorio a las cosas mayores, ¿no

hice contigo otro tanto? Al principio no te hablé del Fiat Supremo, ni de la altura, ni de la santidad a la que Yo quería que tú llegases en mi Querer, ni te hice ninguna mención de la gran misión a la cual te llamaba, sino que te tuve como a una pequeña niña, con la cual Yo me deleitaba con enseñarte la obediencia, el amor al sufrir, el desapego de todo y de todos, la muerte a tu propio yo; y conforme tú te prestabas Yo me alegraba, porque veía en ti preparado el puesto dónde poner mi Fiat y las lecciones sublimes que pertenecían a mi Voluntad. Así fue en la Redención, todo fue hecho con la finalidad de que el Fiat pudiese de nuevo reinar en la criatura, como cuando la sacamos de nuestras manos creadoras; Nosotros no tenemos prisa en nuestras obras, porque tenemos no solamente los siglos sino toda la eternidad a nuestra disposición, por eso vamos a paso lento, pero con nuestro triunfo; primero preparamos y después hacemos. No por haberme regresado al Cielo mi potencia ha disminuido de como era cuando estaba en la tierra, mi potencia es siempre igual, tanto estando en el Cielo como en la tierra; ¿no llamé y elegí a mi Mamá estando en mi patria celestial? Así te he llamado y elegido a ti con aquella misma potencia que ninguno me puede resistir para el suspirado Fiat, más bien te digo que para obtener esto, tú tienes a tu disposición cosas más grandes y más importantes que no las tuvo mi amada Mamá, por eso tú eres más feliz, porque Ella no tuvo una Mamá, ni sus obras por ayuda para conseguir al suspirado Redentor, sino sólo tuvo el cortejo de los actos de los profetas, de los patriarcas y de los buenos del antiguo testamento y de los grandes bienes previstos del futuro Redentor. En cambio tú tienes una Mamá y todas sus obras por ayuda, tienes las ayudas, las penas, oraciones y la misma Vida, no prevista sino efectuada, de tu Redentor; no hay bien ni plegarias que hayan sido hechas o se hacen en la Iglesia que no estén contigo para darte ayuda para obtener el suspirado Fiat; y como todo lo que fue hecho por Mí, por la Reina del Cielo y por todos los buenos, el fin primario era el cumplimiento de mi Voluntad, por eso todo está contigo para implorar la realización de su finalidad. Por eso sé atenta, Yo estaré junto contigo, también mi Mamá, no estarás sola a suspirar el triunfo de nuestra Voluntad".

19-9
Marzo 31, 1926

Quien vive en la Voluntad de Dios debe poseer lo que a Ella pertenece. El alma que vive en la Divina Voluntad, debe hacer la Voluntad de Dios como la hace Dios.

(1) Mi pobre mente se perdía en el Divino Querer, y una luz interminable invadía el pequeño cerco de mi inteligencia, y mientras esta luz me parecía como concentrada en mi mente, se expandía fuera, llenaba toda la atmósfera y penetrando hasta en los Cielos me parecía como concentrada en la Divinidad; ¿pero quién puede decir lo que se sentía y comprendía estando en aquella luz? Se sentía la plenitud de la felicidad, ninguna cosa podía penetrar en aquella luz que pudiese ensombrecer la alegría, la belleza, la fuerza y la penetración de los secretos divinos, y el conocimiento de los secretos supremos. Entonces mi siempre amable Jesús, mientras yo nadaba en aquella luz me ha dicho:

(2) "Hija mía, esta luz, este lugar tan encantador que no conoce ni ocaso ni noche es mi Voluntad, todo está completo en Ella, felicidad, fuerza, belleza, conocimiento del Ser Supremo, etc. Esta luz interminable que es nuestra Voluntad, salió del seno de la Divinidad como herencia del hombre, la más bella herencia que podíamos darle; Ella salió de lo íntimo de nuestro seno, llevando Consigo parte de todos nuestros bienes para hacerlos heredar por la criatura, y formarla toda bella y santa y a semejanza de Aquél que la había creado. Mira entonces hija mía qué significa hacer y vivir en mi Voluntad, no hay bien que exista en el Cielo y en la tierra que Ella no posea, quiero que tú los conozcas, ¿de otra manera cómo puedes amarlos, poseerlos y servirte de ellos en las diversas circunstancias si tú no los conoces? Si no sabes que tienes una fuerza divina a tu disposición, por una nadería te abatirías; si no sabes que posees una belleza divina, no tendrías el valor de estar Conmigo a lo familiar, te sentirías disímil de Mí y no tendrías la osadía de arrebatarme que el Fiat venga a reinar sobre la tierra; si no conoces que todo lo que he creado es tuyo, no me amarías en todas las cosas y no tendrías la plenitud del verdadero amor; y así de todas las otras cosas. Si tú no conoces todos los bienes que posee mi Voluntad, que no hay cosa que no pertenezca a Ella y que tú debes poseer, te sucedería como a un pobre que le fuese dado un millón, pero sin hacerle conocer que en su pequeña covacha le ha sido puesta aquella suma de dinero; pobrecito, como no conoce el bien que posee, continúa su vida pobre, mal comido, vestido andrajosamente y bebiendo a sorbos las amarguras de su pobreza; pero si en cambio lo conoce cambia su fortuna, cambia su covacha en un palacio, se alimenta abundantemente, viste con decencia

y bebe los dulces sorbos de su riqueza. Así que por cuantos bienes pueda uno poseer, si no los conoce es como si no los tuviese; he aquí la causa de por qué frecuentemente ensancho tu capacidad y te doy otros conocimientos sobre mi Voluntad, y te hago conocer todo lo que a Ella pertenece, a fin de que no sólo poseas mi Voluntad, sino todo lo que a Ella pertenece. Por otra parte, mi Supremo Querer para venir a reinar en el alma quiere encontrar sus bienes, sus dominios, y el alma debe hacerlos suyos para hacer que viniendo a reinar en ella, encuentre sus mismos dominios donde poder extender su régimen, su mando, y si no encuentra Cielo y tierra en el alma, ¿sobre de qué debe reinar? He aquí la necesidad por la cual mi Querer quiere concentrar en ti todos los bienes y tú debes conocerlos, amarlos y poseerlos, a fin de que estando en ti pueda encontrar su reino, dominarlo y regirlo".

(3) Después estaba pensando en lo que Jesús me había dicho, y más que nunca veía mi pequeñez y decía entre mí: "¿Cómo puedo yo concentrar todo lo que el Querer Divino contiene? Me parece que por cuanto más dice, más pequeña me vuelvo y más incapaz me siento, entonces, ¿cómo puede ser esto?" Y Jesús regresando ha agregado:

(4) "Hija mía, tú debes saber que mi Mamá Celestial pudo concebirme a Mí, Verbo Eterno, en su seno purísimo, porque hizo la Voluntad de Dios como la hacía Dios. Todas las demás prerrogativas que poseía, como son, virginidad, concepción sin mancha original, santidad, mares de gracia que poseía, no eran medios suficientes para poder concebir a un Dios, porque todas estas prerrogativas no le daban ni la Inmensidad, ni la omnividencia para poder concebir a un Dios inmenso que todo ve, mucho menos la fecundidad para poderlo concebir; en suma, habría faltado el germen para la fecundidad divina. En cambio con poseer al Supremo Querer como vida propia, y con el hacer la Voluntad de Dios como la hacía Dios, recibió el germen de la fecundidad divina, y con ello la Inmensidad, la Omnividencia, y por eso en modo connatural me pude concebir en Ella, no me faltaba ni la Inmensidad, ni todo lo que a mi Ser pertenece. Ahora hija mía, también para ti será como connatural la concentración de todo lo que a mi Voluntad pertenece si llegas a hacer la Divina Voluntad como la hace el mismo Dios. La Voluntad de Dios en ti y aquélla que reina en Dios mismo será una sola, ¿qué maravilla entonces si todo lo que es de Dios y que esta Voluntad rige, conserva y domina, sea también tuyo? Más bien, lo que se necesita es que conozcas lo que a Ella pertenece, a fin de que puedas amar los bienes que posees, y amándolos adquieras el derecho de posesión. Este hacer la Voluntad de Dios como la hace Dios, fue el punto más alto, más substancioso, más

necesario para mi Mamá para obtener al suspirado Redentor, todas las demás prerrogativas fueron la parte superficial, la decencia, el decoro que a Ella le convenía. Así es para ti, si quieres obtener el suspirado Fiat debes llegar a esto de hacer la Voluntad de Dios como la hace Dios".

19-10
Abril 4, 1926

Todo lo que Nuestro Señor hace en el alma que vive en su Voluntad, supera a todo lo que hizo en la Creación. La Divina Voluntad forma la completa resurrección del alma en Dios.

(1)Encontrándome en mi habitual estado, me sentía toda inmersa en mi amable Jesús, y mi pobre mente se perdía en los conocimientos divinos, pero todo era silencio por parte mía y por parte de Jesús, ni yo sé decir lo que mi mente comprendía. Poco después me ha hablado de nuevo y me ha dicho:
(2)"Hija mía, todo lo que hago en el alma, ¡oh, cuánto supera a todo lo que hice en la Creación! Mira, cada conocimiento que manifiesto sobre mis perfecciones, cada verdad que pertenece a la Divinidad, es un nuevo cielo que extiendo en el alma, y conforme el alma se eleva en las verdades conocidas para semejarse a su Creador, son nuevos soles que vengo a formar en el espacio de estos cielos; cada gracia que Yo vierto y cada vez que renuevo la unión Conmigo, son mares que se extienden en el alma, y su amor y su correspondencia forman el dulce murmullo en estos mares y las olas impetuosas que se elevan hasta el Cielo, que van a descargarse a los pies del trono divino. En cuanto el alma practica sus virtudes, como el cuerpo contribuye junto al ejercicio de ellas, éste se puede llamar el pequeño terreno del alma, donde Yo extiendo los más bellos prados floridos, donde Yo me deleito en crear siempre nuevas flores, plantas y frutos.
(3)Si Yo soy un acto solo, y hecho una vez está hecho para siempre, también la Creación debía ser un acto solo, y así como en la Creación mi acto solo continúa conservándola siempre nueva, íntegra y fresca, en las almas mi crear es continuo, no lo interrumpo jamás, siempre, siempre estoy en acto de formar cosas más bellas, cosas sorprendentes y nuevas, a menos que encuentre almas que me cierren las puertas y detengan mi acto continuo de la creación, y entonces busco otro medio de dar, abundo, multiplico mi acto continuado en las almas que tienen las puertas abiertas y con ellas me deleito y continúo el oficio de Creador.

¿Pero sabes tú dónde no se interrumpe jamás este mi acto continuado? En el alma que vive en mi Voluntad, ¡ah! sí, sólo en ella puedo hacer libremente lo que quiero, porque mi Voluntad que contiene el alma me la prepara para recibir mi Fiat que salió fuera en la Creación, así que mi Voluntad poseída por el alma y aquélla que tengo Yo, se dan la mano, se besan y forman los más grandes portentos, por eso sé siempre atenta y tu vuelo sea siempre en mi Querer".

(4) Después de esto estaba pensando en la Resurrección de Nuestro Señor, y Él, regresando de nuevo ha agregado:

(5) "Hija mía, mi Resurrección completó, selló, me restituyó todos los honores y llamó a vida a todas mis obras que hice en el curso de mi Vida sobre la tierra, y formó el germen de la resurrección de las almas, y hasta la de los cuerpos en el juicio universal; así que sin mi Resurrección, mi Redención habría sido incompleta y mis más bellas obras habrían sido sepultadas. Así el alma, si no resurge del todo en mi Voluntad, todas sus obras quedan incompletas, y si el frío en las cosas divinas serpentea, las pasiones la oprimen, los vicios la tiranizan, todo eso formará la tumba donde sepultarla, porque faltando la Vida de mi Voluntad faltará quién haga resurgir el fuego divino, faltará quién de un solo golpe elimine todas las pasiones y haga resurgir todas las virtudes. Mi Voluntad es más que sol que eclipsa todo, fecunda todo, convierte todo en luz y forma la completa resurrección del alma en Dios".

19-11
Abril 9, 1926

Diferencia entre las virtudes y la Divina Voluntad.

(1) Estaba pensando entre mí: "Mi dulce Jesús dice tantas cosas grandes, admirables, altísimas, maravillosas de la Voluntad de Dios, y no obstante a mí me parece que las criaturas no tienen de Ella el concepto que merece, ni tienen la gran impresión de las maravillas que en Ella hay, más bien parece que la ponen a la par de las virtudes, y tal vez tengan en más aprecio a estas virtudes que a la Santísima Voluntad de Dios". Y mi siempre amable Jesús, moviéndose en mi interior me ha dicho:

(2) "Hija mía, ¿quieres saber el por qué? Porque no tienen el paladar purgado, y están habituados a los alimentos ordinarios de este bajo mundo, como son las virtudes, y no a los alimentos celestiales y divinos como es mi Querer. Este alimento celestial es gustado solamente por

aquél que tiene a la tierra, a las cosas y a las mismas personas como una nada, o bien, todas en orden a Dios. Las virtudes que se pueden practicar sobre la tierra raramente están excluidas de fines humanos, de estima propia, de propia gloria, amor por exhibirse ante las personas y de agradar a éstas, y todos estos fines son como tantos gustos al paladar ordinario del alma, y muchas veces se obra más por estos gustos que por el bien que contiene la virtud. He aquí por qué hacen más impresión las virtudes, porque la voluntad humana gana siempre alguna cosa; en cambio mi Voluntad, la primera cosa que echa por tierra es la voluntad humana, y no tolera ningún fin que sea humano, Ella es de Cielo y quiere poner en el alma lo que es Divino y pertenece al Cielo, así que el propio 'yo' queda en ayunas y se siente morir; pero si sintiéndose morir y perdiendo la esperanza de que algún otro alimento le quede, se decide a tomar el alimento de mi Voluntad, en cuanto lo toma, estando ya su paladar purgado, entonces siente el gusto del alimento de mi Voluntad, tanto, que no lo cambiaría aun a costa de la propia vida. Mi Voluntad no sabe congeniar con las cosas bajas y pequeñas que se pueden hacer sobre la tierra, como hacen las virtudes, sino que Ella quiere tener todo y a todos como escabel a sus pies, y cambiar todo el interior del alma y a las mismas virtudes en Voluntad Divina, en una palabra, quiere su Cielo en el fondo del alma, de otra manera quedaría impedida y no podría desenvolver su Vida Divina. Por eso la gran diferencia que hay entre las virtudes y mi Voluntad, entre la santidad de la una y de la otra, las virtudes pueden ser de las criaturas y pueden formar a lo más una santidad humana, mi Voluntad es de Dios y puede formar una santidad toda divina; ¡qué diferencia! Pero como las criaturas están habituadas a mirar en lo bajo, por eso le hacen más impresión las pequeñas lamparitas de las virtudes, que el gran Sol de mi Voluntad".

(3) Después me he encontrado fuera de mí misma en el momento en que surgía el sol, todas las cosas cambiaban aspecto, las plantas quedaban brillantes, las flores recibían la vida de su perfume y del diverso color que a cada una de ellas llevaba la luz del sol, todas las cosas recibían sorbo a sorbo la vida de la luz del sol para desarrollarse y formarse, sin embargo una era la luz, uno el calor, no se veía nada más, ¿pero de dónde salían tantos diversos efectos, tantos variados tintes que daba a la naturaleza? Y mi dulce Jesús me ha dicho:

(4) "Hija mía, el sol contiene el germen de la fecundidad, el germen de la sustancia de todos los colores, pero como la luz es más grande que los bienes que contiene, por eso los tiene eclipsados todos en sí. No se puede dar una cosa si no se posee, así el sol no podría dar ni la

fecundidad, ni la dulzura a los frutos, ni el colorido a las flores, ni obrar tantas maravillas sobre la tierra, de transformarla de un abismo de tinieblas en un abismo de luz, si no contuviera en sí todos los efectos que produce. Símbolo de mi Voluntad es el sol, conforme surge sobre el alma así la vivifica, la adorna de gracias, le da las tintas más bellas de los colores divinos, la transforma en Dios, hace todo de un golpe, basta hacerla surgir para hacerla obrar cosas maravillosas. Ella, con dar nada pierde, como nada pierde el sol con hacer tanto bien a la tierra, más bien queda glorificada en el obrar de la criatura. Nuestro Ser está siempre en el perfecto equilibrio, ni crece ni puede decrecer, ¿pero sabes cómo sucede? Imagínate un mar lleno hasta el borde, un viento inviste la superficie y forma las olas, las cuales rompen fuera del mar, ahora, este mar a pesar de que desborda nada ha perdido, pues conforme las aguas son desbordadas fuera, prontamente han crecido y se ven a su mismo nivel de antes. Así sucede entre el alma y Dios, ella se puede llamar el pequeño viento que forma las olas en el mar divino, de modo que puede tomar cuanta agua quiera, pero nuestro mar permanecerá siempre en su nivel, porque nuestra naturaleza no está sujeta a sufrir mutaciones; por eso, por cuanto más tomes más me darás gusto y quedaré glorificado en ti".

(5) Después de esto pensaba en la diferencia que hay entre quien se hace dominar por la Voluntad de Dios, y entre quien se hace dominar por la voluntad humana. Mientras estaba en esto veía delante a mi mente una persona encorvada, la frente tocaba las rodillas, estaba cubierta con un velo negro, envuelta en una densa neblina que le impedía ver la luz. ¡Pobrecita! Parecía borracha, y tambaleante ahora caía a la derecha y ahora a la izquierda, verdaderamente daba piedad. Mientras esto veía, mi dulce Jesús se movió en mi interior diciéndome:

(6) "Hija mía, esta es la imagen de quien se hace dominar por la propia voluntad, el querer humano curva tanto al alma, que está obligada a mirar siempre la tierra, así que mirando la tierra, a ésta conoce y la ama; este conocimiento y este amor forman tantas exhalaciones que forman aquella neblina densa y negra que la envuelve toda y le quita la vista del Cielo y la bella luz de las verdades eternas, por eso la dote de la razón humana queda embriagada por las cosas de la tierra, y por lo tanto no tiene el paso firme y trastabilla a derecha e izquierda, y más se envuelve en las tinieblas densas que la circundan, por eso no hay desventura más grande, que un alma que se hace dominar por su voluntad. En cambio, todo al contrario para quien se hace dominar por mi Voluntad, Ella hace crecer al alma derecha, de manera que no puede curvarse hacia la tierra

sino que mira siempre el Cielo, este mirar siempre al Cielo forma tantas exhalaciones de luz que la envuelven toda, y esta nube de luz es tan densa, que eclipsando todas las cosas de la tierra las hace desaparecer todas, y en correspondencia le hace reaparecer todo lo que es Cielo, así que se puede decir que conoce el Cielo y ama todo lo que al Cielo pertenece; mi Voluntad vuelve firme el paso, por lo tanto no hay peligro de que pueda tambalearse mínimamente, y la bella dote de la razón está sana y tan iluminada por la luz que la envuelve, que pasa de una verdad a la otra, esta luz le descubre arcanos divinos, cosas inefables, alegrías celestiales; por eso la máxima fortuna de un alma es el hacerse dominar por mi Voluntad, esta criatura tiene la supremacía sobre todo, ocupa el primer puesto de honor en toda la Creación, no se aparta jamás del punto de donde Dios la ha sacado, Dios la encuentra siempre sobre sus rodillas paternas, donde ella le canta nuevamente su gloria, su amor y su eterna Voluntad. Entonces, estando sobre las rodillas del Padre Celestial, el primer amor es para ella, los mares de gracias que continuamente desbordan del seno divino son los suyos, los primeros besos, las caricias más amorosas son propiamente para ella, sólo a ella nos es dado el confiar nuestros secretos, porque siendo la más cercana a Nosotros y la que más está con Nosotros, le damos parte en todas nuestras cosas, y Nosotros formamos su vida, su alegría y felicidad, y ella forma nuestra alegría y nuestra felicidad, porque siendo su voluntad una con la nuestra, y poseyendo nuestro Querer nuestra misma felicidad, no es maravilla que poseyendo el alma nuestra Voluntad nos pueda dar a Nosotros alegría y felicidad, y por lo tanto nos hacemos felices mutuamente".

(7) Después mi pobre mente continuaba pensando en la diferencia que hay entre quien se hace dominar por la Voluntad Suprema y por quien se hace dominar por la voluntad humana, y mi sumo y único Bien ha agregado:

(8) "Hija mía, mi Voluntad contiene la potencia creadora, por tanto crea en el alma la fuerza, la gracia, la luz y la misma belleza con la cual quiere que sus cosas sean hechas por el alma; por eso el alma siente en sí una fuerza divina como si fuera de ella, una gracia suficiente para el bien que debe hacer, o para una pena que le toca sufrir; una luz que como connaturalmente le hace ver el bien que hace, y alentada por la belleza de la obra divina que ella cumple, se alegra y hace fiesta, porque las obras que cumple mi Voluntad en el alma tienen la marca de la alegría y de una fiesta perenne. Esta fiesta fue iniciada por mi Fiat en la Creación, pero fue interrumpida por la ruptura de la voluntad humana con

la de Dios, pero conforme el alma hace obrar y dominar al Supremo Querer en ella, así se reinicia la fiesta, y entre la criatura y Nosotros se reinician los entretenimientos, los juegos, las delicias. En Nosotros no existe la infelicidad ni el dolor, ¿cómo podíamos darlo a las criaturas? Y si ellas sienten la infelicidad es porque dejan la Voluntad Divina y se encierran en el pequeño campo de la voluntad humana. Por eso, conforme regresan al Supremo Querer encuentran las alegrías, la felicidad, la potencia, la fuerza, la luz, la belleza de su Creador, que haciéndolas como cosaspropias, sienten en ellas una sustancia divina connatural, que llega a darle alegría y felicidad en el mismo dolor, por eso entre el alma y Nosotros es siempre fiesta, nos divertimos y nos deleitamos juntos. En cambio en la voluntad humana no hay una potencia creadora, que al querer ejercitar las virtudes pueda crear la paciencia, la humildad, la obediencia, etc., he aquí el por qué se siente el cansancio, la fatiga para poder practicar las virtudes, porque falta la fuerza divina que las sostiene, la potencia creadora que las alimenta y les da la vida; por tanto se ve la inconstancia y pasan con facilidad de las virtudes a los vicios, de la oración a la disipación, de la Iglesia a las diversiones, de la paciencia a la impaciencia, y toda esta mezcla de bienes y de males produce la infelicidad en la criatura. En cambio, quien hace reinar en sí a mi Voluntad, siente la firmeza en el bien, siente que todas las cosas le llevan la felicidad, la alegría, mucho más que todas las cosas creadas por Nosotros tienen la marca, el germen de la alegría y de la felicidad de Aquél que las ha creado, y fueron creadas por Nosotros a fin de que todas llevasen la felicidad al hombre, cada una de las cosas creadas tiene el mandato de Nosotros, de llevar cada una la felicidad, la alegría que poseen a la criatura, en efecto, ¿qué alegría y felicidad no lleva la luz del sol? ¿Qué placer no lleva a la vista el cielo azul, un prado florido, un mar que murmura? ¿Qué gusto no lleva al paladar un fruto dulce y sabroso, un agua fresquísima, y tantas y tantas otras cosas? Todas las cosas en su mudo lenguaje dicen al hombre: 'Te traemos la felicidad, la alegría de nuestro Creador'. ¿Pero quieres saber tú en quién todas las cosas creadas encuentran el eco de su alegría y felicidad? En quien encuentran reinante y dominante a mi Voluntad, porque la Voluntad que reina íntegra en ellas, y que posee el mismo Dios y que reina en el alma, forman una misma, y desbordan la Una en la otra mares de alegría, de felicidad y de contentos, así que es una verdadera fiesta. Por eso hija mía, cada vez que te fundes en mi Voluntad y giras por todas las cosas creadas para sellar en ellas tu amor hacia Mí, tu gloria, tu adoración sobre cada una de las cosas que he creado para hacerte feliz, me siento renovar la alegría, la felicidad, la gloria, como en el acto cuando pusimos fuera toda la Creación; tú no puedes entender la fiesta que nos haces al ver tu pequeñez, que queriendo abrazar todo en nuestra Voluntad nos corresponde en amor, en gloria por todas las cosas creadas; es tanta nuestra alegría, que ponemos todo a un lado para gozarnos la alegría, la fiesta que nos das. Por eso el vivir en el Supremo Querer es la cosa más grande para Nosotros y para el alma, es el desahogo del Creador sobre la criatura, que vertiéndose sobre de ella le da su forma y le participa todas las cualidades divinas, de modo que nos sentimos repetir por ella nuestras obras, nuestra alegría, nuestra felicidad".

19-12
Abril 16, 1926

Para vivir en el Divino Querer se necesita el pleno abandono en los brazos del Padre Celestial. La nada debe ceder la vida al Todo.

(1) Me sentía tan pequeña e incapaz de hacer nada, que he llamado en mi ayuda a mi Reina Mamá, a fin de que juntas pudiésemos amar, adorar, glorificar a mi sumo y único Bien por todos y a nombre de todos. Mientras estaba en esto me he encontrado en una inmensidad de luz y toda abandonada en los brazos de mi Padre Celestial, más bien tan fundida como si formase una sola cosa con Él, de modo que no sentía más mi vida sino la de Dios. Pero, ¿quién puede decir lo que sentía y hacía? Después de esto mi dulce Jesús ha salido de dentro de mi interior y me ha dicho:

(2) "Hija mía, todo lo que has sentido, tu pleno abandono en los brazos de nuestro Padre Celestial, el no sentir más tu misma vida, es la imagen del vivir en mi Querer, porque para vivir en Él se debe vivir más de Dios que de sí misma, más bien, la nada debe ceder la vida al Todo para poder hacer todo, y tener su acto en la cima de todos los actos de cada una de las criaturas. Así fue la Vida de mi Mamá Divina, Ella fue la verdadera imagen del vivir en mi Querer, su vivir fue tan perfecto en Él, que no hacía otra cosa que recibir continuamente de Dios lo que le convenía hacer para vivir en el Supremo Querer, así que recibía el acto de la adoración suprema, para poderse poner en la cima de cada adoración que todas las criaturas estaban obligadas a hacer hacia su Creador, porque la verdadera adoración tiene vida en la Tres Divinas Personas: Nuestra concordia perfecta, nuestro amor mutuo, nuestra

única Voluntad, forman la adoración más profunda y perfecta en la Trinidad Sacrosanta. Por lo tanto, si la criatura me adora y su voluntad no está en acuerdo Conmigo, es palabra vana pero no adoración. Por eso mi Mamá todo tomaba de Nosotros, para poderse difundir en todo y ponerse en la cima de cada acto de criatura, en la cima de cada amor, de cada paso, de cada palabra, de cada pensamiento, en la cima de cada cosa creada. Ella ponía su acto primero sobre todas las cosas y esto le dio el derecho de Reina de todos y de todo, y superó en santidad, en amor, en gracia, a todos los santos que han sido y serán y a todos los ángeles unidos juntos. El Creador se vertió sobre de Ella para darle tanto amor, para que tuviera amor suficiente para poderlo amar por todos, le comunicó la suma concordia y la Voluntad única de las Tres Divinas Personas, de modo que pudo adorar en modo divino por todos y suplir a todos los deberes de las criaturas; si esto no hubiese sido así, no sería una verdad que laMamá Celestial superó a todos en la santidad, y en el amor, sino un modo de decir, pero Nosotros cuando hablamos, son hechos y no palabras. Por eso todo encontramos en Ella, y así habiendo encontrado todo y a todos, todo le dimos, constituyéndola Reina y Madre del mismo Creador.

(3)Ahora hija de mi Suprema Voluntad, quien quiere todo debe encerrar todo y ponerse en la cima, como acto primero de los actos de todos, así que el alma debe estar en la cima de cada amor, de cada adoración, de cada gloria de cada una de las criaturas. Mi Voluntad es todo, he aquí por qué la misión de la Soberana Reina y la tuya se puede decir que es una sola, y tú debes seguir paso a paso el modo como Ella estaba con Dios para poder recibir la capacidad divina, para poder tener en ti un amor que dice amor por todos, una adoración que adora por todos, una gloria que se difunde por todas las cosas creadas. Tú debes ser nuestro eco, el eco de mi Mamá Celestial; y porque solamente Ella vivió perfecta y plenamente en el Supremo Querer, por eso te puede ser guía y hacerte de maestra. ¡Ah, si tú supieras con cuánto amor te estoy alrededor, con cuánto celo te vigilo a fin de que no sea interrumpido tu vivir en mi eterno Querer! Tú debes saber que estoy haciendo más contigo que con mi misma Mamá Celestial, porque Ella no tenía tus necesidades, ni tendencias, ni pasiones que pudiesen mínimamente impedir el curso de mi Voluntad en Ella, con suma facilidad el Creador se vertía en Ella y Ella en Él, así que mi Voluntad estaba siempre triunfante en Ella, por eso no tenía necesidad ni de empujarla ni de amonestaciones; en cambio contigo debo tener más atención, y cuando veo que alguna pasioncilla, alguna pequeña tendencia quiere surgir en ti, y también cuando tu voluntad humana quisiera tener algún acto de vida propia en ti, debo amonestarte, la potencia de mi Querer debe estar en acto de demoler lo que surge en ti y que no le pertenece a Él, y mi gracia y mi amor deben correr en aquello podrido que la voluntad humana va formando, o bien impedir con gracias anticipadas que esta podredumbre se pueda formar en tu alma, porque Yo amo tanto, me cuesta tanto el alma en la cual reina mi Querer y en la cual tiene su campo de acción divina el Fiat Supremo, fin único de toda la Creación y de la misma Redención, que la amo y me cuesta más que toda la Creación y que la misma Redención, porque la Creación fue el principio de nuestra obra hacia las criaturas, la Redención fue el medio, el Fiat será el final, y las obras cuando están cumplidas se aman más y adquieren el valor completo. Mientras que una obra no está cumplida hay siempre qué hacer, qué trabajar, qué sufrir, no se puede calcular su justo valor, en cambio cuando está cumplida solamente queda el poseer y el gozar la obra hecha, y su valor completo viene a completar la gloria de Aquél que la ha formado, por eso la Creación y la Redención deben encerrarse en el Fiat Supremo. ¿Ves entonces cuánto me cuestas y cuánto siento amarte? El Fiat obrante y triunfante en la criatura es para Nosotros la cosa más grande, porque la gloria que Nosotros habíamos establecido recibir por medio de la Creación nos viene dada, nuestro fin, nuestros derechos, adquieren su pleno poder. He aquí por qué mis premuras todas para ti, mis manifestaciones a ti, mi amor por toda la Creación y Redención, todo concentrado en ti, porque en ti quiero ver el triunfo de mi Voluntad".

19-13
Abril 18, 1926

La Divina Voluntad es la depositaria de las obras divinas, y debe ser la depositaria de las obras de las criaturas.

(1) Me sentía toda empequeñecida en mí misma, y buscaba fundirme en el Santo Querer Divino para correr junto con Él, para hacerle compañía en su obrar y corresponderle al menos con mi pequeño "te amo". Ahora, mientras esto hacía, mi dulce Jesús saliendo de dentro de mi interior me ha dicho:

(2) "Hija mía, ánimo, no pongas atención en tu pequeñez, lo que más te debe importar es el tener tu pequeñez en mi Voluntad, porque estando en Ella quedarás perdida en Ella, y mi Voluntad, cual viento, llevará en tu acto la frescura que posee como refrigerio a todas las criaturas, llevará el

viento caliente para inflamarlos de mi amor, llevará el viento frío para extinguir el fuego de las pasiones, y finalmente llevará el viento húmedo como vegetación del germen de mi Voluntad. ¿Nunca has sentido tú los efectos del viento, cómo sabe cambiar el aire casi instantáneamente del calor al frío, de húmedo a un aire fresquísimo y refrigerante? Mi Voluntad es más que viento, y tus actos en Ella, agitándola, mueven los vientos que contiene y producen admirables efectos, después, todos estos vientos unidos juntos invisten el trono divino y llevan a su Creador la gloria de su Voluntad obrante en la criatura. ¡Oh! si todos supieran qué significa obrar en el Fiat Supremo, los prodigios que contiene, todos harían competencia para obrar en Él. Mira, nuestra Voluntad es tan grande, que Nosotros mismos la hacemos depositaria de nuestras obras: La Creación, para hacer que se mantuviese siempre bella, fresca, íntegra, nueva, tal como la sacamos de nuestras manos creadoras, la depositamos en nuestra Voluntad; la Redención, para hacer que estuviese siempre en acto de redimir, y mi nacimiento, mi Vida, mi Pasión y Muerte, estuviesen siempre en acto de nacer, de vivir, de sufrir y de morir para la criatura, las depositamos en nuestra Voluntad, porque sólo Ella tiene la virtud y la potencia de mantener siempre en acto la obra que se hace y reproducir aquel bien cuantas veces se quiere. Nuestras obras no estarían seguras si no fuesen depositadas en nuestra Voluntad; si esto es de nuestras obras, mucho más debería ser para las obras de las criaturas, a cuántos peligros no están sujetas cuando no son depositadas en nuestro Querer, cuántos cambios no sufren, por eso nuestro contento cuando vemos que la criatura hace el depósito de sus actos en el Supremo Querer. Estos actos, si bien pequeños, y las naderías de la criatura, hacen rivalidad con los actos nuestros, y Nosotros gozamos al ver su ingenio, que para poner al seguro sus naderías las deposita en nuestra Voluntad.

(3) Ahora, si para la Creación y para la Redención la depositaria fue nuestra Voluntad, también para el Fiat como en el Cielo así en la tierra, debe tener el depósito mi misma Voluntad, he aquí el por qué de mi insistencia de que nada hicieras si no lo depositas en Ella. Si no formas este depósito de toda tú misma, de tus pequeños actos y aun de tus naderías, mi Fiat no teniendo su pleno triunfo sobre de ti, no podrá desenvolver su Fiat como en el Cielo así en la tierra".

19-14
Abril 25, 1926

El Fiat en el Cielo es triunfador, en la tierra es conquistador.

(1) Paso días amarguísimos por las privaciones de mi dulce Jesús, siento que respiro un aire venenoso, bastante para darme no una muerte sino miles de muertes, pero mientras estoy por sucumbir bajo el golpe mortal, siento el aire vital y balsámico del Querer Supremo que me sirve de contraveneno para no dejarme morir, y me tiene en vida para sufrir muertes continuas bajo el peso incalculable de la privación de mi sumo y único Bien. ¡Oh, privación de mi Jesús, cómo eres dolorosa, tú eres el verdadero martirio para mi pobre alma! ¡Oh Voluntad Suprema, cómo eres fuerte y potente, que con darme vida me impides el vuelo hacia la patria celestial para encontrar a Aquél que tanto suspiro y ansío! ¡Ah, piedad de mi duro exilio, piedad de mí que vivo sin Aquél que es el único que puede darme vida! Pero mientras me sentía aplastada bajo el peso de su privación, mi amable Jesús se ha movido en mi interior y me miraba fijamente, a su mirada piadosa me sentía regresar de la muerte a la vida, y como yo estaba haciendo mis acostumbrados actos en su Querer Supremo, me ha dicho:

(2) "Hija mía, mientras tú imprimías tu 'te amo' en mi Voluntad sobre todas las cosas creadas, toda la Creación se sentía duplicar el amor de su Creador, y como las cosas creadas no tienen razón, aquel amor corría con ímpetu hacia Aquél que las había creado; y el Padre Celestial al verse duplicado el amor que sacó en la Creación por la pequeña recién nacida de su Querer, para no dejarse vencer en amor, duplica su amor y lo hace correr sobre todas las cosas creadas, para hacer el mismo camino que ha hecho su pequeña hija, y después todo este amor lo concentra en aquélla que le ha mandado su amor duplicado, y con ternura paterna espera la nueva sorpresa, que su recién nacida le duplique de nuevo su amor. ¡Oh, si tú supieras las corrientes y las olas de amor que van y vienen de la tierra al Cielo, y del Cielo a la tierra, cómo toda la Creación siente, si bien en su mudo lenguaje y sin razón, este amor duplicado de Aquél que las ha creado, y de aquélla, por causa de la cual fueron creadas, cómo todas se ponen en actitud de sonrisa, de fiesta y de hacer correr benévolos sus afectos hacia las criaturas! El vivir en mi Querer mueve todo, inviste todo y cumple la obra de su Creador en la Creación. El Fiat como en el Cielo sobre la tierra tiene un prodigio, una nota más armoniosa, una característica más bella que no goza ni posee en el mismo Cielo, porque en el Cielo posee el prodigio de un Fiat de absoluto triunfo, que ninguno le puede resistir, y todo el gozar en las regiones celestiales viene del Fiat Supremo. Aquí en el exilio, en el

fondo del alma, contiene el prodigio de un Fiat conquistador, y de nuevas conquistas, mientras que en el Cielo no hay nuevas conquistas porque todo es suyo. En el alma viadora mi Fiat no es absoluto, sino que quiere al alma junto, en su misma obra, y por eso se deleita de manifestarse, de ordenar y hasta de rogarle que obre con Él, y cuando el alma cede y se deja investir por el Fiat Supremo, se forman tales notas armoniosas producidas por ambas partes, que el mismo Creador se siente recrear por sus mismas notas divinas formadas por la criatura. Estas notas en el Cielo no existen, porque no es morada de obras, sino de gozos, y por eso mi Fiat en la tierra tiene la bella característica de imprimir en el alma su mismo obrar divino, para hacerla repetidora de sus obras. Así que si en el Cielo mi Fiat es triunfador y ninguno puede decir en la región celestial que ha hecho una obra para atestiguar su amor, su sacrificio al Fiat Supremo; aquí en la tierra es conquistador, y si gusta el trono, mucho más gustan las nuevas conquistas, y ¿cuánto no haría mi Fiat para conquistar un alma, para hacerla obrar en su Querer? ¿Cuánto no ha hecho y no hace por ti?"

(3) Después, mi dulce Jesús se hacía ver crucificado, y sufría mucho, yo no sabía qué hacer para aliviarlo, me sentía aniquilada por las súbitas privaciones, y Jesús, desclavándose de la cruz se ha arrojado en mis brazos diciéndome:

(4) "Ayúdame a aplacar la Divina Justicia que quiere golpear a las criaturas".

(5) Entonces se sentía un fuerte terremoto que traía destrucción de ciudades. Yo he quedado espantada, Jesús ha desaparecido, y yo me he encontrado en mí misma...

19-15
Abril 28, 1926

La Creación y la Mamá Celestial son los ejemplares más perfectos del vivir en el Divino Querer. La Virgen superó a todos en el sufrir.

(1) Estaba pensando entre mí: "Mi dulce Jesús cuando habla de su Querer une casi siempre a la Soberana Reina del Cielo, o bien a la Creación, parece que se deleita tanto de hablar de Una o de la otra, que va buscando ocasiones, pretextos, reencuentros para manifestar lo que hace su Santísima Voluntad tanto en la Mamá Celestial como en la Creación". Ahora, mientras esto pensaba, mi amable Jesús se ha

movido en mi interior y todo ternura me ha estrechado a Sí y me ha dicho:

(2) "Hija mía, si esto hago tengo fuertes razones para hacerlo. Tú debes saber que mi Voluntad solamente en la Creación y en mi Mamá Celestial ha sido siempre íntegra y ha tenido libre su campo de acción. Ahora, debiendo llamarte a ti a vivir en mi Querer como una de ellas, debía proponértelas como ejemplo, como una imagen a la cual tú debes imitar. Así que para poder hacer cosas grandes, de manera que todos puedan recibir de aquel bien, a menos que no lo quieran, la primera cosa es que mi Voluntad debe obrar integralmente en el alma; mira la Creación, como mi Voluntad está íntegra en ella, y porque Ella está íntegra, la Creación está en su puesto y contiene la plenitud de aquel bien con el cual fue creada, y por eso se mantiene siempre nueva, noble, pura, fresca, y puede participar a todos el bien que posee, pero lo bello es que mientras se da a todos, ella nada pierde y está siempre tal como fue creada por Dios; ¿qué cosa ha perdido el sol con dar tanta luz y calor a la tierra? Nada; ¿qué ha perdido el cielo azul con estar extendido en la atmósfera, la tierra con producir tantas y tan variadas plantas? Nada; y así de todas las cosas creadas por Mí. ¡Oh, cómo la Creación exalta en modo admirable aquel dicho que dicen de Mí: Es siempre antiguo y siempre nuevo! Así que mi Voluntad en la Creación es centro de vida, es plenitud de bien, es orden, armonía; todas las cosas las tiene en el puesto querido por Ella. ¿Dónde podrás encontrar tú un ejemplo más bello, una imagen más perfecta del vivir en mi Querer, si no es en la Creación? Por eso Yo te llamo a vivir en medio de las cosas creadas como una hermana de ellas, a fin de que aprendas a vivir en el Supremo Querer para poder estar también tú en el lugar querido por Mí, para poder encerrar en ti la plenitud del bien que mi Querer quiere encerrar en ti, a fin de que quien quiera pueda tomar de aquel bien, y como tú estás dotada de razón, debes sobrepasarlas a todas y corresponder a su Creador en amor y gloria por cada cosa creada, como si todas estuviesen dotadas de razón, así que serás la suplidora de toda la Creación, y ella te servirá de espejo donde mirarte para poder copiar el vivir en mi Querer, a fin de que no te separes de tu puesto; te servirá de guía y te hará de maestra dándote las lecciones más altas y perfectas sobre el vivir en mi Querer.

(3) Pero la que sobrepasa a todos es mi Mamá Celestial, Ella es el nuevo cielo, es el sol más fulgurante, es la luna más brillante, es la tierra más florida, todo, todo encierra en Sí, y si cada cosa creada encierra la plenitud de su bien recibido por Dios, mi Mamá encierra todos los bienes

juntos, porque dotada de razón y viviendo mi Voluntad íntegra en Ella, la plenitud de la Gracia, de la luz, de la Santidad, crecía a cada instante, cada acto que hacía eran soles, estrellas que mi Querer formaba en Ella, así que sobrepasó a toda la Creación, y mi Voluntad íntegra y permanente en Ella hizo la cosa más grande y consiguió el suspirado Redentor. Por eso mi Mamá es Reina en medio a la Creación, porque sobrepasó todo y mi Voluntad encontró en Ella el alimento de su razón, que íntegra y permanentemente la hacía vivir en Ella, había sumo acuerdo, se daban la mano mutuamente; no había fibra de su corazón, palabra, pensamiento, sobre del cual mi Voluntad no poseyera su Vida. ¿Y qué cosa no puede hacer un Querer Divino? Todo, no hay potencia que le falte ni cosa que no pueda hacer, por eso se puede decir que todo hizo, y todo lo que los demás no pudieron hacer ni podrán hacer todos juntos, lo hizo Ella sola.

(4) Por tanto no te maravilles si te señalo la Creación y a la Soberana Reina, porque debo señalarte los ejemplares más perfectos donde mi Voluntad tiene Vida perenne y donde jamás ha encontrado obstáculo a su campo de acción divina para poder obrar cosas dignas de Sí. Por eso hija mía, si quieres que mi Fiat Supremo reine como en el Cielo, que es la cosa más grande que nos queda por hacer para las humanas generaciones, haz que mi Querer tenga el puesto de soberano y que viva íntegro y permanente en ti, de todo lo demás no tengas ningún pensamiento, ni de tu incapacidad, ni de las circunstancias, ni de las cosas nuevas que pueden surgir en torno a ti, porque reinando en ti mi Querer, servirán como materia y alimento para que mi Fiat tenga su cumplimiento".

(5) Después estaba pensando entre mí: "Es verdad que mi Reina Mamá hizo el más grande de los sacrificios, que ningún otro ha hecho, esto es, el no querer conocer de ningún modo su voluntad, sino sólo la de Dios, y en esto abrazó todos los dolores, todas las penas, hasta el heroísmo del sacrificio de sacrificar a su propio Hijo para cumplir el Querer Supremo, pero una vez que hizo este sacrificio, todo lo que sufrió después fue el efecto de su primer acto, no tuvo que luchar como nosotros en las diversas circunstancias, en los encuentros imprevistos, en las pérdidas inesperadas, es siempre lucha, hasta sangrar el propio corazón por temor de ceder a nuestra combatiente voluntad humana; con cuánta atención se necesita estar para que el Querer Supremo tenga siempre su puesto de honor y la supremacía sobre todo, y muchas veces es más dura la lucha que la misma pena". Pero mientras esto pensaba, mi amable Jesús se ha movido en mi interior diciéndome:

(6) "Hija mía, tú te equivocas, no fue uno el máximo sacrificio de mi Mamá, sino fueron tales y tantos, por cuantos dolores, penas, circunstancias y encuentros fue expuesta su existencia y la mía; las penas en Ella siempre eran duplicadas, porque mis penas eran más que penas suyas, y además mi Sabiduría no cambió nunca dirección con mi Mamá, en cada pena que debía tocarle Yo le preguntaba siempre si quería aceptarlas, para oírme repetir por Ella aquel Fiat en cada pena, en cada circunstancia y aun en cada latido; aquel Fiat me sonaba tan dulce, tan suave y armonioso, que lo quería oír repetir a cada instante de su vida, y por eso le preguntaba siempre: ¿Mamá, quieres hacer esto? ¿Quieres sufrir esta pena? Y a Ella mi Fiat le llevaba los mares de bienes que contiene y le hacía entender la inmensidad de la pena que aceptaba, y este entender con luz divina lo que paso a paso debía sufrir, le daba tal martirio que supera infinitamente la lucha que sufren las criaturas, porque faltando en Ella el germen de la culpa, faltaba el germen de la lucha, y mi Voluntad debía encontrar otro medio para hacer que no fuese menor que las otras criaturas en el sufrir, porque debiendo adquirir con justicia el derecho de Reina de los dolores, debía superar a todas las criaturas juntas en las penas. Cuántas veces no lo has sentido tú misma, que mientras no sentías ninguna lucha, mi Querer, haciéndote entender las penas a las cuales te sometía, tú quedabas petrificada por la fuerza del dolor, y mientras quedabas destrozada en la pena, tú eras la pequeña corderita en mis brazos, pronta a aceptar otras penas a las cuales mi Querer te quería sometida; ¡ah! ¿No sufrías tú más que con la misma lucha? La lucha es señal de pasiones vehementes, mientras que mi Voluntad, si lleva el dolor, al mismo tiempo da la intrepidez, y con el conocimiento de la intensidad de la pena le da tal mérito, que sólo una Voluntad Divina puede dar. Por eso, como hago contigo, que en cada cosa que quiero de ti primero te pregunto si quieres, si aceptas, así hacía con mi Mamá, a fin de que el sacrificio sea siempre nuevo y me dé la ocasión de conversar con la criatura, de entretenerme con ella, y que mi Querer tenga su campo de acción divino en la voluntad humana".

(7) Ahora mientras estaba escribiendo lo que está escrito arriba, no he podido seguir más adelante porque mi mente ha quedado enajenada por un canto bello y armonioso, acompañado por un sonido jamás oído, este canto ponía a todos en atención y armonizaba con toda la Creación y con la patria celestial. Todo esto lo escribo por obedecer. Mientras oía el canto mi Jesús me ha dicho:

(8) "Hija mía, escucha cómo es bello este sonido y canto, es un cántico nuevo formado por los ángeles como homenaje, gloria y honor a la unión

de la Voluntad Divina con tu voluntad humana, es tanta la alegría de todo el Cielo y de la Creación toda, que no pudiéndola contener suena y canta".

(9)Dicho esto me he encontrado en mí misma.

19-16
Mayo 1, 1926

Quien vive en el Querer Divino es alimentado por el aliento divino, y quien no vive en Él es un intruso, un usurpador de los bienes de Dios, y recibe los bienes a título de limosna.

(1)Me sentía toda inmersa en el Querer Supremo, y mi dulce Jesús ha salido de dentro de mi interior, y estrechándome fuerte a Sí ponía su boca cerca de mis labios y me mandaba su aliento omnipotente. ¿Pero quién puede decir lo que sentía en mí? Aquel aliento me penetraba hasta las más íntimas fibras, me llenaba toda hasta no sentir más mi pequeñez, mi existencia, sino solamente y en toda mí misma sólo a Jesús. Así, después de haber repetido varias veces este mandarme su aliento, porque parecía que no estaba contento si no me veía toda llena de aquel aliento divino, me ha dicho:

(2)"Hija mía, habiendo tú nacido en mi Querer, es necesario, es justo y decoroso que en Él vivas, crezcas y te alimentes, que adquieras las prerrogativas de verdadera hija de mi Querer; ningún lineamiento extraño ni cosa que no pertenezca a mi Querer se debe ver en ti, así que de tu fisonomía, de tus modos, de tu hablar y hasta del modo como tú amas y rezas, se debe conocer que eres la hija de mi Voluntad. ¿Ves entonces cómo te amo y con qué celo te custodio y te alimento? Con mi mismo aliento, porque quien debe vivir en mi Querer, solamente mi aliento puede conservar íntegra y permanente la Vida de mi Voluntad en ella, así que aquel aliento que con tanto amor hice salir de mi seno en la creación del hombre para infundirle mi semejanza, lo continúo en el alma que vive en mi Voluntad para formar mis verdaderas imágenes y los grandes portentos que había establecido formar en la Creación, por causa de las cuales todas las cosas fueron hechas, por eso suspiro tanto a quien vive en mi Querer, porque sólo ella no me dejará desilusionado en el fin de la Creación, sólo ella gozará por derecho las cosas creadas por Mí, porque siendo una mi Voluntad con la suya, lo que es mío es suyo, y con derecho puede decir: 'El cielo, el sol, la tierra y todas las otras cosas son mías, por eso quiero gozármelas, y también para dar honor a la Suprema

Voluntad que las ha creado y que reina en mí'. En cambio el alma en la cual no reina mi Querer no tiene ningún derecho, y si las goza es un usurpador, porque no son suyas, es un intruso en mis bienes, pero como mi bondad es tanta le dejo gozar a título de limosna, pero no de derecho. He aquí por qué muchas veces los elementos se descargan en daño del hombre, porque no tiene derecho, y de las cosas de la tierra le queda la limosna que el Creador le manda. Así que quien vive en mi Querer es como reina en medio de la Creación, y Yo gozo sumamente al verla reinante en medio de mis bienes".

(3) Después de esto yo continuaba rezando, y mi dulce Jesús ha regresado y me hacía ver que de sus santísimas manos salían dos fuentes de luz, una descendía sobre mi pobre alma, pero Jesús hacía un ingenio tal en sus manos, que mientras descendía ascendía nuevamente a lo alto, parecía una corriente continuada, que mientras descendía, subía, y Jesús se deleitaba en medio de estas fuentes de luz, y estaba todo atento a fin de que toda esta luz quedase concentrada en mí, y después me ha dicho:

(4) "Hija mía, estas fuentes de luz que descienden de mis manos, es mi Voluntad que desciende del Cielo y hace su camino en el alma para cumplir lo que quiere hacer en ella; este hacer de mi Voluntad forma la otra fuente de luz que sube, por medio de mis manos, de nuevo al Cielo para llevar el cumplimiento de mi Voluntad por la criatura al Eterno Creador, pero mientras sube, enseguida desciende de nuevo, duplicada, para continuar su acción divina en la criatura. Mi Voluntad tiene un movimiento continuo, no se detiene jamás, si se pudiese detener su movimiento, lo que no puede ser, cesaría la vida a toda la Creación, al sol, al cielo estrellado, a las plantas, al agua, al fuego y las criaturas, todas descenderían en la nada; por eso mi Voluntad con su movimiento continuo es vida de cada cosa creada, vincula todo, es más que aire que con su respiro hace respirar, desarrollar, crecer todas las cosas salidas de nuestras manos. Mira entonces qué afrenta hacen las criaturas, pues mientras mi Voluntad es vida de todo y centro de cada cosa, y sin Ella nada existiría, ni ningún bien, ellas no quieren reconocer ni su dominio ni su Vida que corre en ellas, he aquí por qué quien reconoce la Vida de mi Voluntad en ella y en todas las cosas, es el triunfo de nuestra Voluntad y la conquista de nuestras victorias, es la correspondencia de nuestro Amor a nuestro movimiento continuo, nuestra Voluntad la vincula a toda la Creación haciéndole hacer todo el bien que hace mi misma Voluntad. Así que todo es suyo, y Yo la amo tanto que no sé hacer nada sin ella,

porque en virtud de mi Voluntad tenemos la misma Vida, el mismo amor, un solo latido y un solo respiro".

(5) Y mientras esto decía se ha arrojado en mis brazos como desfallecido de amor y ha desaparecido.

19-17
Mayo 3, 1926

La Voluntad Divina bilocándose reina en el alma como en su sede.

(1) Estaba según mi costumbre, por fundirme en el Santo Querer Divino y decía: "Majestad Suprema, vengo a nombre de todos, desde el primero hasta el último hombre que existirá sobre la tierra para daros todos lo homenajes, las adoraciones, las alabanzas, el amor que cada criatura os debe, y a haceros todas las reparaciones de todos y de cada uno de los pecados". Ahora, mientras esto decía, mi amable Jesús se ha movido en mi interior y me ha dicho:

(2) "Hija mía, este modo de rezar es sólo de mi Voluntad, porque solamente Ella puede decir: "Vengo a nombre de todos delante a la Majestad Suprema". Porque con su omnividencia e inmensidad ve todo y abraza a todos y puede decir, no como un modo de decir, sino en realidad: "Vengo a nombre de todos para haceros todo lo que las criaturas os deben". Ninguna voluntad humana puede decir en realidad: "Vengo a nombre de todos". Esta es la señal de que mi Voluntad reina en ti".

(3) Y mientras esto decía, en voz alta mi Jesús continuaba rezando y yo lo seguía, y juntos nos hemos encontrado delante a la Majestad Suprema. ¡Oh! cómo era bello rezar con Jesús, todas las cosas quedaban investidas por sus palabras y sus actos, y como su Voluntad se encontraba por todas partes y en cada cosa creada, por doquier se oían repetir sus palabras creadoras, sus adoraciones y todo lo que hacía. Yo me sentía empequeñecer más junto a Jesús y estaba toda maravillada, entonces Él ha agregado:

(4) "Hija mía, no te maravilles, es mi Voluntad que bilocándose, mientras reina en Dios, al mismo tiempo reina en el alma, y con sus modos divinos reza, ama y obra en ella, por eso nos resulta imposible no estimar, no amar, no escuchar nuestra Voluntad bilocada en la criatura, es más, sólo Ella nos lleva como en regazo nuestra alegría, la felicidad, el amor que desbordó de nuestro seno en nuestra obra 'ad extra' de la Creación, nos repite la fiesta, nos renueva el gozo que sentimos al crear tantas cosas

bellas dignas de Nosotros. ¿Cómo no amar a aquélla que nos da la ocasión de bilocar nuestra Voluntad al hacerla reinar en ella para darnos amor, adoraciones, gloria divina? Por eso el vivir en mi Querer es el prodigio de los prodigios, porque el todo está en la voluntad, tanto en Dios como en la criatura. Cuántas cosas Nosotros podíamos hacer, pero como no las quisimos no las hicimos, cuando las queremos somos todo amor, todo potencia, todo ojo, manos y pies, en suma, todo nuestro Ser viene concentrado en el acto que quiere hacer nuestra Voluntad, en cambio si nuestra Voluntad no quiere, ninguno de nuestros atributos se mueve, parece que no tienen vida para todo lo que no quiere hacer nuestra Voluntad, así que Ella tiene la supremacía, el dominio sobre nuestro Ser, y es la dirigente de todos nuestros atributos. Por eso la cosa más grande que podíamos dar a la criatura era nuestra Voluntad, y en Ella concentrábamos todo nuestro Ser, ¿se podía dar amor más intenso, milagro más estrepitoso que esto? Es más, por cuanto le pudiéramos dar a la criatura, a Nosotros nos parece nada en comparación de dar nuestra Voluntad reinante y dominante en ella, porque en las demás cosas que podemos dar, son los frutos de nuestras obras, de nuestros dominios, en cambio con dar nuestra Voluntad, no son los frutos sino nuestra misma Vida y nuestros mismos dominios; ¿quién tiene más valor, los frutos o la vida? Ciertamente la vida, porque con dar la Vida de nuestro Querer damos al mismo tiempo la fuente de todos nuestros bienes, y quien posee la fuente de los bienes no tiene necesidad de los frutos. Y si la criatura nos diese todo, hiciera los más grandes sacrificios, pero no nos diera su pequeño querer para hacer reinar el nuestro, nos daría siempre nada, es más, cuando las cosas no son producidas por nuestro Querer, por cuán grandes sean, las miramos como cosas extrañas a Nosotros, y que no nos pertenecen".

(5) Después, yo estaba pensando en lo que Jesús me había dicho y decía entre mí: "¿Será posible todo esto, que el Divino Querer llega hasta bilocarse para reinar en la criatura como en su propia sede, en su seno divino?" Y Jesús ha agregado:

(6) "Hija mía, ¿sabes cómo sucede? Supón un pequeño y pobre tugurio, donde un rey, llevado por amor a este tugurio quiere habitar dentro, así que desde dentro de aquel tugurio se escucha la voz del rey, parten las órdenes del rey, salen sus obras, dentro de aquel tugurio están los alimentos adecuados paraalimentar al rey, la silla para sentarse digna de él, así que el rey nada ha cambiado de lo que le conviene a su real persona, sólo ha cambiado la habitación de la morada real, por su voluntad y con sumo placer ha escogido el tugurio. El pequeño tugurio

es el alma, el rey es mi Voluntad. ¿Cuántas veces escucho la voz de mi Voluntad que ruega, que habla, que enseña en el pequeño tugurio de tu alma? ¿Cuántas veces veo salir mis obras, y rijo, vivifico y conservo todas las cosas creadas desde tu pequeño tugurio? Mi Voluntad no toma en cuenta la pequeñez, más bien le agrada sumamente, lo que va buscando es el absoluto dominio, porque con el absoluto dominio puede hacer lo que quiere y poner lo que le agrada".

19-18
Mayo 6, 1926

Los que viven en el Querer Divino son los primeros delante a Dios, y forman su corona.

(1)Estaba según mi costumbre fundiéndome en el Santo Querer Divino y pedía a la Mamá Celestial que viniera junto conmigo, que me diese su mano, a fin de que guiada por Ella pudiera corresponder a mi Dios por todo aquel amor, aquella adoración y gloria que todos le deben. Ahora, mientras esto decía, mi amado Jesús se ha movido en mi interior y me ha dicho:
(2) "Hija mía, tú debes saber que los primeros delante a la Majestad Suprema son aquellos que han vivido en mi Querer y que jamás han salido de mi Voluntad. Mi Mamá vino al mundo después de cuatro mil años, sin embargo delante a Dios fue primero que Adán; sus actos, su amor, están en el primer orden de las criaturas, así que sus actos están primero que todos los actos de las criaturas, porque fue Ella la más cercana a Dios, vinculada con los vínculos más estrechos de santidad, de unión y de semejanza, y con el vivir en nuestro Querer sus actos se volvían inseparables de los nuestros, y como son inseparables se vuelven los actos más cercanos, como cosas connaturales a su Creador. El primero y el después en nuestra Voluntad no existen, sino todo es como acto primero, por eso quien vive en mi Voluntad, a pesar de que venga al último es siempre antes que todos. Así que no se mirará la época en la cual las almas saldrán a la luz del tiempo, sino que se verá si la Vida de mi Voluntad ha estado en ellas como centro de vida, reinante y dominante en todos sus actos, tal como reina y domina en el seno de la Divinidad, éstas serán las primeras, sus actos hechos en nuestro Querer se elevarán sobre todos los actos de las otras criaturas, y todos quedarán detrás, por eso estas almas serán nuestra corona. Mira, conforme tú llamabas a mi Mamá en mi Querer para corresponderme en

amor, adoración y gloria, mi Querer os ha unido juntas, y el amor, la gloria, la adoración que hacía la Soberana Reina se han vuelto actos tuyos, y los tuyos se han vuelto actos de mi Mamá, mi Voluntad todo ha puesto en común, y los unos se han vuelto inseparables de los otros, y Yo oía en ti la voz de mi Mamá, sentía su amor, su adoración, su gloria, y en mi Mamá oía tu voz que me amaba, me adoraba, me glorificaba; cómo me sentía feliz, encontrar y sentir a la Mamá en la hija y a la hija en la Mamá. Mi Voluntad une a todos y a todo, no sería verdadero vivir en mi Querer, ni obrar de mi Voluntad, si todo lo que a Ella pertenece y todo su eterno obrar no lo concentra en el alma que en Ella vive y donde tiene su Reino y dominio. Si esto no fuera, el Reino de mi Voluntad sería un Reino dividido, lo que no puede ser, porque mi Voluntad une todo junto su obrar y de él hace un solo acto, y si se dice que crea, redime, santifica y otras cosas, son los efectos de aquel solo acto que jamás cambia acción. Por eso, quien vive en mi Querer su origen es eterno, inseparable de su Creador y de todos aquellos en los cuales mi Voluntad ha tenido su Reino y su dominio".

19-19
Mayo 10, 1926

Así como el sol es vida de toda la naturaleza, así el Querer Divino es vida del alma.

(1) Mi pobre mente nadaba en el mar inmenso del eterno Querer, y mi dulce Jesús me ha transportado fuera de mí misma en el momento en el que surgía el sol, ¡qué encanto ver que la tierra, las plantas, las flores, el mar, sufrían una transformación! Todos se quitaban de una pesadumbre que los oprimía, todos surgían a la nueva vida que les daba la luz y adquirían su belleza y el desarrollo que les daba la luz y el calor para hacerlos crecer. La luz al surgir, parecía que les daba la mano al investirlos para dar la fecundidad a las plantas, el colorido a las flores, para hacer huir las sombras de las tinieblas sobre el mar y le daba con su luz su matiz de plata, ¿pero quién puede decir todos los efectos que producía la luz solar al investir toda la tierra, cubriendo todo con su vestidura de luz? Sería extenderme demasiado si quisiera describir todo. Ahora, mientras esto veía, mi amado Jesús me ha dicho:

(2) "Hija mía, cómo es bello el surgir del sol, cómo cambia toda la naturaleza, y con investirla con su misma luz da a cada una de las cosas los efectos para hacerlas producir el bien que contienen, pero para hacer

esto la luz las debe investir, tocar, plasmar, penetrar tan adentro para darles los sorbos de la luz para infundir la vida del bien que deben producir. Así que si las plantas, las flores, el mar, no se hacen investir por la luz, la luz estaría para ellos como muerta, y ellos quedarían bajo la opresión de las tinieblas, las cuales les servirían de tumba para enterrarlas. La virtud de las tinieblas es de dar muerte, la virtud de la luz es de dar vida, así que si no fuese por la luz del sol, de la cual dependen todos y por la cual tienen vida todas las cosas creadas, nada habría de bien sobre la tierra, más bien sería espantosa y horrible al verse, por eso la vida de la tierra está ligada a la luz.

(3) Ahora hija mía, el sol es símbolo de mi Voluntad, y tú has visto cómo es bello y encantador su surgir sobre la tierra, cuántos efectos produce, cuánta variedad de tintes, cuántas bellezas, cuantas transformaciones sabe hacer la luz, y cómo este sol ha sido puesto por su Creador para dar vida, crecimiento y belleza a toda la naturaleza. Ahora, si esto hace el sol para cumplir su oficio que le dio Dios, mucho más el Sol de mi Voluntad que fue dado al hombre para infundirle la Vida de su Creador. ¡Oh, cómo es más encantador y bello el surgir del Sol de mi Voluntad sobre la criatura! Al poner su luz sobre ella la transforma, le da las variadas tintas de belleza de su Creador, con el investirla y plasmarla se adentra en ella y le da los sorbos de Vida Divina, a fin de que crezca y produzca los efectos de los bienes que contiene la Vida de su Creador. Ahora, ¿qué sería de la tierra sin el sol? Más fea y espantosa sería el alma sin mi Voluntad; sin Ella, ¡oh, cómo desciende de su origen, cómo el yugo de las pasiones y de los vicios, más que tinieblas la hacen morir y le preparan la tumba donde enterrarla! Pero tú has visto que la luz del sol, tanto bien puede hacer por cuanto se dejan tocar e investir por su luz las plantas, las flores y todo lo demás, y necesitan estar con las bocas abiertas para recibir los sorbos de vida que les da el sol. Así es mi Voluntad, tanto bien puede hacer, tanto de belleza y de Vida Divina puede infundir, por cuanto el alma se hace tocar, investir, plasmar por las manos de luz de mi Voluntad, si el alma se da en poder de esta luz, abandonándose toda en ella, mi Supremo Querer cumplirá el más grande de los prodigios en la Creación, esto es, la Vida Divina en la criatura. ¡Oh! Si el sol pudiera formar con el reflejo de su luz otros tantos soles sobre cada una de las plantas, en los mares, sobre los montes, en los valles, ¿qué encanto más bello, qué belleza más deslumbrante, cuántos prodigios de más no habría en el orden de la naturaleza? Sin embargo, lo que no hace el sol lo hace mi Voluntad en el alma que vive en Ella, y que está como pequeña flor con la boca abierta para recibir los sorbos de

luz que mi Querer le da para formar en ella la Vida del Sol Divino. Por tanto sé atenta, toma a cada instante estos sorbos de luz de mi Querer, a fin de que cumpla en ti el más grande de los prodigios, que mi Voluntad tenga su Vida Divina en la criatura".

(4) Después de esto estaba diciendo a mi sumo y único Bien: "Amor mío, uno mi inteligencia a la tuya a fin de que mis pensamientos tengan vida en los tuyos, y difundiéndose en tu Querer corran sobre cada pensamiento de criatura, y elevándonos juntos delante a nuestro Padre Celestial le llevaremos los homenajes, la sujeción, el amor de cada uno de los pensamientos de criatura e imploraremos que todas las inteligencias creadas se reordenen y armonicen con su Creador". Y así con las miradas de Jesús, con las palabras, con las obras, con sus pasos, y hasta con su latido. Yo me sentía toda transformada en Jesús, de modo que yo me encontraba como en acto, para todo lo que mi Jesús había hecho y hacía para reintegrar la gloria del Padre, y para el bien que había conseguido para las criaturas; su obrar y el mío era uno solo, uno el Amor, una la Voluntad; y mi dulce Jesús ha agregado:

(5) "Hija mía, cómo es bella la oración, el amor, el obrar de la criatura en mi Voluntad, son actos llenos de toda la plenitud Divina, es tanta la plenitud, que abrazan todo y a todos y hasta al mismo Dios. Mira, eternamente se verán tus pensamientos en los míos, tus ojos en los míos, tus palabras en las mías, tus obras y pasos en los míos, a tu latido palpitar en el mío, porque una es la Voluntad que nos da vida, uno el Amor que nos mueve, que nos empuja y que nos vincula en modo inseparable. He aquí por qué el Sol de mi Voluntad supera en modo infinito y más sorprendente al sol que está en la atmósfera; mira la gran diferencia, el sol creado por Dios, mientras golpea la tierra y la inviste produce admirables e innumerables efectos, pero no se aleja de su fuente, desciende a lo bajo, se levanta a lo alto, toca las estrellas, pero la plenitud de la luz está siempre en su esfera, de otra manera no podría investir siempre de la misma manera a todo con su luz, pero a pesar de todo esto, la luz solar no penetra en los Cielos para investir el trono de Dios, para penetrar en Dios mismo y hacer una su luz con la luz inaccesible del Ente Supremo, ni inviste a los ángeles, ni a los santos, ni a la Mamá Celestial. En cambio el Sol de mi Voluntad cuando con toda su plenitud reina en el alma, su luz penetra dondequiera, en los corazones y mentes de las criaturas que viven en lo bajo de la tierra, pero lo que sorprende más, es que se levanta en lo alto, inviste toda la Creación y lleva al sol, a las estrellas, al cielo, el beso de la luz del Querer Supremo. La Voluntad Divina que reina en la Creación y el Sol

de la Voluntad Suprema que reina en el alma se encuentran, se besan, se aman y se hacen felices mutuamente, y mientras se queda en la Creación, porque el Sol de mi Voluntad no deja nada atrás, lleva todo junto Consigo, penetra en los Cielos, inviste a todos, ángeles, santos, a la Soberana Reina, da el beso a todos, da nuevas alegrías, nuevos contentos, nuevo amor, pero esto no es todo, sino que con impetuosidad se vierte en el seno del Eterno. La Divina Voluntad bilocada en la criatura besa, ama, adora a la Voluntad reinante en Dios mismo, le lleva a todos y a todo y uniéndose juntas surge de nuevo para hacer su curso, porque estando en el alma la plenitud del Sol del Querer eterno, este Sol está a su disposición, y conforme hace sus actos, ama, reza, repara, etc.; este Sol reemprende el nuevo curso para dar a todos la sorpresa de su luz, de su amor, de su vida; así que mientras este Sol del eterno Querer surge, hace su curso para hacer su ocaso en el seno de la Divinidad, otro más surge para hacer su camino envolviendo todo, hasta la patria celestial, para hacer en ella su ocaso de oro en el seno de la Majestad Suprema. Así que las bilocaciones de mi Voluntad son innumerables, este Sol surge a cada acto de la criatura hecho en este Sol del Querer Supremo, lo que no sucede en el sol que está en la atmósfera, que es siempre uno, no se multiplica. ¡Oh!, si el sol tuviese la virtud de hacer surgir tantos soles por cuantas veces hace su curso sobre la tierra, ¿cuántos soles no se verían arriba en lo alto? ¿Qué encanto, cuántos bienes de más no recibiría la tierra? Por lo tanto, ¿cuántos bienes no hace el alma que vive del todo en mi Querer, dando la ocasión a su Dios de bilocar su Voluntad para hacerle repetir los prodigios que solamente sabe hacer un Dios?"

(6) Dicho esto ha desaparecido y yo me he encontrado en mí misma.

19-20
Mayo 13, 1926

Imágenes de quien obra por fines humanos y quien obra para cumplir la Voluntad Divina. Nuestro Señor es el latido de la Creación. La santidad está en el cumplimiento del propio deber.

(1) Estaba haciendo mi acostumbrada adoración a mi crucificado Jesús, y mientras rezaba he sentido cerca a mi dulce Jesús, que poniéndome el brazo en el cuello me estrechaba fuerte a Sí, y al mismo tiempo me hacía ver a mi último confesor difunto, me parecía verlo pensativo, todo recogido, pero sin decirme nada, mi Jesús lo miraba y me ha dicho:

(2) "Hija mía, tu confesor se ha encontrado cosas grandes delante a Mí, porque cuando emprendía un oficio, un empeño, no omitía nada para cumplir exactamente aquel oficio, era atentísimo, hacía grandes sacrificios, y si era necesario se disponía aun a poner su propia vida para hacer que su oficio fuese cumplido exactamente; tenía un temor, que si no obrase como convenía a su oficio en las obras que le habían sido confiadas, pudiera ser él un obstáculo a la misma obra, esto significa que apreciaba y daba el justo valor a mis obras, y su atención atraía la gracia que se necesitaba para el desempeño de su oficio; esto aparentemente no parece una gran cosa, pero sin embargo lo es todo, porque cuando uno es llamado para un oficio, y cumple los deberes que hay en aquel oficio, significa que lo hace por Dios, y en el cumplimiento del propio deber está la santidad. Entonces, si él se ha presentado delante de Mí con el cumplimiento de los propios deberes que le fueron confiados, ¿cómo no debía remunerarlo como él se merecía?"

(3) Ahora, mientras Jesús esto decía, el confesor, como si se concentrase de más en un recogimiento más profundo, en su rostro se reflejaba la luz de Jesús, pero no me ha dicho ni siquiera una palabra. Entonces Jesús me ha dicho:

(4) "Hija mía, cuando un sujeto ocupa un oficio y comete una equivocación, no está atento a los deberes que impone su oficio, puede hacer venir grandes males; supón a uno que tenga el oficio de juez, de rey, de ministro, de alcalde, y comete un error, o no está atento a los propios deberes, puede hacer venir la ruina de familias, de países y aun de reinos enteros; si aquel error, aquella falta de atención la hiciera una persona particular que no ocupa aquel oficio, no llevaría tanto mal, por eso las faltas en los oficios pesan de más y llevan más graves consecuencias, y Yo cuando llamo a un confesor para darle un oficio y en este oficio le confío una obra mía, y no veo en él la atención ni el cumplimiento de los propios deberes que hay en aquel oficio, no le doy ni la gracia necesaria ni la luz suficiente para hacerle comprender toda la importancia de mi obra, ni puedo fiarme de él, porque veo que no aprecia la obra que le he confiado. Hija mía, quien cumple exactamente su oficio, significa que lo hace para cumplir mi Voluntad; en cambio quien lo hace diversamente, significa que lo hace por fines humanos, y si tú supieras la diferencia que hay entre el uno y el otro".

(5) Mientras estaba en esto veía a dos personas delante de mí, uno que iba recogiendo piedras, trapos viejos, hierros herrumbrosos, pedazos de yeso, cosas todas de gran peso y de poquísimo valor; pobrecito, padecía, se fatigaba, sudaba bajo el peso de aquellas porquerías, mucho

más que no le daban lo necesario para quitarse el hambre. El otro iba recogiendo granitos de brillantes, pequeñas gemas y piedras preciosas; todas ellas cosas ligerísimas pero de valor incalculable, y mi dulce Jesús ha agregado:

(6) "Aquél que va recogiendo porquerías es la imagen de quien obra por fines humanos; lo humano lleva siempre el peso de la materia. El otro es la imagen de quien obra para cumplir la Voluntad Divina; qué diferencia entre el uno y el otro, los granitos de diamante son mis verdades, los conocimientos de mi Voluntad, que recogidos por el alma forman tantos brillantes para sí. Ahora, si se pierde o no se recoge alguna de aquellas cosas sin valor, no hará casi ningún daño, pero si se pierde o no se recoge uno de aquellos granitos de brillantes, hará mucho daño, porque son de valor incalculable y pesan cuanto puede pesar un Dios; y si se pierde por causa de quien tiene el oficio de recogerlos, ¿qué cuentas dará él, habiendo hecho perder un granillo de valor infinito que podía hacer quién sabe cuánto bien a las otras criaturas?"

(7) Después de esto mi dulce Jesús ponía su corazón en mí y me hacía sentir su latido diciéndome:

(8) "Hija mía, Yo soy el latido de toda la Creación, si faltase mi latido faltaría la vida a todas las cosas creadas. Ahora, Yo amo tanto a quien vive en mi Voluntad, que no sé estar sin ella, y la quiero junto Conmigo para hacer lo que hago Yo, por eso tú palpitarás junto Conmigo, y entre tantas prerrogativas que te daré, te daré la prerrogativa del latido de toda la Creación; en el latido está la vida, el movimiento, el calor, así que estarás junto Conmigo para dar la vida, el movimiento y el calor a todo".

(9) Pero mientras esto decía, yo sentía que me movía y palpitaba en todas las cosas creadas, y Jesús ha agregado:

(10) "Quien vive en mi Voluntad es inseparable de Mí, y Yo no sé estar sin su compañía, no quiero estar aislado, porque la compañía vuelve más agradables, más deleitables, más bellas las obras que se sostienen, por eso tu compañía me es necesaria para romper mi aislamiento en el cual me dejan las otras criaturas".

19-21
Mayo 15, 1926

Diversidad de santidades y belleza de las almas que viven en el Divino Querer. Toda la Creación será semejada en la naturaleza humana.

(1) Estaba pensando: "Si la criatura no se hubiese sustraído de la Suprema Voluntad, habría sido una la santidad, una la belleza, una la ciencia, una la luz, y para todos el mismo conocimiento de nuestro Creador". Ahora, mientras esto pensaba, mi amado Jesús que me parece que Él mismo hace surgir los pensamientos en mi mente, alguna duda y dificultad para tener ocasión de hablarme y hacerme de maestro me ha dicho:

(2) "Hija mía, tú te equivocas, mi sabiduría no se adaptaría a formar una sola santidad, una sola belleza, a comunicar una sola ciencia y a todos el mismo conocimiento mío, mucho más porque habiendo sumo acuerdo entre mi Voluntad y la de ellos, el Reino de mi Voluntad habría tenido libre su campo de acción, por lo tanto habrían sido todos santos, pero distintos el uno del otro; todos bellos, pero variados, una belleza más bella que la otra; y según la santidad de cada una debía comunicar una ciencia distinta, y con esta ciencia quién debía conocer de más un atributo, quién debía conocer de más algún otro atributo de su Creador. Tú debes saber que por cuanto podamos dar a las criaturas, apenas toman las gotitas de su Creador, tanta es la distancia entre Creador y criaturas, siempre tenemos cosas nuevas y distintas para dar, y además, si la Creación fue creada por Nosotros para deleitarnos, ¿dónde habría estado nuestro deleite si hubiéramos formado de la criatura una sola santidad, dado una sola belleza y un solo conocimiento de nuestro Ser incomprensible, inmenso e infinito? Nuestra sabiduría se habría rehusado a hacer una sola cosa. ¿Qué se diría de nuestra sabiduría, amor y potencia si al crear este globo terrestre hubiésemos creado todo cielo, o bien todo tierra, o todo mar? ¿Qué gloria habría sido la nuestra? En cambio la multiplicidad de tantas cosas creadas por Nosotros, mientras alaba la sabiduría, amor y potencia nuestras, dice también la multiplicidad de la santidad y belleza en las cuales debían surgir las criaturas, por amor de las cuales ellas fueron creadas. Mira el cielo adornado de estrellas, es bello, pero también es bello el sol, pero distintos uno del otro, y el cielo hace un oficio, el sol otro; el mar es bello, pero también es bella la tierra florida, la altura de los montes, las llanuras extendidas, pero tienen la belleza y el oficio distintos entre ellas. Un jardín es bello, ¿pero cuánta diversidad de plantas y de bellezas hay en él? Está la pequeña florecita, bella en su pequeñez, está la violeta, la rosa, el lirio, todas bellas, pero distintas en el color, en el perfume, en la grandeza; está la plantita y el árbol más alto, ¿qué encanto no es un jardín cuidado por un experto jardinero? Ahora hija mía, también en el orden de la naturaleza humana habrá quién sobrepasará el cielo en la

santidad y en la belleza, quién al sol, quién al mar, quién a la tierra florida, quién a la altura de los montes, quién a la pequeña florecita, quién a la plantita y quién al árbol más alto, y aunque el hombre se sustrajo de mi Voluntad, Yo multiplicaré los siglos para tener todo el orden y multiplicidad de las cosas creadas y de su belleza en la naturaleza humana, y aún sobrepasarla en modo más admirable y más encantador".

19-22
Mayo 18, 1926

Así cómo la Virgen para obtener al suspirado Redentor y concebirlo, debió abrazar todo, y hacer los actos de todos, así quien debe obtener el Fiat Supremo, debe abrazar a todos y responder por todos.

(1) Estaba fundiéndome en el Santo Querer Divino, y mientras había girado por todas las cosas creadas para sellar en ellas mi "te amo", a fin de que dondequiera y sobre todos resonase mi "te amo" para corresponder a mi Jesús por su tanto amor, he llegado a aquel punto de corresponder a mi Dios por todo aquel amor que tuvo en el acto de quedar concebido en el seno de la Mamá Celestial. Mientras estaba en esto mi amado Jesús ha salido de dentro de mi interior y me ha dicho:
(2) "Hija mía, mi inseparable Mamá para concebirme a Mí, Verbo Eterno, fue enriquecida de mares de Gracia, de luz y de Santidad por la Majestad Suprema, y Ella hizo tales y tantos actos de virtud, de amor, de oración, de deseos y de ardientes suspiros, de sobrepasar todo el amor, virtud y actos de todas las generaciones que se necesitaban para obtener al suspirado Redentor. Entonces, cuando vi en la Soberana Reina el amor completo de todas las criaturas y todos los actos que se necesitaban para merecer que el Verbo fuese concebido, encontré en Ella la correspondencia del amor de todos, nuestra gloria reintegrada, y todos los actos de los redimidos, hasta los de aquellos a los que mi Redención debía servir de condena por su ingratitud, y entonces mi amor hizo el último desahogo y quedé concebido. Por eso el derecho de nombre de Madre para Ella es connatural, es sagrado, porque con abrazar todos los actos de las generaciones, sustituyéndose por todos, sucedió como si a todos los hubiese parido a nueva vida desde sus entrañas maternas. Ahora tú debes saber que cuando hacemos nuestras obras, la criatura que es elegida y a la cual le es confiada la obra, debemos darle tanto

amor, luz, gracia, que pueda darnos toda la correspondencia y la gloria de la obra a ella confiada. Nuestra potencia y sabiduría no se pondrían desde el principio de una obra nuestra en el banco de la criatura como en acto de fallar, así que en la criatura que es llamada como acto primero, nuestra obra debe quedar al seguro en ella, y Nosotros debemos rescatar todo el interés y gloria equivalente a nuestra obra confiada a ella; y aunque después nuestra obra fuese comunicada a las demás criaturas, y por su ingratitud estuviese en peligro de fallar, para Nosotros es más tolerable, porque a quien fue confiada al principio nos hizo rescatar todo el interés de los fallos de las otras criaturas; he aquí por qué todo dimos y todo recibimos de Ella, a fin de que todo el capital de la Redención pudiese quedar íntegro y por su medio nuestra gloria completada y nuestro amor correspondido. ¿Qué hombre sabio pone desde un principio su capital en un banco que está por quebrar? Primero se asegura y después confía su capital; pero puede ser que con el tiempo quiebre, esto no puede hacerle gran daño, porque por los tantos intereses recibidos se ha rehecho su capital. Si esto hace el hombre, mucho más Dios, que su sabiduría es incomprensible, y no se trataba de una obra cualquiera, de un pequeño capital, sino que se trataba de la gran obra de la Redención y todo el costo y el valor infinito e incalculable del Verbo Eterno, era una obra única, no se podía repetir un nuevo descendimiento del Verbo Eterno sobre la tierra, y por eso debíamos ponerla al seguro en la Soberana Celestial. Y así como todo a Ella le confiamos, hasta la misma Vida de un Dios, así Ella, como poseedora de nuestra confianza debía respondernos por todos, hacerse fiadora y responsable de esta Vida Divina confiada a Ella, como en efecto lo hizo. Ahora hija mía, lo que hice y quise de mi Celestial Mamá en la gran obra de la Redención, quiero hacer contigo en la gran obra del Fiat Supremo. La obra del Fiat Divino es una obra que debe abrazar todo: Creación, Redención y Santificación, esta obra es la base de todo, es la vida que corre en todo y todo encierra ella, porque no tiene principio, es principio de todas las cosas y fin y cumplimiento de nuestras obras. Mira entonces, el capital que queremos confiarte es exuberante, tú no lo has calculado, ¿pero sabes tú qué te confiamos en el Fiat Supremo? Te confiamos toda la Creación, todo el capital de la Redención y aquél de la Santificación; mi Voluntad es universal y en todas las cosas ha estado Ella obrante, así que lo que a Ella pertenece es justo que sea confiado a ti, ¿acaso quisieras tú mi Voluntad sin sus obras? Nosotros no sabemos dar nuestra Vida sin las obras y bienes nuestros, cuando damos, damos todo; y así como a la Reina Celestial con darle al Verbo concentró en Sí sus obras y sus bienes, así a ti, con darte nuestra Suprema Voluntad reinante y dominante en ti te damos todas las obras que a Ella pertenecen, por eso te estamos dando tantas gracias, conocimientos, capacidad, a fin de que el Fiat Supremo, desde el principio, no pueda recibir ningún fallo, y tú, poniéndolo al seguro debes darle la correspondencia del amor y de la gloria de toda la Creación, de la Redención y de la Santificación; así que tu trabajo es grande, es universal y debe abrazar a todos y a todo, de modo que si nuestra Voluntad comunicada a las otras criaturas sufriera cualquier tropiezo, en ti debemos encontrar el resarcimiento del vacío de los otros, y poniéndola al seguro en ti, con el darnos el amor, la gloria y todos los actos que las otras criaturas deberían darnos, nuestra gloria será siempre completa y nuestro Amor rescatará su justo interés. Así que también en ti depositaremos nuestra confianza, serás la responsable de la Voluntad Divina confiada a ti y su fiadora".

(3) Ahora, mientras Jesús esto decía, me ha venido tal espanto y comprendía todo el peso de mi responsabilidad, y temiendo fuertemente que pudiese poner en peligro nada menos que todo el peso y obras de una Voluntad Divina he dicho:

(4) "Amor mío, gracias por tanta bondad tuya hacia mí, pero siento que es demasiado lo que quieres darme, siento un peso infinito que me aplasta, y mi pequeñez e incapacidad no tienen ni fuerza ni habilidad, y temiendo poderos desagradar y no poder abrazar todo, vete a otra criatura más capaz, a fin de que todo este capital de tu Suprema Voluntad pueda estar más seguro, y Tú puedas recibir todo el interés equivalente a un capital tan grande; yo no había pensado jamás en una responsabilidad tan grande, pero ahora que me la haces entender siento que me faltan las fuerzas y temo por mi debilidad".

(5) Y Jesús, estrechándome a Él para aliviarme del temor que me aplastaba, ha agregado:

(6) "Hija mía, ánimo, no temas, es tu Jesús que quiere darte demasiado, ¿no soy tal vez Yo dueño de darte lo que quiero? ¿Quieres tú poner un límite a mi obra completa que quiero confiarte? ¿Qué dirías tú si mi Mamá Celestial quisiese aceptarme a Mí, Verbo Eterno, sin sus bienes y los actos que se necesitaban para poderme concebir? ¿Sería esto verdadero amor, verdadera aceptación? Ciertamente que no. Así que tú quisieras mi Voluntad sin sus obras y sin los actos que a Ella convienen. Tú debes saber, a fin de que quites este espanto, que todo lo que te he dicho, esto es, este capital tan grande, ya está en ti, y después de que te he hecho tomar la práctica de darme la correspondencia de la gloria y del

amor de toda la Creación, Redención y Santificación, haciéndote abrazar todo y a todos, y habiendo visto que el interés debido me venía con facilidad, ahora te he querido hacer conocer con más claridad el gran capital de mi Voluntad que te he confiado, a fin de que conozcas el gran bien que posees, y conociéndolo, puedo firmar la escritura del capital a ti confiado y al mismo tiempo dar por recibido el interés que me das. Si tú no lo conocieras no se podría hacer ni la escritura del capital, ni la recepción del interés, entonces, he aquí la necesidad de hacértelo conocer; y además, ¿por qué temes hasta quererme mandar a otra criatura? ¿No tienes tú en ti un amor que dice te amo por todos y por todo, un movimiento que me corresponde por el movimiento de todos y que todo lo que tú haces abraza a todos para darme como dentro de un solo abrazo los actos, las plegarias, la gloria, las reparaciones de todos? Si ya lo haces, ¿por qué temes?"

(7) Mientras estaba en esto veía en torno a mí a otras almas, y Jesús ha ido a ellas y parecía que las tocaba para ver si a su toque salía el movimiento de su Vida Divina, pero no salía nada. Entonces ha regresado a mí y tomándome la mano me la ha estrechado fuertemente, a su toque ha salido de mí una luz, y Jesús todo contento me ha dicho:

(8) "Esta luz es el movimiento de la Vida Divina en ti, he ido a las otras criaturas, como tú has visto, y no he encontrado mi movimiento, ¿entonces, cómo puedo confiarles el gran capital de mi Voluntad? Por eso te he elegido, y basta, sé atenta y no temas".

19-23
Mayo 23, 1926

El Querer Divino es germen de vida, y donde entra produce la vida, la santidad. Así como la Virgen tuvo su tiempo, quien debe conseguir el Fiat Supremo tiene su tiempo.

(1) Estaba acompañando a mi dulce Jesús en su dolorosa agonía en el huerto, especialmente cuando se descargó sobre su Santísima Humanidad todo el peso de nuestras culpas, hasta hacerle verter viva sangre ¡Oh! cómo habría querido aligerarlo de penas tan desgarradoras. Y mientras lo compadecía me ha dicho:

(2) "Hija mía, mi Voluntad tiene el poder de dar muerte y de dar vida, y como mi Humanidad no conocía otra vida, sino la Vida de mi Voluntad Divina, conforme las culpas se ponían sobre Mí, así Ella me hacía sentir una muerte distinta por cada culpa. Mi Humanidad gemía bajo la pena

de la muerte real que me daba mi Suprema Voluntad, pero esta Voluntad Divina, sobre aquella misma muerte que me daba hacía resurgir la nueva vida de gracia a las criaturas, así que sin importar cuán mala y pésima sea la criatura, si tiene la fortuna de hacer entrar en ella un acto de mi Voluntad, aunque sea en el mismo punto de la muerte, siendo Ella Vida, arroja el germen de la vida en el alma, así que poseyendo este germen de vida, hay mucho por qué esperar la salvación del alma, porque la potencia de mi Voluntad tendrá cuidado que este su acto de vida que ha entrado en el alma no perezca y se pueda convertir en muerte, porque mi Voluntad tiene el poder de dar muerte, pero Ella y todos sus actos son intangibles y no sujetos a ninguna muerte. Ahora, si un solo acto de mi Voluntad contiene el germen de la vida, ¿cuál no será la fortuna de quien no un solo acto, sino continuados actos de mi Voluntad abraza en su alma? Ésta no recibe sólo el germen, sino la plenitud de la vida y pone al seguro su santidad".

(3) Después mi pobre mente se perdía en el Santo Querer Divino haciendo en Él mis acostumbrados actos, me parecía que todo era mío, y conforme giraba por todas las cosas creadas para imprimir por todas partes mi "te amo", mi adoración, mi gloria a mi Creador, así adquiría nuevos conocimientos de cuanto Dios ha hecho por la criatura y cuánto nos ha amado; la Voluntad Suprema parecía que se deleitaba en hacer conocer las nuevas sorpresas de su amor, a fin de que pudiese seguir sus actos para darme el derecho de poseer lo que ha salido de su Voluntad creadora, y mi pequeñez se perdía en sus inmensos bienes. Mientras estaba en esto, mi dulce Jesús ha salido de dentro de mi interior y me ha dicho:

(4) "Hija mía, cuando mi Mamá Reina vino a la luz del día, todos estaban vueltos hacia Ella, y como si tuviesen una sola mirada, todas las pupilas miraban a Aquélla que debía enjugar su llanto con llevarles la Vida del suspirado Redentor, toda la Creación estaba concentrada en Ella, sintiéndose honrada de obedecer a sus órdenes; la misma Divinidad era toda para Ella y toda atenta a Ella, para prepararla y formar en Ella, con gracias sorprendentes, el espacio donde el Verbo Eterno debía descender para tomar carne humana. Así que si en Nosotros no estuviese la virtud de que mientras obramos, tratamos con alguno, hablamos, mientras damos a una no omitimos a las otras, todos nos habrían dicho: 'Déjanos a todos nosotros a un lado, piensa en esta Virgen, da, concentra todo en Ella, a fin de que haga venir a Aquél en el cual están puestas nuestras esperanzas, nuestra vida y todo nuestro bien'. Por eso se puede llamar a aquel tiempo en el cual vino a la luz del

día la Soberana Reina, el tiempo de mi Mamá. Ahora, hija mía, se puede llamar tu tiempo, todos están vueltos hacia ti, escucho la voz de todos como si fuese una sola, que me ruegan, me apresuran a que mi Voluntad readquiera sus derechos divinos absolutos sobre de ti, a fin de que adquiriendo su total dominio, pueda verter en ti toda la plenitud de los bienes que había establecido dar si la criatura no se hubiera sustraído de su Voluntad. Así que todo el Cielo, la Celestial Mamá, los ángeles y santos, todos están vueltos hacia ti por el triunfo de mi Voluntad, porque su gloria en el Cielo no será completa si mi Voluntadno llega a tener su completo triunfo sobre la tierra, todo fue creado para el total cumplimiento de la Suprema Voluntad, y hasta en tanto que Cielo y tierra no regresen en este anillo del Eterno Querer, se sienten como a la mitad de sus obras, de su alegría y bienaventuranza, porque no habiendo encontrado el Divino Querer su pleno cumplimiento en la Creación, no puede dar lo que tenía establecido dar, esto es, la plenitud de sus bienes, de sus efectos, alegrías y felicidad que contiene. He aquí por qué todos suspiran, mi misma Voluntad es toda para ti y toda atenta a ti, no te niega nada de gracias, de luz y lo que se necesita para formar en ti el más grande de los prodigios, como es su cumplimiento y su total triunfo. ¿Que crees tú que sea más prodigio: Que una pequeña luz quede encerrada en el sol, o que el sol quede encerrado en la pequeña luz?"

(5) Y yo: "Ciertamente que sería más prodigioso que la pequeña luz encerrase en ella al sol, más bien me parece imposible que esto pueda suceder".

(6) Y Jesús: "Lo que es imposible a la criatura, es posible para Dios. La pequeña luz es el alma y mi Voluntad es el sol, ahora, Ella debe dar tanto a la pequeña luz, para poder formar de ella un cerco y que mi Voluntad quede encerrada en este cerco, y como la naturaleza de la luz es de extender sus rayos dondequiera, mientras quedará triunfante en este cerco, extenderá sus rayos divinos para dar a todos la Vida de mi Voluntad, este es el prodigio de los prodigios que todo el Cielo suspira. Por eso da amplio campo a mi Voluntad, no te opongas en nada, a fin de que lo que fue establecido por Dios en la obra de la Creación tenga su cumplimiento".

19-24
Mayo 27, 1926

El Querer Divino envuelve todo y a todos en la unidad de su luz. Cómo toda la Creación posee la unidad, y quien debe vivir en el Querer Divino posee esta unidad.

(1) Estaba haciendo mis acostumbrados actos en el Querer Supremo, y una luz inaccesible envolvía mi pequeño ser, y haciéndome como presentes todas las obras de mi Creador, yo tenía un "te amo" por cada cosa creada, un movimiento por cada movimiento, una adoración y un gracias de reconocimiento por toda la Creación; sin embargo comprendía que era la misma luz la que me suministraba aquel te amo por cada cosa, aquel movimiento, aquella adoración, yo sólo estaba en poder de la luz y ella me engrandecía, me empequeñecía y hacía de mi pequeñez lo que quería. Ahora, mientras me encontraba en este estado, yo estaba doliente porque no veía a mi dulce Jesús y pensaba entre mí: "Jesús me ha dejado, y en esta bendita luz yo no sé hacia dónde volver mis pasos para encontrarlo, porque no se ve ni dónde comienza ni dónde termina; ¡oh luz santa, hazme encontrar a Aquél que es toda mi vida, mi sumo Bien"! Pero mientras me desahogaba por el dolor de la privación de Jesús, todo bondad ha salido de dentro de mi interior, y todo ternura me ha dicho:

(2) "Hija mía, ¿por qué temes? Yo no te dejo, más bien es el Querer Supremo que me eclipsa en ti. La luz de mi Voluntad es interminable, infinita, no se encuentran sus confines, ni dónde comienza ni dónde termina, en cambio mi Humanidad tiene sus confines, sus límites, y por eso siendo mi Humanidad más pequeña que mi Eterna Voluntad, Yo quedo envuelto en Ella y como eclipsado, y mientras estoy contigo doy el campo de acción a mi Querer y gozo de su obrar divino en la pequeñez de tu alma, y preparo una nueva lección que darte para hacerte conocer siempre más las maravillas de mi Supremo Querer; por eso cuando nades en Él está segura de que estoy contigo, más bien hago contigo lo que haces tú, y para darle todo el campo de acción Yo estoy en ti como escondido, para gozarme sus frutos. Ahora, tú debes saber hija mía que la verdadera luz es inseparable; mira, también el sol que está en la atmósfera tiene esta prerrogativa y posee la unidad de la luz, tiene tan compactada a la luz en su esfera, que no pierde ni un átomo, y a pesar de que desciende a lo bajo llenando de luz toda la tierra, la luz no se divide jamás, es tan compacta en sí misma, unida, inseparable, que jamás pierde nada de su luz solar, tan es verdad, que expande sus rayos todos juntos haciendo huir por todas partes de la tierra a las tinieblas, y al retirar su luz retira todos sus rayos, no dejando ni siquiera las huellas de

sus átomos. Si la luz del sol fuese divisible, desde hace mucho tiempo se hubiese empobrecido de luz y no tendría más la fuerza para iluminar a toda la tierra, y se podría decir: 'luz dividida, tierra desolada'. Así que el sol puede cantar victoria y posee toda su fuerza y todos sus efectos en la unidad de su luz, y si la tierra recibe tantos admirables e innumerables efectos, de poderse llamar al sol vida de la tierra, todo esto sucede por la unidad de la luz que posee, que desde hace tantos siglos no ha perdido ni siquiera un átomo de luz de los que Dios le confió, y por esto es siempre triunfante, majestuoso y fijo, siempre estable en alabar en su luz el triunfo y la gloria de la luz eterna de su Creador. Ahora hija mía, el sol es el símbolo de mi Eterno Querer, y si este símbolo posee la unidad de la luz, mucho más mi Voluntad que no es símbolo, sino la realidad de la luz, y el sol se puede llamar la sombra de la luz inaccesible de mi Voluntad. Tú has visto su inmensidad, y que no sólo se ve un globo de luz como en el sol, sino una vastedad inmensa, la cual el ojo humano no puede llegar a ver ni dónde comienza ni dónde termina, sin embargo toda esta interminabilidad de luz es un acto solo del Eterno Querer. Está tan compacta toda esta luz increada, que se vuelve inseparable, indivisible, así que más que sol posee la unidad eterna, en la cual viene fundado el triunfo de Dios y de todas nuestras obras. Ahora, este triunfo de la unidad del Supremo Querer, el centro de su sede, de su trono, es el centro de la Trinidad Sacrosanta, de este centro divino parten sus rayos fulgidísimos e invisten toda la patria celestial, y todos los santos y ángeles están investidos por la unidad de mi Querer, y todos reciben los efectos innumerables, que raptándolos todos a sí, forma de ellos una sola unidad con la unidad suprema de mi Voluntad; estos rayos invisten toda la Creación y forman su unidad con el alma que vive en mi Voluntad. Mira, la unidad de esta luz de mi Voluntad que está en el centro de las Tres Divinas Personas, está ya fijada en ti, así que una es la luz y el acto, una es la Voluntad. Ahora, mientras hagas tus actos en esta unidad, están ya incorporados a aquel acto solo del centro de las Tres Divinas Personas, y la Divinidad está ya contigo para hacer lo que haces tú; la Mamá Celestial, los santos y ángeles y toda la Creación, todos en coro repiten tu acto y sienten los efectos de la Voluntad Suprema. Mira, escucha el prodigio nunca visto de aquel acto solo que llena Cielo y tierra, y que la misma Trinidad, unificándose con la criatura, se pone como primer acto del acto de la criatura".

(3) Mientras estaba en esto veía la luz eterna fijada en mí, y oía el coro de todo el Cielo y de toda la Creación en su mudo lenguaje, ¿pero quién

puede decirlo todo, y lo que comprendía de la unidad de la luz del Supremo Querer? Y Jesús ha agregado:

(4) "Hija mía, cada acto para ser bueno y santo, su principio debe venir de Dios, y he aquí que el alma que vive en mi Querer, en la unidad de esta luz, su adoración, su amor, su movimiento y todo lo que pueda hacer comienza en la Trinidad Divina, así que recibe el principio de sus actos de Dios mismo, y he aquí que su adoración, su amor, su movimiento, es la misma adoración que tienen entre Ellas las Tres Divinas Personas, y el mismo amor recíproco que reina entre el Padre, el Hijo y el Espíritu Santo; su movimiento es aquel movimiento eterno que jamás cesa y que da movimiento a todos. La unidad de esta luz pone todo en común, y lo que hace Dios hace el alma, y lo que hace el alma hace Dios, Dios por virtud propia, el alma en virtud de la unidad de la luz que la envuelve; por eso el prodigio del vivir en mi Querer es el prodigio de Dios mismo, es prodigio primario, todos los otros prodigios, todas las otras obras, aun buenas y santas, quedan eclipsadas, desaparecen delante a los actos hechos en la unidad de esta luz. Imagínate el sol, que en la unidad de su luz expande sus rayos invadiendo toda la tierra, y a las criaturas que pusieran de frente a la fulgurante luz del sol todas las luces que hay en lo bajo de la tierra, luz eléctrica, luces privadas, por cuantas quisieran poner su luz quedaría mezquina delante al sol, casi como si no existieran, y ninguno se serviría de todas aquellas luces para dar luz a su paso para caminar, a la mano para trabajar, al ojo para ver, sino que todos se servirían del sol y todas aquellas luces quedarían ociosas, sin hacer bien a ninguno. Así son todas las otras obras que no son hechas en la unidad de la luz de mi Querer, son las pequeñas luces delante al gran sol, que casi no se les presta atención; sin embargo aquellas luces que estando el sol no sirven para nada y no hacen ningún bien, desaparecido el sol adquieren su pequeño valor y hacen su pequeño bien, son luz en las tinieblas de la noche, sirven al obrar del hombre, pero jamás son sol, ni pueden hacer el gran bien que puede hacer el sol. El fin de la Creación era, que habiendo salido todas las cosas de dentro de la unidad de esta luz del Fiat Supremo, todas debían quedar en la unidad de Él, sólo la criatura no quiso conocer esta finalidad y salió de la unidad de la luz del sol de mi Querer, y se redujo a mendigar los efectos de esta luz, casi como tierra que mendiga del sol la vegetación y el desarrollo de la semilla que esconde en su seno. ¡Qué dolor hija mía, qué dolor, de rey reducirse a mendigo y mendigar de quien debía estar a su servicio!"

(5) Jesús todo afligido y doliente ha hecho silencio, y yo comprendía todo el dolor que lo traspasaba, sentía en mí su dolor que me penetraba hasta

en las más íntimas fibras de mi alma, pero yo quería a cualquier costo aliviar a Jesús, y he regresado a mis acostumbrados actos en la unidad de su Querer, conociendoque Él pasa fácilmente del dolor a la alegría cuando mi pequeñez se sumerge en la luz inaccesible de su Voluntad. Entonces Jesús amaba junto conmigo y el amor ha mitigado su dolor y ha retomado la palabra:

(6) "Hija mía, ya que te estoy creciendo en mi Querer, ¡ah!, no quieras darme jamás este dolor tan traspasante de salir de la unidad de la luz del Fiat Supremo, prométeme, júrame que serás siempre la recién nacida de mi Voluntad".

(7) Y yo: "Amor mío, consuélate, yo lo prometo, lo juro, y Tú debes prometerme de tenerme siempre en tus brazos y abismada en tu Querer, no debes dejarme jamás si quieres que yo sea siempre, siempre la pequeña hija de tu Voluntad, pues yo tiemblo y temo de mí misma, mucho más, pues por cuanto más hablas de este Querer Supremo, tanto más siento que no soy buena para nada, y la nulidad de mi nada se hace sentir más". Y Jesús suspirando ha agregado:

(8) "Hija mía, este sentir de más tu nada no se opone al vivir en mi Querer, más bien es un deber tuyo. Todas mis obras están formadas sobre la nada, y por eso el Todo puede hacer lo que quiere. Si el sol tuviera razón y se le preguntase: '¿Qué haces de bien? ¿Cuáles son tus efectos? ¿Cuánta luz y calor contienes?' Respondería: 'Yo no hago nada, sólo sé que la luz que Dios me dio está investida del Querer Supremo, y hago lo que quiere, me extiendo donde quiere y produzco los efectos que quiere, y mientras hago tanto, yo quedo siempre nada y todo lo hace el Querer Divino en mí'. Y así todas las otras obras mías, toda su gloria es quedar en la nada para dar todo el campo a mi Voluntad para hacerla obrar. Sólo el hombre quiso hacer sin la Voluntad de su Creador, quiso hacer obrar su nada, creyéndose bueno a cualquier cosa; y el Todo, sintiéndose pospuesto por la nada salió del hombre, el cual se redujo de superior a todos, a estar por debajo de todos, por eso haz que tu nada esté siempre en poder de mi Querer si quieres que la unidad de su luz obre en ti y llame a nueva vida la finalidad de la Creación".

19-25
Mayo 31, 1926

Diferencia entre quien vive en el Querer Divino y entre quien está resignado y sometido. La primera es sol, la otra es tierra que vive de los efectos de la luz.

(1)La luz del Divino Querer continúa envolviéndome, y mi pequeña inteligencia mientras nada en el mar inmenso de esta luz, apenas puede tomar alguna gota de luz y alguna pequeña llamita de las tantas verdades, conocimientos y felicidad que contiene este mar interminable del Eterno Querer, y muchas veces no encuentro las palabras adecuadas para poner en el papel aquel poco de luz, digo poco en comparación a lo tanto que dejo, porque mi pequeña y pobre inteligencia toma cuanto basta para llenarme, el resto debo dejarlo; sucede como a una persona que se arroja en el mar, ella queda toda bañada, el agua le corre por todas partes, hasta en las vísceras, pero saliendo del mar, ¿qué cosa lleva consigo de toda el agua del mar? Poquísimo, y casi nada en comparación del agua que permanece en el mar; y por haber estado en el mar, ¿puede tal vez decir cuánta agua contiene, cuántas especies de pescados y su cantidad que hay en el mar? Ciertamente que no, sin embargo sabrá decir aquél poco que ha visto del mar. Así es mi pobre alma. Entonces mi dulce Jesús, mientras me encontraba en esta luz ha salido de dentro de mi interior y me ha dicho:

(2)"Hija mía, esta es la unidad de la luz de mi Voluntad, y a fin de que tú la ames siempre más y te confirmes mayormente en Ella, quiero hacerte conocer la gran diferencia que hay entre quien vive en mi Querer, en la unidad de esta luz, y entre quien se resigna y se somete a mi Voluntad, y para hacértelo comprender bien te daré una similitud en el sol que está en el cielo: El sol, estando en la bóveda de los cielos expande sus rayos sobre la superficie de la tierra; mira, entre la tierra y el sol hay una especie de acuerdo, el sol en tocar la tierra y la tierra en recibir la luz y el toque del sol. Ahora, la tierra con recibir el toque de la luz sometiéndose al sol, recibe los efectos que contiene la luz, y estos efectos cambian la faz de la tierra, la hacen reverdecer, la llenan de flores, se desarrollan las plantas, maduran los frutos y tantas otras maravillas que se ven sobre la faz de la tierra, producidas siempre por los efectos que contiene la luz solar. Pero el sol, con dar sus efectos no da su luz, más bien, celoso de ella conserva su unidad, y los efectos no son duraderos, y por eso se ve la pobre tierra ahora florida, ahora toda despojada de flores, casi a cada estación se cambia, sufre continuas mutaciones; si el sol diese a la tierra efectos y luz, la tierra se cambiaría en sol y notendría más necesidad de mendigar los efectos, porque conteniendo en sí la luz, llegaría a ser dueña de la fuente de los efectos que el sol contiene. Ahora, así es el alma que se resigna y se somete a mi Voluntad, vive de los efectos que hay en Ella, y no poseyendo la luz no posee la fuente de los efectos que hay en el Sol del Eterno Querer, y por eso se ven casi como tierra, ahora ricas de virtud, ahora pobres, y se cambian a cada circunstancia, mucho más que si no están siempre resignadas y sometidas a mi Voluntad, serían como tierra que no se quisiera hacer tocar por la luz del sol, porque si recibe los efectos es porque se hace tocar por su luz, de otra manera quedaría escuálida, sin producir ni un hilo de hierba. Así quedó Adán después del pecado, él perdió la unidad de la luz y por lo tanto la fuente de los bienes y efectos que el Sol de mi Voluntad contiene, no sentía más en sí mismo la plenitud del Sol Divino, no descubría más en él aquella unidad de la luz que su Creador le había fijado en el fondo de su alma, que comunicándole su semejanza hacía de él una copia fiel de Él. Antes de pecar, poseyendo la fuente de la unidad de la luz con su Creador, cada pequeño acto suyo era rayo de luz, que invadiendo toda la Creación iba a fijarse en el centro de su Creador, llevándole el amor y la correspondencia de todo lo que había sido hecho por Él en toda la Creación; era él el que armonizaba todo y formaba la nota de acuerdo entre el Cielo y la tierra, pero en cuanto se sustrajo de mi Voluntad, sus actos no fueron más como rayos que invadían Cielo y tierra, sino que se restringieron casi como plantas y flores en el pequeño cerco de su terreno, así que perdiendo la armonía con toda la Creación, se volvió la nota discordante de todo lo creado, ¡oh, cómo descendió en lo bajo y lloró amargamente la unidad de la luz perdida, que elevándolo sobre todas las cosas creadas hacía de Adán el pequeño dios de la tierra!

(3) Ahora hija mía, por lo que te he dicho puedes comprender que el vivir en mi Voluntad es poseer la fuente de la unidad de la luz de mi Voluntad, con toda la plenitud de los efectos que en Ella hay, así que surge en cada acto suyo la luz, el amor, la adoración, etc., que constituyéndose acto por cada acto, amor por cada amor, como luz solar invade todo, armoniza todo, concentra todo en sí y como refulgente rayo lleva a su Creador la correspondencia de todo lo que ha hecho por todas las criaturas y la verdadera nota de acuerdo entre el Cielo y la tierra. ¡Qué diferencia hay entre quien posee la fuente de los bienes que contiene el Sol de mi Voluntad, y entre quien vive de los efectos de Ella! Es la diferencia que existe entre el sol y la tierra; el sol posee siempre la plenitud de la luz y de los efectos, está siempre radiante y majestuoso en la bóveda del cielo, no tiene necesidad de la tierra, y mientras toca todo, él es intangible, no se deja tocar por ninguno, y si alguno tuviera la osadía de querer fijarlo, con su luz lo eclipsa, lo ciega y lo echa por tierra; en cambio la tierra tiene necesidad de todo, se hace tocar, despojar, y si no fuese por la luz del sol y sus efectos sería una tétrica prisión llena de

escuálida miseria. Por eso no hay comparación posible entre quien vive en mi Voluntad y entre quien se somete a Ella. Así que la unidad de la luz la poseía Adán antes de pecar y no pudo recuperarla más estando en vida; de él sucedió como tierra que gira en torno al sol, que no estando fija, mientras gira se opone al sol y forma la noche. Ahora, para volverlo fijo de nuevo y poder así sostener la unidad de esta luz, se necesitaba un Reparador, y Éste debía ser superior a él, se necesitaba una fuerza divina para enderezarlo, he aquí la necesidad de la Redención.

(4) La unidad de esta luz la poseía mi Celestial Mamá y por eso más que sol puede dar luz a todos, y por eso entre Ella y la Majestad Suprema no hubo jamás noche ni sombra alguna, sino siempre pleno día, y por esto a cada instante esta unidad de la luz de mi Querer hacía correr en Ella toda la Vida Divina que le llevaba mares de luz, de alegrías, de felicidad, de conocimientos divinos, mares de belleza, de gloria, de amor, y Ella como en triunfo llevaba a su Creador todos estos mares como suyos, para atestiguarle su amor, su adoración, y para hacerlo enamorar de su belleza, y la Divinidad hacía correr otros nuevos mares más bellos. Ella poseía tanto amor, que como connatural podía amar por todos, adorar y suplir por todos, sus pequeños actos hechos en la unidad de esta luz eran superiores a los más grandes actos y a todos los actos de todas las criaturas juntas, por eso a todos los sacrificios, las obras, el amor de todas las demás criaturas se les puede llamar pequeñas llamitas frente al sol, gotitas de agua frente al mar, en comparación de los actos de la Soberana Reina, y por eso Ella, en virtud de la unidad de esta luz del Supremo Querer, triunfó sobre todo y venció a su mismo Creador y lo hizo prisionero en su seno materno. ¡Ah, sólo la unidad de esta luz de mi Querer que poseía Aquélla que imperaba sobre todo, pudo formar este prodigio nunca antes sucedido, y que le suministraba los actos dignos de este Prisionero Divino!

(5) Adán, al perder esta unidad de la luz se trastornó y formó la noche, las debilidades, las pasiones, para él y para todas la generaciones. Esta Virgen excelsa, con no hacer jamás su voluntad, estuvo siempre derecha y de frente al Sol eterno, y por eso para Ella siempre fue día e hizo despuntar el día del sol de justicia para todas las generaciones; si esta Virgen Reina no hubiese hecho otra cosa que conservar en el fondo de su alma inmaculada la unidad de la luz del eterno Querer, habría bastado para darnos la gloria de todos, y la correspondencia del amor de toda la Creación. La Divinidad, por medio suyo, en virtud de mi Voluntad, se sintió regresar las alegrías y la felicidad que había establecido recibir por medio de la Creación, por eso Ella se puede llamar la Reina, la Madre, la

Fundadora, la Base y Espejo de mi Voluntad, en el cual todos pueden mirarse para recibir de Ella la Vida de mi Voluntad".

(6) Después de esto yo me sentía como empapada de esta luz y comprendía el gran prodigio del vivir en la unidad de esta luz del Querer Supremo, y mi dulce Jesús, regresando ha agregado:

(7) "Hija mía, Adán en el estado de inocencia y mi Mamá Celestial, poseían la unidad de la luz de mi Voluntad, no por virtud propia, sino por virtud comunicada por Dios, en cambio mi Humanidad la poseía por virtud propia, porque en Ella no sólo estaba la unidad de la luz del Supremo Querer, sino que también estaba el Verbo Eterno, y como Yo soy inseparable del Padre y del Espíritu Santo, sucedió la verdadera y perfecta bifurcación, que mientras permanecí en el Cielo descendí en el seno de mi Mamá, y siendo el Padre y el Espíritu Santo inseparables de Mí, también Ellos descendieron junto conmigo y al mismo tiempo quedaron en lo alto de los Cielos".

(8) Ahora, mientras Jesús me decía esto, me ha venido la duda de si las Tres Divinas Personas habían sufrido las Tres, o bien sólo el Verbo, y Jesús ha retomado la palabra y me ha dicho:

(9) "Hija mía, el Padre y el Espíritu Santo, porque son inseparables de Mí, descendieron junto Conmigo, y Yo quedé con Ellos en los Cielos, pero el trabajo de satisfacer, de sufrir y de redimir al hombre fue tomado por Mí; Yo, Hijo del Padre, tomé el trabajo de reconciliar a Dios con el hombre. Nuestra Divinidad era intangible de poder sufrir la más mínima pena, fue mi Humanidad que unida con las Tres Divinas Personas en modo inseparable, la cual dándose en poder de la Divinidad sufría penas inauditas, satisfacía en modo divino, y como mi Humanidad no sólo poseía la plenitud de mi Voluntad como virtud propia, sino al mismo Verbo, y por consecuencia de la inseparabilidad, al Padre y al Espíritu Santo, por eso superó en modo más perfecto tanto a Adán inocente cuanto a mi misma Mamá, porque en ellos era gracia, en Mí era naturaleza; ellos debían tomar de Dios la luz, la gracia, la potencia, la belleza; en Mí estaba la fuente de donde surgía luz, belleza, gracia, etc., así que era tanta la diferencia entre Mí que era naturaleza, y entre mi misma Mamá en que era gracia, que Ella quedaba eclipsada delante a mi Humanidad. Por eso hija mía sé atenta, tu Jesús tiene la fuente que surge y tiene siempre qué darte, y tú siempre qué tomar, por cuanto pueda decirte acerca de mi Voluntad, siempre tengo más qué decirte, y no te bastará ni la corta vida del exilio, ni toda la eternidad para hacerte conocer la larga historia de mi Suprema Voluntad, ni para numerarte los grandes prodigios que hay en Ella".

19-26
Junio 6, 1926

Jesús quiere nuestro enlace en todo lo que ha hecho. Así como Dios estableció la época y el tiempo de la Redención, así es para el Reino de su Voluntad. La Redención es medio y ayuda para el hombre, la Voluntad Divina es principio y fin del hombre.

(1) Estaba según mi costumbre haciendo mis actos en la Voluntad Suprema, y trataba de encontrar todo lo que hizo mi Jesús, mi Mamá Celestial, la Creación y todas las criaturas, ahora mientras esto hacía, mi dulce Jesús me ayudaba a hacerme presente todos sus actos que yo omitía buscar, no teniendo la capacidad para ello, y Jesús todo bondad me hacía presente su acto diciéndome:

(2) "Hija mía, en mi Voluntad todos mis actos están presentes, como alineados entre ellos. Mira, aquí están todos los actos de mi infancia, están mis lágrimas, mis gemidos, está también cuando de pequeño niño, pasando por los campos cogía las flores, ven a poner tu 'te amo' sobre las flores que tomo y sobre mis manos que se extienden para tomarlas, en aquellas flores era a ti a quien miraba, era a ti a quien tomaba como pequeña florecita de mi Voluntad, ¿no quieres tú entonces hacerme compañía en todos mis actos infantiles con tu amor y con entretenerte Conmigo en estos actos inocentes? Después está cuando de pequeño niño, cansado de llorar por las almas tomaba un brevísimo sueño, pero antes de cerrar los ojos te quería a ti para reconciliar el sueño, quería verte besar mis lágrimas al imprimir tu 'te amo' en cada lágrima, y con el arrullo de tu 'te amo' me hagas cerrar los ojos al sueño, pero mientras duermo no me dejes solo, sino espérame a que me despierte, a fin de que igual que al cerrar mis ojos al sueño, así al abrirlos me despierte en tu 'te amo'.

(3) Hija mía, estaba establecido para quien debía vivir en mi Querer que fuera inseparable de Mí, y a pesar de que tú entonces no existías, mi Voluntad te hacía presente y me daba tu compañía, tus actos, tu 'te amo'; ¿y sabes tú qué significa un 'te amo' en mi Voluntad? Ese 'te amo' encierra una felicidad eterna, un amor divino, y para mi infantil edad era bastante para hacerme feliz y para formar en torno a Mí un mar de alegría, bastante para hacerme poner a un lado todas las amarguras que me daban las criaturas. Si tú no sigues todos mis actos habrá un vacío de tus actos en mi Voluntad, y Yo quedaré aislado sin tu compañía,

quiero tu enlace a todo lo que he hecho, porque siendo una la Voluntad que nos une, por consecuencia uno debe ser el acto. Pero sígueme aún, mírame aquí, cuando en mi infantil edad de dos o tres años Yo me apartaba de mi Mamá, y de rodillas con los bracitos abiertos en forma de cruz rogaba a mi Celestial Padre para que tuviese piedad del género humano, y en mis bracitos abiertos abrazaba a todas las generaciones; mi posición era desgarradora, tan pequeño, de rodillas con los bracitos abiertos, llorar, rogar, mi Mamá no habría podido resistir el verme, su amor materno que tanto me amaba la habría hecho sucumbir, por eso ven tú que no tienes el amor de mi Mamá, ven a sostenerme los bracitos, a enjugarme las lágrimas, pon un 'te amo' sobre aquel terreno donde apoyaba mis pequeñas rodillas, a fin de que no me sea tan duro, y después arrójate en mis bracitos a fin de que te ofrezca a mi Celestial Padre como hija de mi Voluntad. Desde entonces yo te llamaba, y cuando me veía solo, abandonado por todos, Yo decía entre Mí: 'Si todos me dejan, la recién nacida de mi Voluntad no me dejará jamás solo'. Porque el aislamiento me es demasiado duro, y por eso mis actos esperan a los tuyos, y tu compañía".

(4) ¿Pero quién puede decir todo lo que mi dulce Jesús me hacía presente de todos los actos de su Vida? Si yo quisiera decirlos todos me extendería demasiado, debería llenar volúmenes enteros, por eso mejor aquí pongo punto...

(5) Después de esto estaba diciendo a mi amable Jesús: "Amor mío, si tanto amas el que tu Santísima Voluntad sea conocida y que reine con su pleno dominio en medio de las criaturas, ¿por qué cuando viniste a la tierra, unido con tu Mamá Celestial, que así como obtuvo al suspirado Redentor así podía obtener el suspirado Fiat, no formaste unido a la Redención el cumplimiento de tu Santísima Voluntad? Vuestra presencia visible habría ayudado, facilitando en modo admirable el reino de la Suprema Voluntad sobre la tierra; en cambio hacerlo por medio de esta pobre, mezquina e incapaz criatura, me parece como si no debiese tener toda la gloria y el total triunfo". Y mi dulce Jesús moviéndose en mi interior me ha dicho:

(6) "Hija mía, todo estaba establecido, la época y el tiempo, tanto de la Redención como aquél de hacer conocer mi Voluntad en la tierra a fin de que reinase en ella. Estaba establecido que mi Redención debía servir como medio de ayuda, Ella no había sido el principio del hombre, sino que surgió como medio despuésde que el hombre se alejó de su principio; en cambio mi Voluntad fue el principio del hombre y el fin en el cual debe encerrarse; todas las cosas tienen su principio en mi Voluntad

y todo debe regresar en Ella, y si no todas en el tiempo, en la eternidad ninguno le podrá huir, por eso, también por esta razón, el primado es siempre de mi Voluntad. Para formar la Redención Yo tenía necesidad de una Madre Virgen, concebida sin la sombra de la mancha original, porque debiendo tomar carne humana, era decoroso para Mí, Verbo Eterno, que no tomase una sangre infectada para formar mi Santísima Humanidad. Ahora, para hacer conocer mi Voluntad, para que reinara, no era necesario que Yo hiciera una segunda madre según el orden natural, más bien necesito una segunda madre en el orden de la gracia, porque para hacer que reine mi Voluntad no tengo necesidad de otra Humanidad, sino de dar tal conocimiento de Ella, que atraídos por sus prodigios, por su belleza y santidad y por el bien grandísimo que le viene a la criatura, puedan con todo amor someterse a su dominio, y por eso, eligiéndote para la misión de mi Querer, según el orden natural te he tomado de la estirpe común, pero por el decoro de mi Voluntad, según el orden de la gracia, debía elevarte tanto, de no quedar en tu alma ninguna sombra contaminada por la cual mi Voluntad pudiera sentir renuencia de reinar en ti. Así como se necesitaba la sangre pura de la Inmaculada Virgen para formar mi Humanidad, para poder redimir al hombre, así se necesitaba la pureza, el candor, la santidad, la belleza de tu alma para poder formar en ti la Vida de mi Voluntad. Y así como al formar mi Humanidad en el seno de mi Mamá, esta Humanidad se dio a todos, se entiende a aquellos que me quieren, como medio de salvación, de luz, de santidad, así esta Vida de mi Voluntad formada en ti se dará a todos para hacerse conocer y tomar su dominio. Si hubiese querido liberarte de la mancha de origen, como a mi Celestial Mamá, para hacer que mi Voluntad tomase vida en ti, ninguno hubiera pensado en que mi Querer reinase en ellos, habrían dicho: 'Se necesita ser una segunda Madre de Jesús, tener sus privilegios para hacer reinar la Vida de la Voluntad Suprema en nosotros'. En cambio con conocer que eres de la estirpe de ellos, concebida como ellos, queriéndolo, podrán también ellos, ayudándose con su buen querer, conocer la Voluntad Suprema, lo que deben hacer para hacerla reinar en ellos, el bien que les viene, la felicidad terrestre y celeste preparada en modo distinto para aquellos que harán reinar a mi Voluntad. Mi Redención debía servir para plantar el árbol de mi Voluntad, el cual regado con mi sangre, cultivado y trabajado con mis sudores y penas inauditas, abonado con los Sacramentos, debía primero hacer desarrollar el árbol, después florecer, y al final hacer madurar los frutos celestiales de mi Voluntad. Pero para hacer madurar estos frutos preciosos no bastaba el curso de mis treinta y tres años, ni las criaturas estaban preparadas, dispuestas para tomar un alimento tan delicado que daba todo el Cielo. por eso me contenté con plantar el árbol, dejando todos los medios posibles para hacerlo crecer bello y gigantesco, y a tiempo oportuno, cuando los frutos están por madurar, a fin de que sean cortados, te he escogido a ti en modo todo especial para hacerte conocer el bien que contiene, y cómo quiero levantar de nuevo a la criatura a su origen, y que poniendo a un lado su voluntad, causa por la que descendió de su estado feliz, comerá de estos frutos preciosos, los cuales le darán tanto gusto, que servirán para quitarle toda la infección de las pasiones y del propio querer, y restituirle el dominio a mi Voluntad. Ella, abrazando todo dentro de un solo abrazo, unirá todo junto, Creación, Redención y cumplimiento del fin por el cual todas las cosas fueron creadas, esto es, que mi Voluntad sea conocida, amada y cumplida como en el Cielo así en la tierra".

(7) Y yo: "Jesús, amor mío, por cuanto más dices, tanto más siento el peso de mi pequeñez, y temo que pueda servir de obstáculo al reino de tu Voluntad sobre la tierra. ¡Oh, si Tú y mi Mamá lo hubiesen hecho directamente estando en la tierra, tu Querer habría tenido su pleno efecto!" Y Jesús interrumpiéndome ha agregado:

(8) "Hija mía, nuestro trabajo fue plenamente cumplido, tú sé atenta a cumplir el tuyo. Esto es trabajo tuyo, mucho más que Yo y la Soberana Reina somos intangibles de las penas, estamos en estado de impasibilidad y de gloria completa, y por eso las penas no pueden tener más qué hacer con Nosotros; tú en cambio tienes las penas en tu ayuda para impetrar el Fiat Supremo, nuevos conocimientos, nuevas gracias, y Yo a pesar de que estoy en el Cielo, estaré escondido en ti para formar el Reino a mi Voluntad. Mi potencia es siempre la misma, y aun estando en el Cielo puedo hacer lo que habría hecho estando visible sobre la tierra; cuando Yo quiero y la criatura se presta dándose toda en poder de mi Querer, Yo la invisto y le hago hacer lo que debería hacer Yo mismo. Por eso sé atenta y pon atención a tu trabajo".

19-27
Junio 15, 1926

Así cómo el conocimiento dio vida a los frutos de la Redención, así dará vida a los frutos de la Divina Voluntad.

(1) Me sentía toda llena de defectos, especialmente por la gran repugnancia que siento cuando se trata de escribir las cosas íntimas

entre Nuestro Señor y yo, es tanto el peso que siento, que no sé qué haría para no hacerlo, pero como la obediencia de quien está sobre mí se impone, yo quisiera oponerme, quisiera decir mis razones para no hacerlo, pero termino siempre cediendo. Ahora, habiendo pasado una oposición similar me sentía llena de defectos y toda mala, por eso al venir el bendito Jesús le he dicho:

(2) "Jesús, vida mía, ten piedad de mí, mírame cómo estoy llena de defectos y cuánta maldad hay en mí".

(3) Y Él todo bondad y ternura me ha dicho:

(4) "Hija mía, no temas, Yo te vigilo y estoy a la custodia de tu alma, a fin de que el pecado, aun mínimo, no entre en tu alma, y donde tú u otros ven defectos y maldad en ti, Yo no la encuentro, más bien veo que tu nada siente el peso del Todo, porque por cuanto más te elevo íntimamente a Mí y te hago conocer lo que quiere hacer el Todo de tu nada, tanto más sientes tu nulidad, y casi espantada, aplastada bajo el Todo quisieras no manifestar nada y mucho menos poner sobre el papel lo que el Todo quiere hacer de esta nada, mucho más que por cuanta renuncia tú sientes, Yo venzo siempre y te hago hacer lo que quiero. Esto le sucedió también a mi Mamá Celestial cuando le fue dicho: 'Te saludo María, llena de gracia, Tú concebirás al Hijo de Dios'. Ella al oír esto se espantó, tembló y dijo: '¿Cómo puede suceder esto?' Pero terminó diciendo: 'Fiat Mihi Secundum Verbum Tuum'. Ella sintió todo el peso del Todo sobre su nada y naturalmente se espantó. Así que cuando te manifiesto lo que quiero hacer de ti, tu nada se espanta; veo repetir el espanto de la Soberana Reina, y Yo, compadeciéndote, levanto tu nada, la refuerzo a fin de que pueda resistir para sostener al Todo. Por eso no pienses en esto, sino piensa más bien en hacer obrar al Todo en ti".

(5) Después estaba haciendo mis acostumbrados actos en el Querer Supremo, abrazando todo y a todos para poder llevar a mi Creador los actos de todos como un acto solo; ahora, mientras esto hacía, mi dulce Jesús ha salido de dentro de mi interior, y abrazando todo junto conmigo, se unía conmigo haciendo lo que hacía yo, y después todo amor me ha dicho:

(6) "Hija mía, amo tanto los actos hechos en mi Querer, que Yo mismo tomo el empeño de custodiarlos en la unidad de mi luz suprema, de modo de volverlos inseparables de Mí y de mis mismos actos. Si tú supieras cómo soy celoso de estos actos, cómo me glorifican en modo todo divino, se puede decir que cada uno de estos actos es una nueva fiesta que se inicia en toda la Creación y en toda la Patria Celestial;

dondequiera que se encuentra mi Voluntad, estos actos, corriendo en Ella como rayos de luz, llevan nuevas alegrías, fiestas y felicidad, estos actos son las alegrías, la fiesta y la felicidad que forma la criatura en la Voluntad de su Creador, ¿y te parece poco que la criatura pueda formar y llevar la fiesta, la alegría, la felicidad a su Creador, y por todas partes donde reina nuestra Voluntad? Esto sucedió a mi Mamá Reina, Ella, porque obró siempre en la unidad de la luz del Querer Supremo, todos sus actos, el oficio de Madre, los derechos de Reina, quedaron inseparables de su Creador, tan es verdad, que la Divinidad cuando hace salir fuera los actos de la bienaventuranza para hacer feliz a toda la Patria Celestial, hace salir junto todos los actos de la Mamá Celestial, así que todos los santos se sienten investidos no sólo de nuestras alegrías y bienaventuranzas, sino que quedan también investidos por el amor materno de la Madre de ellos, de la gloria de su Reina y de todos sus actos convertidos en alegrías para toda la Celestial Jerusalén, así que todas las fibras de su corazón materno aman con amor de madre a todos los hijos de la Patria Celestial, y los hace partícipes en todas las alegrías de Madre y la gloria de Reina. Así que Ella fue Madre de amor y de dolor en la tierra para sus hijos, que le costaron tanto, cuanto le costó la Vida de su Hijo Dios, y en virtud de la unidad de la luz del Querer Supremo que poseía, sus actos permanecieron inseparables de los nuestros; es Madre de amor en el Cielo, de alegrías y de gloria para todos sus hijos celestiales, así que todos los santos tienen un amor mayor, gloria y alegrías de más por virtud de su Madre y Soberana Reina. Por eso, amo tanto a quien vive en mi Voluntad que Yo me abajo hasta ella para hacer junto con ella lo que ella hace, para elevarla hasta el seno del Eterno, para hacer uno su acto con su Creador".

(7) Después de esto me he quedado pensando en la bendita Voluntad de Dios, y muchas cosas giraban en mi mente, que no es necesario decirlas, y mi dulce Jesús, regresando ha agregado:

(8) "Hija mía, el triunfo de mi Voluntad está unido con la Creación y con la Redención, se puede llamar triunfo único; y así como una mujer fue la causa de la ruina del hombre, después de cuatro mil años una Virgen mujer fue la causa de que, haciendo nacer de Ella mi Humanidad unida al Verbo Eterno, dio el remedio a la ruina del hombre caído. Ahora el remedio del hombre está formado, ¿y sólo mi Voluntad debe quedar sin su pleno cumplimiento, mientras que Ella tiene su acto primero tanto en la Creación como en la Redención? He aquí el por qué después de otros dos mil años hemos escogido otra virgen como triunfo y cumplimiento de nuestra Voluntad. Así que nuestra Voluntad, formando su Reino en tu

alma y haciéndose conocer, con este conocimiento te ha dado la mano para elevarte a vivir en la unidad de su luz, de modo de formar tu vida en Ella y que Ella forme su Vida en ti, y habiendo formado en ti su dominio, forma la conexión para comunicar su dominio a las otras criaturas; y así como al descender el Verbo en el seno de la Inmaculada Virgen no permaneció sólo para Ella, sino que formé la conexión de comunicación para las criaturas y me di a todas y para remedio de todas; así sucederá de ti, porque con el haber formado en ti su Reino, mi Supremo Querer forma las comunicaciones para hacerse conocer a las criaturas; todo lo que te he dicho sobre de Él, los conocimientos que te he dado, el modo y el cómo del vivir en mi Querer, el hacerte conocer cómo quiere, suspira que el hombre regrese en sus brazos, que vuelva a entrar en su principio del Querer Eterno de donde salió, todo son vías de comunicación, vínculos de unión, transmisión de luz, vientecillo para hacerles respirar el aire de mi Voluntad, y por lo tanto desinfectar el aire de la voluntad humana, y viento impetuoso para apoderarse y desarraigar las voluntades más rebeldes. Cada conocimiento que te he dado sobre mi Voluntad contiene una potencia creadora, y el todo está en poner fuera estos conocimientos, que la potencia que contienen sabrá hacer brecha en los corazones para someterlos a su dominio. ¿No sucedió tal vez lo mismo en la Redención? Hasta en tanto que estuve con mi Mamá en mi Vida escondida de Nazaret, todo callaba en torno a Mí, si bien este escondimiento mío junto con la Celestial Reina sirvió admirablemente para formar la sustancia de la Redención, y poderme anunciar que ya estaba en medio a ellos; pero los frutos de Ella, ¿cuándo se comunicaron en medio de los pueblos? Cuando salí en público, me hice conocer, les hablé con la Potencia de mi palabra creadora, y conforme todo lo que Yo hice y dije se divulgó y se divulga todavía ahora en medio de los pueblos, así los frutos de la Redención tuvieron y tienen sus efectos. Ciertamente hija mía, si ninguno hubiese conocido que Yo vine a la tierra, la Redención habría sido una cosa muerta para las criaturas y sin efectos; así que el conocimiento ha dado la vida a los frutos de Ella. Así será de mi Voluntad, el conocimiento dará la vida a los frutos de mi Voluntad y por eso he querido renovar lo que hice en la Redención, escoger otra virgen, estarme con ella escondido por cuarenta años y más, apartándola de todos como dentro de una nueva Nazaret para estar libre con ella y decirle toda la historia, los prodigios, los bienes que hay en mi Voluntad y así poder formar en ti la Vida de mi Voluntad. Y así como junto conmigo y mi Mamá escogí a San José junto con Nosotros, como nuestro cooperador, tutor y vigilante centinela de Mí y de la Soberana Reina, así he puesto cerca de ti la vigilante asistencia de mis ministros como cooperadores, tutores y depositarios de los conocimientos, bienes y prodigios que hay en mi Voluntad, y como Ella quiere establecer su reino en medio de los pueblos, quiero por medio tuyo deponer en mis ministros esta doctrina celestial, como a nuevos apóstoles, a fin de que primero forme con ellos el anillo de conjunción con mi Voluntad, y después la transmitan en medio a los pueblos. Si esto no fuera, o no debiera ser, no habría insistido tanto en hacerte escribir, ni habría permitido la venida diaria del sacerdote, sino que habría dejado todo mi obrar entre tú y Yo. Por eso sé atenta y déjame libre en ti de hacer lo que quiero".

(9)Ahora, ¿quién puede decir cómo he quedado confundida con este hablar de Jesús? He quedado muda y desde el fondo de mi corazón repetía: "Fiat, Fiat, Fiat".

19-28
Junio 20, 1926

Ecce Homo. Jesús sintió tantas muertes por cuantos gritaron crucifícalo. Quien vive en la Divina Voluntad toma el fruto de las penas de Jesús. El ideal de Jesús en la Creación era el reino de su Voluntad en el alma.

(1)Después de haber pasado días amarguísimos por la privación de mi dulce Jesús, me sentía que no podía más, yo gemía bajo una prensa que me trituraba alma y cuerpo y suspiraba por mi patria celestial, donde ni siquiera por un instante habría quedado privada de Aquél que es toda mi vida y mi sumo y único bien. Luego, cuando me he reducido a los extremos sin Jesús, me he sentido llenar toda de Él, de modo que yo quedaba como un velo que lo cubría, y como estaba pensando y acompañándolo en las penas de su Pasión, especialmente en el momento cuando Pilatos lo mostró al pueblo diciendo: "Ecce Homo", mi dulce Jesús me ha dicho:

(2)"Hija mía, cuando Pilatos dijo 'Ecce Homo', todos gritaron: 'Crucifícalo, crucifícalo, lo queremos muerto'. También mi mismo Padre Celestial y mi inseparable y traspasada Mamá, y no sólo aquellos que estaban presentes sino todos los ausentes y todas las generaciones pasadas y futuras, y si alguno no lo dijo con la palabra, lo dijo con las acciones, porque no hubo uno solo que dijera que me querían vivo, y el callar es confirmar lo que quieren los demás. Este grito de muerte de todos fue para Mí dolorosísimo, Yo sentía tantas muertes por cuantas personas gritaron crucifícalo, me sentí como ahogado de penas y de muerte, mucho más que veía que cada una de mis muertes no llevaba a cada uno la vida, y aquellos que recibían la vida por causa de mi muerte no recibían todo el fruto completo de mi pasión y muerte. Fue tanto mi dolor, que mi Humanidad gimiente estaba por sucumbir y dar el último respiro, pero mientras moría, mi Voluntad Suprema con su Omnividencia hizo presentes a mi Humanidad muriente a todos aquellos que habrían hecho reinar en ellos, con dominio absoluto al Eterno Querer, los cuales tomarían el fruto completo de mi Pasión y muerte, entre los cuales estaba, a la cabeza, mi amada Madre, Ella tomó todo el depósito de todos mis bienes y de los frutos que hay en mi Vida, Pasión y Muerte, ni siquiera un respiro mío perdió y del cual no custodiase el precioso fruto, y de Ella debían ser transmitidos a la pequeña recién nacida de mi Voluntad y a todos aquellos en los cuales el Supremo Querer habría tenido su Vida y su Reino. Cuando mi Humanidad expirante vio puesto a salvo y asegurado el fruto completo de mi Vida, Pasión y Muerte, pudo reemprender y continuar el curso de la dolorosa Pasión. Así que es sólo mi Voluntad la que lleva toda la plenitud de mis bienes y el fruto completo que hay en la Creación, Redención y Santificación. Donde Ella reina, nuestras obras estántodas llenas de vida, ninguna cosa está a la mitad o incompleta, en cambio donde Ella no reina, aunque hubiera alguna virtud, todo es miseria, todo es incompleto, y si producen algún fruto es amargo y sin maduración, y si toman los frutos de mi Redención los toman con medida y sin abundancia, y por eso crecen débiles, enfermos y febriles, y por eso si hacen algún poco de bien, lo hacen a duras penas y se sienten aplastar bajo el peso de aquel poco de bien que hacen; en cambio mi Voluntad vacía la voluntad humana y pone en ese vacío la fuerza divina y la vida del bien, y por eso quien la hace reinar en ella hace el bien sin cansancio, y la Vida que contiene la lleva a obrar el bien con una fuerza irresistible, así que mi Humanidad encontró la vida en mi Pasión y Muerte y en quien debía reinar mi Voluntad, y por eso la Creación y la Redención estarán siempre incompletas, hasta en tanto que mi Voluntad no tenga su Reino en la almas".

(3) Después de esto estaba haciendo mis acostumbrados actos en el Querer Supremo, y mi dulce Jesús saliendo de dentro de mi interior seguía con su mirada todo lo que yo hacía, y como veía que todos mis actos se fundían con los suyos, y en virtud del Querer Supremo hacían el mismo camino de sus actos y repetían el mismo bien y la misma gloria a nuestro Padre Celestial, tomado por un énfasis de amor me ha estrechado a su corazón y me ha dicho:

(4) "Hija mía, si bien eres pequeña y recién nacida en mi Voluntad y vives en el reino de mi Querer, tu pequeñez es mi triunfo, y cuando te veo obrar en Él Yo me encuentro en el Reino de mi Voluntad como un rey que ha sostenido una larga guerra, y como su ideal era la victoria, al verse victorioso se siente aliviado de la sangrienta batalla, de las fatigas sufridas y de las heridas aun impresas en su persona, y su triunfo viene formado al verse circundado de las conquistas que ha hecho. El rey quiere mirar todo, su mirada quiere recrearse en el Reino conquistado, y triunfante sonríe y hace fiesta. Así soy Yo, mi ideal en la Creación era el Reino de mi Voluntad en el alma de la criatura; mi primer fin era el de hacer del hombre otras tantas imágenes de la Trinidad Divina en virtud del cumplimiento de mi Voluntad sobre de él, pero en cuanto el hombre se sustrajo de Ella Yo perdí mi Reino en él, y durante seis mil años he debido sostener una larga batalla, pero por cuan larga no he dejado aparte mi ideal ni mi primera finalidad, ni la dejaré, y si vine en la Redención, vine para realizar mi ideal y mi primera finalidad, esto es, el Reino de mi Voluntad en las almas, tan es verdad, que para venir formé mi primer Reino del Querer Supremo en el corazón de mi Mamá Inmaculada, fuera de mi Reino jamás habría venido a la tierra; así que sufrí cansancio y penas, quedé herido y finalmente asesinado, pero el Reino de mi Voluntad no fue realizado, arrojé los fundamentos, hice los preparativos, pero la batalla sangrienta entre la voluntad humana y la Divina ha continuado aún. Ahora mi pequeña hija, cuando te veo obrar en el Reino de mi Voluntad, y conforme obras, el Reino de Ella se establece siempre más en ti, Yo me siento victorioso de mi larga batalla y todo toma la actitud en torno a Mí de triunfo y fiesta, mis penas, mis cansancios, las heridas, me sonríen y mi misma muerte me da nuevamente la Vida de mi Voluntad en ti. Así que Yo me siento victorioso de la Creación, de la Redención, mas bien, Ellas sirven para formar los largos giros a la recién nacida de mi Voluntad, los rápidos vuelos, los interminables paseos en el Reino de mi Voluntad, y Yo por eso la llevo como triunfo, y haciéndome feliz sigo con mi mirada todos los pasos y actos de mi pequeña hija. Mira, todos tienen su ideal y cuando lo realizan, entonces están contentos, aun el pequeño niño tiene su ideal de asirse al pecho de la mamá, y mientras llora y solloza, con sólo que la mamá le abra el seno, el niño cesa de llorar, sonríe y lanzándose se pega al pecho de la mamá y victorioso chupa, chupa hasta saciarse, y mientras chupa, triunfante toma su dulce sueño; tal soy Yo, después de largo llanto, cuando veo el seno del alma que me abre las puertas para dar lugar al Reino de la Voluntad Suprema, mis lágrimas se detienen y

lanzándome a su seno me pego a ella, y chupando su amor y los frutos del Reino de mi Querer tomo mi dulce sueño, y victorioso me reposo. Hasta el pequeño pajarito, su ideal es la semilla, y cuando la ve agita las alas, corre, se precipita sobre la semilla y victorioso la engulle y triunfante reemprende su vuelo; tal soy Yo, vuelo y revuelo, giro y vuelvo a girar para formar el Reino de mi Voluntad en el alma, a fin de que ella me forme la semilla para alimentarme, porque Yo no tomo otro alimento sino el que es formado en mi Reino, y cuando veo esta semilla celestial, más que pajarillo vuelo para hacer de ella mi alimento. Así que el todo está en el cumplir cada uno su ideal que se ha prefijado, he aquí por qué cuando te veo obrar en el Reino de mi Voluntad veo mi ideal realizado y me siento correspondido por la obra de la Creación y de la Redención y el triunfo de mi Voluntad establecido en ti. Por eso sé atenta y haz que la victoria de tu Jesús sea en ti permanente".

(5) Después de esto mi dulce Jesús se ha movido en mi interior y todo ternura me ha dicho:

(6) "Hija mía, dime, ¿y tu ideal, tu finalidad, cuál es?"

(7) Y yo: "Amor mío, Jesús, mi ideal es cumplir tu Voluntad, y toda mi finalidad es de llegar a que ningún pensamiento, palabra, latido y obra, jamás salgan fuera del Reino de tu Suprema Voluntad, más bien, que en Ella sean concebidos, nutridos, crecidos y formen su vida, y si es necesario, aun su muerte, si bien sé que en tu Querer ningún acto muere, sino que nacidos una vez viven eternamente, así que es el reino de tu Querer en mi pobre alma lo que suspiro, y esto es todo mi ideal y mi primer y último fin". Y Jesús, todo amor y haciendo fiesta ha agregado:

(8) "Hija mía, así que mi ideal y el tuyo son uno mismo, y por lo tanto única nuestra finalidad, ¡bravo, bravo a la hija de mi Voluntad! Y como tu ideal y el mío son uno solo, también tú has sostenido la batalla de largos años para conquistar el Reino de mi Voluntad, has debido soportar penas, privaciones y has estado hasta prisionera en tu habitación, atada a tu pequeño lecho para conquistar aquel Reino tan querido y suspirado por Mí y por ti; a los dos nos ha costado mucho y ahora somos los dos triunfadores y conquistadores, así que también tú eres la pequeña reinita en el Reino de mi Voluntad, y si bien pequeña eres siempre reina, porque eres la hija del gran Rey, de nuestro Padre Celestial; por eso, como conquistadora de tan gran Reino toma posesión de toda la Creación, de toda la Redención y de todo el Cielo, todo es tuyo, porque dondequiera que reina mi Voluntad íntegra y permanente, se extienden tus derechos

de posesión, todos te esperan para darte los honores que convienen a tu victoria.

(9) También eres la pequeña niña que tanto has llorado y suspirado a tu Jesús, y no apenas me has visto, tus lágrimas han cesado y lanzándote en mi seno te has pegado a mi pecho y victoriosa has chupado mi Voluntad y mi amor, y como en triunfo has tomado reposo en mis mismos brazos, y Yo te arrullaba para que fuese más largo tu sueño y así poderme gozar a mi recién nacida en mis mismos brazos, y triunfante extendía en ti el Reino de mi Voluntad. También eres la pequeña palomita que has girado y vuelto a girar en torno a Mí, y conforme Yo te hablaba de mi Querer, te manifestaba los conocimientos de Él, sus bienes y sus prodigios y hasta su dolor, tú agitabas las alas y precipitándote sobre las tantas semillas que Yo te ponía delante, tú las engullías y triunfante reemprendías tu vuelo en torno a Mí, esperando otras semillas de mi Querer que Yo te pusiera delante, y tú, comiéndolas, te nutrías y victoriosa reemprendías tu vuelo manifestando el reino de mi Voluntad. Así que mis prerrogativas son las tuyas, mi Reino y el tuyo es uno sólo, hemos sufrido juntos, es justo que juntos gocemos nuestras conquistas".

(10) Yo he quedado sorprendida al oír esto y pensaba entre mí: "¿Pero será realmente verdad que en mi pobre alma esté este Reino de la Voluntad Suprema?" Y me sentía toda confundida, y si esto lo he escrito, lo he escrito por obedecer, pero mientras escribo Jesús me ha sorprendido, y saliendo de dentro de mi interior ha puesto sus brazos alrededor de mi cuello, estrechándome fuerte, fuerte, tanto que no he podido escribir más, porque mi pobre cabeza no estaba más en mí, pero Jesús pronto ha desaparecido y yo reemprendo la escritura. Después, mientras yo temía Jesús me ha dicho:

(11) "Hija mía, mi Mamá Celestial pudo darme a los demás porque me concibió en Sí misma, me creció y me nutrió. Ninguno puede dar lo que no tiene, y si me dio a los demás era porque me poseía. Ahora, jamás te habría dicho tanto sobre mi Querer si no quisiera formar en ti su Reino, ni tú lo habrías amado tanto si no fuese tuyo; las cosas que no son propias se tienen de mala gana y dan fastidio y peso, y si no hubieras tenido en ti la fuente que surge del Reino de mi Querer, no habrías sabido decir lo que te he dicho, ni ponerlo en el papel, faltándote la posesión te faltaría la luz y el amor de manifestarlas, así que si el sol brilla en ti y con sus rayos te pone las palabras, los conocimientos y el cómo quiere reinar, es señal que lo posees, y por eso tu trabajo es de hacerlo conocer, como

fue trabajo de la Soberana Reina el hacerme conocer y el darme para la salvación de todos".

19-29
Junio 21, 1926

San Luis fue una flor que surgió de la Humanidad de Nuestro Señor, abrillantada por los rayos del Divino Querer. Las almas que poseerán el Reino de la Divina Voluntad tendrán su raíz en el Sol de Ella.

(1) Esta mañana, habiendo recibido la santa Comunión, según mi costumbre la he hecho en la Santísima Voluntad de Dios, ofreciéndola a mi amado San Luis, no sólo la Comunión sino todos los bienes que hay en la Santísima Voluntad de Dios para su gloria accidental. Ahora, mientras esto hacía, veía que todos los bienes que hay en el Querer Supremo, como tantos rayos de luz, rayos de belleza y de varios colores inundaban al amado santo, dándole una gloria infinita, y mi dulce Jesús moviéndose en mi interior me ha dicho:

(2) "Hija mía, Luis es una flor y un santo brotado de la tierra de mi Humanidad y abrillantado a los reflejos de los rayos del Sol de mi Voluntad, porque mi Humanidad, si bien santa, pura, noble y unida hipostáticamente al Verbo, pero era tierra, y Luis, más que flor brotó de mi Humanidad puro, santo, noble, poseyendo la raíz del puro amor, de modo que se puede ver escrito en cada hoja de su flor, 'Amor'; pero lo que lo vuelve más bello y deslumbrante son los rayos de mi Querer, a los cuales estaba siempre expuesto, estos rayos daban tanto desarrollo a esta flor, de volverla singular en la tierra y en el Cielo. Ahora hija mía, si Luis es tan bello porque brotó de mi Humanidad, ¿qué será de ti y de todos aquellos que poseerán el reino de mi Voluntad? Estas flores no surgirán de mi Humanidad, sino que tendrán su raíz en el Sol de mi Voluntad, en Ella viene formada la flor de su vida, crecen y surgen en el mismo Sol de mi Querer, que celoso de estas flores las tendrá eclipsadas en su misma luz; en cada hoja de estas flores se verán escritas todas las especialidades de las cualidades divinas, serán el encanto de todo el Cielo y todos reconocerán en ellas la obra completa de su Creador".

(3) Pero mientras esto decía, mi dulce Jesús se abría su pecho y hacía ver dentro un Sol inmenso, en el cual debía plantar todas estas flores, y era tanto su amor y celo hacia ellas, que no debía hacerlas surgir fuera de su Humanidad, sino adentro de Él mismo.

19-30
Junio 26, 1926

Quien posee el Reino de la Divina Voluntad obra en modo universal y poseerá la gloria universal.

(1) Estaba según mi costumbre, haciendo mis acostumbrados actos en el Querer Supremo, esto es, abrazando todo, Creación, Redención y a todos, para poder dar a mi Creador la correspondencia del amor y de la gloria que todos le deben, y mi dulce Jesús moviéndose en mi interior me ha dicho:

(2) "Hija mía, la pequeña hija de mi Voluntad no sólo debe pensar y ocuparse en cómo defender los derechos universales de su Creador, corresponderlo del amor y de la gloria que todos le deben como si fuesen uno solo, de modo que todo debe encontrar en ella, porque nuestra Voluntad envuelve todo y a todos, y quien en Ella vive posee los modos universales, por eso todo puede darnos y de todo podemos rehacernos; sino que también como hija nuestra debes defender los derechos de la Soberana Reina, Ella obró en modo universal y por eso tuvo un amor, una gloria, una oración, una reparación, un dolor por su Creador, y por todos y por cada una de las criaturas, Ella no dejó escapar ningún acto que las criaturas debían a su Creador, y encerrando a todos en su materno corazón amaba en modo universal a todos y a cada uno, así que en Ella encontramos toda nuestra gloria, no nos negó nada, no sólo lo que le correspondía a Ella directamente el darnos, sino que nos dio lo que las otras criaturas nos negaron, y para hacerla de Madre magnánima, amantísima, que se abre las entrañas por sus propios hijos, generó a todos en su doliente corazón; cada fibra de él era un dolor traspasante en el cual daba la vida a cada hijo suyo, hasta llegar al golpe fatal de la muerte de su Hijo Dios; el dolor de esta muerte puso el sello de la regeneración de la vida a los nuevos hijos de esta Madre doliente.

(3) Ahora, una Virgen Reina que tanto nos ha amado, defendido todos nuestros derechos, una Madre tan tierna que tuvo amor y dolores por todos, merece que nuestra pequeña recién nacida de nuestro Supremo Querer la ame por todos, la corresponda de todo, y abrazando todos sus actos en nuestro Querer, pongas tu acto unido al suyo, porque Ella es inseparable de Nosotros, su gloria es nuestra, la nuestra es la suya, mucho más que nuestro Querer pone todo en común".

(4) Entonces yo he quedado un poco confundida al oír esto, y como si no supiese hacer lo que Jesús me decía le rogaba que me diera la capacidad de hacerlo, y Jesús volviendo a hablarme me ha dicho:

(5) "Hija mía, mi Querer contiene todo, y así como celoso conserva todos sus actos como si fueran uno solo, así conserva todos los actos de la Soberana Reina como si todos fuesen suyos, porque todo lo hizo en Él; por eso mi mismo Querer te los hará presentes. Ahora, tú debes saber que quien ha hecho bien a todos, ha amado a todos y ha obrado en modo universal para Dios y por todos, tiene con justicia los derechos sobre todo y sobre de todos. El obrar en modo universal es el modo divino, y mi Mamá Celestial pudo obrar con los modos de su Creador porque poseía el reino de nuestra Voluntad; ahora Ella, habiendo obrado en nuestro Querer Supremo tiene los derechos de posesión que formó en nuestro Reino, ¿y quién otro la podrá corresponder sino quien vive en el mismo Reino? Porque sólo en este Reino está el obrar universal, el amor que ama a todos, que todo abraza y nada le huye. Tú debes saber que quien posee el Reino de mi Voluntad en la tierra tiene derecho a la gloria universal en el Cielo, y esto en modo connatural y simple; mi Voluntad abraza todo y envuelve a todos, así que quien la posee, de ella salen todos los bienes unidos a la gloria que estos bienes contienen, y mientras sale de ella la gloria universal, la recibe; ¿y te parece poco poseer la gloria universal en la Patria Celestial? Por eso sé atenta, el Reino del Supremo Querer es riquísimo, en Él están las monedas que surgen, por eso todos esperan de ti, también mi misma Mamá quiere la correspondencia del amor universal que tuvo por todas las generaciones. Y a ti por correspondencia, en la Patria Celestial te tocará la gloria universal, herencia que será solamente de quien haya poseído el Reino de mi Voluntad sobre la tierra".

19-31
Junio 29, 1926

Cada cosa creada contiene una imagen de las cualidades divinas, y la Divina Voluntad glorifica estas cualidades en cada una cosa creada.

(1) Después de haber pasado días amarguísimos de privaciones, mi amado Jesús para reanimarme, al venir se ha entretenido por algunas horas, se hacía ver de edad muy joven, de una rara belleza que raptaba, y se ha sentado sobre mi cama, cerca de mí, diciéndome:

(2) "Hija mía, lo sé, sé que tú no puedes estar sin Mí, porque Yo soy para ti más que tu misma vida, así que si Yo no viniese te faltaría la sustancia de la vida, y además tenemos que hacer tantas cosas juntos en el Reino de la Voluntad Suprema, por eso cuando veas que no vengo pronto no te oprimas tanto, está cierta que vendré, porque mi venida es necesaria para ti y para Mí, porque debo ver las cosas de mi Reino, y mientras lo dirijo debo gozármelo. ¿Podrías tú tener la mínima duda de que faltase el Rey del triunfo en un Reino tan suspirado por Mí? Por eso ven en mis brazos, a fin de que tu Jesús te fortifique".

(3) Y mientras esto decía me ha tomado en sus brazos, me estrechaba fuerte a su pecho y arrullándome me decía:

(4) "Duerme, duerme sobre mi pecho mi pequeña recién nacida de mi Voluntad".

(5) Yo en los brazos de Jesús era muy pequeña, y me sentía sin deseos de dormir, quería gozarme a Jesús, quería decirle tantas cosas ahora que tenía el bien de que se entretenía largamente conmigo, pero Jesús continuaba arrullándome, y yo sin quererlo tomaba un dulce, dulce sueño, pero en el sueño oía el latido del corazón de Jesús que hablaba y decía: "Voluntad mía". Y al siguiente latido como si respondiese: "Amor quiero infundir en la pequeña hija de mi Querer".

(6) En el latido "Voluntad mía", se formaba un cerco de luz más grande, y en el latido "amor" otro cerco más pequeño, de manera que el grande encerraba al pequeño; y Jesús mientras yo dormía tomaba aquellos cercos que formaba su latido y los imprimía en toda mi persona. Yo me sentía toda reforzada y confirmada en los brazos de Jesús, ¡oh, cómo me sentía feliz! Pero Jesús estrechándome más fuerte a su pecho me ha despertado y me ha dicho:

(7) "Mi pequeña hija, giremos por toda la Creación, donde el Querer Supremo contiene su Vida y en cada cosa creada hace su acto distinto, y triunfador, por Sí mismo ensalza y glorifica en modo perfecto todas las supremas cualidades. Si miras el cielo, tu ojo no sabe descubrir sus confines, dondequiera que mira es cielo, no sabe decir donde comienza ni donde termina; imagen de nuestro Ser que no tiene principio ni fin, y nuestra Voluntad alaba, glorifica en el cielo azul a nuestro Ser Eterno que no tiene principio ni fin; este cielo está adornado de estrellas, esto es imagen de nuestro Ser, pues igual que la Divinidad es un acto único, el cielo es uno, pero en la multiplicidad de las estrellas se semeja nuestras obras 'ad extra', que descienden de este acto único y los efectos y las obras de este único acto son innumerables, y nuestra Voluntad en las estrellas ensalza y glorifica los efectos y la multiplicidad de nuestras

obras, en las cuales encierra a los ángeles, al hombre y a todas las cosas creadas. Mira cómo es bello vivir en mi Querer, en la unidad de esta luz suprema, y estar al día de lo que significan todas las cosas creadas y alabar, ensalzar y glorificar al Supremo Creador con su misma Voluntad en todas nuestras imágenes que cada una de las cosas creadas contiene. Ahora pasa a mirar el sol, bajo la esfera del cielo se ve una circunferencia de luz limitada que contiene luz y calor, que descendiendo a lo bajo inviste toda la tierra, esto es imagen de la luz y del amor del Supremo Hacedor que ama a todos, hace bien a todos y que desde la altura de su Majestad desciende a lo bajo, hasta en los corazones, hasta en el infierno, pero calladamente, sin estrépito, donde quiera se encuentra, ¡oh, cómo nuestra Voluntad glorifica y ensalza nuestra eterna luz, nuestro amor inextinguible y nuestra omnividencia; nuestra Voluntad murmura en el mar, y en la inmensidad de las aguas, que esconden innumerables peces de toda especie y color, glorifica nuestra inmensidad que todo envuelve y tiene como en un puño a todas las cosas; nuestra Voluntad glorifica la imagen de nuestra inmutabilidad en la firmeza de los montes; la imagen de nuestra justicia en el ruido del trueno y en el estallido del rayo; la imagen de nuestra alegría en el pajarillo que canta, que trina y gorjea; la imagen de nuestro amor gimiente en la tórtola que gime; la imagen de la continua llamada que hacemos al hombre, en el cordero que bala, diciendo en cada balido: 'A Mí, a Mí, ven a Mí, ven a Mí'; y nuestra Voluntad nos glorifica en el continuo reclamo que hacemos a la criatura. Todas las cosas creadas tienen un símbolo nuestro, una imagen nuestra, y nuestra Voluntad tiene el empeño de ensalzarnos y glorificarnos en todas nuestras obras, porque siendo la obra de la Creación obra del Fiat Supremo, convenía a Ella el conservarnos la gloria en todas las cosas creadas íntegra y permanentemente. Ahora, este empeño, nuestro Querer Supremo lo quiere dar como herencia a quien debe vivir en la unidad de su luz, porque no sería conveniente vivir en su luz y no fundirse en los actos del Fiat Supremo, por eso mi pequeña hija, todas las cosas creadas, y mi Voluntad, te esperan en cada cosa para repetir sus mismos actos, para glorificar y ensalzar con la misma Voluntad Divina a tu Creador".

(8) Ahora, ¿quién puede decir todas las imágenes que encierra toda la Creación de nuestro Creador? Si lo quisiera decir todo no terminaría jamás, por eso, para no alargarme demasiado solamente he dicho alguna cosa y lo he hecho por obedecer y por temor de desagradar a Jesús.

19-32
Julio 1, 1926

No hay santidad sin la Voluntad de Dios. La venida de Jesús sobre la tierra sirvió para formar los caminos, las escaleras para llegar al Reino de su Querer.

(1) Estaba haciendo mis acostumbrados actos en el Supremo Querer y pensaba entre mí: "¿Será posible que los tantos santos del antiguo testamento, que tanto se han distinguido con la potencia de los milagros, como un Moisés, un Elías y los tantos profetas y tantos santos después de la venida de Nuestro Señor, que han llegado a ser maravillosos por virtud y por milagros, ninguno de ellos haya poseído el Reino de la Divina Voluntad y vivido en la unidad de su luz? ¡Parece increíble!" Ahora, mientras esto pensaba, mi dulce Jesús ha salido de dentro de mi interior y estrechándome a Él me ha dicho:

(2) "Hija mía, no obstante es verdad que hasta ahora ninguno ha poseído el Reino de mi Voluntad, ni gozado toda la plenitud de la unidad de la luz que Ella contiene; si esto hubiera sido, siendo la cosa que más me interesa, que más me glorifica y que ni más ni menos pondrá a salvo todos los derechos divinos y completará la obra de la Creación y de la Redención, y no sólo esto, sino que llevará a la criatura el bien más grande que pueda existir en el Cielo y en la tierra, Yo habría hecho de tal modo que lo habría hecho conocer, como he hecho conocer las tantas virtudes y maravillas de mis santos, habría hecho conocer quién había poseído el Reino de mi Voluntad, que tanto me interesa, para transmitirlo a los demás, imitando a aquél que lo había poseído. Ahora, los santos del antiguo testamento se encontraban en las mismas condiciones de Adán, que faltaba el Divino Reparador, que mientras debía unir nuevamente la humana y la Divina Voluntad debía pagar en modo divino los débitos del hombre culpable. Sin embargo, tanto los santos antiguos como los modernos han tomado de mi Voluntad, tanto por cuanto han conocido, los mismos milagros que han hecho eran partecitas de la potencia de mi Voluntad comunicada a ellos, así que todos mis santos han vivido, quién a la sombra de Ella, quién a los reflejos de su luz, quién sometido a su potencia, a sus órdenes, porque no hay santidad sin mi Voluntad, pero han poseído de Ella aquél poco que han conocido y no más, porque el bien sólo se suspira y se llega a poseerlo cuando se conoce, ninguno posee un bien, una propiedad, sin conocerla, pero

supón que la posea y no la conoce, para él aquel bien está como muerto, porque falta la vida del conocimiento.

(3) Ahora, siendo mi Voluntad la cosa más grande, que todo envuelve y que todas las cosas, desde la más grande hasta la más pequeña ante Ella quedan perdidas, se deberían conocer tantas cosas de mi Voluntad de sobrepasar lo que se conoce de la Creación, de la Redención, de las virtudes y de todas las ciencias; Ella debería ser un libro por cada paso, para cada acto, un libro por cada cosa creada, así que toda la tierra debía estar llena de tantos volúmenes, de superar el número de las cosas creadas, con conocimientos acerca del Reino de mi Voluntad. Ahora, ¿dónde están estos libros? No hay ningún libro, apenas algún dato se conoce de Ella, mientras que debería estar al principio de todo conocimiento, de cualquier cosa; siendo Ella la vida de cada una de las cosas, debería estar sobre todo, como la imagen del rey marcado sobre la moneda que corre en el Reino, como la luz del sol que resplandece sobre cada una de las plantas para darles la vida, como el agua que quita la sed a los labios ardidos, como alimento que sacia al hambriento después de un largo ayuno. Todo debía estar lleno de los conocimientos respecto a mi Voluntad, y si esto no lo hay, es señal de que el Reino de mi Voluntad no es conocido, por lo tanto no es poseído. ¿Tal vez me sabrías nombrar algún santo que haya dicho que poseía este Reino y la unidad de la luz del Querer Supremo? Ciertamente que no, Yo mismo poco hablé, si hubiese querido extenderme en hablar acerca del Reino de mi Voluntad y de quererlo formar en el hombre como lo poseía Adán inocente, siendo el punto más alto, el más inmediato a Dios y que se acerca más a la semejanza divina, estando aún fresca la caída de Adán, se habrían desalentado todos, y volviéndome las espaldas habrían dicho: 'Si Adán inocente no pudo ni tuvo la constancia de vivir en la santidad de este Reino, tanto que se precipitó él mismo y a todas las generaciones en las miserias, en las pasiones y en males irreparables, ¿cómo podemos nosotros, culpables, vivir en un Reino tan santo? Bello, sí, pero podemos decir que no es para nosotros'. Y no solamente esto, sino que mi Voluntad siendo el punto más alto, se necesitaban los caminos, los medios de transporte, las escaleras, los vestidos decentes, los alimentos adecuados para poder morar en este Reino. Mi venida a la tierra sirvió para formar todo esto, así que cada palabra mía, cada obra, pena, oración, ejemplo, Sacramentos instituidos, eran caminos que formaba, medios de transporte para hacerlos llegar más rápidamente, escaleras para hacerlos subir, se puede decir que les di los vestidos de mi Humanidad teñidos de púrpura con mi sangre, para hacerlos estar

decentemente vestidos en este reino tan santo de mi Querer, que la Sabiduría Increada había establecido en la Creación darlo como herencia del hombre. Por lo tanto, si poco hablé acerca de esto, fue porque cuando Yo hablo, hablo a tiempo y a circunstancia, en la cual debe estar encerrada en mi palabra la necesidad y la utilidad del bien que contiene; así que en vez de hablar hice los hechos y me reservé el hablarte a ti acerca del Reino de mi Voluntad. Ahora, ¿cómo podían poseerlo si no tenían un pleno conocimiento de Él? Por otra parte, tú debes saber que todas las manifestaciones que te he hecho sobre Él, sus prodigios, sus bienes, lo que conviene que haga el alma para poderse establecer en este Reino, mi misma Voluntad expresa que quiero que el hombre regrese a mi Reino, y cómo todo lo he hecho, la Creación, la Redención, para que entrase en posesión de mi Reino perdido, son vínculos de transmisión, son puertas para hacerlo entrar, son donaciones que hago, son leyes, instrucciones de cómo vivir en él, inteligencia para hacerlos comprender y apreciar el bien que poseen; si todo esto faltaba, ¿cómo podían poseer este Reino de mi Voluntad? Sería como si un individuo quisiera pasar a vivir en otro Reino sin pasaporte, sin conocer ni las leyes, ni los modos, ni el dialecto, pobrecito, sería inaccesible su entrada, y si como intruso entrase, se encontraría tan incómodo que él mismo desearía salir de este Reino del cual nada conoce.

(4) Ahora hija mía, no te parece a ti más fácil, más alentador, más a la capacidad de la naturaleza humana, que después de que han conocido el Reino de la Redención donde pueden curarse los ciegos, los cojos, los enfermos, porque en el Reino de mi Voluntad no entran los ciegos, sino todos derechos y de florida salud, encontrando todos los medios posibles en el Reino de la Redención y el mismo pasaporte de mi pasión y muerte para pasar al Reino de mi Voluntad, animados por la vista de tan gran bien, se decidirán a tomar la posesión de Él. Por eso sé atenta, no quieras restringir, ni disminuir los bienes que hay en el Reino de mi Voluntad, y esto lo haces cuando no manifiestas todo lo que te hago conocer, porque el conocimiento es portador del don, y si ahora soy magnánimo en el conocimiento de mi Voluntad, son dones que hago, y en estos dones establezco el más o el menos para poner en el reino de mi Voluntad, para bien de quien debe poseerlo".

19-33
Julio 2, 1926

La gran diferencia entre la santidad de las virtudes y aquélla del vivir en la unidad de la luz del Querer Divino.

(1) Encontrándome en mi habitual estado, mi dulce Jesús me hacía ver a la divina justicia en acto de descargarse sobre la tierra, mandando a los elementos que se desencadenaran contra de las criaturas; yo temblaba al ver, dónde las aguas inundaban los pueblos casi para sepultarlos; dónde, el viento con fuerza impetuosa transportaba y desarraigaba plantas, árboles, casas, y hacía de ellos un cúmulo inservible y hacía quedar a varias regiones en la más escuálida miseria; dónde sucedían terremotos con notable daño, ¿pero quién puede decir todos los males que están por caer sobre la tierra? Además de esto, mi siempre amable Jesús se hacía ver en mi interior que sufría en modo desgarrador por las tantas ofensas que le hacían las criaturas, especialmente por las tantas hipocresías, parecía que bajo el bien aparente tenían el veneno escondido, las espadas, las lanzas, los clavos, para herirlo en todas los modos. Después, como si Jesús me quisiera junto para sufrir me ha dicho:

(2) "Hija mía, la balanza de mi justicia está colmada y está desbordándose sobre las criaturas, ¿quieres tú como hija de mi Voluntad que Yo te exponga a los reflejos de mi justicia, a fin de que tomes parte en sus golpes? Porque está por hacer un amasijo de la tierra, y mientras con tu sufrir satisfaces a la justicia, les ahorrarás castigos a tus hermanos. Quien vive en el alto Reino del Supremo Querer debe defender y ayudar a quien está en lo bajo".

(3) Ahora, mientras esto decía he sentido como si la justicia divina hiciera llover sus reflejos sobre mí, y Jesús ensimismándome con Él, yo sufría junto sus golpes, sus heridas, sus penas; eran tantas que yo misma no sabía si debía quedar viva o muerta, pero con sumo dolor mío mi Jesús, retirándose, ha mitigado mis penas y he quedado de nuevo a atravesar mi duro y largo exilio, pero siempre ¡Fiat, Fiat! Todo esto hubiera querido pasarlo por alto, pero la obediencia se ha impuesto y con sumo desagrado he debido hacer un pequeño resumen, ¿pero quién puede decir cómo he quedado? Y mi dulce Jesús para aliviarme ha vuelto a hablar acerca de su Santísima Voluntad:

(4) "Hija mía, ven conmigo en medio de la Creación, cielo y tierra te esperan, quieren a aquélla que animada por la misma Voluntad que anima y da vida a ellos, haga resonar toda la Creación con aquel eco dulcísimo del eterno amor de su Creador; quieren que tu voz, corriendo en cada una de las cosas creadas anime su mudo lenguaje con aquella

perenne gloria y adoración a su Creador, y así como todas las cosas creadas están vinculadas entre ellas y una es la fuerza de la otra, porque una es la Voluntad Suprema que las vivifica y conserva, así quien la posee está vinculada con ellas con la misma fuerza y con la misma unión, por lo tanto no estando en medio de la Creación se sentirían faltar, por tu ausencia, la fuerza universal y el vínculo de la inseparabilidad, por eso ven a nuestros dominios, porque todos te suspiran, y al mismo tiempo te haré comprender otras cosas sobre la gran distancia que hay entre la santidad de quien posee la unidad de la luz del Reino de mi Voluntad y la santidad de la sumisión, de la resignación y de las virtudes".

(5) Ahora, mientras esto decía me he encontrado fuera de mí misma e intentaba hacer resonar mi "te amo", mi adoración, sobre todas las cosas creadas, y Jesús todo bondad ha agregado:

(6) "Hija mía, mira el cielo, las estrellas, el sol, la luna, las plantas, las flores, el mar, mira todo, cada una de las cosas tiene su naturaleza distinta, su colorido, su pequeñez y su altura, cada una tiene su oficio distinto, y una no puede hacer lo que hace la otra, ni producir los mismos efectos. Así que cada una de las cosas creadas es símbolo de la santidad de las virtudes, de la sumisión y resignación a mi Voluntad; y según las virtudes que hayan practicado han tomado en ellos un color distinto, por eso se puede decir quién es una flor roja, quién violeta, quién blanca, quién es planta, quién es árbol, quién es estrella, y según se han sometido a los reflejos del Supremo Querer, así se han desarrollado en la fecundidad, en la altura, en la belleza, pero uno es el colorido, porque mi Querer, como rayo de sol, les ha dado el color de aquella semilla que ellos mismos habían puesto en sus almas. En cambio la santidad de quien vive en la unidad de la luz de mi Voluntad, es parto de aquel acto único de su Creador, que mientras es uno en las manos creadoras, los rayos de su Voluntad saliendo de Dios, invaden todo y producen obras y efectos tan innumerables, que el hombre no puede llegar a contarlos todos, así que esta santidad, siendo parto de aquel acto único, estará al cuidado y celo del Querer Supremo, que pondrá en ella todos los colores, todas las variadas bellezas, todos los bienes posibles e imaginables, así que más que sol resplandeciente encerrará y eclipsará en sí toda la Creación con sus variadas bellezas, se verán encerrados en ella todos los bienes de la Redención, se verán en ella todas las santidades, y Yo, desahogando más que nunca en amor, pondré el sello de mi misma santidad en quien haya poseído el reino de mi Voluntad.

(7) ¿Sabes tú que sucederá con relación a esta santidad del vivir en mi Querer, a tu Creador? Sucederá como a un rey que no tiene hijos, este rey no goza jamás el afecto de un hijo, ni se siente llevado a prodigar todas sus caricias paternas, ni sus besos afectuosos, porque no descubre en ninguno su parto, sus facciones, y a quién confiar la suerte de su Reino. ¡Pobrecito! vive siempre con un clavo en el corazón, vive siempre rodeado por siervos, por personas que no se le asemejan, y si están a su alrededor no es por puro amor, sino por interés propio, para hacer adquisición de riquezas, de gloria y tal vez aun para traicionarlo. Ahora, supón que tenga un hijo suyo después de largo tiempo, ¿cuál no será la alegría de este rey? Lo besa, lo acaricia, no sabe separar su mirada de su hijo en el cual reconoce su imagen; apenas nacido le hereda su Reino y todos sus bienes, y su completo gozo y fiesta es que su Reino no será más de los extraños, de sus siervos, sino de su amado hijo, así que se puede decir que lo que es del padre es del hijo, y que lo que es del hijo es del padre.

(8) Ahora, quien llegue a poseer el Reino de mi Voluntad será para Nosotros como un hijo nacido después de cerca de seis mil años, qué alegría, qué fiesta no será para Nosotros al ver en él nuestra imagen íntegra, bella, tal como la sacamos de nuestro seno paterno, todas las caricias, los besos, los dones, serán para este hijo, mucho más, pues habiendo dado al hombre en la Creación como herencia especial el Reino de nuestra Voluntad, y habiendo estado este nuestro Reino en manos de extraños, de siervos, de traidores, por tan largo tiempo, al ver a este hijo que lo poseerá como hijo y nos dará la gloria del Reino de nuestra Voluntad, nuestra herencia será puesta a salvo por parte de este hijo; entonces, ¿no es justo que todo le demos, aun a Nosotros mismos, y que encierre todo y a todos?"

(9) Mientras Jesús esto decía, yo he quedado pensativa y le he dicho: "¿Será posible todo esto, Amor mío?" Y Jesús ha agregado:

(10) "Hija mía, no te maravilles, porque el alma con poseer el Reino del Supremo Querer poseerá una Voluntad Divina, infinita, eterna, que encierra todos los bienes; por eso, quien posee todo puede darnos todo. Cuál será nuestro contento, nuestra y su felicidad al ver la pequeñez de la criatura en este nuestro Reino, que toma continuamente de Nosotros como dueña, como hija nuestra, y como lo que toma de Nosotros es divino, ella toma lo divino y lo divino nos da, toma lo infinito y lo infinito nos da, toma de Nosotros cosas inmensas y cosas inmensas nos da, toma de Nosotros luz y luz nos trae, ella no hará otra cosa que tomar y darnos, Nosotros pondremos a su disposición todas nuestras cosas, a fin

de que en el Reino de nuestra Voluntad, dado a ella por Nosotros, no entren más cosas extrañas a Nosotros, sino que todo sean cosas nuestras, y así podamos recibir los frutos, la gloria, el amor, el honor del Reino de nuestra Voluntad. Por eso sé atenta y tu vuelo en nuestro Querer sea continuo".

19-34
Julio 5, 1926

Jesús se hace ver que escribe en el fondo del alma lo que dice sobre su Voluntad, y después da un resumen en palabras.

(1)Me sentía investida y en poder de la luz suprema del Querer Eterno, y mi siempre amable Jesús se hacía ver en el fondo de mi alma en pie, con una pluma de luz en la mano, en acto de escribir sobre de una luz densa que parecía tela, pero era una luz extendida en mi alma, y Jesús escribía, escribía en el fondo de esta luz; ¡cómo era bello verlo escribir con una maestría y velocidad indescriptibles! Después de haber escrito, como si abriera las puertas de mi interior, con su mano llamaba al confesor diciéndole:

(2)"Ven a ver lo que Yo mismo escribo en el fondo de esta alma. Yo no escribo jamás sobre papel o sobre tela, porque están sujetos a perecer, sino que me deleito en escribir sobre la luz puesta en esta alma en virtud de mi Voluntad, mi escritura de luz es incancelable y de valor infinito. Ahora, cuando debo manifestarle las verdades sobre mi Voluntad, primero hago el trabajo de escribirlas en el fondo de ella y después le hablo, dándole a entender lo que en ella he escrito. He aquí el por qué cuando ella dice lo que Yo le he dicho lo dice con pocas palabras, en cambio cuando escribe se alarga mucho, es mi escrito que desbordando fuera de su alma, no sólo da un pequeño resumen, sino mi verdad extendida como Yo mismo la he escrito en lo íntimo de su interior".

(3)Yo he quedado maravillada y con una alegría indecible al ver a mi dulce Jesús escribir dentro de mí, y comprendía claramente por qué al hablar poco sé decir de lo que Él me dice, mas bien me parece que solamente me ha dado el título del tema, y después al escribir parece interés suyo el ayudarme a desarrollarlo como a Él le place, y Jesús todo bondad me ha dicho:

(4)"Hija mía, no te maraville el que mientras escribes sientas surgir en ti, como de una fuente, las verdades, es el trabajo de tu Jesús hecho en ti, que desbordándose de todas las partes de tu alma pone el orden en el papel y las verdades en ti escritas y selladas con caracteres de luz, por eso deja tus temores, no quieras atenerte al pequeño resumen de mis palabras, ni quieras resistirme cuando Yo quiero extenderme y hacerte escribir sobre el papel lo que Yo con tanto amor he escrito en tu alma; cuántas veces me obligas a usar la fuerza y a arrollarte a fin de que tú no me resistas tanto a escribir lo que quiero. Por eso déjame hacer, será trabajo de tu Jesús que en todo resplandezca la verdad".

19-35
Julio 8, 1926

Amenaza de nuevos castigos. Cómo quien debe hacer un bien universal debe hacer y sufrir más que todos.

(1) Me estaba fundiendo toda en el Santo Querer Divino, y mi dulce Jesús se hacía ver en mi interior con los brazos levantados, en acto de impedir que la divina justicia se derramara sobre las criaturas, poniéndome también a mí en su misma posición para hacerme hacer lo que Él mismo hacía; pero parecía que las criaturas incitaban a la justicia divina a golpearlas, y Jesús, como cansado, bajando sus brazos me ha dicho:

(2) "Hija mía, ¡qué perfidia humana! Pero es justo, es necesario que después de tanto tolerar me libere de tanta cosa vieja que ocupa la Creación, porque estando infectada lleva la infección a la cosa nueva, a las plantitas nuevas. Estoy cansado de que la Creación, habitación mía dada al hombre, pero es siempre mía, porque es conservada y vivificada continuamente por Mí, sea ocupada por siervos, por ingratos, por enemigos y hasta por aquellos que ni siquiera me reconocen, por eso quiero despacharme con el destruir regiones enteras y lo que sirve para su alimento; los ministros de justicia serán los elementos, que invistiéndolos harán sentir la fuerza divina sobre de ellos. Quiero purificar la tierra para preparar la habitación a mis hijos, tú estarás siempre junto Conmigo, mi Voluntad será siempre tu punto de partida aun en tus más pequeños actos, porque aun en las cosas más pequeñas mi Querer quiere tener su Vida Divina, su principio y su fin, no tolera que la voluntad humana haga sus pequeñas apariciones en su Reino, de otra manera vendrías a salir frecuentemente al reino vicioso de tu voluntad, la cual te quitaría la nobleza, lo que de hecho no conviene a quien debe vivir en el Reino de mi Voluntad.

(3) Ahora hija mía, así como las penas de la Celestial Reina, mis penas y mi muerte, como sol hicieron madurar, fecundar, endulzar los frutos que hay en el Reino de la Redención, de modo que todos puedan tomarlos, y son frutos que llevan la salud a los enfermos, la santidad a los sanos, así tus penas, injertadas con las nuestras y maduradas con el calor del Sol de mi Querer, harán madurar los frutos que hay en el Reino de mi Voluntad, serán tantos y tan dulces y sabrosos, que quien quiera tomarlos y gustarlos nunca más se adaptará a los frutos acerbos, insípidos y nocivos del mísero y escuálido reino de la voluntad humana. Tú debes saber que quien debe ser el primero en formar un Reino, en llevar un bien, en formar un trabajo, debe sufrir más que todos y hacer más que todos, debe encaminar, facilitar las cosas, los medios y preparar lo que conviene para hacer que los demás, encontrando las materias primas de aquel trabajo y viéndolo hecho, lo puedan imitar; así que mucho te he dado y te doy para hacer que tú puedas formar las materias primas para quien debe vivir en el reino de mi Voluntad. Por eso está atenta y dispuesta a lo que te doy y a hacer lo que quiero de ti".

19-36
Julio 11, 1926

Así como se supo que para formar el Reino de la Redención los que más sufrieron fueron Jesús y su Mamá, así será necesario conocer quién ha sufrido por el Reino del Fiat Supremo.

(1) Desde hace algunos días mi dulce Jesús no me había dicho nada acerca de su Santísima Voluntad, más bien se hacía ver triste, en acto de golpear a las criaturas. Hoy, como si quisiera salir de su tristeza, porque cuando habla de su Voluntad parece que se pone en fiesta, al salir de dentro de mi interior me ha dicho:
(2) "Hija mía, quiero consolarme, hazme hablar del Reino de mi Supremo Querer".
(3) Y yo: "Amor mío y vida mía, Jesús, si Tú no me dices todos los secretos que hay en Él, yo, no conociendo todo, no gozaré la plenitud de los bienes que este Reino posee, ni podré darte la correspondencia del amor, de los bienes que Tú escondes, y me sentiría infeliz en medio a tanta felicidad, porque en todo lo que en Él Tú posees no corre mi 'te amo', será pequeño, pero es el 'te amo' de tu pequeña hija que Tú amas tanto". Y Jesús, tomando mi misma palabra me ha dicho:

(4) "Pequeña hija mía, lo dices tú misma, cuánto es necesario el conocimiento; si es necesario para ti, mucho más para los demás. Ahora, tú debes saber que para formar el Reino de la Redención, aquellos que se distinguieron más en el sufrir, fue mi Mamá, y si bien Ella aparentemente no sufrió ninguna pena que conocieran las otras criaturas, con excepción de mi muerte que fue conocida por todos y que fue para su materno corazón el golpe fatal y más desgarrador, más que cualquier muerte dolorosísima, pero como Ella poseía la unidad de la luz de mi Querer, esta luz llevaba a su corazón traspasado no sólo las siete espadas que dice la Iglesia, sino todas las espadas, las lanzas, los pinchazos de todas las culpas y penas de las criaturas, que martirizaban en modo desgarrador su materno corazón; pero esto es nada, esta luz le llevaba todas mis penas, mis humillaciones, mis aflicciones, mis espinas, mis clavos, las penas más íntimas de mi corazón. El corazón de mi Mamá era el verdadero sol, que mientras se ve sólo luz, esta luz contiene todos los bienes y efectos que recibe y posee la tierra, así que se puede decir que la tierra está encerrada en el sol; así la Soberana Reina, se veía solamente su persona, pero la luz de mi Supremo Querer encerraba en Ella todas las penas posibles e imaginables, y por cuanto más íntimas y desconocidas estas penas, tanto más estimables y más potentes sobre el Corazón Divino para impetrar el suspirado Redentor, y más que luz solar descendían en los corazones de las criaturas para conquistarlas y atarlas en el Reino de la Redención. Así que la Iglesia de las penas de la Celestial Soberana conoce tan poco, que se puede decir que son sólo las penas aparentes, y por eso da el número de siete espadas, pero si conociera que su materno corazón era el refugio, el depósito de todas las penas, que la luz de mi Voluntad todo le llevaba y nada le ahorraba, no habría dicho siete espadas, sino millones de espadas, mucho más que siendo penas íntimas, sólo Dios conoce la intensidad del dolor de ellas, y por eso con derecho fue constituida Reina de los mártires y de todos los dolores; las criaturas saben dar el peso, el valor a las penas externas, pero de las internas no atinan adarles el justo valor. Ahora, para formar en mi Mamá primero el Reino de mi Voluntad y después el de la Redención, no eran necesarias tantas penas, porque no teniendo culpas, la herencia de las penas no era para Ella, su herencia era el Reino de mi Voluntad, pero para dar el reino de la Redención a las criaturas, debió sujetarse a tantas penas, así que los frutos de la Redención fueron madurados en el reino de mi Voluntad poseído por Mí y por mi Mamá. No hay cosa bella, buena y útil que no salga de mi Voluntad. Ahora, unida a la Soberana Reina vino mi Humanidad, Ella quedó escondida en

Mí, en mis dolores, en mis penas, por eso poco se conoció de Ella, pero de mi Humanidad fue necesario que se conociera lo que Yo hice, cuánto sufrí y cuánto amé, si nada se conociera no habría podido formar el Reino de la Redención, el conocimiento de mis penas y de mi Amor es imán y estímulo, incitación, luz para atraer a las almas a tomar los remedios, los bienes que en Ella hay; el saber cuánto me cuestan sus culpas, su salvación, es cadena que los ata a Mí e impide nuevas culpas. Si en cambio nada hubieran sabido de mis penas y de mi muerte, no conociendo cuánto me ha costado su salvación, ninguno habría tenido el pensamiento de amarme y de salvar su alma. ¿Ves entonces cuánto es necesario el hacer conocer cuánto ha hecho y sufrido aquél o aquélla que ha formado en sí un bien universal para darlo a los demás?

(5) Ahora hija mía, así como fue necesario hacer conocer quien fue Aquél y Aquélla y cuánto les costó formar el Reino de la Redención, así es necesario hacer conocer a aquélla a la cual mi paterna bondad ha escogido primera para formar en ella el Reino del Fiat Supremo, y después dar el principio de la transmisión a los demás, así como fue para la Redención, que primero fue formada entre Yo y mi Mamá Celestial y después fue conocida por las criaturas, así será del Fiat Supremo, por lo tanto es necesario hacer conocer cuánto me cuesta este Reino de mi Voluntad, y para hacer que el hombre pudiera entrar de nuevo en su Reino perdido, he debido sacrificar a la más pequeña de las criaturas, tenerla clavada por cuarenta años y más dentro de un lecho, sin aire, sin la plenitud de la luz del sol que todos gozan, cómo su pequeño corazón ha sido el refugio de mis penas y de aquéllas de las criaturas, cómo ha amado a todos, rogado por todos, defendido a todos y cuántas veces se ha expuesto a los golpes de la Justicia Divina para defender a todos sus hermanos, y además sus penas íntimas, mis mismas privaciones que martirizaban su pequeño corazón, dándole muerte continua, porque no conociendo otra vida que la mía, otro Querer que el mío, todas estas penas arrojaban los fundamentos del Reino de mi Voluntad, y como rayos solares maduraban los frutos del Fiat Supremo, por eso es necesario hacer conocer cuánto te costó a ti y a Mí este Reino, y así por el costo puedan conocer cuánto amo el que hagan adquisición de él, y por el costo puedan apreciarlo y amarlo y aspirar a entrar a vivir en el Reino de mi Suprema Voluntad".

(6) Esto lo he escrito por obedecer, pero ha sido tanto el esfuerzo, que apenas he podido señalar algo de mi pobre existencia, ya que por la gran renuencia me siento helar la sangre en las venas, pero me conviene repetir siempre: ¡Fiat, Fiat, Fiat!

19-37
Julio 14, 1926

Cómo Jesús tenía preparado el Reino de su Voluntad en su Humanidad, para darlo de nuevo a las criaturas. Todos los intereses, divinos y humanos están en peligro si no se vive en la Divina Voluntad.

(1) Continúo fundiéndome en el Santo Querer, mi dulce Jesús muchas veces me acompaña en la repetición de estos actos, otras veces sólo está para ver si alguna cosa se me escapa de todo lo que ha hecho, sea en la Creación como en la Redención, y si esto sucede, Él con toda bondad me la hace presente a fin de que yo ponga en eso aunque sea un pequeño "te amo", un gracias, una adoración, diciéndome que es necesario reconocer hasta dónde su Voluntad ha extendido los confines del Reino de su Querer por amor de la criatura, a fin de que ella gire en este Reino para gozárselo, y con su amor se vuelva más estable su posesión, y viéndola siempre en Él, todos, Cielo y tierra puedan reconocer que el Reino de mi Voluntad ya tiene su heredera, y que lo ama y es feliz de poseerlo.

(2) Ahora, mientras me sentía abismada en este Eterno Querer, mi amable Jesús se hacía ver con su corazón abierto, y a cada latido suyo salía un rayo de luz, en cuya punta se veía impreso un Fiat, y así como el latido del corazón es continuo, mientras salía un rayo otro le seguía y después otro más, no terminaban jamás de salir. Estos rayos invadían Cielo y tierra, pero todos llevaban impreso el Fiat, y no sólo de su corazón salían estos rayos, sino también de los ojos, conforme miraba salían rayos, conforme hablaba, cuando movía sus manos y pies salían rayos llevando todos como gloria y triunfo el Fiat Supremo. Ver a Jesús era un encanto, bello, todo transfundido en estos rayos de luz que salían de su adorable persona, pero lo que ponía la suntuosidad, la majestad, la magnificencia, la gloria, la belleza, era el Fiat. Su luz me eclipsaba y yo habría permanecido siglos delante a Jesús sin decirle nada si Él mismo no hubiese roto el silencio diciéndome:

(3) "Hija mía, la perfecta gloria y el honor completo a mi Voluntad lo dio mi Humanidad, fue propiamente en mi interior, en el centro de este corazón, donde formé el Reino del Querer Supremo; y como el hombre lo había perdido no había esperanza de poderlo readquirir, mi Humanidad lo readquirió con penas íntimas e inauditas, dándole todos los honores debidos y la gloria que le había sido quitada por la criatura, para darlo de

nuevo a ella. Así que el Reino de mi Voluntad fue formado dentro de mi Humanidad, por eso todo lo que era formado en mi Humanidad y salía fuera, llevaba la marca del Fiat, cada pensamiento, mirada, respiro, latido, cada gota de mi sangre, todo, todo llevaba el sello del Fiat de mi Reino supremo; esto me daba tanta gloria y me embellecía tanto, que Cielo y tierra quedaban por debajo y como obscurecidos ante Mí, porque mi Voluntad Divina es superior a todo y todo queda por debajo de Ella como su escabel. Ahora, en el transcurso de los siglos Yo miraba a quien debía confiar este Reino, y he estado como una madre embarazada, que sufre, que se duele porque quería dar a luz su parto y no podía; pobre madre, cuánto sufre porque no puede gozarse el fruto de sus entrañas, mucho más que habiendo madurado este parto y no saliendo, su existencia está siempre en peligro. Así Yo, más que madre embarazada he estado por tantos siglos, cuánto he sufrido, cómo he penado al ver en peligro los intereses de mi gloria, tanto de la Creación como de la Redención, mucho más que este reino lo tenía como en secreto y escondido en mi corazón, sin tener ni siquiera el desahogo de manifestarlo, y esto me hacía sufrir de más, porque no viendo en las criaturas las verdaderas disposiciones para poder dar este mi parto, y no habiendo tomado ellos todos los bienes que hay en el Reino de la Redención, no podía arriesgarme a darles el Reino de mi Voluntad que contiene bienes más grandes, mucho más que los bienes de la Redención servirán como ajuar, como antídoto, para hacer que entrando en el Reino de mi Voluntad no puedan repetir una segunda caída, como hizo Adán. Así que si no todos estos bienes han sido tomados, sino más bien menospreciados y pisoteados, ¿cómo podía salir de dentro de mi Humanidad este parto de mi Reino? Por eso me he tenido que contentar con penar, con sufrir y esperar más que una madre para no poner en peligro mi amado parto de mi Reino; sufriendo porque quería ponerlo fuera para hacer don de él a la criatura y poner al seguro los intereses de la Creación y Redención, pues están todos en peligro, porque hasta en tanto que el hombre no regrese al Reino del Supremo Querer, nuestros intereses y los suyos estarán siempre peligrando. El hombre fuera de nuestra Voluntad es siempre un desorden en nuestra obra Creadora, una nota discordante que quita la perfecta armonía a la santidad de nuestras obras, y por eso Yo miraba a través de los siglos, esperando a mi pequeña recién nacida en el Reino de mi Voluntad, poniéndole en torno todos los bienes de la Redención para seguridad del Reino de mi Voluntad, y más que madre doliente que tanto ha sufrido, te confío a ti este mi parto y la suerte de este mi Reino. Y no sólo mi Humanidad es la que quiere dar a luz este parto que me cuesta tanto, sino toda la Creación está preñada de mi Voluntad, y sufre porque quiere darla a luz a las criaturas para restablecer el Reino de su Dios en medio de ellas, por tanto la Creación es como un velo que esconde como un parto a mi Voluntad, y las criaturas toman el velo y rechazan el parto que hay dentro; preñado de mi Voluntad está el sol, y mientras toman los efectos de la luz, que como velo esconde a mi Voluntad, los bienes que produce, rechazan después mi Voluntad, no la reconocen ni se hacen dominar por Ella, así que toman los bienes naturales que hay en el sol, pero los bienes del alma, el Reino de mi Querer que reina en el sol y que quiere darse a ellos lo rechazan; ¡oh, cómo sufre mi Voluntad en el sol, la cual quiere ser dada a luz desde la altura de la esfera para reinar en medio a las criaturas; preñado de mi Voluntad está el cielo, que mira con sus ojos de luz, como son las estrellas, a las criaturas, para ver si quieren recibir a mi Voluntad para que reine en medio de ellas; preñado de mi Voluntad está el mar, que con sus olas fragorosas se hace oír y las aguas como velo esconden a mi Voluntad, pero el hombre se sirve del mar, toma sus peces, pero no tiene cuidado de mi Voluntad y la hace sufrir como parto reprimido en las entrañas de las aguas. Así que todos los elementos están preñados de mi Voluntad: El viento, el fuego, la flor, toda la tierra, todos son velos que la esconden. Ahora, ¿quién dará este desahogo y alivio a mi Humanidad? ¿Quién romperá estos velos de tantas cosas creadas que la esconden? ¿Quién reconocerá en todas las cosas al portador de mi Voluntad y haciéndole los debidos honores la haga reinar en su alma, dándole el dominio y su sujeción? Por eso hija mía sé atenta, da este contento a tu Jesús que hasta ahora ha estado sufriendo por poner fuera este parto de mi Reino supremo, y junto Conmigo toda la Creación, como un acto solo romperá los velos y depositará en ti el parto de mi Voluntad que esconden".

19-38
Julio 18, 1926

Por qué al venir Nuestro Señor a la tierra no manifestó el Reino de su Querer.

(1) Mi pobre mente estaba pensando en lo que está escrito aquí arriba, y mi dulce Jesús ha continuado sobre el mismo argumento diciéndome:
(2) "Hija mía, mira entonces el por qué al venir a la tierra no di el Reino de mi Querer ni lo hice conocer, pues había una necesidad, quise

someter a una nueva prueba a la criatura, quise darle cosas menores de aquéllas que le di en la Creación, remedios y bienes para curarla, porque al crearlo, el hombre no estaba enfermo sino sano y santo, por lo tanto podía muy bien vivir en el Reino de mi Querer, pero sustrayéndose del Querer Supremo cayó enfermo, y Yo vine a la tierra como médico celestial para ver si aceptaba los remedios, las medicinas para su enfermedad, y después de haberlo probado en esto, entonces le habría dado la sorpresa de manifestar el Reino de mi Voluntad, que en mi Humanidad tenía preparado para él.

(3) Se engañan aquellos que piensan que nuestra suma bondad y sabiduría infinita habrían dejado al hombre sólo con los bienes de la Redención, sin levantarlo de nuevo al estado primero creado por Nosotros; si fuera así, nuestra Creación hubiera quedado sin su finalidad y por lo tanto sin su pleno efecto, lo que no puede ser en las obras de un Dios, a lo más haremos pasar y girar los siglos, dando ahora una sorpresa, ahora una otra, ahora confiándole un pequeño bien, ahora otro más grande; haremos como un padre que quiere heredar a sus hijos, pero estos hijos mucho han malgastado los bienes del padre, pero con todo y esto está decidido a heredar la propiedad a sus hijos, así que piensa en otra estrategia, no da ya a sus hijos las sumas grandes sino poco a poco, peso a peso, y conforme ve que los hijos conservan lo poco así va aumentando las pequeñas sumas. Con esto los hijos vienen a reconocer el amor del padre y a apreciar los bienes que les confía, lo que no hacían antes cuando tenían las sumas grandes, esto sirve para reafirmarlos y para enseñarles a saber conservar los bienes recibidos; entonces el padre, cuando los ha formado, confirma su decisión y da sus propiedades a sus hijos. Ahora, así está haciendo la paterna bondad, en la Creación puso al hombre en la opulencia de los bienes, sin restricción alguna, pero solamente porque quiso probarlo le puso una sola restricción, que a él no le hubiera costado gran cosa, pero con un acto de su voluntad contraria a la mía malgastó todos estos bienes, pero mi amor no se detuvo, comencé, más que padre, a darle poco a poco, y primeramente a curarlo. Con lo poco muchas veces se usa más atención que cuando se poseen las cosas grandes, porque si se poseen grandes propiedades y se despilfarra, hay siempre de dónde tomar, pero si se despilfarra lo poco se queda en ayunas; pero la decisión de dar el Reino de mi Voluntad al hombre no la he cambiado, el hombre cambia, Dios no se cambia. Ahora la cosa es más fácil, porque los bienes de la Redención han hecho el camino, han hecho conocer muchas sorpresas de mi amor por el hombre, cómo los he amado, no con el solo Fiat sino

con darle mi propia Vida, si bien mi Fiat me cuesta más que mi misma Humanidad, porque el Fiat es Divino, Inmenso y Eterno, mi Humanidad es humana, limitada y en el tiempo tiene su principio, pero la mente humana no conociendo a fondo lo que significa el Fiat, su valor, su potencia, y qué puede hacer, se dejan impresionar más por todo lo que hice y sufrí al venir a redimirlos, sin saber que bajo mis penas y mi muerte estaba escondido mi Fiat, que daba vida a mis penas. Ahora, si hubiese querido manifestar el Reino de mi Voluntad, tanto cuando vine a la tierra, como antes de que los bienes de la Redención fuesen conocidos y en gran parte poseídos por las criaturas, mis más grandes santos se habrían espantado, todos habrían pensado y dicho: 'Adán inocente y santo no supo vivir, ni perseveró en este Reino de luz interminable y de santidad divina, ¿cómo podemos hacerlo nosotros?' Y tú la primera, ¿cuántas veces no te has espantado? Y temblando ante los bienes inmensos y la santidad toda divina del Reino del Fiat Supremo querías retirarte diciéndome: 'Jesús, piensa en cualquier otra criatura, yo soy incapaz'. No te espantó tanto el sufrir, al contrario, muchas veces me has rogado, incitado a que te hiciese sufrir, y por eso mi más que paterna bondad, como a una segunda madre mía, a la cual le oculté que iba a concebirme en su seno, primero la preparé, la formé, para no hacerla espantar, y cuando llegó el tiempo oportuno, en el mismo momento en que Yo debía concebirme, entonces se lo hice saber por medio del ángel, y si bien en el primer momento tembló y se conturbó, pero pronto se serenó, porque estaba habituada a vivir junto con su Dios, en medio a su luz y delante a su santidad. Así he hecho contigo, por tantos años y años te oculté que quería formar en ti este Reino supremo, te preparé, te formé, me encerré en ti, en el fondo de tu alma para formarlo, y cuando todo estuvo hecho te manifesté el secreto, te hablé de tu misión especial, te pedí en modo formal si querías aceptar el vivir en mi Voluntad, y si bien tú temías y temblabas, Yo te alentaba y te tranquilizaba diciéndote: '¿Por qué te turbas? ¿Tal vez no has vivido hasta ahora junto Conmigo en el Reino de mi Querer?' Y tú tranquilizándote tomabas más práctica en vivir en él y Yo me deleitaba con ensanchar siempre más los confines de mi Reino, porque está establecido hasta dónde la criatura debe tomar posesión en este Reino, puesto que son interminables sus confines, y la criatura es incapaz de poderlos abrazar todos, porque es limitada".

(4) Y yo: "Amor mío, no obstante mis temores no han cesado del todo, y a veces me espanto tanto, que temo llegar a ser un segundo Adán".

(5) Y Jesús: "Hija mía, no temas, tú tienes más ayuda que la que tenía Adán, tienes la ayuda de un Dios Humanado y todas sus obras y penas para tu defensa, para tu sostén, para tu cortejo, lo que no tenía él, ¿por qué entonces quieres temer? Más bien sé atenta a la santidad que conviene para vivir en este Reino celestial, a tu felicidad y fortuna, pues viviendo en él te basta una mirada, oír una sola palabra mía para comprender sus bienes, mientras que quienes están fuera, se puede decir que entienden sólo que existe el Reino de mi Voluntad, pero de lo que está dentro, y qué se necesita para hacerlo comprender, apenas el alfabeto de mi Voluntad pueden entender".

19-39
Julio 20, 1926

La palabra de Jesús es trabajo, su silencio es reposo. El reposo de Jesús en medio de sus obras

(1) Continuaba sintiéndome toda abandonada en el Supremo Querer, mi siempre amable Jesús se hacía ver todo en silencio, en acto de mirar toda la Creación, todas sus obras, y mientras las miraba quedaba como raptado profundamente ante la magnificencia, santidad, multiplicidad y grandeza de sus obras, y yo junto con Jesús guardaba un profundo silencio al mirar sus obras, muchas cosas se comprendían, pero todo quedaba en el fondo de la inteligencia, sin palabras para poderlas decir. ¡Cómo era bello estar junto con Jesús en un profundo silencio! Después de esto mi amado bien, mi dulce vida me ha dicho:
(2) "Hija mía amadísima, tú debes saber que mi palabra es trabajo, mi silencio es reposo, y no solamente para Mí es trabajo mi palabra, sino también para ti, y es mi costumbre que después de haber trabajado quiero reposarme en medio de mis mismas obras, ellas son el lecho más blando en mi reposo, y como tú has escuchado mi palabra y has trabajado junto Conmigo, por eso junto Conmigo toma reposo. Mira hija mía cómo es bella toda la Creación, fue la palabra de tu Jesús que con un Fiat la trabajó, ¿pero sabes tú cuál es mi encanto que me rapta? Tu pequeño 'te amo' sobre cada una de las cosas creadas; con este tu pequeño 'te amo' impreso sobre cada una de ellas, todas me hablan de tu amor, me hablan de mi recién nacida de mi Voluntad, escucho el eco armonioso de toda la Creación que me habla de ti; ¡oh! cómo me rapta, cómo estoy contento al ver que mi Fiat en la Creación y aquél que te he enseñado se dan la mano, se entrelazan juntos y cumpliendo mi

Voluntad me dan reposo. Pero no estoy contento con reposarme solo, quiero junto Conmigo a aquélla que me da reposo, a fin de que ella tome reposo y gocemos juntos los frutos de nuestro trabajo. Mira, ¿no te parece más bella toda la Creación y todas las obras de mi Redención con tu 'te amo', con tu adoración y con tu voluntad fundida en la mía, que hace vida en medio a las esferas celestes? Así que no hay más soledad ni aquel silencio sepulcral que había antes en las esferas celestiales y en todas mis obras, sino que está la pequeña hija de mi Querer que hace compañía, que hace oír su voz, que ama, que adora, que reza, y que manteniendo sus derechos dados a ella por mi Voluntad, posee todo, y cuando hay quien posee no hay más soledad ni silencio de tumba. He aquí por qué después de haberte hablado mucho hago silencio, es el reposo que se requiere para Mí y para ti, para después poder reemprender de nuevo el hablarte y así continuar mi y tu trabajo. Pero mientras reposo contemplo todas mis obras, mi amor surge en Mí y reflejándose en Mí mismo y complaciéndome, concibo en Mí otras imágenes mías similares a Mí, y mi Voluntad las pone fuera como triunfo de mi amor y como generación predilecta de mi Fiat Supremo, así que en mi reposo genero los hijos a mi Voluntad, todos similares a Mí, y en mi palabra los doy a luz y les doy el desarrollo, la belleza, la altura, por eso mi palabra los va formando dignos hijos del Fiat Supremo. Por eso hija mía, cada palabra mía es un don que te hago, y si te llamo al reposo es para que tú contemples mi don, y complaciéndote y amándolo hagas surgir de ti otros dones similares a aquellos que te he dado, y poniéndolos fuera formarán junto la generación de los hijos del Fiat Supremo, ¡oh, cómo estaremos contentos!"

19-40
Julio 23, 1926

Temores de ser dejada por Jesús. Quien vive en el Querer Divino pierde toda vía de salida, ni Jesús puede dejarla ni ella puede dejarlo. La Creación es espejo, la Voluntad Divina es Vida.

(1)Habiendo esperado y suspirado mucho la venida de mi dulce Jesús, pensaba entre mí: "Cómo haré, si quien forma mi vida me deja sola y abandonada, ¿podría yo vivir? Y si yo vivo, porque ahora entiendo que no son las penas las que hacen morir, pues si así fuese, después de tantas privaciones suyas estaría muerta, las penas a lo más hacen sentir la muerte, pero no la saben dar, hacen vivir estrujada y aplastada como debajo de una prensa, pero el poder de la muerte lo tiene sólo el Querer Supremo". Mientras esto pensaba, mi adorable Jesús se ha movido en mi interior, y se hacía ver que tenía una cadenita de oro en las manos y se deleitaba con hacerla pasar entre yo y Él, de modo que quedábamos atados juntos, y con un amor y bondad toda paterna me ha dicho:

(2)"Hija mía, ¿por qué temes que te deje? Escucha, Yo no puedo tolerar este temor en ti, tú debes saber que en las condiciones en las cuales te he puesto, el mar de mi Querer que dentro y fuera de ti corre, en el cual tú voluntariamente, no forzada, te ofreciste en Él, ha ensanchado tanto sus confines, que ni Yo ni tú encontraremos el camino para salir. Así que si tú quieres dejarme no encontrarás el camino, y por cuanto quieras girar, girarás siempre en los confines interminables de mi Voluntad, mucho más que tus actos hechos en Ella te han cerrado todo camino de salida. Y si Yo te quisiera dejar no lo podría hacer, porque no sabría a dónde ir para ponerme fuera de los confines de mi Voluntad, Ella está por todas partes, y a donde quiera que vaya me encontraría siempre junto contigo. A lo más Yo hago contigo como una persona que posee una habitación grande, y amando a otra persona inferior a ella, de mutuo acuerdo la toma y la otra va, pero como la casa es grande, si ésta se aleja y gira en su casa, aquélla la pierde de vista y se lamenta, pero sin razón, pues si la casa es suya, ¿podrá dejarla? Las cosas propias no se dejan, por lo tanto, o regresará pronto a su casa, o tal vez está en alguna habitación de su misma casa. Por eso, si te he dado mi Voluntad por tu habitación, ¿cómo puedo dejarte y separarme de Ella? Por cuanto soy potente, en esto soy impotente, porque soy inseparable de mi Querer, por eso a lo más me alejo en mis confines y tú me pierdes de vista, pero no es que te deje, y si tú giraras en nuestros confines pronto me encontrarías, por eso en lugar de temer, espérame, y cuando menos lo pienses me encontrarás todo estrechado a ti".

(3)Después de esto estaba haciendo mis acostumbrados actos en el Supremo Querer, y delante a mi mente se hacía presente todo el orden que conviene tener en la Divina Voluntad, qué se debe hacer y hasta dónde se puede llegar, en suma, todo lo que Jesús mismo me ha enseñado, y pensaba entre mí: "¿Cómo podrán hacer todo esto las criaturas? Si yo que tomo de la fuente me parece que no hago todo, muchas cosas dejo atrás y no llego a aquella altura que Jesús dice, ¿qué será de aquellos que tomarán de mi pequeña fuentecita?" Y Jesús moviéndose en mi interior me ha dicho:

(4)"Hija mía, muchas cosas que creé en la Creación, no todas te sirven a ti, ni las gozas, muchas otras no las conoces, pero si no te sirven a ti sirven a los demás, si no las gozas y conoces tú, las gozan y conocen los demás, y si las criaturas no todo toman, todas sirven a mi gran gloria y para hacer conocer mi potencia, mi majestad, mi gran amor, y la multiplicidad de tantas cosas creadas hacen conocer la sabiduría, el valor del Artífice Divino, que es tan hábil que no hay cosa que no sepa hacer. Ahora, si tantas cosas saqué fuera en la creación del mundo, que debía servir a la naturaleza y que debía ser como espejo en el cual el hombre, mirándose, debía reconocer a su Creador, y todas las cosas creadas debían ser caminos para regresar al seno paterno de donde había salido, mucho más es necesario hacer conocer más cosas del Reino de mi Voluntad, que debe servir como vida del alma y como centro donde Dios debe tener su trono. Ahora, la multiplicidad de las cosas que te he hecho conocer sirve para mostrar quién es esta Voluntad Divina, cómo no hay cosa más importante, más santa, más inmensa, más potente, más benéfica y que tiene virtud de dar vida, que Ella. Todas las otras cosas, por cuan buenas y santas, son siempre en el orden secundario, sólo Ella tiene siempre el primer puesto, y donde no está Ella no puede haber vida. Por eso los tantos conocimientos sobre mi Voluntad servirán a mi misma Voluntad como gloria y triunfo, y servirán a las criaturas como camino para encontrar la vida y recibirla, y su altura e inmensidad servirán a las criaturas para hacer que jamás se detengan, sino que siempre caminen para alcanzarla, por cuanto puedan, y la multiplicidad de los conocimientos servirá a la libertad de cada una para tomar aquellos que quieran, porque cada conocimiento contiene la Vida, y si se rompe el velo del conocimiento encontrarán dentro, como reina, la Vida de mi Voluntad; por lo tanto, según tomen y hagan, tanto más crecerá la Vida de mi Voluntad en ellos. Por eso sé atenta en manifestar los méritos, las riquezas infinitas que posee, a fin de que el Cielo de mi Querer sea más bello, más atrayente, más majestuoso, como lo es, que el cielo de la Creación, a fin de que raptados por su belleza, por los bienes que contiene, puedan todos suspirar el venir a vivir en el Reino de mi Voluntad".

19-41
Julio 26, 1926

Cuatro grados que hay en el Supremo Querer.

(1) Continúo mi acostumbrado abandono en el Supremo Querer, y mi amable Jesús al venir me ha dicho:

(2) "Hija mía, la luz del sol no es gozada por todos en la misma medida, esto no por parte del sol, porque mis obras conteniendo el bien universal hacen el bien a todos, sin restricción alguna, sino por parte de las criaturas. Supón que una persona esté en su habitación, ésta no goza toda la viveza de la luz, y si goza de una luz tenue, no goza su calor; en cambio otra persona está fuera de la ciudad, ésta goza más luz, siente el calor del sol; el calor purifica, desinfecta el aire pútrido, y al gozar el aire purificado se revigoriza y se siente más sana, así que la segunda goza de más los bienes que lleva el sol a la tierra. Pero sigue adelante, una tercera persona se va a meter en aquel punto donde los rayos solares golpean con más fuerza la superficie de la tierra, ésta se siente investida por sus rayos, se siente quemar por el calor del sol, la viveza de su luz es tanta, que llenándose el ojo de ella difícilmente puede mirar la tierra, se ve como transfundida en la misma luz, pero como apoya los pies sobre la tierra, muy poco siente de ella, de sí misma, sino que vive toda para el sol. Mira qué gran diferencia hay entre la primera, la segunda y la tercera, pero sigue adelante aún, una cuarta emprende el vuelo en los rayos solares, se eleva hasta el centro de su esfera, ésta queda quemada por la intensidad del calor que el sol contiene en su centro, la intensidad de la luz la eclipsa totalmente de modo que queda perdida, consumida en el mismo sol, esta cuarta persona no puede mirar más la tierra, ni pensar en sí misma, y si mirará, mirará luz, sentirá fuego, así que para ella todas las cosas han terminado, la luz y el calor se han sustituido a su vida; ¡qué gran diferencia entre la tercera y la cuarta! Pero toda esta diversidad no es por parte del sol, sino por parte de las criaturas, dependiendo de cómo se expongan a la luz del sol. Ahora, el sol es la imagen de mi Voluntad, que más que sol, como dardos envía sus rayos para convertir a aquellos que quieren vivir en su Reino en luz y amor. La imagen de estas personas son los cuatro grados del vivir en mi Voluntad: La primera se puede decir que no vive en su Reino, sino sólo a la luz que de mi Reino expande a todos el Sol de mi Querer, se puede decir que está fuera de sus confines, y si goza una escasa luz es por la naturaleza de la luz que se expande dondequiera; la naturaleza de esta criatura, sus debilidades y pasiones, le forman como una habitación a su alrededor y forman el aire infectado y pútrido, el cual al respirarlo la hace vivir enfermiza y sin viveza de fuerza en el hacer el bien, pero con todo y esto está resignada, soporta más o menos los encuentros de la vida, porque la luz de mi Voluntad, por cuan escasa sea, lleva siempre su bien. La segunda es la imagen de quien ha entrado en los primeros pasos de los confines del Reino del Supremo Querer, ésta goza no sólo

más luz, sino goza también el calor, por lo tanto el aire que respira es puro, y respirándolo se siente morir las pasiones, es constante en el bien, soporta las cruces no sólo con paciencia, sino con amor, pero como está en los primeros pasos de los confines, mira la tierra, siente el peso de la naturaleza humana. En cambio la tercera, siendo la imagen de quien se ha adentrado en los confines de este Reino, es tal y tanta la luz que le hace olvidar todo, no siente más nada de sí misma, el bien, las virtudes, las cruces, se cambian en naturaleza; la luz la eclipsa, la transforma y apenas le deja mirar de lejos lo que a ella no pertenece más. La cuarta es la más feliz, porque es la imagende quien no sólo vive en mi Reino, sino de quien ha hecho adquisición de él, ésta sufre la consumación total en el Sol Supremo de mi Querer, el eclipse que le hace la luz es tan denso que ella misma se vuelve luz y calor, no puede mirar otra cosa que luz y fuego, y todas las cosas se convierten para ella en luz y amor. Así que habrá diferencia de grados en el reino de mi Voluntad según que las criaturas querrán tomar de sus bienes, pero los primeros grados serán empujones y caminos para llegar al último. Ahora, para ti que lo debes hacer conocer, es totalmente necesario que vivas en el último grado".

19-42
Julio 29, 1926

Todo lo que hacía Nuestro Señor, en virtud del Querer Divino investía toda la Creación. ¿Quién pondrá de nuevo en fiesta a toda la Creación?

(1) Estaba haciendo mis acostumbrados giros en el Reino del Supremo Querer, y habiendo llegado a lo que había hecho el Divino Querer en la Humanidad de Nuestro Señor, miraba sus lágrimas, sus suspiros, sus gemidos, y todo lo que hacía, investidos por la luz de su Voluntad, así que sus rayos estaban adornados por las lágrimas de Jesús, llenos de sus suspiros, investidos por sus gemidos dolientes y amorosos. Y como la Creación está preñada e investida por el Supremo Querer, sus rayos de luz invistiendo todo, embellecían todas las cosas creadas con sus lágrimas; todas las cosas quedaban investidas por sus suspiros, por su amor y todas gemían junto con Jesús. Después, el dulce Jesús ha salido de dentro de mi interior, y apoyando su cabeza sobre mi frente me ha dicho:
(2) "Hija mía, el primer hombre al pecar perdió una Voluntad Divina, y por eso se necesitó mi Humanidad unida al Verbo Eterno, que debía

sacrificar en todo y por todo la voluntad humana de mi Humanidad, para readquirir esta Voluntad Divina, para darla de nuevo a la criatura. Así que mi Humanidad no le dio ni siquiera un respiro de vida a su voluntad humana, sino que la tuvo sólo para sacrificarla y para pagar la libertad que se había tomado el hombre de rechazar con tanta ingratitud a esta Voluntad Suprema, y perdiéndola le faltaron todos sus bienes, su felicidad, su dominio, su santidad, todo le quedó malogrado. Si el hombre hubiera perdido una cosa humana, dada a él por Dios, un ángel, un santo se la habría podido restituir, pero como perdió una Voluntad Divina, se necesitó un Hombre y Dios que la pudiese restituir. Ahora, si hubiese venido a la tierra solamente para redimirlo, habría bastado una gota de mi sangre, una pequeña pena para ponerlo a salvo, pero como vine no sólo para salvarlo, sino para restituirle mi Voluntad perdida, quiso descender esta Divina Voluntad en todas mis penas, en mis lágrimas, en mis suspiros y gemidos, en todo lo que Yo hacía y sufría para readquirir de nuevo el dominio en todos y sobre todos los actos humanos, y así poder formar de nuevo su Reino en medio a las criaturas. Así que cuando Yo, de niño lloraba, sollozaba, gemía, mi Voluntad Divina más que rayo solar investía toda la Creación de mis lágrimas, de mis gemidos y suspiros, así que las estrellas, el sol, el cielo azul, el mar, la pequeña flor, todos lloraban, gemían, sollozaban y suspiraban, porque la Voluntad Divina que estaba en Mí era la misma que reinaba en toda la Creación, y como connatural las estrellas lloraban, el cielo gemía, el sol sollozaba, el mar suspiraba. La luz de mi Voluntad llevaba mi eco en todas las cosas creadas, y repitiendo mi acto hacían compañía a su Creador. ¡Oh! si tú supieras el asalto que recibía la Divina Majestad al oír mi llanto en toda la Creación, mis gemidos y suspiros. Todas las cosas creadas, animadas por mi Voluntad, postradas a los pies del trono divino lo ensordecían con sus gemidos, lo atraían con sus lágrimas, lo movían a piedad con sus suspiros y plegarias, y mis penas repercutiéndose en ellas lo forzaban a ceder las llaves del Cielo e imploraban de nuevo el Reino de la Voluntad Divina sobre la tierra. Mi Padre Celestial, apiadado y enternecido por su misma Voluntad que lloraba, gemía, rogaba y penaba en todas sus obras, cedía las llaves y daba de nuevo su Reino, pero para estar seguro lo ponía en mi Humanidad, a fin de que a tiempo oportuno lo pudiese dar de nuevo a la familia humana. He aquí la necesidad de que Yo obrara y descendiera en el orden de las acciones humanas, porque mi Voluntad Divina debía tomar su dominio y sustituir el orden de su Voluntad Divina en todos los actos de las criaturas; ve entonces cuánto me cuesta este

Reino, con cuántas penas lo rescaté, por eso lo amo tanto y a cualquier costo lo quiero establecer en medio a las criaturas".

(3) Y yo: "Pero dime amor mío, si todo lo que Tú hiciste era investido por la unidad de la luz del Supremo Querer, siendo una esta Voluntad no se puede desunir ni separar de sus actos, así que la Creación no está más sola, tiene la compañía de tus actos, de tu amor, de tus gemidos; por lo tanto no hay aquel silencio de tumba que Tú me dijiste la otra vez". Y Jesús, todo bondad ha agregado:

(4) "Hija mía, tú debes saber que hasta en tanto mi Humanidad estuvo sobre la tierra, como también mientras estuvo la Soberana Reina, en la Creación no hubo soledad ni silencio sepulcral, porque en virtud de la luz de la Voluntad Divina, dondequiera que ésta se encontraba, como luz se expandía, y difundiéndose en todo se multiplicaba en todas las cosas creadas, y dondequiera se repetía mi acto, porque una era la Voluntad. Tan es cierto todo esto, que la Creación dio señales sensibles tanto en mi nacimiento y mucho más en mi muerte, hasta oscurecerse el sol y romperse las piedras, temblar la tierra, como si todos llorasen a su Creador, a su Rey, lloraban a Aquél que los había tenido en fiesta, que había roto su soledad y el silencio de tumba, y sintiendo todos la amargura de tan dura privación, dieron señales de dolor y de llanto y regresaron de nuevo al luto de la soledad y del silencio, porque partiendo Yo de la tierra, no había más quién emitiera la voz en la luz de mi Voluntad, que formando el eco volvía a la Creación hablante y obrante. Sucedía como a aquellos instrumentos de metal, que con arte encierran la voz de quien habla o de quien canta, y el instrumento habla, canta, llora, ríe, pero esto sucede en virtud del eco de la voz que ha hablado, pero si se quita el ingenio que produce aquel canto, el instrumento queda mudo. Mucho más que Yo no vine a la tierra por la Creación, sino que vine por el hombre, y por eso todo lo que hice, penas, oraciones, gemidos, suspiros, los dejé más que nueva Creación a bien de las almas, porque habiendo sido hecho todo lo que Yo hice en virtud de mi potencia creadora, está todo en acto de salvar al hombre. Además de esto, la Creación fue hecha para el hombre, en la cual debía ser él el rey de todas las cosas creadas, pero el hombre al sustraerse de mi Voluntad Divina perdió el régimen, el dominio, no podía formar leyes en el Reino de la Creación, como es costumbre de un rey cuando posee un Reino, porque habiendo perdido la unidad de la luz de mi Voluntad, no supo más regir, no tenía más fuerza de dominio, sus leyes no tenían valor; la Creación fue para él como un pueblo que se revela al rey y de él forma su hazmerreír. Por eso mi Humanidad fue rápidamente reconocida por

toda la Creación como su Rey, porque sentía en Mí la fuerza de la unión de una sola Voluntad; pero, partiendo Yo, quedó de nuevo sin Rey y encerrada en su silencio, esperando de nuevo a quien en el Reino de mi Voluntad debía emitir su voz para hacerla resonar en ella. ¿Pero sabes tú quien es aquélla que pondrá de nuevo en fiesta a toda la Creación, quién formará su eco y la volverá de nuevo hablante? Eres tú hija mía la que retomarás el dominio, el régimen en el Reino de mi Voluntad, por eso sé atenta y tu vuelo en mi Querer sea continuo".

19-43
Agosto 1, 1926

El secreto de Jesús. La fuerza y el bien de su secreto.

(1) Estaba suspirando por mi dulce bien, la Vida de mi vida, y no viniendo pensaba entre mí: "¡Cómo es dura su privación! ¡Ah! Jesús no me quiere más, y no sólo han terminado las caricias, los besos, sus grandes demostraciones de amor que con tanta abundancia me daba antes, sino también su amable y arrobadora presencia se hace siempre esperar". ¡Oh Dios, qué pena, qué martirio continuado, qué vida sin vida, sin aire, sin respiro! Jesús mío, ten piedad de mí, de tu pequeña exiliada". Pero mientras esto y otras cosas pensaba, mi siempre amable Jesús ha salido de dentro de mi interior y apoyando sus brazos sobre mi pecho me ha dicho:

(2) "Hija mía, tú te engañas diciendo que no te quiero como antes, más bien tú debes saber que mis besos, caricias, demostraciones de amor que te hacía eran el desahogo de mi amor, que no pudiendo contenerlo en mi interior, te lo demostraba con tantos signos amorosos, y como entre tú y Yo no había un gran trabajo que realizar, me divertía contigo con tantas señales y estratagemas de amor, pero esto servía para prepararte al gran trabajo que entre tú y Yo se debía desarrollar, y cuando se trabaja no hay tiempo de divertirse, pero con todo y esto el amor no cesa, sino que viene centuplicado, reafirmado y sellado. Ahora hija mía, habiéndote demostrado el desahogo de mi amor contenido, he querido pasar a darte lo que contenía dentro de Mí, he querido comunicarte el gran secreto del Reino de mi Voluntad, dándote los bienes que él contiene. Y cuando se comunican secretos importantes, y siendo este el secreto más importante de toda la historia de la Creación, se hacen a un lado las diversiones, besos y caricias, mucho más que el trabajo del Reino del Supremo Querer es exuberante y el más grande

que puede existir en toda la historia del mundo. Por lo tanto, el manifestarte mi secreto supera todos los amores juntos, porque en el secreto está la participación de la propia vida, de los propios bienes; en el secreto hay confianza, hay esperanza; ¿y te parece poco que tu Jesús tenga confianza en ti, y que tú seas el objeto de mi esperanza? Pero no de una confianza y esperanza cualquiera, sino la confianza de confiarte el Reino de mi Querer, la esperanza que pongas a salvo los derechos de Él, que lo hagas conocer. Ahora, habiéndote confiado el secreto de mi Voluntad, la cual es la parte esencial de la Vida Divina, y Yo no sabría darte cosa más grande que ésta, ¿cómo dices entonces que te amo menos que antes? Debes decir más bien que es el gran trabajo que se requiere de ti y de Mí en el Reino de mi Voluntad. Tú debes saber que estoy siempre ocupado y todo atento a trabajar en ti, ahora ensancho tu capacidad, ahora te enseño, muchas veces paso a trabajar junto contigo, otras veces te suplo, en suma, estoy siempre ocupado, y esto dice que te amo siempre más, pero con amor más fuerte y sustancioso".

19-44
Agosto 4, 1926

Quien está en la Divina Voluntad, dondequiera que se encuentre está al seguro, porque en Ella hay cuatro planos.

(1)Mis días, mis horas están siempre bajo la opresión de durísimas privaciones de mi dulce Jesús. ¡Oh! cómo es doloroso pasar de la luz a las tinieblas, y mientras se cree deber gozar de la luz, como relámpago huye y se queda más a lo oscuro que antes. Ahora, mientras me encontraba bajo la dura pena de la privación de la luz de mi dulce Jesús, y sintiendo que no podía más, mi amada Vida, mi sumo bien se ha movido en mi interior, y yo sintiéndolo le he dicho: "¡Jesús, como me dejas! Sin Ti yo no sé dónde me encuentro". Y Él todo bondad me ha dicho:
(2)"Hija mía, cómo, ¿no sabes dónde te encuentras? ¿No estás en mi Voluntad? La casa de mi Voluntad es grande, si no estás en un piso estarás en algún otro, porque Ella contiene cuatro planos: El primero es el bajo de la tierra, esto es: El mar, la tierra, las plantas, las flores, los montes y todo el resto que existe en lo bajo del universo; Ella dondequiera domina y rige, su puesto es siempre de Reina y todo lo tiene en su propio puño. El segundo plano es el sol, las estrellas, las esferas celestes. El tercero es el cielo azul. El cuarto es mi patria y la de

264

los santos. En todos estos planos mi Voluntad es Reina, ocupa el primer puesto de honor, así que en cualquiera de estos planos en que te encuentres, está segura de que siempre estarás en mi Voluntad. Si giras en lo bajo del universo, la encontrarás que te espera en el mar, a fin de que te unas con Ella para hacer lo que Ella hace, como desenvuelve su amor, su gloria, su potencia; te espera sobre los montes, en lo bajo de los valles, en los prados floridos, te espera en todas las cosas a fin de que le hagas compañía para hacer que nada omitas, es más, serás la repetidora de sus actos. Cuando hayas girado por el primer plano pasa al segundo, y la encontrarás que te espera con majestad en el sol, a fin de que su luz, su calor, te transformen, te hagan perder tu ser y sepas amar y glorificar como sabe amar y glorificar una Voluntad Divina. Por eso gira en nuestra casa, en las obras de tu Creador, porque dondequiera te espera a fin de que tú aprendas sus modos, repitas lo que hace mi Voluntad en todas las cosas creadas, así estarás segura de encontrarte siempre en el Supremo Querer, y no sólo esto, sino que te encontrarás siempre junto Conmigo, y si bien no siempre me ves, tú debes saber que soy inseparable de mi Voluntad y de mis obras, por eso estando Ella en Mí, Yo estaré contigo y tú estarás Conmigo".

(3) Dicho esto ha desaparecido como relámpago, y yo he quedado más en lo oscuro que antes, continuando mis actos en el Supremo Querer, pero mientras esto hacía le rogaba que regresara a su pequeña hija diciéndole: "Mi Jesús, te ruego en virtud de tu misma Voluntad, y como Ella se encuentra esparcida en toda la Creación, llenándola toda, por eso tu misma Voluntad te ruega en el sol que regreses a tu pequeña recién nacida, te ruega en cada estrella, te ruega en el cielo azul que te des prisa a venir a quien no puede vivir sin Ti, te suplica en el mar, en sus olas fragorosas, en su dulce murmullo, que pronto vengas a tu pequeña exiliada. ¿No escuchas amor mío mi voz en tu Voluntad que resuena en todas las cosas creadas, y toda la Creación ruega, suplica, suspira, llora porque regreses a la pequeña de tu Voluntad? ¿Cómo es que tantas voces no te conmueven? ¿Cómo es que tantos suspiros no te empujan, no te hacen emprender el vuelo? ¿No sabes ¡oh! Jesús que es tu Voluntad la que te ruega, y si Tú no la escuchas Ella quedaría por debajo? Y creo que no puedes hacer menos que escucharla". Pero mientras esto y otras cosas más decía, mi dulce Jesús se ha movido en mi interior, transformándome toda en Él y participándome sus amarguras, que eran ya demasiadas, ¡oh Dios, cuántas cosas tristes hacía ver, y su corazón era traspasado por ellas! Después, como si se quisiera aliviar

me ha dicho, haciéndose ver con su acostumbrada pluma de luz en la mano:

(4) "Hija mía, hagamos todo a un lado, hablemos del reino del Supremo Querer que tanto me interesa, ¿no ves cómo estoy siempre en acto de escribir en el fondo de tu alma sus méritos, sus leyes celestiales, su potencia, sus prodigios divinos, su belleza encantadora, sus alegrías infinitas, el orden y la armonía perfecta que reina en este Reino del Fiat Divino? Primero hago los preparativos, formo en ti todas las propiedades de Él y después te hablo, a fin de que sintiendo en ti sus propiedades, podrás ser la portavoz de mi Voluntad, su pregonera, su telégrafo y la trompeta que con sonido resonante llame la atención de las gentes a escucharla. Las enseñanzas que te doy acerca del Reino de mi Querer serán como tantos hilos eléctricos, que cuando están hechas las justas comunicaciones, los preparativos necesarios, basta un solo hilo para dar luz a ciudades y a provincias enteras. La fuerza de la electricidad, con una rapidez más que la del viento, da luz a lugares públicos y privados. Las enseñanzas sobre mi Voluntad serán los hilos, la fuerza de la electricidad será el mismo Fiat, que con una rapidez encantadora formará la luz que alejará la noche de la voluntad humana, las tinieblas de las pasiones. ¡Oh, cómo será bella la luz de mi Voluntad! Al verla se dispondrán los aparejos en las almas para unir a ellas los hilos de las enseñanzas, para gozar y recibir la fuerza de la luz que contiene la electricidad de mi Querer Supremo. ¿Quieres ver cómo sucederá? Mira, Yo tomo un hilo de mis enseñanzas atado a tu alma, y tú emites tu voz dentro del hilo, di, 'te amo', 'te adoro', 'te bendigo', lo que quieras decir, y sé atenta a mirar".

(5) Yo he dicho 'te amo' y aquel 'te amo' se cambiaba en caracteres de luz, y la fuerza eléctrica del Supremo Querer lo multiplicaba, de modo que aquel 'te amo' de luz recorría toda la bóveda de los cielos, se fijaba en el sol, en cada estrella, penetraba en los Cielos, se fijaba en cada uno de los bienaventurados, formaba su corona de luz a los pies del trono divino y entraba hasta en el seno de la Majestad Suprema, en suma donde se encontraba la Divina Voluntad, y por todas partes formaba su luz eléctrica. Y Jesús retomando la palabra me ha dicho:

(6) "Hija mía, ¿has visto qué fuerza tiene la electricidad del Fiat Supremo y cómo llega a todas partes? La electricidad de la tierra a lo más se difunde en lo bajo, no tiene la fuerza de llegar hasta las estrellas, pero la fuerza de mi electricidad se difunde en lo bajo, en lo alto, en los corazones, dondequiera, y cuando se dispongan los hilos, con qué rapidez encantadora hará su camino en medio a las criaturas".

19-45
Agosto 8, 1926

Por cuanto más el alma está fundida con Dios, tanto más puede darle, y tanto más ella puede tomar. Ejemplo del mar y el riachuelo.

(1) Encontrándome en mi habitual estado, me sentía toda abandonada en los brazos de Jesús, y Él, moviéndose en mi interior me ha dicho:

(2) "Hija mía, por cuanto más el alma está fundida Conmigo, tanto más Yo puedo darle y ella puede tomar de Mí. Sucede como entre el mar y el riachuelo, separado éste del mar sólo por una pared; están tan cerca, que si se quitase esta pared, el mar y el riachuelo se volverían un solo mar. Ahora, si el mar desborda, el riachuelo estando cerca, recibe las aguas del mar; si las olas fragorosas se levantan, al descender descargan en el riachuelo; el agua del mar se filtra a través de las fisuras de la pared, así que el pequeño riachuelo recibe siempre del mar, y como él es pequeño se llena siempre más con esta agua que recibe del mar y da nuevamente al mar el agua recibida, para recibirla de nuevo. Pero esto sucede porque el riachuelo está cercano al mar, si estuviese lejano, ni el mar podría dar ni él podría recibir, la lejanía lo pondría en tal condición que ni siquiera podría conocer el mar".

(3) Pero mientras esto decía, ponía delante a mi mente la imagen del mar y del pequeño riachuelo y entonces ha vuelto a decir:

(4) "Hija mía, el mar es Dios, el pequeño riachuelo es el alma, la pared que divide el uno del otro es la naturaleza humana que hace distinguir a Dios y a la criatura; los desbordamientos, las olas que continuamente se levantan para descargar en el riachuelo son mi Divina Voluntad que quiere dar tanto a la criatura, para hacer que el pequeño riachuelo, llenándose e hinchándose, desborde, forme sus olas levantadas por el viento de la Suprema Voluntad y se viertan en el mar divino para llenarse nuevamente, de modo que puede decir: 'Hago la vida del mar, y si bien soy pequeño, también yo hago lo que él hace, desbordo, formo mis olas, me levanto y busco dar al mar lo que él me da'. Así que el alma que está fundida Conmigo y se hace dominar por mi Voluntad, es la repetidora de los actos divinos; su amor, sus adoraciones, sus plegarias y todo lo que hace es el desahogo de lo que ha recibido de Dios para poderle decir: 'Es tu amor que te ama, son tus adoraciones que te adoran, son tus plegarias que te ruegan, es tu Voluntad que invistiéndome me hace hacer lo que haces Tú, para dártelas nuevamente como cosas tuyas'".

(5) Jesús ha hecho silencio, pero después, como tomado por un énfasis irresistible de amor ha agregado:

(6) "¡Oh! potencia de mi Voluntad, cómo eres grande, Tú sola unes al ser más grande, más alto, con el ser más pequeño y más bajo y de ellos formas uno solo. Tú sola tienes la virtud de vaciar a la criatura de todo lo que no te pertenece, para poder con tus reflejos formar en ella aquel Sol Eterno, que con sus rayos, llenando Cielo y tierra, va a confundirse con el Sol de la Majestad Suprema. Tú sola tienes esta virtud de comunicar la Fuerza Suprema, de tal modo que pueda con tu fuerza elevarse la criatura a aquel acto único del Dios Creador. ¡Ah! hija mía, la criatura cuando no vive en la unidad de mi Voluntad, pierde la fuerza única y queda como desunida de aquella fuerza que llena Cielo y tierra y sostiene a todo el universo como si fuera la más pequeña pluma. Ahora, cuando el alma no se hace dominar por mi Voluntad, pierde la fuerza única en todas sus acciones, por lo tanto no saliendo de una sola fuerza, todos sus actos quedan divididos entre ellos, dividido el amor, separada la acción, desunida la plegaria, así que todos los actos de la criatura, estando divididos, son pobres, mezquinos, sin luz, así que la paciencia es pobre, la caridad es débil, la obediencia es imperfecta, la humildad es ciega, la plegaria es muda, el sacrificio es sin vida, sin vigor, porque faltando mi Voluntad falta la fuerza única que uniendo todo, da la misma fuerza a cada uno de los actos de las criaturas, y por eso no sólo quedan divididos entre ellos, sino que quedan viciados por la voluntad humana, y por eso queda cada uno con su defecto. Esto le sucedió a Adán, con el sustraerse de la VoluntadSuprema perdió la fuerza única de su Creador, y quedando con su fuerza humana limitada, sentía el cansancio en su obrar, mucho más, pues la fuerza que usaba para cumplir una acción lo debilitaba, y debiendo hacer otra acción no sentía la fuerza, así que tocó con la mano la pobreza de sus acciones, que no teniendo la misma fuerza, no sólo estaban divididas, sino que cada una tenía su defecto. Sucedió como a un rico señor que posee propiedades extensísimas, mientras éstas son de un solo dueño, él hace alarde, hace grandes gastos, quién sabe cuantos siervos mantiene y con los grandes réditos que recibe hace siempre nuevas adquisiciones. Pero supón que esta propiedad fuese dividida con otros herederos, he aquí que está ya perdida su gran fuerza, no puede hacer alarde como antes ni hacer nuevas adquisiciones, se debe limitar en los gastos, sus siervos son pocos, así que su grandeza, su señorío ha desaparecido, apenas le quedan las trazas. Así le sucedió a Adán, con el sustraerse de mi Voluntad perdió la fuerza única de su Creador, y con esto perdió su

señorío, su dominio, no sintió más la fuerza de hacer alarde en el bien. Así sucede para quien no está del todo abandonado en brazos de mi Voluntad, porque con Ella la fuerza del bien se convierte en naturaleza y la pobreza no existe".

19-46
Agosto 12, 1926

El Querer Divino no puede reinar si las tres potencias del alma no están ordenadas con Dios.

(1) Las privaciones de mi dulce Jesús se van haciendo más largas, ¡oh, cómo me hace anhelar su retorno! ¡Cómo las horas, los días, me parecen siglos sin Él, pero siglos de noches, no de días! Entonces mientras estaba con ansias esperando su regreso, como relámpago que surge ha salido de dentro de mi interior y estrechándome a Él me ha dicho:

(2) "Hija mía, el hombre fue creado por Dios con tres potencias: Memoria, inteligencia y voluntad, y esto para que pudiese tener los vínculos de comunicación con las Divinas Personas de la Trinidad Sacrosanta; éstas eran como caminos para subir a Dios, como puertas para entrar, como habitaciones para formar la continua morada, la criatura a Dios y Dios a la criatura. Estos son los caminos reales del uno y del otro, las puertas de oro que Dios puso en el fondo del alma para que pudiera entrar la Soberanía Suprema de la Majestad Divina, la estancia segura e inmutable donde Dios debía establecer su celestial morada. Ahora, mi Voluntad para poder formar su Reino en lo íntimo del alma, quiere encontrar en orden al Padre, al Hijo y al Espíritu Santo, estas tres potencias dadas a la criatura para elevarla a la semejanza de su Creador. Mi Voluntad no saldría fuera de sus dominios si estas tres potencias del alma estuvieran en orden a Dios, y su reinar sería feliz y como connatural, porque con estar en orden a Dios estas tres potencias, tendrían el orden en sí mismas y fuera de sí, y el Reino de la Voluntad de Dios y aquél de la criatura no sería un Reino dividido, sino uno solo, y por lo tanto su dominio y su régimen sería uno solo. Mucho más que mi Voluntad no sabe reinar donde no hay orden y armonía, inseparable cualidad y propiedad indispensable de las Divinas Personas, y el alma jamás puede estar ordenada y armonizar con su Creador si no tiene sus tres potencias abiertas para recibir de Dios sus cualidades ordenadas, y sus propiedades armonizadas, de modo que mi Voluntad encontrando

las armonías divinas y el orden supremo del Reino Divino y del reino humano, de ellos forma uno solo y reina en él con su pleno dominio. ¡Ah hija mía, cuánto desorden reina en las tres potencias del alma humana! Se puede decir que nos han cerrado las puertas en la cara, que han puesto barricadasen los caminos para impedirnos el paso y romper con Nosotros las comunicaciones, mientras que estas tres potencias fueron el don más grande que le hicimos al crearla. Estas tres potencias debían servir para comprender a Aquél que las había creado, para hacer crecer su semejanza, y transfundida su voluntad en la de su Creador darle el derecho de hacerla reinar. He aquí el por qué el Supremo Querer no puede reinar en el alma si estas tres potencias, inteligencia, memoria y voluntad, no se dan la mano entre ellas para regresar a la finalidad por la cual Dios las ha creado. Por eso ruega a fin de que estas tres potencias regresen al orden y a la armonía de su Creador, para que así mi Supremo Querer pueda reinar con su pleno triunfo".

19-47
Agosto 14, 1926

Amarguras del alma por la noticia de la próxima publicación de los escritos sobre la Voluntad de Dios. Palabras de Jesús al respecto.

(1) Mi pobre corazón nada en el mar de las amarguras por las privaciones de mi dulce Jesús, y si viene es como un relámpago que huye, y en aquella claridad del relámpago veo al pobre mundo, sus graves males, los vínculos de las naciones que se vinculan entre ellas para mover guerras y revoluciones, y con esto atraen los castigos del Cielo, y tan graves de destruir ciudades enteras y pueblos. ¡Oh Dios, cómo es grande la ceguera humana! Y cuando termina el relámpago de su amable presencia, permanezco más en lo oscuro que antes, con el pensamiento de mis pobres hermanos esparcidos en el duro exilio de la vida. Pero como si esto no bastara para llenar mi pobre corazón de intensas amarguras, una más se ha agregado para sofocar mi pobre existencia en aquellas olas fragorosas en las cuales es arrollada mi pobre alma, esto es, la noticia de la próxima publicación de los escritos sobre la Santísima Voluntad de Dios, que nuestro señor Arzobispo había dado su aprobación poniendo él el imprimátur, y esto era nada, el golpe más fatal para mi pobre alma ha sido la noticia de que no sólo se debía poner lo que correspondía a la Divina Voluntad, porque de esto, después de tantas insistencias de Nuestro Señor y de los superiores, me había

convencido que lo requería la gloria de Dios, y mísera y pequeña cual soy no conviene oponerme a lo que el bendito Jesús quiere, sino también el orden que Jesús ha tenido conmigo y todo lo que me ha dicho aun sobre las virtudes y circunstancias, esto me ha resultado demasiado doloroso, he dicho una y otra vez mis razones para que esto no se hiciese. Mientras me encontraba tan oprimida, mi dulce Jesús moviéndose en mi interior, como si sintiera el peso de mi opresión me ha estrechado entre sus brazos, y sacudiéndome me ha dicho:

(2) "Hija mía, ¿qué pasa, qué pasa? Anímate, no quiero que estés tan oprimida, ¿en vez de agradecerme te oprimes? Tú debes saber que para hacer que mi Suprema Voluntad sea conocida, he debido preparar las cosas, disponer los medios, arrollar al Arzobispo con los actos de absoluto dominio de mi Voluntad, a los cuales el hombre no me puede resistir, he debido hacer uno de mis grandes prodigios. ¿Crees tú que sea cosa fácil el obtener la aprobación de un Obispo? Cómo es difícil, cuántas cavilaciones, cuántas dificultades, y si aprueban es con muchas restricciones, casi quitando las pinceladas más bellas, los colores que más resaltan a todo lo que mi bondad con tanto amor ha revelado. ¿No ves tú entonces en la aprobación del Arzobispo el triunfo de mi Voluntad? Y por lo tanto mi gran gloria y la gran necesidad de que los conocimientos del Supremo Querer sean conocidos, y que como rocío benéfico apaguen los ardores de las pasiones, y que como sol que surge haga huir las tinieblas de la voluntad humana y quite el entorpecimiento que casi todas las criaturas tienen aun en el hacer el bien, porque falta la Vida de mi Querer. Mis manifestaciones sobre Él serán como bálsamo que cicatrizarán las llagas que ha producido la voluntad humana; quien tenga el bien de conocerlas se sentirá correr en él una nueva vida de luz, de gracia, de fortaleza, para cumplir en todo mi Voluntad, y no sólo esto, sino que comprendiendo el gran mal del propio querer lo aborrecerán y se sacudirán del durísimo yugo de la voluntad humana, para ponerse bajo el suave dominio de la mía. ¡Ah! tú no sabes ni ves lo que sé y veo Yo, por eso déjame hacer y no te oprimas, mas bien deberías haber apresurado y urgido tú misma a aquél que Yo con tanto amor he dispuesto para que tomara el empeño, es más, decirle que se apresure y que no se pierda tiempo. Hija mía, el Reino de mi Voluntad es inquebrantable y en estos conocimientos sobre Ella he puesto tanta luz, gracia y atracciones para volverlo victorioso, de modo que conforme sean conocidos harán dulce batalla a la voluntad humana y quedarán vencidas. Estos conocimientos serán muro altísimo y fortísimo, más que en el Edén terrestre, que impedirán al enemigo infernal el entrar dentro

para molestar a aquellos que vencidos por mi Voluntad pasarán a vivir en el Reino de Ella, por eso no te turbes y déjame hacer, y Yo dispondré todo para que el Fiat Supremo sea conocido".

19-48
Agosto 18, 1926

Jesús anima a aquél que debe emprender la publicación de los escritos sobre la Santísima Voluntad de Dios. Potencia de los actos hechos en el Querer Divino.

(1) Mientras rezaba me he encontrado fuera de mí misma, y al mismo tiempo veía al reverendo padre que debe ocuparse de la publicación de los escritos sobre de la Santísima Voluntad de Dios, con Nuestro Señor cercano que tomaba todos los conocimientos, efectos y valores que ha manifestado sobre el Supremo Querer, que cambiados en hilos de luz los sellaba en la inteligencia del padre, de modo de formar una corona de luz en torno a su cabeza, y mientras esto hacía le ha dicho:

(2) "Hijo mío, el trabajo que te he dado es grande, por eso es necesario que te dé mucha luz para hacerte comprender con claridad lo que he revelado, porque según la claridad con la cual serán expuestos, así producirán sus efectos, aunque por sí mismas estas verdades son clarísimas, porque lo que respecta a mi Voluntad es luz que desciende del Cielo, la cual no confunde ni deslumbra la vista de la inteligencia, sino que tiene virtud de reforzar y clarificar la inteligencia humana, para hacerse comprender y amar, y de poner en el fondo del alma el principio de su origen, la verdadera finalidad por la cual fue creada, el orden entre Creador y criatura, y cada palabra mía, manifestaciones, conocimientos sobre mi Supremo Querer, son tantas pinceladas para hacer regresar al alma a la semejanza de su Creador. Todo lo que he dicho sobre mi Voluntad no es otra cosa que preparar el camino, formar el ejército, reunir al pueblo elegido, preparar el palacio real, disponer el terreno donde debe formarse el Reino de mi Voluntad, y después regirlo y dominarlo. Por eso el trabajo que te confío es grande, Yo te guiaré, estaré junto a ti para hacer que todo se haga según mi Voluntad".

(3) Después de esto lo ha bendecido, y se ha venido a mi pequeña alma retomando su palabra:

(4) "Hija mía, cuánto me interesa mi Voluntad, cómo amo, suspiro que sea conocida, es tanto mi interés que estoy dispuesto a dar cualquier gracia a quien quiera ocuparse de hacerla conocer. ¡Oh! cómo quisiera

que se hiciese pronto, porque veo que todos mis derechos me serán restituidos y el orden entre Dios y la criatura será restablecido; no daré más mis bienes por mitad a las generaciones humanas, sino todos enteros, ni recibiré más de ellas cosas incompletas, sino todas enteras. ¡Ah! hija mía, el poder y el querer dar y no encontrar a nadie a quién dar, es siempre una pena y un peso sin esperanza de ser aligerado. Si tú supieras con cuánto celo de amor estoy en torno al alma cuando la veo dispuesta a hacer sus actos en mi Voluntad, antes de que comience el acto, en él hago correr la luz y la virtud de mi Voluntad, a fin de que el acto tenga su principio sobre la virtud que contiene mi Voluntad; conforme la criatura lo va formando, así la luz y la virtud divina lo inviste y desenvuelve, y conforme lo cumple, la luz se sella sobre él y le da la forma de un acto divino, y ¡oh! cómo goza mi suprema bondad al ver que la criatura posee este acto divino; a estos actos mi eterno amor no dice jamás basta, da y da siempre, porque ante estos actos divinos formados por lacriatura en mi Voluntad, mi amor no sabe limitarse, porque siendo divinos debe recompensarlos con amor infinito y sin límites. ¿No ves tú misma con cuánto amor te guío, te acompaño y llego muchas veces a hacer junto contigo lo que haces tú? Y esto para dar un valor divino a tus actos. Cómo soy feliz al ver que en virtud de mi Voluntad tus actos son divinos, similares a los míos, no hay más distancia entre tu pequeño amor y el mío, entre tu adoración y la mía, entre tus adoraciones y las mías, pues todo, investido por la luz del Querer Eterno, pierde lo finito, las apariencias humanas, y adquieren lo infinito y la sustancia divina, y transformando todo junto el obrar de Dios y del alma, forma de ellos uno solo. Por eso sé atenta y tu vuelo en mi Voluntad sea continuo".

(5)Después de esto mi siempre amable Jesús ha regresado y se hacía ver todo afligido, sufriente y como inquieto por las grandes ofensas de las criaturas. Yo quería tranquilizarlo, darle reposo, pero no lo lograba, entonces me ha venido el pensamiento de hacer mis acostumbrados actos en el Fiat Supremo, y conforme esto hacía Jesús se tranquilizaba y tomaba reposo, y después me ha dicho:

(6)"Hija mía, los actos en mi Voluntad son más que rayos solares, que queriéndolos mirar, la vista queda eclipsada por la luz, de manera que no puede ni mirar ni distinguir más nada. Si la luz del sol tiene tanta fuerza, mucho más los actos hechos en mi Voluntad; la luz de Ella tiene la fuerza para eclipsar y apartar el mal de las criaturas, a fin de que no hagan cosas peores, e impide con la fuerza de su luz que las ofensas lleguen hasta Mí. Y así como la luz del sol, que contiene en sí la similitud del Sol Eterno del Fiat Supremo, contiene todos los colores, y de estos derivan innumerables efectos que hacen salir bienes sin número a las generaciones humanas, mientras que aparentemente no se ve otra cosa que luz brillante y blanca, así el Sol Eterno de mi Querer, mientras es sólo la luz de mi Voluntad, dentro de Ella están encerrados, como tantos colores, todas las similitudes divinas que contienen efectos infinitos y hace brotar fuentes de amor, de bondad, de misericordia, de potencia, de ciencia, en suma todas las cualidades divinas. Por eso lo obrado en mi Voluntad contiene tal potencia y armonía, que puede dar el reposo a tu amado Jesús".

19-49
Agosto 22, 1926

Los actos hechos en el Querer Supremo toman la imagen de las cualidades divinas. Qué significa ser cabeza de una misión.

(1)Me siento como inmersa en el Querer Eterno de mi adorable Jesús, y cuanto más me es posible hago mi giro por toda la Creación, para hacer compañía a todos los actos que la Divina Voluntad obra en ella, pero mientras esto hacía, mi sumo y único bien se hacía ver en mi interior, que mirándome toda numeraba uno por uno todos mis actos, y se los ponía en torno a Sí para gozárselos, y después me ha dicho:

(2)"Hija mía, estoy haciendo la numeración de todos tus actos para ver si llegan al número establecido por Mí, y como mi Voluntad encierra todas las cualidades divinas, cada acto tuyo hecho en Ella toma la imagen de una cualidad suprema; míralos cómo son bellos: Quién posee la imagen de mi sabiduría, quién la imagen de la bondad, quién el amor, quién la fortaleza, quién la belleza, quién la misericordia, quién la inmutabilidad, quién el orden, en suma, todas mis cualidades supremas. Cada uno de tus actos toma una imagen distinta, pero se asemejan entre ellos, se armonizan, se dan la mano y forman un acto solo. Cómo es bello lo obrado por la criatura en mi Voluntad, no hace otra cosa que producir imágenes divinas, y Yo me deleito de circundarme de estas mis imágenes para gozar en la criatura los frutos de mis cualidades, y le doy virtud de reproducir otras imágenes mías divinas, pues quiero ver copiado, sellado el Ser Supremo, y por eso tengo tanto interés de que la criatura haga mi Voluntad y viva en Ella, para repetir mis obras".

(3)Después de esto estaba pensando entre mí: "Cómo es dura la privación de mi dulce Jesús, se siente la verdadera muerte del alma, y sucede como al cuerpo cuando parte el alma, que mientras posee los mismos miembros, estos están vacíos de la vida, están inertes, sin movimiento y no tienen más valor; así me parece mi pequeña alma sin Jesús, posee las mismas facultades, pero vacías de vida, sin Jesús termina la vida, el movimiento, el calor, por eso la pena es desgarradora, indescriptible, y no se puede comparar a ninguna otra pena. ¡Ah! la Mamá Celestial no sufrió esta pena porque su santidad la volvía inseparable de Jesús, y por eso no quedó jamás privada de Él". Pero mientras esto pensaba, mi amado Jesús se ha movido en mi interior diciéndome:

(4)"Hija mía, tú te equivocas, la privación de Mí no es separación, sino dolor, y tú tienes razón al decir que es un dolor más que mortal, y este dolor tiene la virtud, no de separar, sino de unir con ataduras más fuertes y más estables la unión inseparable Conmigo, y no sólo esto, sino que cada vez que el alma queda como privada de Mí, sin culpa suya, Yo resurjo de nuevo para ella a nueva vida de conocimiento, haciéndome comprender más de nuevo amor, amándola de más, y doy nueva gracia para enriquecerla y embellecerla, y ella resurge a nueva Vida Divina, a nuevo amor y a nueva belleza, porque es justo; sufriendo el alma penas mortales, viene substituida con nueva Vida Divina, si esto no fuese así, me dejaría vencer por el amor de la criatura, lo que no puede ser. Y además, no es verdad que la Soberana Reina no haya quedado jamás privada de Mí, inseparable jamás, pero privada sí, esto no perjudicaba la altura de su santidad, más bien la acrecentaba. Cuantas veces la dejé en el estado de pura fe, porque debiendo ser la Reina de los dolores y la Madre de todos los vivientes, no podía faltarle el adorno más bello, la gema más refulgente que le daba la característica de Reina de los mártires y Madre Soberana de todos los dolores, esta pena de ser dejada en el estado de pura fe la preparó a recibir el depósito de mi doctrina, el tesoro de los sacramentos y todos los bienes de mi Redención, porque siendo mi privación la pena más grande, pone al alma en condición de merecer ser la depositaria de los dones más grandes de su Creador, de sus conocimientos más altos y de sus secretos. ¿Cuántas veces no lo he hecho contigo? Después de una privación mía te he manifestado los conocimientos más altos sobre mi Voluntad, y con esto venía a hacerte depositaria no sólo de sus conocimientos, sino de mi misma Voluntad. Y además, la Soberana Reina como Madre debía poseer todos los estados de ánimo, por lo tanto también el estado de pura fe, para poder dar a sus hijos aquella fe irremovible que hace arriesgar la sangre y la misma vida para defender y atestiguar la fe. Si este don de la fe no lo hubiera poseído, ¿cómo lo podía dar a sus hijos?"

(5) Dicho esto ha desaparecido, pero mi mente quería pensar tantas cosas extrañas y quizá aún disparatadas y me esforzaba por hacer mis actos en la adorable Voluntad de Dios, pero mientras esto hacía pensaba entre mí: "Si el vivir en el Reino supremo de la Voluntad Divina requiere tanta atención, tantos sacrificios, serán poquísimos los que querrán vivir en un Reino tan santo". Y mi dulce Jesús regresando me ha dicho:

(6) "Hija mía, quien es llamado como cabeza de una misión debe abrazar no sólo todos los miembros, sino debe regirlos, dominarlos y constituirse vida de cada uno de ellos; mientras que los miembros no son los que dan vida a la cabeza ni hacen todo lo que hace ella, sino que cada uno hace su oficio. Así quien es llamado como cabeza de una misión, abrazando todo lo que conviene para poder desarrollar el trabajo que le ha sido confiado, sufriendo más que todos y amando a todos, prepara el alimento, la vida, las lecciones, los oficios, según la capacidad de quien querrá seguir su misión. Lo que es necesario a ti que debes formar el árbol con toda la plenitud de las ramas y multiplicidad de los frutos, no será necesario a quien debe ser solo rama o fruto, su trabajo será de estar incorporado al árbol para recibir los humores vitales que él contiene, o sea, hacerse dominar por mi Voluntad, no dando jamás vida al propio querer en todas las cosas, sean internas o externas; conocer mi Voluntad y recibirla como vida propia para hacerla desarrollar su Vida Divina, en suma, hacerla reinar y dominar como Reina. Así hija mía, quien debe ser cabeza conviene que sufra, que trabaje y que haga él solo todo lo que los demás harán todos juntos. Esto es lo que hice Yo, porque como cabeza de la Redención puedo decir que hice todo por amor de todos, para darles la vida y ponerlos a todos a salvo, como también la Virgen Inmaculada, porque como Madre y Reina de todos, ¿cuánto no sufrió? ¿Cuánto no amó y obró por todas las criaturas? Ninguno puede decir que nos haya igualado, ya sea en el sufrir como en el amar, a lo más nos semejan en parte, pero igualarnos, ninguno. Pero con el haber estado a la cabeza de todos, tanto Yo como la Soberana Reina, encerrábamos todas las gracias y todos los bienes, la fuerza estaba en nuestro poder, el dominio era nuestro, Cielo y tierra obedecían a nuestras señas y temblaban delante a nuestra potencia y santidad. Los redimidos han tomado nuestras migajas y han comido nuestros frutos, se han sanado con nuestros remedios, se han revigorizado con nuestros ejemplos, han aprendido nuestras lecciones, han resucitado a costa de nuestra vida, y si han sido glorificados ha sido en virtud de nuestra gloria, pero el poder es siempre nuestro, la fuente viva de todos los bienes brota siempre de Nosotros, tan es verdad, que si los redimidos

se alejan de Nosotros pierden todos los bienes y vuelven a estar enfermos y pobres más que antes. He aquí lo que significa ser cabeza, es verdad que se sufre mucho, se trabaja demasiado, se debe preparar el bien a todos, pero todo lo que se posee sobrepasa todo y a todos, hay tal distancia entre quien es cabeza de una misión y entre quien debe ser miembro, como si se comparara al sol como cabeza y a una pequeña luz como miembro. Por eso te he dicho tantas veces que tu misión es grande, porque no se trata de la sola santidad personal, sino se trata de abrazar todo y a todos, y preparar el Reino de mi Voluntad a las generaciones humanas".

(7) Después de esto estaba siguiendo los actos del Querer Supremo, los cuales, todos se convertían en luz y formaban un horizonte de luz resplandeciente, que formaba nubes de plata, y donde penetraba esta luz todo se convertía en luz, tenía el poder, la fuerza de vaciar todo para llenar todo de su luz fulgidísima, y Jesús ha agregado:

(8) "Hija mía, no hay cosa más penetrante que la luz, ella se expande dondequiera con una rapidez encantadora, llevando sus benéficos efectos a todos aquellos que se hacen investir por ella; la luz no se niega a hacer bien a ninguno, sean personas, sea tierra, sea agua, sea planta u otro, su naturaleza es iluminar y hacer el bien, y por eso no deja atrás a ninguno, lleva a todos su beso de luz y les dona el bien que contiene.

(9) Mi Voluntad es más que luz, Ella se expande dondequiera y lleva el bien que contiene, y los actos hechos en Ella forman la atmósfera de oro y de plata que tiene virtud de vaciar todas las tinieblas de la noche de la voluntad humana, y con su luz benéfica lleva el beso del Eterno Querer, para disponer a las criaturas a querer venir al Reino del Fiat Supremo. Cada acto tuyo hecho en Él es un horizonte nuevo que haces surgir al ojo de la inteligencia humana, para hacerle suspirar la luz del bien que posee mi Voluntad. Hija mía, para preparar este Reino se necesita el trabajo, se requieren leyes celestiales, que son leyes todas de amor; en Él no entrarán las leyes de temor, de penas, de condena, porque las leyes de amor de mi Voluntad serán amigables, filiales, de recíproco amor entre Creador y criatura, así que los temores, las condenas, no tendrán ni vigor ni vida, y si habrá algún sufrimiento, será pena de triunfo y de gloria. Por eso sé atenta, porque se trata de hacer conocer un Reino celestial, de manifestar sus secretos, sus prerrogativas, sus bienes, para atraer a las almas a amarlo, a suspirarlo y a hacerles tomar la posesión de él".

19-50
Agosto 25, 1926

La Divina Voluntad forma de toda la Vida de Nuestro Señor un acto solo en su interior.

(1) Estaba recordando todos los actos de Nuestro Señor para unirme con Él, y no sólo esto, sino para encontrar su Santísima Voluntad obrante en todos sus actos, para poder fundirme con Ella y hacer un acto solo con el mío, así que habría querido quedar concebida con Jesús, nacer con Jesús, gemir, llorar, sufrir, rezar, derramar mi sangre junto con la suya y morir junto con Jesús. Ahora, mientras esto pensaba, se ha movido en mi interior haciéndome sentir que estaba en mi corazón, y alzando los brazos para estrecharme a Él me ha dicho:

(2) "Hija mía, toda mi Vida fue un solo acto proveniente de aquel acto único del Eterno, que no tiene sucesión de actos, y si en mi Humanidad externamente se vieron poco a poco la sucesión de mis actos, esto es, concebir, nacer, crecer, obrar, caminar, sufrir, morir, en lo interno de mi Humanidad, mi Divinidad, el Verbo Eterno unido a mi alma, formaba un acto solo de toda mi Vida, así que la sucesión de los actos externos que se veían en mi Humanidad era la desembocadura del acto único, que desbordando fuera formaba la sucesión de mi Vida externa, pero en mi interior, conforme quedé concebido, al mismo tiempo nacía, lloraba, gemía, caminaba, obraba, hablaba, predicaba el evangelio, instituía los Sacramentos, sufría y quedaba crucificado. Así que todo lo que se veía en el exterior de mi Humanidad que sucedía poco a poco, dentro de Mí era un solo acto, largo y continuado, y que continúa aún. Así que conforme quedé concebido, partiendo del acto único del Eterno, quedé en acto de concebirme siempre, de nacer siempre, de gemir y llorar siempre, en suma, todo lo que hice quedó en acto y como acto continuo, porque todo lo que sale de Dios y queda en Dios no sufre mutaciones, ni incremento ni disminución, hecho el acto queda con la plenitud de la vida que jamás termina y que puede dar vida a todos, por cuantos la quieran; así que mi Voluntad mantuvo y mantiene todo en acto, toda mi Vida, como mantiene en acto la vida del sol, sin hacerlo crecer ni disminuir en su luz, en el calor y en sus efectos; así como conserva la extensión del cielo con todas las estrellas, sin jamás restringirse o perder aun una sola estrella; y de tantas otras cosas creadas por Mí, así mi Supremo Querer mantiene la vida a todos los actos de mi Humanidad, sin perder ni siquiera un respiro. Ahora, mi Voluntad donde reina no sabe hacer actos

separados, su naturaleza es un acto solo, múltiple en los efectos, pero en el acto es siempre único, por eso llama al alma que se hace dominar por Ella a la unión de su acto único, a fin de que encuentre todos los bienes, todos los efectos que solamente un acto único de un Dios puede poseer. Por lo tanto, tu atención esté en permanecer unida a aquel acto único del Eterno si quieres encontrar en acto toda la Creación y toda la Redención, en este acto único encontrarás la largura de mis penas, de mis pasos, mi continuada crucifixión, todo encontrarás, mi Voluntad no pierde nada y tú en Ella quedarás fundida en mis actos y tomarás el fruto de toda mi Vida. Si esto no fuese así no habría gran diferencia entre mi obrar y el obrar de mis santos, en cambio con ser mi obrar un acto único, entre mi obrar y el de ellos hay la diferencia que existe entre el sol y la pequeña llamita, entre el gran mar y la gota de agua, entre la vastedad de los cielos y el pequeño agujero. Sólo la potencia de mi acto único tiene el poder de darse a todos y abrazar todo, y mientras da no pierde jamás nada".

19-51
Agosto 27, 1926

Jesús da el título al libro sobre su Voluntad.

(1)Encontrándome en mi habitual estado, mi siempre amable Jesús me hacía ver al reverendo padre que debe ocuparse de la publicación de los escritos sobre la adorable Voluntad de Dios, y Jesús, poniéndose cercano a él le decía:
(2)"Hijo mío, el título que darás al libro que publicarás sobre mi Voluntad será éste: 'El Reino de mi Divina Voluntad en medio a las criaturas. Libro de Cielo. Llamada a las criaturas al orden, a su puesto y a la finalidad para la que fueron creadas por Dios'. Mira, también el título quiero que corresponda a la gran obra demi Voluntad, quiero que la criatura comprenda que su puesto, asignado a ella por Dios, es en mi Voluntad, y hasta en tanto no entre en Ella estará sin puesto, sin orden, sin finalidad, será una intrusa en la Creación, sin derecho de permanencia, y por eso irá errante, sin paz, sin herencia, y Yo, movido a compasión de ella le gritaré continuamente: 'Entra en tu puesto, ven al orden, ven a tomar tu herencia, a vivir en tu casa, ¿por qué quieres vivir en casa extraña? ¿Por qué quieres ocupar un terreno que no es tuyo? Y no siendo tuyo vives infeliz y eres el siervo y el hazmerreír de todas las cosas creadas. Todas las cosas creadas por Mí, porque permanecen en su puesto, están en el orden y en perfecta armonía con toda la plenitud

de sus bienes que Dios les asignó, sólo tú quieres ser infeliz, pero infelicidad voluntaria, por eso ven a tu puesto, a él te llamo y ahí te espero'. Por eso, aquél o aquélla que se prestará a hacer conocer mi Voluntad será mi portavoz, y Yo le confiaré los secretos del Reino de Ella".

(3) Después de esto hacía ver toda la Creación, cómo todas las cosas creadas están en el puesto querido por Dios, y por lo tanto en el orden perfecto y en la completa armonía entre ellas y la Suprema Voluntad, porque todas las cosas están en su puesto, mantienen su existencia íntegra, bella, fresca y siempre nueva, y el orden lleva la felicidad común y la fuerza universal a todos. Qué encanto el ver el orden, la armonía de toda la Creación, y Jesús retomando su palabra ha agregado:

(4) "Hija mía, cómo son bellas nuestras obras, son nuestro honor y nuestra gloria perenne, todas están en su puesto y cada una de las cosas creadas cumple perfectamente su oficio, sólo el hombre es nuestro deshonor en nuestra obra creadora, porque con sustraerse de nuestra Voluntad camina con la cabeza abajo, en la tierra, y con los pies en el aire, ¡qué desorden, qué desorden, da horror el verlo! Caminando con la cabeza abajo araña la tierra, se desordena todo, se transforma, a la vista le falta el espacio necesario para mirar, no puede difundirse en el espacio para conocer las cosas, ni defenderse si el enemigo le está tras las espaldas, ni hacer mucho camino, porque, ¡pobrecito! con la cabeza debe arrastrarse, no caminar, porque el oficio de caminar es de los pies y el de la cabeza es el de dominar. Así que el hacer la propia voluntad es la verdadera y perfecta ruina del hombre y el desorden de la familia humana. Por eso me interesa tanto que mi Voluntad sea conocida, a fin de que la criatura regrese a su puesto, no más se arrastre con la cabeza abajo, sino que camine con los pies, no forme más mi y su deshonor, sino mi y su honor. Mira tú misma, ¿no dan una fea apariencia las criaturas al verlas caminar con la cabeza por tierra? ¿No te disgusta aun a ti el verlas tan desordenadas?"

(5) Yo he mirado y las veía con la cabeza abajo y los pies en el aire. Jesús ha desaparecido y yo he quedado mirando este feo espectáculo de las generaciones humanas, y rogaba de corazón que su Voluntad sea conocida.

19-52
Agosto 29, 1926

La naturaleza del verdadero bien sólo la posee la Voluntad Suprema. Bendiciones de Jesús al título que debe darse a los escritos sobre su Santísima Voluntad.

(1) Mi pobre mente está siempre de regreso en el centro supremo del Querer Eterno, y si alguna vez pienso en alguna otra cosa, Jesús mismo con su decir llama mi atención a navegar el mar interminable de su Santísima Voluntad. Ahora, como estaba pensando en otras cosas, mi dulce Jesús, celoso, me ha estrechado a Sí y me ha dicho:

(2) "Hija mía, siempre en mi Voluntad te quiero, porque en Ella está la naturaleza del bien. Un bien sólo se puede llamar verdadero bien cuando no termina jamás, ni tiene principio ni fin. El bien, cuando tiene principio y fin, está lleno de amarguras, de temores, de ansiedades y aun de desilusiones, todo esto vuelve infeliz el mismo bien, y muchas veces se pasa con facilidad del bien de la riqueza a la miseria, de la fortuna se pasa al infortunio, de la salud se pasa a la enfermedad, porque todos los bienes que tienen principio son vacilantes, pasajeros, caducos y al final se resuelven en la nada. Por eso la naturaleza del verdadero bien la posee sólo mi Voluntad Suprema, porque no tiene principio ni fin, y por eso el bien es siempre igual, siempre pleno, siempre estable, no sujeto a ninguna mutación; por eso todo lo que el alma hace entrar en el Supremo Querer, todos sus actos formados en Él, adquieren la naturaleza del verdadero bien, porque son hechos en una Voluntad estable, no cambiante, que contiene bienes eternos y sin medida. Así que tu amor, tu oración, tus agradecimientos y todo lo que puedes hacer, toman puesto en un principio eterno que no termina jamás, y por eso adquieren la plenitud de la naturaleza del verdadero bien, por lo tanto tu oración adquiere el pleno valor y el fruto completo, de modo que tú misma no podrás comprender hasta dónde se extenderán los frutos, los bienes de tu oración, ella girará la eternidad, se dará a todos y al mismo tiempo quedará siempre plena en sus efectos; tu amor adquiere la naturaleza del verdadero amor, de aquel amor inquebrantable que jamás viene a menos, que jamás termina, que ama a todos y se da a todos y queda siempre con la plenitud del bien de la naturaleza del verdadero amor, y así de todo lo demás. A todo lo que entra en mi Voluntad, su fuerza creadora le comunica su misma naturaleza y los convierte en actos suyos, porque no tolera en Ella actos disímiles de los suyos, y por eso se puede decir que los actos de la criatura hechos en mi Voluntad, entran en los caminos inescrutables de Dios, y no se pueden conocer todos sus innumerables efectos. Lo que no tiene principio ni fin se vuelve

incomprensible a las mentes creadas que tienen su principio, porque faltando en ellas la fuerza de un acto que no tiene principio, todas las cosas divinas y todo lo que entra en mi Voluntad se vuelve inescrutable y no investigable. Ve entonces el gran bien del obrar en mi Voluntad, a qué punto tan alto eleva a la criatura, cómo le viene restituida la naturaleza del bien, tal como la sacó de su seno su Creador. En cambio, todo lo que se puede hacer fuera de mi Voluntad, aunque sea un bien, no se puede llamar verdadero bien, porque le falta el alimento divino, su luz, y son disímiles de mis actos, y por eso quitan la semejanza al alma de la imagen divina, porque es sólo mi Voluntad la que la hace crecer a mi semejanza, y quitada esta semejanza se quita lo más bello, el valor más grande al obrar humano, así que son obras vacías de sustancia, de vida y de valor, son como plantas sin fruto, como alimento sin sustancia, como estatuas sin vida, como trabajos sin salario, que cansan los miembros de los más fuertes. ¡Oh, la gran diferencia entre el obrar en mi Voluntad y entre el obrar sin Ella! Por eso sé atenta, no me des este disgusto de hacerme ver en ti un acto que no dé mi semejanza".

(3) Después de esto ha desaparecido, pero poco después ha regresado como inquieto por las ofensas recibidas, y refugiándose en mí quería tomar reposo, y yo le he dicho: "Amor mío, tengo tantas cosas que decirte, tantas cosas que establecer entre Tú y yo, tengo que pedirte que tu Voluntad sea conocida y que su Reino tenga su pleno triunfo. si Tú reposas yo no puedo decirte nada, debo callar para dejarte reposar". Y Jesús interrumpiendo mis palabras, con una ternura indecible me ha estrechado a Sí, muy fuerte, y besándome me ha dicho:

(4) "Hija mía, cómo es bella la oración sobre tus labios acerca del triunfo del Reino del Supremo Querer, es el eco de mi misma oración, de mis suspiros y de todas mis penas. Ahora quiero ver lo que has escrito acerca del título para darse a los escritos sobre mi Voluntad".

(5) Y mientras esto decía tomaba este libro entre sus manos, y parecía que leyese lo que está escrito el 27 de Agosto; mientras leía quedaba pensativo, como si se pusiera en profunda contemplación, de modo que yo no osaba decirle nada, sólo oía que su corazón le latía muy fuerte, como si quisiera estallar; después ha estrechado el libro a su pecho diciendo:

(6) "Bendigo el título, lo bendigo de corazón y bendigo todas las palabras que conciernen a mi Voluntad".

(7) Y levantando su mano derecha, con una majestad encantadora ha pronunciado las palabras de la bendición. hecho esto ha desaparecido.

19-53
Agosto 31, 1926

Nuestro Señor, así como puso fuera la Creación, así puso fuera todos los bienes que hay en el Reino de su Voluntad para bien de las criaturas. La voluntad humana paraliza la Vida de la Divina en el alma.

(1)Estaba según mi costumbre haciendo mis actos, mis giros en el Santo Querer Divino, yo misma veo que no sé hacer otra cosa que girar en Él, en mi amada heredad que me ha dado mi dulce Jesús, en la cual hay tanto qué hacer y qué aprender, que no me bastará ni mi pequeña vida del exilio, ni toda la eternidad para cumplir mis oficios en esta extensísima heredad, en la cual no se ven los confines, ni dónde comienza ni dónde termina, y por cuanto más se gira en ella, tantas más cosas nuevas se aprenden, pero muchas cosas se ven y no se comprenden, y se necesita al dulce Jesús para que las explique, de otra manera se admiran, pero no se saben decir. Entonces mi siempre amable Jesús, sorprendiéndome mientras hacía mis actos en su adorable Voluntad me ha dicho:
(2)"Hija mía, mira cuantas cosas sacamos con nuestro Fiat en la Creación para el bien de la naturaleza del hombre; de todo lo que había establecido nuestra Voluntad poner fuera, nada faltó al cumplimiento de Ella. Ahora, así como fue establecido todo lo que debíamos sacar en la Creación, y nada faltó a nuestro llamado, así fue establecido lo que debíamos sacar para el bien de las almas, como de hecho lo sacamos, pero fue tanto, de sobrepasar por miles y miles de veces más todos los bienes que se ven en la Creación; pero tanto aquellos que debían servir al bien de la naturaleza, como aquellos que debían servir al bien del alma, todo quedó depositado en nuestra Voluntad, porque nuestras cosas no las confiamos a ninguno, conociendo que sólo Ella nos los habría conservado íntegros y bellos, tal como los sacamos de nuestro seno divino, mucho más, pues sólo Ella tiene la fuerza conservadora y multiplicadora, que mientras da, nada pierde y todas las cosas las tiene en el puesto querido por Nosotros. Ahora, cuántas cosas hay en mi Voluntad que debo dar a las criaturas, pero deben venir al Reino de Ella para recibirlas, y así como la naturaleza humana jamás habría podido tomar parte en los bienes de la Creación si no quisiera vivir bajo el cielo, ni tener un lugar sobre la tierra, donde las cosas creadas por Mí le hacen corona, así el alma, si no viene a vivir bajo el cielo de mi Querer, en

medio a los bienes que nuestra paterna bondad puso fuera para hacerla feliz, para embellecerla, para enriquecerla, jamás podrá tomar parte en estos bienes, para ella serán como extraños y no conocidos. Mucho más que cada alma habría sido un cielo distinto, donde nuestro Querer Supremo se habría deleitado adornándolo con un sol más refulgente y con estrellas más espléndidas que aquéllas que se ven en la Creación, pero una más bella que la otra. Mira la gran diferencia: Para la naturaleza humana hay un sol para todos, en cambio para las almas hay un sol para cada una, hay un cielo propio, hay una fuente que siempre mana, hay un fuego que jamás se apaga, hay un aire divino que se respira, hay un alimento celestial que hace crecer admirablemente a semejanza de Aquél que la ha creado. ¡Oh, cuántas cosas tiene mi Voluntad preparadas y establecidas para dar a quien quiera venir a vivir en su Reino, bajo su liberal y dulce régimen, no quiere confiar sus bienes fuera de su Reino, porque sabe que si salen fuera de sus confines no serán ni apreciados ni comprendidos, mucho más que sólo Ella sabe conservar y mantener en vida susbienes, y sólo quien vive en Ella es capaz de comprender su lenguaje celestial, de recibir sus dones, de mirar sus bellezas y de formar una sola vida con mi Voluntad. En cambio, quien no quiere vivir en su Reino, no es capaz de comprender sus bienes, su lengua no sabrá hablar de ellos ni adaptarse al lenguaje de mi Reino, ni podrá mirar sus bellezas, más bien quedará ciego por la fuerte luz que en Él reina. Ve entonces desde hace cuánto tiempo están puestos fuera de nuestro seno paterno todos los bienes que debemos dar a los hijos de nuestro Fiat Supremo, todo está preparado desde que fue creada la Creación, no nos retiraremos por la tardanza, esperaremos aún, y en cuanto la criatura ponga como escabel su voluntad a la nuestra para hacerla dominar, Nosotros le abriremos las puertas para hacerla entrar, porque fue la voluntad humana la que cerró las puertas a la nuestra y abrió las puertas a las miserias, a las debilidades, a las pasiones; no fue la memoria o la inteligencia las que se pusieron contra su Creador, si bien concurrieron, sino que fue la voluntad humana la que tuvo su acto primero y rompió todos los vínculos, todas las relaciones con una Voluntad tan santa, mucho más, que todo el bien o todo el mal está encerrado en esta voluntad humana, el régimen, el dominio es suyo, así que habiendo fallado la voluntad en el bien, todo se malogró, perdió el orden, descendió de su origen, se volvió fea; y como fue la voluntad humana la que se puso contra la mía, haciendo que se le malograran todos los bienes, por eso quiero su voluntad, y en correspondencia quiero darle la mía para restituirle todos los bienes perdidos. Por eso hija mía sé atenta, no des jamás vida a tu voluntad si quieres que la mía reine en ti".

(3) Después de esto ha hecho silencio, quedando todo afligido por el gran mal que ha producido la voluntad humana en las criaturas, hasta deformar su bella imagen infundida en ellas al crearlas, y suspirando ha agregado:

(4) "Hija mía, la voluntad humana paraliza la Vida de la mía en el alma, porque sin mi Voluntad no circula la Vida Divina en el alma, que más que sangre pura conserva el movimiento, el vigor, el uso perfecto de todas las facultades mentales, de modo de hacerla crecer sana y santa, de poder descubrir en ella nuestra semejanza, ¡cuántas almas paralizadas sin mi Voluntad! Qué espectáculo digno de compasión, ver a las humanas generaciones casi todas paralizadas en el alma, y por lo tanto irracionales, ciegas para ver el bien, sordas para escuchar la verdad, mudas para enseñarla, inertes para las obras santas, inmóviles para caminar el camino del Cielo, porque la voluntad humana impidiendo la circulación de mi Voluntad forma la parálisis general en el alma de las criaturas, sucede como al cuerpo, que la mayor parte de las enfermedades, especialmente después de parálisis, son producidas por falta de circulación de sangre, si circula bien la sangre el hombre es robusto y fuerte, no siente ningún malestar, pero si comienza la irregularidad de la circulación de la sangre, comienzan las indisposiciones, las debilidades, las fiebres, y si la circulación se hace más irregular, se queda paralizado, porque la sangre que no circula y que con rapidez no corre en las venas, forma los graves males a la naturaleza humana. ¿Qué no harían las criaturas si supiesen que hay un remedio para la irregularidad de la circulación de la sangre? Irían quién sabe hasta dónde para tenerlo, para no padecer ninguna enfermedad. Sin embargo está el gran remedio de mi Voluntad para evitar cualquier mal del alma, para no quedar paralizada en el bien, para crecer fuerte y robusta en la santidad, ¿y quién lo toma? No obstante es un remedio que se da gratis, no se deben hacer viajes para tenerlo, es más, está siempre pronta a darse y constituirse como Vida regular de la criatura. ¡Qué dolor hija mía, qué dolor!".

(5) Dicho esto ha desaparecido.

19-54
Septiembre 3, 1926

El deseo purga el alma y estimula el apetito para los bienes de Jesús. Cómo la Voluntad Divina es penetrante y convierte en naturaleza sus efectos.

(1) Me sentía toda fundida en mi dulce Jesús, y le pedía de corazón que vigilase mi pobre alma, a fin de que nada entrase en ella que no fuese de su Voluntad. Ahora, mientras esto hacía, mi amado bien, mi dulce vida se ha movido en mi interior y me ha dicho:

(2) "Hija mía, el deseo de querer un bien, y de quererlo conocer, purga al alma y dispone su inteligencia para comprenderlo, su memoria para recordarlo, y su voluntad se siente avivar el apetito de quererlo para hacer de él alimento y vida, y mueve a Dios a darle aquél bien y a hacerlo conocer. Así que el deseo de querer un bien y el de conocerlo, es como el apetito al alimento, pues si hay apetito se siente el gusto, se come con placer y se queda satisfecho y contento por haber tomado aquel alimento, y se queda con el deseo de gustarlo de nuevo; en cambio, si falta el apetito, aquel mismo alimento gustado con tanta avidez por una persona, para otra que no tiene apetito siente nauseas, disgusto, y llega aun a sufrir. Tal es el deseo al alma, es como el apetito, y Yo, viendo que el deseo de mis cosas es su gusto, hasta hacer de ellas alimento y vida, me vuelvo tan magnánimo en el dar, que no me canso jamás de dar. En cambio para quien no lo desea, faltando el apetito sentirá nauseas de mis cosas, se repetirá el dicho evangélico: 'Le será dado a quien tiene y le será quitado aquél poco que tiene a quien no apetece mis bienes, mis verdades, las cosas celestiales'. justa pena para quien no desea, no apetece y no quiere saber nada de las cosas que a Mí pertenecen, y si tiene alguna pequeña cosa, es justo que se le quite y se le dé a aquellos que poseen mucho".

(3) Después de esto, estaba pensando y fundiéndome en el Santo Querer Divino, y encontrándome en su luz inmensa sentía que sus rayos divinos me penetraban tanto, hasta transformarme en su misma luz, y Jesús saliendo de mi interior me ha dicho:

(4) "Hija mía, cómo es bella, penetrante, comunicativa, transformadora la luz de mi Voluntad. Ella es más que sol, el cual, golpeando la tierra dona con liberalidad los efectos que su luz contiene, no se necesita rogarle, sino que espontáneamente, conforme su luz llena la superficie de la tierra, dona a cada una de las cosas que encuentra lo que tiene, da al fruto la dulzura y el sabor, a la flor el color y el perfume, a las plantas el desarrollo, a todas las cosas da los efectos y los bienes que contiene, no particulariza con ninguno, sólo basta con que su luz las toque, las

penetre, las caliente, para hacer su obra. Más que sol es mi Voluntad, con tal de que el alma se exponga a sus rayos vivificantes y haga a un lado las tinieblas y la noche de su voluntad humana, su luz surge e inviste al alma, y penetra en sus más íntimas fibras para hacerle huir las sombras y los átomos del humano querer, conforme da su luz y el alma la recibe, comunica todos los efectos que contiene, porque mi Voluntad, saliendo del Ser Supremo contiene todas las cualidades de la Naturaleza Divina, por lo tanto, conforme la inviste, así comunica la bondad, el amor, la potencia, la firmeza, la misericordia, y todas las cualidades divinas, pero no en modo superficial, sino tan real, que transmuta en la naturaleza humana todas sus cualidades, de modo que el alma sentirá en sí, como suya, la naturaleza de la verdadera bondad, de la potencia, de la dulzura, de la misericordia, y así de todo el resto de las cualidades supremas. Sólo mi Voluntad tiene esta potencia de convertir en naturaleza sus virtudes para quien se da en poder de su luz y de su calor y tiene lejano de ella la noche tenebrosa del propio querer, verdadera y perfecta noche de la pobre criatura".

19-55
Septiembre 5, 1926

Quien vive en la Voluntad Divina posee una paternidad grande y una gran filiación: Es hija de todos.

(1)Me sentía oprimida, más bien como sin vida por la privación de mi dulce Jesús, esta pena es siempre nueva y más traspasante, de modo de formar nuevas heridas para hacer sangrar de dolor a mi pobre alma. Ahora, mientras me encontraba bajo la opresión del dolor de su privación, mi amado Jesús se ha movido en mi interior y me ha estrechado a su corazón santísimo diciéndome:
(2)"La hija mía, la hija nuestra, la hija de la Mamá Celestial, la hija de los ángeles y de los santos, la hija del cielo, la hija del sol, de las estrellas, del mar, en suma, eres la hija de todos, todos te son padre y de todos eres hija, ¡mira cómo es grande la paternidad, cómo es extensa tu filiación! En vez de oprimirte deberías gozar pensando que todos te son padre y a todos les eres hija. Solamente quien vive en mi Voluntad puede tener el derecho de tan grande paternidad y de tan extensa filiación, de ser amada por todos con amor paterno, porque todos reconocen en ella a su hija, porque estando las cosas creadas todas investidas por mi Voluntad, donde Ella reina triunfante y dominante, ven

en ti la misma Voluntad que reina en ellas, por eso todos te tienen como hija de sus entrañas, hay tantos vínculos entre tú y ellas, de sobrepasar en modo infinito los vínculos naturales que hay entre padre e hijo. ¿Sabes tú quién no te es padre? Sólo aquellos que no hacen reinar mi Voluntad en ellos, ellos no tienen ningún derecho sobre de ti, ni tú tienes ningún deber hacia ellos, es como cosa que no te pertenece. ¿Pero sabes tú qué cosa significa poseer tan grande paternidad y tan extensa filiación? Significa estar vinculada con vínculos de justicia a todas las riquezas, gloria, honor y privilegios que posee tan gran paternidad, así que como hija mía, tu Jesús te hace don de todos los bienes de la Redención; como hija nuestra quedas dotada de todos los bienes de la Trinidad Sacrosanta; como hija de la Soberana Reina, Ella te dona sus dolores, sus obras, su amor y todos sus méritos maternos; como hija de los ángeles y de los santos, ellos hacen competencia para cederte todos sus bienes; como hija del cielo, de las estrellas, del sol, del mar y de todas las cosas creadas, todas se sienten honradas porque finalmente tienen a su hija para poder darle su herencia, y mi misma Voluntad reinante en ellas, con su luz interminable te hace la escritura de toda la Creación, y todos sienten la felicidad, la alegría de poder dar su herencia, porque al poder dar no se sienten más estériles sino fecundos, la fecundidad lleva la alegría, la compañía, la armonía, la gloria, la repetición de la misma vida. ¿Cuántos hombres y mujeres son infelices a pesar de ser ricos porque no tienen prole? Porque la esterilidad lleva por sí misma al aislamiento, la amargura, la falta de apoyo y de felicidad, y si parece que gozan aparentemente, en su corazón tienen la espina de la esterilidad que amarga todos sus gozos. Así que tu gran paternidad que posees y tu extensa filiación, es causa de alegría a todos y mucho más a mi Voluntad, que bilocándose reina en ti y te constituye como hija de todas las cosas creadas por Ella, de modo que todos sienten tu apoyo y el contento de poder dar los bienes que poseen. Por eso tu opresión no es justa en medio de tantos bienes y felicidad, y de tantos que te protegen, te defienden y te aman como a verdadera hija".

(3)Después de esto me he abandonado en los brazos de Jesús y en la corriente de la Divina Voluntad para hacer mis acostumbrados actos, y Jesús regresando me ha dicho:

(4)"Hija mía, mi Voluntad conserva al alma en su origen y no la deja salir de su principio que es Dios, mantiene integra la imagen divina en el fondo de ella, imagen que está encerrada en la inteligencia, memoria y voluntad. Y hasta en tanto el alma hace reinar mi Voluntad en ella, todo está vinculado, todo está en relación entre Creador y criatura, más bien vive a los reflejos de la Majestad Suprema y siempre crece nuestra semejanza en ella, y esta imagen la hace distinguir que es hija nuestra. En cambio la voluntad humana hace que se desconozca su origen, la hace descender de su principio, la inteligencia, la memoria y la voluntad quedan sin luz y la imagen divina queda deformada e irreconocible, rompe todos los vínculos y relaciones divinas, y por eso la voluntad humana hace vivir al alma de los reflejos de todas las pasiones, de modo que se vuelve fea e hija del enemigo infernal, el cual busca esculpir en el alma su fea imagen. ¿Cuántos males no hace el propio querer? Devasta todo bien y produce todos los males".

(5) Después de esto el bendito Jesús me ha transportado fuera de mí misma y me hacía ver cómo se había deformado su imagen en las criaturas, daba horror verla cómo era irreconocible y fea. La santidad de la mirada de Jesús rehuía verlas, pero la compasión de su corazón santísimo lo empujaba a tener piedad de las obras de sus manos, deformadas y tan feas por su propia culpa. Pero mientras Jesús estaba adolorido a lo sumo al ver tan transformada su imagen, hemos llegado a un punto donde eran tantas las ofensas que le hacían, que no pudiendo más ha cambiado el aspecto de bondad y tomaba aspecto de justicia y amenazaba con castigos; terremotos, agua y fuego eran puestos contra los pueblos para destruir hombres y ciudades. Yo le he rogado que perdonase a los pueblos, y Jesús regresándome a mi cama me ha dado parte de sus penas.

19-56
Septiembre 7, 1926

Cómo Dios tiene su trono, su morada, su puesto estable y fijo. La Voluntad Divina es sol, la voluntad humana es una chispa formada por la punta de los rayos del Querer Supremo.

(1) Estaba por reemprender mi vuelo en el Querer Supremo para hacer mi acostumbrada visita en el Reino de la Voluntad Divina, extenderme en sus confines para hacer resonar mi te amo, mi adoración, mi gracias por cada cosa creada. Ahora, mientras estaba por hacer esto pensaba entre mí: "Si Dios está en todas partes, ¿en qué aprovecha hacer mi vuelo en el Querer Divino para ponerme hasta en la altura de los Cielos, delante a la Majestad Suprema, llevando como en mi pequeño regazo todas las voluntades humanas de las generaciones, para hacer por cada una de las voluntades rebeldes mi acto de sujeción, de amor y de abandono, a

fin de que venza a la Voluntad Divina para hacerla venir a reinar sobre la tierra, dominante y triunfante en medio a las criaturas? Por lo tanto, si está por todas partes, puedo hacerlo también desde aquí". Mientras esto pensaba, mi dulce Jesús moviéndose en mi interior me ha dicho:

(2) "Hija mía, mira el sol, su luz desciende y llena toda la tierra, pero el sol está siempre arriba, bajo la esfera del cielo, con toda majestad en su esfera, señoreando y dominando todo y a todos con su luz, pero aunque el sol no desciende a lo bajo, da los mismos efectos, comunica los mismos bienes por medio de sus rayos, como si descendiera él mismo de la altura de su esfera. Si el sol descendiera de su altura, la tierra siendo mucho más pequeña y las criaturas incapaces de resistir una luz tan grande, descendiendo quemaría y eclipsaría todo con su luz y con su calor, pero como todas las cosas creadas por Mí contienen la semejanza de las entrañas de misericordia de su Creador, por eso el sol se está en lo alto emanando sus rayos llenos de bondad, de amor y de bienes a la pequeña tierra. Ahora, si esto hace el sol, imagen de la verdadera luz del Sol Divino, mucho más Dios, verdadero Sol de luz, de justicia y de amor, mi Majestad no se mueve de la altura de su trono, sino que está siempre firme y estable en su puesto, en su morada celestial, y más que sol emana sus interminables rayos, los cuales llevan sus efectos, sus bienes y comunican su misma Vida, como si descendiese a quien quiera recibirla. Por lo tanto, lo que no hace descendiendo en persona lo hace con la emanación de sus interminables rayos, bilocándose en ellos para dar su Vida, sus bienes a las humanas generaciones. Ahora hija mía, por tu condición de criatura, por tu oficio de la misión del Fiat Supremo, te corresponde a ti subir sobre aquellos mismos rayos que emana la Majestad Suprema, para ponerte delante de Ella para cumplir tu oficio en el seno del Sol Eterno, arrojándote al principio de donde saliste, para tomar por cuanto a criatura es posible, la plenitud de mi Voluntad, para conocerla y manifestarla a los demás.

(3) Ahora, tú debes saber cuáles son los vínculos de identificación entre Voluntad Divina y humana, y por eso amo tanto y quiero, con derecho de creación, de paternidad, de amor y de justicia, que la voluntad humana ceda el puesto a la mía, y arrojándose como un pequeño niño en sus brazos se haga sostener por Ella, nutrir y dominar. El Ente Supremo al crear al hombre hizo salir en campo a mi Voluntad, y si bien como consecuencia y naturalmente todos nuestros atributos concurrieron, pero el Supremo Querer fue como acto primero, el cual tomaba como máximo interés suyo la vida de toda la Creación, comprendido el hombre, ypor eso se hacía vida de todos, dominando todo, haciendo todo suyo, porque

todo de Ella había salido, por justicia todo debía ser suyo. Mi Voluntad, más que sol emanó sus rayos y con la punta de estos rayos, animando la naturaleza humana formaba la voluntad en la criatura. ¿Ves entonces qué cosa es la voluntad en las generaciones humanas? Tantas múltiples puntas de rayos, que eran como tantas chispas en las criaturas, para formar la voluntad en ellos, pero sin separar estas chispas del rayo que se desprendía del centro del Sol del Querer Supremo. Así que todas las generaciones humanas giran en torno a este Sol, porque cada una de las criaturas contiene la punta de un rayo de este Sol eterno de mi Voluntad. Ahora, ¿cuál no será la afrenta de este Sol al ver la circunferencia de estos rayos, cuya punta forma la voluntad de cada una de las criaturas, convertidas, cambiadas en tinieblas, en naturaleza humana, desconociendo la luz, el dominio, la vida de aquel Sol que con tanto amor daba su Voluntad, a fin de que la suya y la de las criaturas fuese una sola, y así poder formar en ellas la Vida Divina? ¿Puede haber vínculo más fuerte, más estable y que no pueda desunirse, entre el centro del sol y sus rayos? La luz es indivisible, y si se pudiese desunir, la parte dividida iría errante y terminaría con disolverse en las tinieblas. Así que entre Voluntad Divina y humana hay tal unión de compenetración, que se puede comparar a la unión que hay entre el sol y el rayo solar, entre el calor y la luz. ¿No sería derecho del sol dominar sus rayos, recibir la sujeción de ellos para formar su reino de luz sobre su misma circunferencia solar? Así es para mi Voluntad, cuando la criatura se sustrae de Ella queda como sin Reino, sin dominio, sin súbditos; se siente robar lo que es suyo, cada acto que no depende de su Querer es un desgarro, un hurto que se hace a su luz, y por eso al verse robar su luz y convertida ésta en tinieblas, sufre más que una madre cuando se ve arrancar el parto de sus entrañas, no para darle vida sino para matarlo. Así que las pérdidas que hace mi Voluntad cuando la criatura no está unida a su centro y no vive de la luz de su Querer, son pérdidas divinas y de valor infinito; los males de la criatura, la fealdad que adquiere, son incalculables e indescriptibles, mi Voluntad queda sin Reino en las criaturas y ellas quedan despojadas, sin herencia, sin derecho a los bienes, por eso no existe otra cosa más importante, más grande, que pondrá el equilibrio, el orden, la armonía, la semejanza entre Creador y criatura, sino mi Voluntad. Por eso quiero hacer conocer qué cosa es el Querer Divino y el humano, a fin de que nos reconciliemos, y Ella adquiera su Reino y a las criaturas les vengan restituidos todos los bienes perdidos".

19-57
Septiembre 9, 1926

Jesús cuando habla dona el bien que encierra su palabra. En el Divino Querer no habrá esclavos, ni rebeldes, ni leyes, ni mandatos.

(1) Estaba pensando en cuánta potencia, cuántos bienes están encerrados en el Santo Querer Divino, en cómo en Él todo es paz, todo es felicidad, en cómo no se tiene necesidad de ordenes para obrar, sino que la propia naturaleza siente en sí tal fuerza hacia el bien, que no puede hacer menos que hacerlo. Qué felicidad sentirse convertida en bien, en santidad, en fuerza, a la propia naturaleza, así que en el reino del Querer Supremo no habrá leyes, sino que todo será amor y la naturaleza convertida en ley divina, de modo que por sí misma querrá hacer lo que el Fiat Supremo quiere que haga. Ahora, mientras esto pensaba, mi siempre amable Jesús con su acostumbrada luz que hacía salir de su inteligencia me ha dicho:

(2) "Hija mía, todo lo que te he dicho acerca de mi Voluntad han sido dones que te he hecho. El conocimiento no basta si no se posee el bien que contiene el mismo conocimiento, si esto no fuese así te volvería infeliz, porque conocer un bien y no poseerlo es siempre un dolor. Mucho más que Yo no sé hacer las cosas a la mitad, sino completas, por eso primero dispongo al alma, ensancho su capacidad y después dono el conocimiento junto con el bien que contiene, y como los conocimientos sobre mi Voluntad son divinos, he aquí por qué la naturaleza queda dotada con la semejanza de la Naturaleza Divina, y entonces, siendo más que hija no espera la orden, sino que se siente honrada de hacer, sin habérselo dicho, lo que quiere el Padre. Las leyes, las ordenes, son para los siervos, para los esclavos, para los rebeldes, pero en el reino del Fiat Supremo no habrá siervos, ni esclavos, ni rebeldes, sino que será una misma la Voluntad de Dios y de la criatura, y por eso una será la Vida. Y es también esta la razón por la que tanto y tantas cosas estoy diciendo acerca de mi Voluntad, para abundar en los dones, no sólo para ti, sino para quien quiera venir a vivir en mi Reino, a fin de que nada le falte, de nada tenga necesidad, sino que posea en sí mismo la fuente de los bienes. No obraría como el Dios que soy, grande, potente, rico, magnánimo, si debiendo constituir el Reino de mi Voluntad no dotase a aquellos que deben vivir en Él con las prerrogativas y cualidades que posee mi misma Voluntad. Es más, tú debes saber que como todas las cosas han salido de aquel acto único de Dios, así todo debe regresar en

aquel acto único que no tiene sucesión de actos, y sólo puede regresar en este acto único, quien deja todo para vivir sólo de mi Voluntad, porque el alma viviendo en Ella, todo lo que hace se convierte en luz, y naturalmente sus actos quedan incorporados y ensimismados en la luz eterna del Sol de mi Voluntad, y por eso, como consecuencia, se vuelven un acto solo con el único acto de Ella. En cambio, en quien obra fuera de Ella, se ve la materia que contiene la obra, no luz, y por eso no pueden incorporarse con la luz del acto único de Dios, por lo tanto pronto se verá que no es cosa nuestra, que no nos pertenece, por eso, todo lo que no sea hecho en virtud del Fiat Divino no será reconocido por Dios. Supón que tú quisieras unir luz y tinieblas, cobre y oro, piedras y tierra, ¿no se distinguiría con claridad la luz de las tinieblas, el cobre del oro, las piedras de la tierra? Y esto a causa de que son materias distintas una de la otra, pero si unieras juntas luz a luz, tinieblas a tinieblas, oro a oro, no sabrías distinguir ni separar la luz de antes de la luz de después, las tinieblas de antes a las de después, la masa de oro de antes a la de después, así es de mi Voluntad, lo que Ella misma hace en la criatura es luz, por lo tanto no es maravilla que quede incorporada al acto único de su Eterna luz. Por eso, gracia más grande no podría hacer en estos tiempos tan borrascosos y de carrera vertiginosa en el mal, que hacer conocer que quiero dar el gran don del Reino del Fiat Supremo, y como confirmación de esto lo estoy preparando en ti con tantos conocimientos y dones, a fin de que nada falte al triunfo de mi Voluntad. Por eso está atenta al depósito de este Reino que hago en ti".

(3) Después de esto estaba pensativa porque me había sido impuesto por la santa obediencia el no dejar de escribir ni siquiera una palabra que mi dulce Jesús me pudiese decir, mientras que yo soy muy fácil para omitir algunas cosas, porque estoy convencida de que ciertas cosas íntimas, ciertos desahogos que Jesús hace a mi pequeña alma, no es necesario ponerlos sobre el papel, sino que deben quedar en el secreto del corazón. Entonces rogaba que me diese la gracia de no faltar a la obediencia, y Jesús moviéndose en mi interior me ha dicho:

(4) "Hija mía, si quien te guía y te dirige te da esta obediencia, significa que ha entendido que soy Yo quien te habla y el valor que contiene aun una sola palabra mía. Mi palabra es luz y está llena de vida, por lo tanto quien posee la vida la puede dar, mucho más que mi palabra contiene la fuerza creadora, por eso una sola palabra mía puede crear innumerables vidas de gracia, vidas de amor, vidas de luz, Vida de mi Voluntad en las almas. Tú misma no podrás comprender el largo camino que puede hacer una sola palabra mía, quien tiene oído la escuchará, quien tiene

corre en ellos para constituirse como vida y formarlos con la sustancia divina y eterna que Él posee. ¿Se puede separar la eternidad? ¿Se puede algún día cambiar un Dios? ¿Se podrá separar el Ser Supremo de su Voluntad? Todo esto es inseparable, indivisible. Así todo lo que mi Voluntad une entra en el orden eterno y se vuelve inseparable de Mí, por lo tanto ¿cómo puedo dejarte? Si esto no fuera así, todo lo que mi Voluntad ha hecho en ti, su trabajo, su fundamento, sus mismas manifestaciones habrían sido un juego, una cosa superficial, un modo de decir, no una realidad. Por eso quita estos temores de que Yo te pudiera dejar, porque no son cosas que produzca y pertenezcan a mi Voluntad, Ella es firmeza y vínculo indisoluble. Resulta inconveniente a quien posee por vida mi Querer, que se ocupe de otra cosa, mientras que deberías estar totalmente ocupada en cómo ensanchar los confines de su Reino, a fin de que triunfe, se forme en ti y así podrías transmitirlo a las pobres generaciones que se debaten y se forman la corriente de la vorágine donde quedarán precipitadas; pero también los castigos son necesarios, esto servirá para preparar el terreno para hacer que el Reino del Fiat Supremo pueda formarse en medio a la familia humana; por eso muchas vidas que servirán de obstáculo al triunfo de mi Reino, desaparecerán de la faz de la tierra, así que muchos castigos de destrucción sucederán, otros los formarán las mismas criaturas para destruirse una a la otra; pero esto no debe preocuparte, más bien reza para que todo suceda para el triunfo del Reino del Fiat Supremo".

(3) Dicho esto ha desaparecido. Entonces yo me he ocupado en hacer mi acostumbrado giro en la Voluntad Suprema; su luz me hacía todo presente, tanto lo que ha hecho en la Creación, como lo que ha hecho en la Redención. La Voluntad Divina bilocada en cada acto que hace en ellas, esperaba una visita mía a cada uno de estos sus actos para tener a su pequeña hija como compañía, aunque fuese visita fugaz donde reinaba y dominaba como Reina. ¡Oh! cómo agradecía mi pequeña visita en cada uno de sus actos, mi pequeño te amo, mi mezquina adoración, mi reconocimiento, mi gracias, mi sujeción, pero como sus actos son innumerables, yo no terminaba jamás de alcanzarlos todos. Entonces, habiendo llegado a los actos de la Redención, mi dulce Jesús se hacía ver como pequeño niño, pero tan pequeño de poderse encerrar en mi pecho. ¡Cómo era bello, amable, gracioso el verlo tan pequeño, pasearse, sentarse, ponerse como en trono de majestad en mi pequeña alma, suministrándome su Vida, su respiro, sus actos, para hacer que todo tomase de Él! Pero mientras lo veía en mí como niño, al mismo tiempo ha venido también crucificado, era tanta la tensión de sus

miembros que se podían numerar todos los huesos y los nervios uno por uno. Ahora, si el niño estaba encerrado en mi pecho, el crucificado Jesús se ha extendido en todos mis miembros, no dejándome ninguna partecita de mí que no fuese poseída por su adorable persona, sentía más su Vida que la mía. Así, después de haber estado algún tiempo en esta posición con Jesús, me ha dicho:

(4)"Hija mía, mi Humanidad posee el Reino de mi Voluntad, tanto que toda mi Vida dependía de Ella, así que con depender de Ella Yo tenía la inteligencia del Supremo Querer, su mirada, su respiro, su obrar, sus pasos, su movimiento y latido eterno, de este modo formaba el Reino del Fiat Supremo en mi Humanidad, su Vida y sus bienes. ¿Ves entonces lo que significa formar su Reino en ti? Debo transmitirte lo que posee mi Humanidad, la cual te suministrará su pensamiento, su mirada, su respiro, y todo lo que poseo para la formación de ese Reino. Mira cuánto amo este Reino, pongo a su disposición toda mi Vida, mis penas, mi muerte, como fundamento, guardia, defensa, sostén. No hay nada de Mí que no sirva para mantener en pleno vigor el triunfo y el absoluto dominio de mi Voluntad, por eso no te maravilles si ves en ti como repetirse las diversas etapas de mi edad y de mis obras, y ahora me ves niño, ahora joven, ahora crucificado, es el Reino de mi Querer que está en ti, y toda mi Vida se alinea dentro y fuera de ti para guardia y defensa de mi Reino. Por eso sé atenta, y cuando algún temor te asalte, piensa que no estás sola, sino que tienes por ayuda toda mi Vida para formar este Reino mío en ti, y constantemente sigue tu vuelo en la unidad de la luz suprema de la Divina Voluntad. Yo allá te espero para darte las sorpresas de retorno, para darte mis lecciones".

19-59
Septiembre 13, 1926

El Ser Divino es equilibrado. El don del Fiat Divino pone todo en común. La justicia en el dar quiere encontrar el apoyo de los actos de las criaturas.

(1) Después de haber hecho mi acostumbrado giro en el Supremo Querer, rogaba al buen Jesús, a nombre de su Creación y Redención, a nombre de todos, desde el primero hasta el último hombre, a nombre de la Soberana Reina y de todo lo que Ella hizo y sufrió, que el Fiat Supremo fuese conocido, a fin de que se establezca su Reino con su pleno triunfo y dominio. Pero mientras esto hacía pensaba entre mí: "Si

Jesús mismo quiere y ama tanto que su Reino sea establecido en medio a las criaturas, ¿por qué quiere que con tanta insistencia se ruegue? Si lo quiere lo puede dar sin tantos actos continuos". Y mi dulce Jesús moviéndose en mi interior me ha dicho:

(2) "Hija mía, mi Ser Supremo posee el perfecto equilibrio, y también en el dar a las criaturas mis gracias, mis dones, y mucho más con este Reino del Fiat Supremo, que es el don más grande que Yo ya había dado en el principio de la Creación y que el hombre con tanta ingratitud me rechazó. ¿Te parece poco poner a disposición suya una Voluntad Divina con todos los bienes que Ella contiene, y no por una hora o por un día sino por toda la vida? ¿Te parece poco que el Creador ponga en la criatura su Voluntad adorable para poder poner en común su semejanza, su belleza, sus mares infinitos de riqueza, de alegrías, de felicidad sin fin? Y sólo con poseer nuestra Voluntad la criatura podía adquirir los derechos de comunidad, de semejanza y de todos los bienes de su Creador, sin Ella no puede haber derecho de comunidad con Nosotros; y si alguna cosa toma, son apenas nuestros pequeños reflejos y las migajas de nuestros interminables bienes. Ahora, un don tan grande, una felicidad tan inmensa, un derecho de semejanza divina con la adquisición de la nobleza de nuestra filiación, ¡rechazados! ¿Crees tú que sea cosa fácil que la Soberanía Divina, sin ser rogada, sin que ninguno se diera un pensamiento de recibir este reino del Fiat Supremo, lo dé a las criaturas? Seria repetir la historia que sucedió en el Edén terrestre, y quizá peor, y además nuestra justicia se opondría justamente. Por eso todo lo que te hago hacer, los continuos giros en el Querer Supremo, tus oraciones incesantes por que venga a reinar mi Voluntad, tu vida sacrificada por tan largos años, en los cuales no sabes ni del Cielo ni de la tierra, dirigida al único fin de que venga mi Reino, son tantos apoyos que pongo delante a mi justicia para que ceda sus derechos y equilibrándose con todos nuestros atributos, encontrase justo que el Reino del Fiat Supremo sea restituido a las generaciones humanas. Esto sucedió en la Redención, si nuestra justicia no hubiese encontrado las plegarias, los suspiros, las lágrimas, las penitencias de los patriarcas, de los profetas y de todos los buenos del antiguo testamento, y además una Virgen Reina que poseía íntegra nuestra Voluntad, que tomó todo con el máximo interés con tantas plegarias insistentes, tomando Ella todo el trabajo de la satisfacción de todo el género humano, nuestra justicia jamás habría cedido al descendimiento del suspirado Redentor en medio a las criaturas. Nuestra justicia habría sido inexorable y habría dicho un 'no' rotundo a mi venida a la tierra. Y

cuando se trata de mantener el equilibrio de nuestro Ser Supremo, no hay nada qué hacer. Ahora, ¿quién ha rogado hasta ahora con interés, con insistencia, poniendo el sacrificio de la propia vida, para que el Reino del Fiat Supremo venga sobre la tierra y triunfe y domine? ¡Ninguno! Es verdad que la Iglesia recita el Padre Nuestro desde que Yo vine ala tierra, en el cual se pide que venga tu Reino, a fin de que mi Voluntad se haga como en el Cielo así en la tierra, pero, ¿quién piensa en la petición que hacen? Se puede decir que toda la importancia de tal petición quedó en mi Voluntad, y las criaturas la recitan por recitarla, sin entender y sin interés de obtener lo que piden. Por eso hija mía, todo está escondido en el secreto mientras se vive sobre la tierra, por eso todo parece misterio, y si se conoce alguna cosa es tan escaso, que el hombre tiene siempre qué decir, a través de sus velos, sobre todo lo que Yo hago en mis obras, y llegan a decir: ¿Y por qué este bien, por qué estos conocimientos no han sido dados antes, mientras que ha habido tantos grandes santos? Pero en la eternidad no habrá secretos, Yo develaré todo y haré ver todas las cosas y obras mías con justicia, y que mi Justicia jamás podía dar este conocimiento si en la criatura no estuviesen los actos suficientes para poder dar lo que la Majestad Suprema quiere dar. Es verdad que todo lo que hace la criatura es gracia mía, pero mi misma gracia quiere encontrar el apoyo de las disposiciones y buena voluntad de la criatura. Por tanto, para restablecer el Reino de mi Voluntad sobre la tierra se necesitan los actos suficientes de la criatura, a fin de que mi Reino no quede en el aire, sino que descienda para formarse sobre los mismos actos de la criatura, formados por ella para obtener un bien tan grande. He aquí el por qué tanto te insisto en el girar en todas nuestras obras, Creación y Redención, para hacerte poner la parte de tus actos, tu te amo, tu adoración, tu reconocimiento, tu gracias sobre todas nuestras obras. Muchas veces lo he hecho Yo junto contigo, y además por cumplimiento, después de tu giro en nuestra Voluntad, tu estribillo tan agradable a Nosotros: 'Majestad Suprema, tu pequeña hija viene ante Ti, sobre tus rodillas paternas, para pedirte tu Fiat, tu Reino, que sea por todos conocido; te pido el triunfo de tu Querer a fin de que domine y reine sobre todos. No soy yo sola quien te lo pido, sino que junto conmigo tus obras, tu mismo Querer, por eso a nombre de todos te pido, te suplico tu Fiat'. Si supieras cómo conmueve a nuestro Ser Supremo este tu estribillo, nos sentimos rogar por todas nuestras obras, suplicar por nuestro mismo Querer; Cielo y tierra doblan las rodillas para pedirnos el Reino de mi Eterno Querer. Por eso, si lo quieres, continúa tus actos, a fin de que una vez alcanzado el número establecido de ellos, puedas obtener lo que con tanta insistencia suspiras".

19-60
Septiembre 15, 1926

Custodia y vigilancia de Jesús mientras escribe. Cómo el Reino del Fiat cuesta mucho. Los actos hechos en el Fiat son más que sol.

(1)Después de haber escrito cuatro horas o más, me sentía toda extenuada de fuerzas, y habiéndome puesto a rezar según mi costumbre en su Santísimo Querer, mi dulce Jesús ha salido de dentro de mi interior y estrechándome a Sí, todo ternura me ha dicho:

(2)"Hija mía, estás cansada, repósate en mis brazos. ¡Cuánto nos cuesta a Mí y a ti el Reino del Fiat Supremo! Mientras que todas las otras criaturas, quién duerme en la noche, quién se divierte y quién llega hasta ofenderme, pero para Mí y para ti no hay reposo, ni siquiera de noche, tú ocupada en escribir y Yo en vigilarte, en darte las palabras, las enseñanzas que corresponden al Reino del Querer Supremo; y mientras te veo escribir, para hacerte trabajar más y no hacerte cansar te sostengo en mis brazos, a fin de que escribas lo que quiero, para poder dar todas las enseñanzas y las prerrogativas, los privilegios, la santidad y las riquezas infinitas que este mi Reino posee. Si tú supieras cuánto te amo y cuánto gozo al verte sacrificar aun el sueño y toda tú misma por amor de mi Fiat que ama tanto el hacerse conocer a las generaciones humanas. Nos cuesta mucho, es verdad hija mía, y Yo para compensarte, casi siempre después de que has escrito te hago reposar sobre mi corazón roto y abatido por el dolor y por el amor: Por el dolor porque mi reino no es conocido, y por el amor porque quiero hacerlo conocer, a fin de que tú, sintiendo mi dolor y el fuego que me quema, sacrifiques a toda tú misma y no te perdones en nada, todo por el triunfo de mi Voluntad".

(3)Entonces, mientras estaba en los brazos de Jesús, la luz inmensa de la Voluntad Divina, que llenaba Cielo y tierra, me llamaba a girar en Ella para hacerme hacer mis acostumbrados actos, para hacerme poner mi 'te amo', mi adoración en toda la Creación, a fin de que tuviese la compañía de su pequeña hija en cada una de las cosas creadas donde Ella reina y domina. Después de haber hecho esto, mi dulce Jesús me ha dicho:

(4)"Hija mía, qué luz, qué potencia, qué gloria adquiere el acto de la criatura hecho en mi Voluntad, estos actos son más que sol, que mientras está en lo alto, su luz eclipsa las estrellas y llena toda la tierra, llevando su beso a todas las cosas, su calor, sus benéficos efectos, y como la naturaleza de la luz es el expandirse, no hace trabajo de más con dar los bienes que naturalmente posee a quien los quiera. Símbolo del sol son los actos hechos en mi Querer; conforme se forma el acto, mi Querer le suministra la luz para formar el sol, el cual se eleva en lo alto, porque la naturaleza del sol es de estar en lo alto, no en lo bajo, de otra manera no podría hacer el bien que hace, porque las cosas que están en lo bajo son siempre circunscritas, individuales, a tiempo, a lugar, no son ni saben producir bienes universales. Así este sol formado por mi Voluntad y por el acto de la criatura, elevándose en alto hasta el trono de Dios, forma el verdadero eclipse: Eclipsa el Cielo, los santos, los ángeles; la grandeza de sus rayos toman como en un puño la tierra; su luz benéfica lleva al Cielo la gloria, la alegría, la felicidad, y a la tierra la luz de la verdad, hace huir las tinieblas, lleva el dolor de la culpa, el desengaño de las cosas que pasan. Uno es el sol, pero su luz contiene todos los colores y todos los efectos para dar vida a la tierra. Así, uno es el acto, uno es el Sol de mi Voluntad formado en ese acto, pero los bienes, los efectos son innumerables. Por eso el Reino del Fiat Supremo será Reino de luz, Reino de gloria y de triunfo; la noche del pecado no entrará en él, sino que será siempre pleno día, sus refulgentes rayos serán tan penetrantes, que triunfarán sobre el abismo en el cual ha caído la pobre humanidad. Por eso te he dicho tantas veces que tu trabajo es grande por el haberte confiado mi Voluntad Divina, a fin de que con el hacerla conocer, tú pongas a salvo sus derechos, tan desconocidos por las generaciones humanas, y los bienes que de esto vendrán serán grandísimos, y tú y Yo seremos doblemente felices por haber trabajado en la formación de este Reino".

(5)Después de esto estaba pensando entre mí: "Mi amado Jesús dice tantas cosas admirables de este Reino tan santo del Querer Supremo, pero aparentemente, externamente no se ve nada de estas cosas admirables. Si se pudiesen ver los prodigios, los grandes bienes, la felicidad de Él, la faz de la tierra se cambiaría y en las venas humanas correría una sangre pura, santa, noble, en modo de convertir la misma naturaleza en santidad, en gozo y en paz perenne". Mientras estaba en esto, Jesús ha salido de dentro de mi interior y me ha dicho:

(6)"Hija mía, este Reino del Fiat Supremo primero debe fundarse, formarse, madurarse entre Yo y tú, y después debe transmitirse a las criaturas. Lo mismo sucedió entre Yo y la Virgen, primero me formé en Ella, crecí en su seno, me nutrí de su pecho, vivimos juntos para formar entre los dos, al tú por tú, como si ningún otro hubiese, el Reino de la Redención, y después fue transmitida a las otras criaturas mi misma Vida y los frutos de la Redención que mi misma Vida contenía. Así será del Fiat Supremo, lo haremos primero entre Nosotros dos solos, al tú por tú, y cuando esté formado Yo pensaré en cómo transmitirlo a las criaturas. Un trabajo es más fácil hacerlo llegar a buen fin cuando se forma en el secreto, en el silencio de dos personas que verdaderamente aman aquel trabajo, y cuando está formado resulta más fácil manifestarlo y darlo como don a los demás. Por eso déjame hacer y no te des ningún pensamiento".

Deo Gratias.

Nihil obstat
Canonico Hanibale
M. Di Francia

Eccl.
Imprimatur
Arzobispo Giuseppe M. Leo

Octubre de 1926
[1] Este libro ha sido traducido directamente del original manuscrito de Luisa Piccarreta

Made in the USA
Coppell, TX
16 March 2025